도덕적 상상력

체험주의 윤리학의 새로운 도전

Moral Imagination

Implications of Cognitive Science for Ethics

Mark Johnson

도덕적 상상력

체험주의 윤리학의 새로운 도전

마크 존슨 지음
노양진 옮김

서광사

이 책은 Mark Johnson의 *Moral Imagination: Implications of Cognitive Science for Ethics* (The University of Chicago Press, Chicago, Illinois, U.S.A., 1993) 를 완역한 것이다.

도덕적 상상력

체험주의 윤리학의 새로운 도전

마크 존슨 지음
노 양 진   옮김

펴 낸 이   김신혁, 이숙
펴 낸 곳   도서출판 서광사
출 판 등 록 일   1977. 6. 30.
출판등록번호   제 406-2006-000010 호

주   소   (10881) 경기도 파주시 회동길 77-12 (문발동)
전   화   (031)955-4331
팩   스   (031)955-4336
전자우편   E-mail: phil6161@chol.com
홈페이지   http://www.seokwangsa.co.kr / http://www.seokwangsa.kr

제1판 제1쇄 펴낸날   2008년 12월 30일
제1판 제3쇄 펴낸날   2019년 9월 10일

ISBN   978-89-306-2548-7   93190

전통적인 규범윤리학은 20세기 초 논리실증주의라는 지적 폭풍에 의해 더 이상 회생이 불가능한 불모의 영역으로 남게 되었다. 논리실증주의가 과학적 지식의 척도로 제시한 '검증 원리'(verification principle)에 따르면 보편적 도덕 원리의 탐구로 특징지어지는 전통적 규범윤리학은 근원적으로 검증이 불가능한 '무의미한' 진술들로 이루어졌으며, 따라서 '학문'이라는 영역에서 축출되어야 할 시도였다.

1960~70년대에 이르러 논리실증주의 자체는 내외적 비판과 함께 지적 권좌에서 물러났지만 그 귀결이 결코 규범윤리학에 우호적인 귀결을 불러온 것은 아니다. '검증의 칼날'이라는 위협이 완전히 사라진 것도 아니며, 더욱이 윤리학은 이미 논리실증주의 이전으로 되돌아갈 수 없는 길을 넘어왔기 때문이다. 이러한 상황에서 지적 세계는 또 다시 급진적인 해체의 기류에 휩쓸려가고 있으며, 이것은 윤리학적 논의에 대한 또 하나의 버거운 도전으로 나타난다.

해체론적 철학자들은 더 이상 철학적 영역에 체계 건설적 탐구가 가능하지 않다고 거친 목소리를 드높인다. 그렇지만 이들의 비판적

통찰을 부분적 또는 전면적으로 수용하는 사람들조차도 그 급진적
인 목소리에 모든 철학의 운명을 내맡길 수 없다고 생각한다. 이 문
제는 철학의 미래를 우려하는 모두의 고민이 되었다. 우리는 해체론
자들과 함께 많은 것을 거부하면서도 여전히 진지한 철학적 사유의
가능성을 찾아야 하기 때문이다. 윤리학 또한 다르지 않다.

이러한 상황에서 존슨(M. Johnson, 1949~)의 제안은 윤리학이
처한 딜레마를 넘어설 수 있는 새로운 출구를 열어 준다. 존슨은 언
어학자인 레이코프(G. Lakoff)와의 공동 작업을 통해 '은유'(meta-
phor)에 관한 독창적 이론을 제시했다. 이들의 철학적 입장은 '체험
주의'(experientialism)라는 이름으로 불리는데, 체험주의는 전통적
인 객관주의를 거부하는 동시에 허무주의적 상대주의를 극복하고
있다는 점에서 제3의 시각으로 특징지을 수 있다. 체험주의는 경험
적 탐구의 성과, 특히 오늘날 급속히 성장하는 인지과학(cognitive
science)의 경험적 증거들을 적극적으로 수용함으로써 과거의 이론
적 가정들을 넘어서는 새로운 철학적 탐구의 방향을 제안한다.

존슨과 레이코프의 공동작업은 1981년의 『삶으로서의 은유』
(Metaphors We Live By, 박이정, 2006)에서 시작되었다. 존슨은 이
러한 은유 이론을 자신의 독자적인 상상력 이론으로 확장시켰는데,
그것은 존슨의 1987년 저작인 『마음 속의 몸』(The Body in the
Mind, 철학과현실사, 2000)에 집약되어 있다. 이어서 레이코프와
존슨은 1999년에 출간된 『몸의 철학』(Philosophy in the Flesh, 박이
정, 2002)에 이르러 그동안의 연구 성과를 총체적으로 집약하고, 그
것을 폭넓은 철학적 논의로 확장시키고 있다. 요약하면, 이들은 우
리 사고의 대부분이 은유적인 동시에 신체화되어 있다는 초기의 생
각을 지속적으로 확장·발전시키고, 그것을 최근의 인지과학적 발

견들과 결합시킴으로써 하나의 포괄적인 철학적 시각으로 다듬어
가고 있다.

윤리학의 영역에서 존슨의 논의는 이중적 성격을 갖는다. 그것은
고전적인 윤리학 이론들에 대해 매우 급진적인 해체의 길을 걷는다
는 점에서 '포스트모던' 철학자들과 유사한 입장을 취하지만, 그 대
안적 방향 모색에 있어서는 이들과 길을 달리 한다. 여기에서 존슨
이 제시하는 제3의 길은 '경험적으로 책임 있는 윤리학'(empirically
responsible ethics)이라는 새로운 길이다. 이 책에서 제시되는 존슨
의 시각은 이러한 관점에서 중요한 생명력을 갖는다. 존슨은 고전적
인 의미에서 새로운 도덕 이론을 구성하려는 것이라기보다는 윤리
학적 탐구의 새로운 주제를 제시하고 있다. 그래서 그는 이제 윤리
학의 핵심적 목표가 보편적 도덕 원리의 탐구가 아니라 '도덕적 이
해'(moral understanding) 이론의 구성이 되어야 한다고 주장한다.
이것은 물론 과거의 이론적 가정들에 대한 거부를 포함하지만 결코
도덕 문제에 관한 철학적 탐구 자체의 가능성을 부정하는 것은 아니
다.

존슨은 도덕적 사고가 일반적 인지와 다른 것일 수 없으며, 따라
서 인지에 관한 경험적 해명을 토대로 도덕적 사고의 본성과 구조를
밝히려고 한다. 존슨의 주된 논지는 우리의 도덕적 사고가 모두 신
체적 · 물리적 차원의 경험으로부터 확장된 '은유적' 사고의 산물이
라는 것이다. 이러한 주장은 실재론적이거나 절대적인 도덕 이론의
가능성을 원천적으로 부정하는 것이다.

그러나 이러한 해체론적 접근의 철학적 결론이 항상 동일한 것은
아니다. 데리다는 자신의 은유론을 바탕으로 과거의 모든 철학적 이
론들을 해체하며, 거기에서 멈춘다. 데리다는 해체를 넘어서서 철학

이 가야 할 길을 알려 주지 않으며, 또 그 필요성도 인정하지 않는다. 그러나 존슨을 데리다와 같은 급진적인 해체론자들과 구별해 주는 것은 존슨의 작업이 도덕 이론의 본성에 대한 자연주의적 재구성을 시도한다는 점이다. 물론 이렇게 해서 재구성되는 것은 분명히 과거의 도덕 이론들과 동일한 층위에서 조망될 수 있는 또 하나의 새로운 이론이 아니다. 그것은 근원적인 시각의 전환을 담고 있기 때문이다. 이러한 의미에서 이 책이 제시하는 체험주의적 시각은 과거의 윤리학적 전통을 "동요시키는 동시에 해방시키는"(unsettling and liberating) 지적 도전이다.

저자인 존슨 교수는 옮긴이의 은사다. 옮긴이는 존슨 교수가 서던 일리노이대학교(Southern Illinois University at Carbondale)에서 가르칠 때 그의 지도로 철학박사 학위를 받았으며, 그 과정에서 존슨 교수는 옮긴이에게 무엇을 철학적 문제로 간주할 것인지, 또한 그 문제를 어떻게 다루어야 할 것인지에 관해 값진 가르침을 주었다. 옮긴이는 이 책이 앞서 번역했던 존슨 교수의 『마음 속의 몸』과 연장선상에 있다는 점에서 자연스럽게 우리말 번역을 시작했다.

이 번역과 관련해서 특별한 감사를 드려야 할 분들이 있다. 존슨 교수는 한국어판을 위해 새로운 「서문」을 써 주었을 뿐만 아니라 이 번역 작업이 완성되기까지 옮긴이의 크고 작은 물음에 대해 지속적인 조언과 도움을 아끼지 않았다. 이 책에서 빈번히 나타나는 칸트 윤리학 관련 저술의 인용은 백종현 교수님이 번역한 『윤리형이상학 정초』(서울: 아카넷, 2005)와 『실천이성 비판』(서울: 아카넷, 2002)에 의존했다. 이 지면을 통해 백종현 교수님의 진지한 노고에 감사를 표하고 싶다. 전남대학교 철학과 김양현 교수는 칸트에 대한 옮긴이의 일천한 이해를 보완할 수 있도록 섬세한 지적과 조언을 아끼

지 않았다. 전남대학교 대학원 철학과의 주선희 님과 김태우 님은
섬세한 교열을 통해 크고 작은 잘못을 바로잡아 주었다. 번역 판권
과 관련된 우여곡절 끝에 이 책의 출판을 가능하게 해 주신 서광사
김찬우 부장님, 그리고 우리 철학계의 어려운 출판 여건 속에서도
학문적 명분을 앞세워 쾌히 출판을 허락해 주신 김신혁 사장님에게
도 특별한 감사를 드린다. 끝으로 편집 과정에서 크고 작은 문제들
을 섬세하게 다듬어 주신 편집부 최민희 님에게도 깊은 감사를 표하
고 싶다.

2008년 여름
옮긴이

| 차례 |

    지난 25년여 동안 가장 자극적인 지적 발전의 하나는 마음, 사고, 언어, 지식, 가치 등에 관한 경험적 탐구에 집중했던 인지과학의 출현일 것이다. 인지과학은 철학을 심리학, 생물학, 진화론, 언어학, 인류학, 사회학, 신경과학 등과 융합시킨다. 이 책은 인지신경과학이 번성해 가는 시점에서 우리가 인간의 도덕성과 윤리적 추론을 어떻게 이해하는지를 탐색하려는 시도를 담고 있다.

    삶을 산다는 것은 매일매일 중요한 윤리적 결정들에 직면한다는 것을 말한다. 예를 들어 우리는 어떻게 지구의 자연 자원을 최선의 방식으로 이용할 것인지, 동물을 어떻게 대할 것인지, 항상 진실을 말해야만 하는지, 다른 사람을 배려하는 데 얼마나 책임이 있는지, 가족과 나라에 대해 어떤 성실성을 가져야 하는지를 결정해야 한다. 흔히 우리는 타인에 대한 인지된 의무와 자기 고양 사이에서 갈등하는 스스로를 경험한다. 삶의 윤리적 문제와 불확실성에 대처하려는 탐색 과정에서 우리는 흔히 우리의 문화적·종교적 전통이 전형적으로 제시하는 윤리적 가치와 원리들을 찾는다.

    이러한 도덕적 불확실성과 혼동 앞에서 사람들이 흔히 자신들의 윤리적 물음에 대한 답을 절대적 원리나 법칙에서 찾는 것은 놀라운 일이 아니다. 우리는 부딪힐 가능성이 있는 모든 도덕적 문제들에 대해 윤리적 지침, 즉 옳은 답을 제시하는 보편적 도덕 법칙이 존재할 것이라고 믿고 싶어 한다.

그렇지만 보편적 도덕 법칙이라는 이러한 이상은 도덕적으로 훌륭한 삶을 이끌어 가는 데 대부분 도움이 되지 않는 것으로 드러나며, 나아가 그것은 인간의 이해와 판단에 관해 인지과학이 밝혀 주는 것들과 상충되는 것으로 보인다. 이 책에서 나는 도덕성에 관한 표준적인 견해, 특히 내가 「도덕 법칙」 이론이라고 부르는 견해에 도전하는 몇몇 과학적인 증거를 개관하려고 했다. 인간의 인지와 평가에 관한 경험적 탐구는 우리에게 익숙한 것과는 매우 다른 충격적인 새로운 구도를 제시한다. 그것은 우리의 도덕 개념들이 문자적이 아니라 은유적이며, 또한 그것들이 인지적 원형들(prototypes)에 의해서 정의된다는 사실을 보여 준다. 만약 이것이 사실이라면 우리가 직면할 수 있는 모든 상황에서 어떻게 행위할 것인지를 말해 줄 수 있는 문자적인 도덕 개념이나 원리들의 보편적 집합은 존재하지 않는다.

인지과학이 우리의 도덕적 이해에 통찰을 제공한다고 자칭하는 것은 많은 사람들에게 불편한 일일 수 있다. 그들은 과학은 기껏해야 사람들이 실제로 행하고 추론하는 것을 기술할 수 있을 뿐이며 도덕적 규범을 제시하거나 우리가 어떻게 추론하고 행위해야 하는지를 알려 줄 수 없다고 주장한다. 그들은 그 규범적 지침이 종교 아니면 도덕철학에서 와야 한다고 주장한다. 나는 윤리학과 인지과학의 관련성에 대한 이러한 비판이 왜 잘못된 것인지를 보이려고 했다. 나는 또한 몇몇 대중적인 도덕 이론들이 어떻게 도덕적 사고의

16

본성에 관한 이러한 새로운 탐구에 의해 무너지는지를 드러냄으로써 그것들의 부적절성을 분석하려고 했다.

  물론 도덕적 명령 이론, 칸트의 이론, 공리주의 이론 등 이론들을 비판하는 것만이 전부는 아니다. 우리는 동시에 마음에 관한 인지적 탐구에 의해 뒷받침되는 대안적인 도덕성 개념을 필요로 한다. 나는 그 최선의 대안적 견해가 미국의 실용주의 철학자 듀이(J. Dewey)가 『인간의 본성과 행위』(*Human Nature and Conduct*, 1922)에서 제시했던 것과 유사한 어떤 것이라고 생각한다. 듀이의 이론은 도덕적 사유를 특정한 시점에 우리에게 열려 있는 가능한 행위 방향에 대한 극적인 상상적 연습의 한 형태로 본다. 듀이는 보편적 명령이나 보편적인 도덕적 이성을 우리의 도덕적 탐구나 문제 해결의 근거로 작용하는 공유된 도덕적 상상력으로 대체하고 있다. 그는 도덕 원리들을 사람들이 과거의 도덕적 사유 안에서 중요하다고 받아들였던 숙고들의 요약으로 간주하는데, 그것들은 결코 절대적인 도덕 규칙들이 아니다. 듀이는 유일한 실제적 대안이 지각적이고 감수성 있으며, 자기비판적인 도덕적 상상력을 함양하는 것이라고 본다. 듀이에 따르면 이것은 우리에게 도덕적 원리주의를 포기하고 대신에 도덕적 판단의 적절한 근거로서 품성, 이해, 감정이입, 창조적 전망의 함양에 초점을 맞추도록 요구한다.

  요약하면, 나는 지난 사반세기 동안 인간 본성, 마음, 이성에 관한 인지과학의 핵심적 발견들이 갖는 윤리학적 함의를 추적하려고 했다. 이 함의들의 일부는 표준적인 도덕 이론들에 대해 부정적이거나 비판적이며, 일부는 도덕적 상상력에 근거한 윤리적 추론의 모형을 제안한다는 점에서 좀 더 구성적이다. 경험적인 것에 근거한 모든 이론에 대해 그 주장이 상이한 사회나 문화를 통해 타당한가를

묻는 것은 항상 중요한 시금석이다. 그것이 내가 이 책이 한국어로
번역되는 것을 환영하는 이유이며, 동시에 나는 그 핵심적인 생각들
이 도덕적 사고에 심리학적으로 실제적인 견해를 제공하는 데 통찰
력 있고 유용한 것으로 드러나기를 기대한다.

2008년 4월
오리건 유진에서
마크 존슨

　폭넓고 강한 감각을 가진 사람들은 모두 규칙 숭배자들에 대해 본능적인 혐오감을 갖고 있다. 왜냐하면 그런 사람들은 일찍이 삶의 신비로운 복합성이 규칙들에 포괄되지 않으며, 그러한 종류의 정형화 안에 우리 자신을 얽매는 것이 성장하는 통찰과 공감에서 비롯되는 모든 신적인 고무와 영감을 억압하는 것임을 깨달았기 때문이다. 규칙 숭배자들은 도덕적 판단을 내릴 때 오직 일반적 규칙에 근거해서만 지도받는 정신의 흔한 대표자들이다.

조지 엘리엇, 『플로스 강의 물방앗간』(The Mill on the Floss)

　많은 사람들은 오늘날 우리의 도덕적 혼동을 벗어나는 길이 우리 삶을 지배해야 하는 궁극적인 도덕 원리와 법칙들을 명료화하고, 그것들을 일상적으로 마주치는 구체적 상황에 합리적으로 적용하는 방법을 배우는 것이라고 생각한다. 어떤 사람은 이 도덕 법칙이 신으로부터 온다고 믿으며, 어떤 사람은 그것이 보편적인 인간 이성에서 비롯된다고 생각하며, 또 어떤 사람은 그것이 보편적인 인간의 감정에 근거하고 있다고 본다. 도덕 원리의 원천에 관한 이 견해들의 불일치가 아무리 크다 하더라도 그것들은 모두 도덕적으로 사는 것이 기본적으로 도덕적 규칙에 대한 **도덕적 통찰**―그 규칙들에 의해 요구되는 '옳은 일을 하려는' 의지의 강도와 결합된―의 문제라는 점에 동의한다.

도덕에 관해 널리 수용되는 이러한 생각에는 결정적인 것이 빠져 있다. 그것은 도덕적 추론에서 상상력의 기본적 역할에 대한 인식이다. 우리 인간은 가장 세속적이고 자동적인 지각 행위로부터 가장 추상적인 개념화나 사유에 이르기까지 상상적 존재다. 결과적으로 우리의 도덕적 이해는 대부분 영상, 영상도식, 은유, 서사 등과 같은 상상력의 다양한 구조들에 의존하고 있다. 따라서 도덕적 추론은 기본적으로 하나의 상상적 활동이다. 왜냐하면 그것은 상상적으로 구조화된 개념들을 사용할 뿐만 아니라 상상력으로 하여금 특정한 상황에서 무엇이 도덕적으로 관련되는지를 식별하고, 다른 사람들이 사물을 어떻게 경험하는지에 관해 감정이입적으로 이해하고, 특정한 경우에 우리에게 열려 있는 가능성의 전 영역을 조망하도록 요구하기 때문이다.

도덕적 상상력이 없는 도덕 원리는 사소한 것이 되고, 적용 불가능한 것이 되며, 심지어는 도덕적으로 구성적인 행위에 장애가 된다. 엘리엇(G. Eliot)의 '규칙 숭배자'는 전쟁터가 아니라면 이로운 것보다는 해로운 것이 더 많은 편이다. 왜냐하면 타인에게 섬세하고 책임 있게 행동하는 데 필요한 섬세한 분별 능력이 없기 때문이다. 반면에 원리 또는 모종의 근거가 결여된 도덕적 상상력은 자의적이고 무책임하며 유해한 것이다. 도덕적 제약은 존재하지 않으며, 유일한 도덕적 제재는 처벌에 대한 두려움과 보상에 대한 기대뿐이라고 믿는 사람은 흔히 절대적 원리를 주장하는 사람들보다도 더 큰 해악을 저지른다. 두 유형의 사람은 모두 도덕적 이해와 추론에서 상상력의 중심적 역할을 무시함으로써 도덕성에 해가 된다.

　이 책에서 나는 도덕적 상상력이 무엇인지, 그것이 왜 도덕성에 중요한지를 이야기하려고 한다. 나는 기껏해야 도덕이라는 풍경화에서 이 방대하면서도 비교적 알려지지 않은 영역에 몇 가지 모험적 걸음을 내디뎠을 뿐이라는 사실을 알고 있다. 과거에 무시되어 왔던 도덕적 이해라는 영역에 대한 주장 가능성에 대한 나의 처음 흥분은 그것의 작은 부분을 탐구하면서 부딪치게 된 상당한 어려움 때문에 가라앉았다. 아마도 가장 큰 장애는 도덕적 경험의 이러한 상상적 차원들을 적절하게 기술할 수 있는 개념적 프레임의 부재였을 것이다. 충분한 해명을 위해서 나는 전통적인 도덕성 개념들의 바탕에 놓여 있는 가장 기본적인 몇몇 개념적 이분법―예를 들면, 지성과 느낌, 이성과 상상력, 마음과 몸 등―을 포기해야만 했다.

　도덕적 상상력의 본성과 함의들을 기술하려는 나의 시도는 세 개의 연속적 단계로 전개된다. 첫째는 우리의 일상적인 도덕적 전통을 구성하는 주된 상상적 구조를 식별하는 일이다. 두 번째는 문화적으로 전승된 도덕성 견해의 몇몇 측면들이 우리가 인간의 개념화와 추론의 상상적 본성에 관해 알고 있는 것들과 상충하는 정도를 결정하는 일이다. 세 번째는 내가 비판했던 견해들을 대체할 수 있는 것으로서 상상적인 도덕적 추론에 대한 대안적이고 건설적인 견해의 윤곽을 개관하는 일이다.

　도덕성에 관한 전통적인 통속 이론의 상상적 특성의 분석이라는 첫 번째 계획과 관련해서 나는 그 자체로서는 적어도 적절하고도 통찰적인 해명을 제시했다고 확신한다. 물론 포괄적인 분석을 제시하기 위해서는 수십 년에 걸친 심화된 연구가 필요할 것이다. 사실상 거의 모든 도덕 개념들과 그것들을 연결시켜 주는 복합적인 상상적 구조들은 섬세하고도 철저한 탐색을 요구할 것이기 때문이다.

도덕성에 관한 표준적인 통속 이론의 인지적으로 부적절한 측면들에 대해 비판하려는 두 번째 계획과 관련해서 나는 이중적인 생각을 갖고 있다. 한편으로 나는 몇몇 주된 유형의 상상적 구조들이 어떻게 서구 도덕적 전통의 적합성에 관해 매우 심각한 문제를 제기하는지를 드러냈다. 다른 한편으로는 나의 분석의 폭이 제한적이기 때문에 인간의 사고에 관한 경험적 연구가 서구의 전통적인 도덕성의 토대를 이루고 있는 개념과 추론에 관한 견해에 도전하는 방식들에 대한 내 주장의 일부가 내가 제안했던 것보다 덜 파괴적인 것으로 드러날 수도 있다. 그러나 내 분석과 비판이 어떤 한계를 드러내든 나는 도덕성의 상상적 본성을 진지하게 받아들이는 것은 윤리학에 관한 전통적인 개념들의 대규모적 수정을 요구한다고 확신한다.

기본적으로 상상적인 것으로서의 도덕성에 관한 건설적인 대안적 견해를 개관하려는 세 번째 계획과 관련해서 나는 종종 내가 도덕적으로 중요한 어떤 것을 다루고 있다는 희망적인 기대를 하면서도 여전히 좌절과 불안을 함께 경험했다. 이 적극적인 계획의 주된 난점은 도덕 이론 자체의 본성과 관련되어 있다. 내가 비판하는 전통적인 도덕성 견해에 따르면 도덕성 이론은 도덕 원리들과 그것들의 적절한 적용을 명백하게 밝힘으로써 우리에게 도덕적 지침을 제시한다고 주장한다. 이러한 도덕성 개념이 의존하고 있는 총체적인 프레임, 그리고 이와 함께 엄격한 도덕적 지침이나 통제를 제시하려는 계획을 뒷받침해 주는 다수의 개념적 구분들을 비판함으로써 나는 대안적인 견해가 어떻게 우리 삶에 도덕적 지침을 제시할 것인지에 관한 물음에 직면하게 되었다. 내가 제시하는 종류의 '지침'은 '옳은 행위'를 규정해 주는 종류의 것이 아니다. 오히려 그것은 하나의 옳은 행위가 있다고 믿는 것이 왜 해로운 것일 수 있는지를 설명해 준다. 그것은 도덕적 이해나 통찰, 감정이입 등에서 비롯되는 종류의 지침이다. 그것은 도덕적 감수성을 갖는 데 필수적인 유형의 지식과 의식을 계발하는 데 도움이 된다.

근원적으로 상상적인 대안적인 도덕성 개념을 더 나은 사람으로 되는 것을 도와주는 방식으로 정립하려는 웅대한 계획은 대체적으로 여전히 미완으로 남아 있다. 8장과 10장에서 나는 이 대안적 견해의 기본 요소들이 무엇을 포함하게 될 것인지에 관해 말하려고 했다. 그렇지만 그것들이 윤리학이나 정치학, 사회 이론들에 대해 갖는 모든 중요한 함의들을 이해하는 데에는 거의 근접하지 못했다. 한 가지 사실은 분명하다. 만약 우리가 도덕적 상상력을 진지하게 받아들인다면 서구 문화로부터 전승된 도덕성 개념에 관해 근원적인 재고가 필요할 것이다. 그러면 우리는 도덕 법칙의 정식화가 아니라 도덕적 상상력의 함양을 우리의 일차적인 과제로 삼아야만 할 것이다.

감사의 글

　　지난 15년 동안 맥클루어(G. McClure) 교수는 나에게 도덕적 삶을 위해서 삶의 비극이나 인간적 평안의 나약함, 우리가 행하는 모든 것에서 도덕적 상상력의 중요성에 대한 이해가 없는 한 도덕 원리를 확보하는 것만으로는 결코 충분치 않다는 점을 지속적으로 상기시켜 주었다. 그는 나에게 연민과 선의지가 결여된 도덕 원리들이 공허하며, 심지어 해로운 것이라는 사실을 가르쳐 주었다. 맥클루어 교수는 나와 함께 신체화되고 상상적인 개념들, 또 그 개념들을 사용하는 추론에 관해 많은 이야기를 나누었으며, 이것이 어떻게 도덕성에 관한 서구의 표준적 견해의 몇몇 측면들을 무너뜨리는지 이해할 수 있도록 도와주었다. 이 책을 그를 기리는 데 바친다.

　　레이코프(G. Lakoff)에 대한 나의 지적·인간적 빚은 헤아릴 수 없다. 도덕성에 대한 우리의 이해의 바탕에 놓여 있는 개념들에 대한 나의 분석에 어떤 적절성이라도 있다면 그것은 대부분 인간의 개념체계가 어떻게 작용하는지에 대한 그의 심오한 이해와 언어를 분석하는 그의 놀라운 능력 덕택이다. 나는 도덕성과 정치학, 경제학, 심리학, 사회 이론, 예술에 있어서 인지의미론의 중요성과 관련해서 우리가 세웠던 계획의 작은 부분만을 서술할 수 있었다. 그러나 나는 내가 이룰 수 있었던 것이 적어도 우리의 비전에 부합하는 것이기를 바란다.

유사한 방식으로 나는 도덕성과 법에 대한 놀라운 통찰 때문에 반복적으로 윈터(S. Winter)에 의지했다. 그는 내 저작의 연속적인 원고들에 대한 반복적인 논평을 통해 내가 말하려고 하는 것이 무엇인지, 그것을 말하기 위해 사용할 논증과 증거를 어떻게 찾을 수 있는지를 발견하도록 도와주었다. 법적 추론의 은유적·상상적 특성에 대한 윈터의 작업은 도덕적 추론에 대한 나의 탐구에서 모범적인 모형이 되었다.

맥콜리(R. McCauley)는 초고에 대해 방대한 논평을 해 주었으며, 수년 동안에 걸친 그의 비판적이면서도 협조적인 논의는 의미에 관한 나의 견해의 몇몇 인식론적·존재론적·도덕적 함의들이 명료해지도록 만들었다. 계몽주의의 도덕적 유산을 올바르게 다루어야 한다는 그의 주장은 우리의 유산 중 무엇이 좋고 무엇이 문제인지를 마음에 새기게 해 주었다.

알렉산더(T. Alexander)는 생명력 있는 도덕적 상상력 개념을 정교화하기 위해 나와 함께 끈기 있고 열정적으로 노력했으며, 규칙의 도덕성을 넘어서는 것이 어떻게 가능한지를 이해할 수 있도록 도와주었다. 나는 내가 갖고 있는 듀이적 도덕 개념과 관련해서 많은 측면에서 알렉산더에게 빚을 지고 있다.

스위처(E. Sweetser)의 시사적인 논평은 이 책의 구조를 재구성할 수 있게 해 주었으며, 광범위하게 관련된 문제들, 특히 인간 경험과 이해의 서사적 특성에 관한 지속적인 대화에 대해 감사를 다할 길이 없다. 나는 또한 초고에 대한 터너(M. Turner)의 논평, 또 인간의 이해와 추론의 본성에 관한 그의 작업에서 많은 것을 배웠다.

나는 또한 이 책이 지금의 모습을 갖추도록 이끌어 준, 플래너건 (O. Flanagan)과 익명의 검토위원의 매우 유익한 논평과 제안에 감사를 표하고 싶다.

캘리포니아대학교(버클리) 인지연구소의 에스펜슨(J. Espenson), 골드버그(A. Goldberg), 슈워츠(A. Schwarz), 타우브(S. Taub)는 2장에 포함된 은유 분석의 일부를 수행하는 데 도움을 주었다.

이 책의 초고는 내가 미국고등교육협의회(American Council of Learned Societies)의 연구비를 받고 있던 1989~90년에 씌어졌는데, 그 협의회에 깊은 감사를 드린다. 나는 또한 1989년 여름 동안 NEH 하계 연구비의 혜택을 받았다.

도덕성에 관한 나의 이해를 형성하는 데 도너건(A. Donagan)이 중요한 역할을 했다는 점을 언급해 두고 싶다. 그는 나에게 내가 도덕 이론에 관해 알고 있는 대부분의 것을 가르쳐 주었다. 더욱 중요한 것은 그가 나에게 고귀하고 절도 있는 방식으로 살아가는 삶의 모형을 제시해 주었다는 점이다.

끝으로 나는 사랑과 연민 — 도덕성의 가장 깊은 뿌리인 — 이 무엇을 의미할 수 있는지를 보여 준 데 대해, 또한 내가 인간의 도덕적 경험의 실재에 대한 깊은 이해보다는 추상적 이론에서 비롯된 어리석은 주장을 쏟아 낼 때마다 비웃어 준 데 대해 나의 아내 샌드라 (Sandra McMorris Johnson)에게 빚을 지고 있다.

인지과학이 어떻게 윤리학을 바꾸는가?

1_도덕적 상상력

나의 주된 논제는 인간이 기본적으로 상상적인 도덕적 동물이라는 것이다. 이것은 도발적이고 어쩌면 파괴적인 논제일 것이다. 왜냐하면 만약 인간의 이해와 추론의 상상적 차원을 진지하게 받아들이면 우리가 공유하는 서구의 도덕성 개념의 몇몇 기본적 가정들이 심각한 문제를 안고 있다는 사실이 드러날 것이기 때문이다. 우리는 도덕적 추론에 관한 표준적인 견해 ─ 도덕적 추론이 주어진 상황에서 유일한 '옳은 행위'를 말해 주는 적절한 보편적 도덕 원리를 구별하는 것으로서 ─ 에 많은 잘못이 있다는 것을 알게 될 것이다.

인간 이성의 상상적 특성을 탐색하는 것은 우리를 동요시키는 동시에 해방시키는 작업이다. 그것은 서구의 도덕적 전통으로부터 물려받은 도덕성 개념에 대한 철저한 재평가를 요구한다는 점에서 동요시키는 측면이 있다. 우리는 규칙 따르기로서 이러한 전통적 도덕성 구도가 인지과학의 경험적 탐구를 통해 잘못된 것으로 드러난 개념과 이성에 관한 견해를 전제하고 있음을 깨닫게 될 것이다. 서구의 전통적인 윤리 개념은 흔히 한편으로는 도덕적 문제들에 대한 전승된 견해, 다른 한편으로는 사람들이 실제로 도덕적 딜레마를 경험하는 방식 사이에 심각한 갈등을 초래한다.

다행히도 도덕적 숙고의 상상적 구조에 초점을 맞추는 것은 단순히 우리를 도덕적 불안과 동요의 상태에 묶어 놓지는 않는다. 왜냐하면 그것은 동시에 해방시키는 것으로서 도덕성에 관한 건설적인 대안적 견해를 제공해 줄 수 있기 때문이다. 이러한 종류의 심오한 도덕적 자기 검토는 도덕성에 대해 심리학적으로나 철학적으로 현실적인 이해를 제공함으로써 우리를 자유롭게 만들어 준다. 인지과학에서 최근의 경험적 탐구는 개념들과 그 개념들에 대한 우리의 사유가 신체적 경험의 본성에 근거하고 있으며, 다양한 종류의 상상적 과정에 의해 구조화되어 있다는 것을 보여 준다. 결과적으로 도덕적 추론이 이러한 동일한 일반적 인지 능력을 사용하기 때문에 도덕적 추론 또한 의미의 신체화된 구조들에 근거하고 있으며, 따라서 일관되게 상상적이다. 이것은 도덕적 이해와 숙고의 질이 도덕적 상상력의 함양에 결정적으로 의존하고 있다는 것을 의미한다.

도덕적 추론은 일차적으로 보편적인 도덕 법칙이 아니라 주로 다음과 같은 두 가지 기본 층위의 은유적 개념들에 근거한 구성적인 상상적 활동이다. (1) 가장 기본적인 도덕적 개념(예를 들면 의지, 자유, 법칙, 권리, 의무, 평안, 행위 등)은 전형적으로 단일한 개념에 대한 중층적인 '은유적 사상'(metaphorical mappings)에 의해 은유적으로 정의된다. (2) 특정한 상황을 개념화하는 방식은 서구 문화 구성원들의 공통적 이해를 형성하는 체계적인 개념적 은유들의 사용에 의존하고 있다. 바꾸어 말하면 주어진 상황을 구조화하고 범주화하는 방식은 우리가 그것에 대해 추론하는 방식을 결정할 것이며, 그것을 어떻게 구조화할 것인지는 어떤 은유적 개념을 사용할 것인지에 달려 있을 것이다. 따라서 우리 탐구의 해방적 측면은 그것이 도덕적 이해의 깊이를 제시하는 방식으로 드러날 것이다. 그 깊이는 도덕적 추론이 상상적이라는 사실, 그리고 도덕적 지식의 상상적 구조가 무엇인지, 그리고 과연 우리가 더 나은 삶을 유지할 수 있는 방식으로 그것들을 바꿀 수 있으며, 또 어떻게 그것이 가능한지에 관한 학습에 근거하고 있다.

전통적인 도덕성 개념의 본성 때문에 우리는 대부분 '도덕적 상상력'이라는 용어를 일종의 모순어법(oxymoron)이라고 생각한다. 서구 문화 안에서 우리는 도덕성이 이성의 본질에서 비롯되는 보편적 도덕 법칙 또는 규칙들의 체계일 뿐이라는 그릇된 견해를 물려받았다. 이 견해에 따르면 도덕적 추론은 이러한 도덕 법칙들을 일상적 삶에서 직면하는 구체적 상황들에 적용하는 문제다.

이와는 대조적으로 우리는 상상력이 어떤 규칙에도 지배받지 않고, 어떤 합리적으로 정의된 개념들의 제약도 받지 않는, 주관적이고 자의적이며 창조적인 과정으로 간주하도록 교육받아 왔다. 그래서 우리는 상상력을 소위 합리적인 도덕적 숙고에 다양한 종류의 특이하고 불확정적이며 정서적인 환상의 비행을 유입시키는 것으로 간주함으로써 그것을 도덕성의 적으로 간주하게 되었다. 도덕적 추론에서 상상력의 존재는 모든 도덕 법칙과 규칙들을 불가능한 것으로 만듦으로써 도덕성의 합리적이고 보편적인 특성을 훼손하는 것으로 생각되었다. 추정컨대 만약 당신이 어떻게 행위할 것인지를 결정하는 데 전적으로 당신의 상상력에만 의지하며, 나는 나의 상상력에만 의지한다면 도덕성의 합리적 근거는 사라질 것이며, 우리가 공유할 강제적 규칙도 사라질 것이며, 극단적인 형태의 도덕적 상대주의를 막아 줄 어떤 것도 존재하지 않을 것이다.

상상력이 주관적이며 무합리적이라는 생각은 그릇된 동시에 위험
하다. 나는 상상력이 영상들의 무제약적인 놀이라는 잘못된 생각을
동반하는, 이성과 상상력의 이러한 엄격한 분리가 오늘날 우리가 마
주하고 있는 도덕성에 관한 두 가지 지배적 견해, 즉 도덕적 절대주
의와 도덕적 상대주의에 의해 공유되고 있다는 사실을 드러낼 것이
다. 이 견해들은 극단적으로 대립적이지만 사실상 모두 상상력, 그
리고 상상력과 이성의 관계에 대해 동일하게 잘못된 가정들에 근거
하고 있다.

2 _ 도덕적 절대주의와 도덕적 상대주의: 두 가지 그릇된 견해

도덕적 절대주의는 어떤 행위가 옳으며, 어떤 행위가 그른지를 말
해 주는, 보편적으로 강제적인 절대적 도덕 법칙이 존재한다고 주장
한다. 도덕적 절대주의는 상상력이 '순전히' 주관적일 뿐이며, 따라
서 법칙들의 도덕성 안에서 어떤 자리도 없다고 가정한다.

대립적 입장인 도덕적 상대주의는 어떤 도덕 법칙도 존재하지 않
는다고 주장하거나, 만약 도덕 법칙이 존재한다면 그것은 특정한 문
화 집단에 상대적이거나 특정한 역사적 맥락에서만 유효하다고 주
장한다. 그러므로 상대주의는 보편적으로 타당한 도덕 법칙은 존재
하지 않으며, 모든 평가의 기준은 전적으로 우연적이고 문화 의존적
이라고 주장한다. 만약 도덕적 상대주의자가 상상력을 받아들인다
면 그 이유는 오직 상상력이 전적으로 무제약적이고, 이성에 대립적
이며, 도덕적 보편성의 가능성을 침식한다고 생각하기 때문이다.

이 두 견해와는 반대로 우리는 상상력이 주관적이거나 무제약적이지 않으며, 또 비합리적이지도 않다는 것을 보일 수 있다. 도덕적 이해가 상상적이라는 사실은 두려워하거나 우려할 만한 일이 아니다. 그것은 공유된 도덕적 지식의 가능성을 거부하지 않는다. 공유된 도덕적 이해를 구성하는 은유들─도덕성의 '통속 이론들'─은 어떤 도덕적 전통에서 우리 모두에게 공통적으로 수용되며, 나아가 하나의 공유된 세계를 살아갈 수 있도록 만들어 주는 것의 일부를 이룬다.

또한 도덕적 평가에서 상상적 과정의 편재성은 도덕적 비판이라는 개념을 배제하지도 않는다. 인간은 기본적으로 상상적 존재이기 때문에 경험에 대한 이해는 인지의 상상적 재료로 구성되어 있다. 표준 이론과는 대조적으로 그러한 은유들과 여타의 상상적 구조들이야말로 애당초 비판을 가능하게 해 주는 어떤 것이다. 왜냐하면 그것들은 특정한 도덕적 입장의 장점을 평가할 수 있는 기준으로서 대안적 시각과 개념을 제공해 주기 때문이다. 그것들은 의도된 행위의 개연적 귀결을 조망할 수 있게 해 준다. 즉 다른 사람이 그 의도된 행위에 의해 어떤 영향을 받을지, 그 행위가 우리 관계를 어떻게 변화시킬 수 있는지, 또 우리가 어떻게 성장할 것인지에 관해 그 행위가 어떤 가능성을 열어 주거나 가로막을 것인지 등이 그것이다.

더욱이 우리가 경험으로부터 배울 수 있는 것은 일차적으로 은유적 추론 덕택이다. 현재의 상황을 위해서 과거 경험의 함축을 도출하려고 할 때 은유적 추론은 필수적이다. 이 때 우리는 도덕적으로 문제가 없는 명확한 사례들을 넘어서서 그것들을 비전형적이거나 전적으로 새로운 사례들에 투사할 수 있어야만 한다. 이 결정적인 과제를 어떻게 수행할 것인지를 알려주는 규칙은 없지만 그것은 여전히 도덕적 숙고의 본질을 이루고 있다. 우리는 은유적 추론이 이 투사를 가능하게 해 준다는 것을 알게 될 것이다. 왜냐하면 비전형적 사례들은 흔히 방사상 범주(radial category) 안에서 핵심적 사례들의 은유적 확장물이기 때문이다.

그렇다면 도덕적 절대주의와 도덕적 상대주의는 모두 기본적으로 잘못된 것일 뿐만 아니라 우리를 오도하는 견해들이다. 내가 보이려는 것처럼 그것들은 이성과 상상력에 관해 그릇된 견해를 갖고 있다는 점에서 부적절한 것이다. 결과적으로 그것들은 도덕성에서 무엇이 가능하며 무엇이 가능하지 않은지, 또한 도덕적 이해를 구성하는 것이 무엇인지에 관한 그릇된 기대를 불러온다.

3_「도덕 법칙」 통속 이론

절대주의와 상대주의가 어떻게 우리를 잘못된 길로 이끌어 가고 있는지를 이해하기 위해서는, 이 견해들이 서로 대립적으로 보이지만 사실상 어떻게 내가 「도덕 법칙」 통속 이론이라고 부르는 것의 배후에 자리 잡고 있는 유사한 가정들을 전제하고 있는지를 살펴보는 것이 도움이 될 것이다. 내가 말하는 '도덕 법칙 이론'은, 도덕적 추론이 특정한 상황에서 구체적 사례들을 '옳은 행위'를 명시해 주는 도덕 법칙 또는 규칙들에 포섭시키는 것이라고 보는 모든 견해를 의미한다. 도덕 법칙 이론과 그 이론의 모든 가정들은 종교적 윤리학은 물론 주류적인 비신학적 합리주의 윤리학의 바탕에 자리 잡고 있는 도덕성에 관한 공유된 통속 이론을 형성할 만큼 서구의 문화적 유산 안에 넓게 유포되어 있다. 우리는 대부분 그러한 통속 이론이 서구의 도덕성 개념의 바탕에 자리 잡고 있다는 사실을 아예 의식하지도 못한다. 우리는 그저 그것을 의문의 여지가 없는 사실로서 무반성적으로 받아들이며, 그것을 중심으로 삶을 형성한다. 그것은 너무나 자동적이고 무의식적으로 작용하기 때문에 대안적인 도덕적 프레임에 관해 상상하는 것조차도 매우 어려운 일이 되었다.

도덕적 객관주의는 명시적으로 「도덕 법칙」 이론을 가정한다. 객관주의는 절대적인 도덕 법칙이 존재하며, 그것이 이성에 의해서 발견될 수 있으며, 또 직접적이고 객관적으로 실제 상황에 적용될 수 있다고 주장한다.

두 가지 형태의 도덕적 상대주의 또한 「도덕 법칙」 이론의 가정들을 받아들이지만 그 방식은 각각 다르다. 첫 번째 버전은 도덕성이 도덕 법칙을 따르는 문제라고 주장하지만 그것이 특정한 문화나 사회에 상대적으로만 구속력을 갖는다고 본다. 두 번째 버전은 합리적으로 옹호될 수 있는 공유된 도덕적 기준이 존재한다는 사실을 원천적으로 부정하며, 따라서 이 버전은 도덕성이 비합리적이며 주관적이라고 결론짓는다. 그러나 이 주장은 「도덕 법칙」 이론의 배후에 자리 잡고 있는 주요 개념과 가정의 일부를 암묵적으로 수용한다. 이를테면 보편적 도덕 법칙이 존재할 때에만 객관성, 합리성, 비판 등이 존재할 수 있다고 보는 것이다. 이 논증은 「도덕 법칙」 이론만이 합리적 비판의 가능성을 확보해 주는 유일한 길이라는 잘못된 가정을 받아들이고 있다. 그래서 그것은 절대적 도덕 법칙을 확보할 수 없기 때문에 도덕성은 비합리적이고 상대적일 수밖에 없다고 결론짓는다.

여기에서 나의 핵심적 논제는 대부분 사람들의 삶을 이끌어 가고 있는 전통적인 「도덕 법칙」 이론이 매우 부적절하다는 것이다. 그것

34

은 문화적 통속 이론으로서의 소박한 형태로 잘못된 것이며, 이 잘
못들은「도덕 법칙」에 근거하고 있는 윤리학에 관한 모든 철학적 이
론들에 유입되었다. 나는 마치 보편적이고 탈신체화된 이성 ─ 우리
가 직면하는 모든 상황에서 옳음과 그름을 판단하는 기준이 되는 절
대적 규칙과 결정 절차, 보편적이거나 정언적인 법칙을 산출해 주
는 ─ 을 지닌 것처럼 사고하고 행위하는 것이 도덕적으로 무책임한
일이라고 제안할 것이다.

　나는 일반적인 도덕 원리들의 실재성 또는 유용성을 부정하려는
것이 아니다. 그러한 도덕적 이상들은 문화 안에 실재하며 또한 도
덕적 지식의 중요한 부분을 구성한다. 그러나 우리의 일차적인 도덕
적 과제가 절대 도덕 법칙을 발견하고 적용하는 일이라는 생각은 도
덕성 문제에서 실질적으로 중요한 것들의 대부분을 놓치고 있다. 도
덕 법칙과 합리적 원리에만 초점을 맞추는 것은 인간의 평안을 위협
하게 된다. 왜냐하면 그것은 도덕적으로 감수성 있고 다른 사람들에
게 책임감 있게 되는 데 필수적인 도덕적 상상력의 함양 문제를 간
과하게 만들기 때문이다. 도덕 법칙을 따르는 것이라는 협소하고 단
순한 도덕성 개념은 도덕적 이해에서 핵심적인 상상적 차원 ─ 어떤
상황이나 관계에서 무엇이 중요한지를 식별하게 해 주며, 그 식별의
관점에서 지혜롭게 행위하게 해 주는 ─ 을 완전히 무시한다.「도덕
법칙」이론은 우리의 도덕적 지식을 황폐화시킨다. 앞으로 살펴보
겠지만 그것은 그릇된 심리학과 그릇된 형이상학, 그릇된 인식론,
그릇된 언어 이론을 전제하고 있기 때문이다.

　나는「도덕 법칙」이론이 일차적으로 인간의 개념과 이성의 본성
에 대해 잘못된 해명을 전제하고 있다는 점에서 잘못된 것이라고 주
장할 것이다. 그 두 가지 파생물인 절대주의와 상대주의도 모두 이

그릇된 이성과 상상력 이론을 물려받고 있다는 점에서 마찬가지로 잘못된 것이다. 절대주의/상대주의 구분은 그릇된 이분법이다. 그것은 우리에게 잘못된 두 가지 대립적 견해 중 하나를 선택하도록 강요한다. 우리는 모든 도덕 규칙이 보편적 인간 이성에 근거하고 있기 때문에 절대적이라고 말하거나 모든 가치와 원리는 특정한 문화적 맥락에 전적으로 상대적이라고 말하도록 강요받는다. 그러나 개념 구조와 의미, 이성에 관한 인지과학의 경험적 탐구들은 이 두 견해 모두 옳지 않으며, 또한 그것들이 도덕성을 설명하는 데 있어서 우리에게 주어진 가능성을 충분히 규명하고 있지도 않다는 것을 보여 준다. 비록 도덕적 이해가 절대적일 수는 없지만 그것이 취할 수 있는 형식들에 대한 제약이 존재한다는 사실을 보여 주는 충분한 증거가 있다.

유사한 그릇된 이분법은 상상력이 엄격하게 법칙 지배적(따라서 이성과 다르지 않은)이라는 견해와 상상력은 전적으로 무제약적이고 비합리적(따라서 공유된 도덕성을 지지하기에 부적절한)이라는 견해 중 하나를 선택할 것을 요구한다. 도덕적 이해의 상상적 구조를 탐색하게 되면 은유적 개념들과 여타의 상상적 구조들에 근거해서 수행하는 추론이 기본적으로 보편적 도덕 원리의 함축을 도출하는 문제가 아니라는 사실을 알게 될 것이다. 그렇지만 이러한 추론은 도덕적 숙고가 전적으로 상대주의적이거나 주관적으로 되는 것을 막아 주는 수많은 방식들의 제약을 받는다. 따라서 이 두 가지 그릇된 이분법은 모두 이성에 관한 잘못된 견해, 그리고 그와 연관되어 있는, 상상력에 관한 견해에 근거하고 있는 것으로 드러난다.

4 _도덕적 이해의 인지과학

　인간의 이성과 상상력의 본성에 관한 물음은 경험적 물음이다. 마음과 이성의 본성을 탐구하는 데에는 인지과학, 발달심리학, 언어학, 신경과학, 인류학, 컴퓨터과학 등 수많은 경험과학 분야가 있다. 이 다양한 분야들은 철학과 결합함으로써 그것들이 공유하는 물음과 탐구에서의 수렴적 노선에 의해 서로 연관되면서 통합적으로 '인지과학'으로 알려져 있다. 오늘날 인지과학은「컴퓨터 프로그램으로서의 마음」이라는 은유를 전제하는, 전통적인 인공지능이 초창기에 드러냈던 협소한 관심과 방법을 훨씬 더 넘어서 있다.

　새로운 세대의 인지과학자들은 관심의 폭이 더 넓을 뿐만 아니라 개념이나 마음, 추론의 모형을 개발하는 데 더 '경험적으로 책임 있는' 태도를 보인다. 제2세대 인지과학은 이제 인지와 언어, 이해에 관한 폭넓은 연구를 포괄하고 있으며, 마음이 작동하는 방식에 대한 우리의 시각을 바꾸고 있다. 신체적 상호작용에 근거하고 있는 것으로서의 개념, 근원적으로 상상적 특성을 갖는 것으로서의 개념에 대한 새로운 입장이 드러나고 있다. 심리학, 언어학, 인류학 등은 인지구조에 관한 일반화를 경험적으로 평가하는 방식들을 제공하기 시작한다. 그것들은 또한 인지의 신체적, 사회적, 문화적 차원의 중요성을 인정하기 시작한다.

　나는 인지과학이 도덕성에 대한 우리의 이해에 있어서 비판적 측면과 건설적 측면 모두에서 매우 중요한 귀결을 불러온다고 주장할 것이다. 비판적 측면에서 본다면 그것은 개념체계나 범주 구조, 개념적 프레임, 추론에 관해 알려지고 있는 것이 도덕성에 관한 전통적인「도덕 법칙」이론과 근본적으로 상충된다는 사실을 보여 준다.

좀 더 건설적인 측면에서 본다면 이 경험적 발견들은 상상적인 것으로서의 도덕적 이성 개념을 제공하며, 그것들은 서구의 표준적인 도덕 전통이 아예 존재한다고 인정할 수도 없었던 새로운 종류의 도덕적 이해를 함양할 것을 요구한다.

　인지와 언어에 관한 이러한 새로운 연구들이 어떻게 도덕성에 관한 표준 이론을 수정하도록 강요하는지에 관한 예비적 개념을 갖기 위해 이처럼 편재적인「도덕 법칙」통속 이론에 대해 예비적 해명을 하는 것이 좋을 것이다. 그것은 무엇이 도덕적 문제이며, 도덕적 추론은 어떻게 작용하며, 또 이것은 우리가 살아가야 하는 삶에 어떤 의미를 갖는지에 관해 서구 문화의 구성원으로서 공유하는 '통속 이론'이다. 다음 장에서 나는「도덕 법칙」통속 이론의 가정과 강령들에 관해 상세하게 해명할 것이다. 그 가정들을 개념과 추론에 관한 인지과학에서의 다양한 경험적 성과들과 대비시키기 위해 우선 다음과 같은 간략한 요약으로 충분할 것이다.

「도덕 법칙」통속 이론

　인간은 부분적으로 신체적이며 부분적으로 정신적이라는 이중적 본성을 갖는다. 우리 자신을 야수적 동물과 구별해 주는 것은 합리적 원리에 따라 추론하고 행위할 수 있는 능력이다. 동물에게는 없지만 인간이 가진 자유 의지란 바로 스스로 우리의 행위를 이끌어 가기 위해서 우리 자신에게 부여한 원리들에 따라 행위하는 능력이다. 따라서 자유는 이성이 우리 자신에게 부여하는 원리들에 따라 행위함으로써 유지된다. 신체적 열정과 욕구는 본유적으로 합리적이지 않기 때문에 신체적 측면과 정신적 측면 사이에는 뿌리 깊은 긴장이 있다. 그것이 바로 우리의 행위가 우리 자신과 타인들의 평안에 영향을 미칠 수 있는 상황에서 어떻게 행위해야 할 것인지를 말해 주는 이성을 필요로 하는 이유다.

이성은 도덕 법칙―어떤 행위가 도덕적으로 금지되며, 어떤 행위가 요구되며, 어떤 행위가 허용되는지를 규정해 주는―을 부여함으로써 의지를 지도한다. 보편 이성은 모든 도덕 법칙의 원천인 동시에 그 원리들을 구체적 상황에 어떻게 적용할 것인지를 알려 준다. 따라서 도덕적 추론이란 일차적으로 상황에 대한 정확한 기술에 도달하고, 어떤 도덕 법칙이 그것에 관련되는지를 결정하며, 또 그 도덕 법칙이 주어진 상황에서 어떤 행위를 요구하는지를 추론하는 문제다.

이것이 모든 사람이 식별할 수 있으며, 도덕성의 종교적 근거를 받아들이든 이성에 근거한 비신학적 도덕성을 옹호하든 우리 대부분이 옳은 것으로 받아들이고 있는 「도덕 법칙」 통속 이론의 일반적인 형태다. 도덕 이론가들 이외의 사람들이 거의 인식하지 못하는 것은 이 견해가 신빙성이 있으려면 몇 가지 다른 가정들이 동시에 성립해야만 한다는 점이다. 예를 들면 만약 도덕 법칙이 어떤 상황에 직접적으로 적용되려면 그 상황에 대한 우리의 개념화는 그 도덕 법칙이 진술된 방식으로 그 개념들에 정확히 합치해야 한다.

이것은 다음과 같은 세 가지 추가적 사실 또한 참일 것을 요구한다. (1) 모든 상황에 대한 유일하게 정확한 개념화가 있어야만 한다. 그렇지 않으면 어떤 도덕 규칙이 그 상황에 적용될 것인지를 추론할 수 없다. (2) 그 도덕 법칙이 진술되는 척도가 되며, 또한 고려되고 있는 상황에 적용되는, 일의적 의미를 지닌 개념들이 존재해야 한다. (3) 상황들은 그것들을 유일한 방식으로 기술하는 특성들의 목록에 의해 개념화가 가능해야 한다(말하자면 개념들은 그 적용을 위한 일련의 필요충분조건에 의해 정의되어야만 한다).

이「도덕 법칙」통속 이론은 도덕적 경험의 많은 중요한 양상들을 포착하고 있다. 그렇지만 그 안에는 또한 개념과 이성, 이해의 본성에 관해 인지과학이 밝혀낸 것과 양립 불가능한 많은 것이 있다. 결과적으로「도덕 법칙」통속 이론을 받아들이고 또 그것에 따라 살아가려고 하는 우리는 대부분 의식적으로든 무의식적으로든 어떻게 행위해야 하는가를 결정하려고 하면서 모종의 불가피한 긴장과 인지 부조화를 겪게 될 가능성이 높다. 내가 주장하려는 것처럼 중요한 문제는 사람들이 실제로 사물을 이해하는 방식에 합치하지 않는 견해를 따라 살아가려고 시도한다는 점이다.

제2세대 인지과학을 진지하게 받아들인다는 것이 어떻게 도덕철학을 변화시키게 될 것인지에 관해 간략한 예비적 개념을 소개하기 위해서는「도덕 법칙」통속 이론의 기저에 있는 다양한 가정들에 의문을 제기하는, 개념과 이성에 관한 몇몇 관련된 발견들을 고려하는 것으로 충분할 것이다. 다음 장들에서 나는 이 경험적 성과들을 좀 더 상세하게 다룰 것이다. 지금으로서는 인간의 개념화와 추론에 관해 알려진 것이 어떻게 도덕적 추론이라는 특수한 경우에 직접적으로 관련되는지를 제안하는 것으로 충분할 것이다.

1) 원형 이론

대부분 사람들이 유지하고 있는, 고전적인 개념과 범주 이론은 범주화를 세계 안에 객관적으로 존재하는 대상들이 보유하는 일련의 속성을 선별하는 문제로 이해한다.[1] 모든 개념이나 범주는 한 사물

---

1) '고전적 범주 이론'에 대한 해명과 그 기본적인 결함들에 관해서는 George Lakoff, *Women, Fire, and Dangerous Things: What Categories Reveal about the Mind* (Chicago: University of Chicago Press, 1987) 참조.

40

이 그 개념에 속하기 위해서 보유해야만 하는 필요충분적 특성들의 집합이라고 가정적으로 정의된다.

심리학자와 언어학자, 인류학자들은 사람들이 사용하는 대부분의 범주가 실제로는 속성의 목록에 의해 정의될 수 없다는 사실을 발견했다. 대신에 사람들은 범주(예를 들어 '새')를 그 범주의 몇몇 원형적(prototypical) 구성원들(예를 들어 로빈)을 식별함으로써 정의하려는 경향을 가지며, 나아가 원형적 구성원들과는 다양한 방식으로 다른 여타의 비원형적 구성원들(예를 들어 병아리, 타조, 펭귄)을 인식한다.[2] 한 범주의 모든 구성원이 보유하는 필요충분 속성의 집합이 존재하는 경우는 드물다. 이처럼 우리의 일상적인 개념들은 획일적이고 동질적으로 구조화되지 않는다.

기본적인 도덕 개념들(예를 들어 인격, 의무, 옳음, 법칙, 의지 등) 또한 원형적 구조를 갖는다. 이것은 '고전적' 범주 이론 구조 ― 여기에서 개념들은 세계 안에 객관적으로 존재하는 사태들에 직접적으로 합치하는 필요충분조건의 집합에 의해 정의된다 ― 를 요구하는 「도덕 법칙」 이론과 전적으로 상충된다. 만약 우리의 도덕 개념들이 이렇지 않다면, 「도덕 법칙」 이론이 요구하는 것처럼 도덕 법칙들이 고도로 확정적인 방식으로 상황에 합치하는 것은 불가능하다.[3] 우리의 기본적인 도덕 개념은 이러한 본질주의적 구조를 갖지 않기 때문에 우리는 한 상황의 속성들을 간단히 결정할 수 없으

---

2) 범주화에서 원형 효과에 관한 가장 영향력 있는 연구 성과는 로쉬와 그녀의 동료들이 제시했는데, 예를 들면 Eleanor Rosch, "Natural Categories," *Cognitive Psychology* 4 (1973): 328~50; Eleanor Rosch, "Human Categorization," in Neil Warren, ed., *Studies in Cross-cultural Psychology* (London: Academic Press, 1977), 1: 1~49; Eleanor Rosch and B. B. Lloyd, eds., *Cognition and Categorization* (Hillside, N. J.: Lawrence Erlbaum, 1978) 등을 들 수 있다.

며, 그 상황에 합치하는 적절한 개념들을 발견할 수 없으며, 또 행위에서 확정적 명령에 도달하기 위해 적절한 도덕 법칙을 적용할 수도 없다.

긍정적 측면을 본다면 기본 개념들의 원형적 구조는 여전히 개념적 구조의 특정한 부분을 비교적 안정적이고 불변적으로 유지하면서도 우리로 하여금 새로운 경우에 부합하는 방식으로 그것들을 확장할 수 있도록 해 준다. 이것은 고전적 견해에 따르면 불가능한 일이다.

더욱이 도덕적 계율들은 원형적('명확한') 사례들과 관련해서만 정식화된 것으로 드러난다. 즉 그 계율들은 원형적 사례들에만 확실하게 적용되는 것으로 보인다. 그러나 대부분의 도덕적 문제들은 비원형적 사례나 새로운 사례와 관련해서 발생한다. 그 사례들을 어떻게 다룰 것인지를 결정하려면 그것들이 원형과 어떤 방식으로 다른지 알아야 할 필요가 있다.

2) 프레임 의미론

인지언어학자들은 용어나 개념이 우리가 직면하는 상황의 유형을 이해하기 위해 전개하는 좀 더 큰 프레임(frame)이나 도식과의 관련 속에서 그 의미를 얻게 된다는 것을 발견했다.[4] 예를 들면 '방망이' '홈런' '스틸' '보크' '스트라이크' 등과 같은 용어들은 복합적인

---

3) 개념들의 이러한 특성은 법적 추론의 사례들과 관련해서 연구되었는데, 이에 관해서는 Steven Winter, "The Metaphor of Standing and the Problem of Self-governance," *Stanford Law Review* 40, no. 6 (1988): 1371~1516; Steven Winter, "Transcendental Nonsense, Metaphoric Reasoning, and the Cognitive Stakes for Law," *University of Pennsylvania Law Review* 137, no. 4 (1989): 1105~1237 참조.

'야구' 라는 프레임 안에서의 역할에 따라 그 의미를 얻는다. 이 프
레임은 우리가 그 프레임을 통해 이해하는 상황 안에 객관적으로 존
재하는 것이 아니다. 오히려 그 프레임은 우리 경험에서 생겨나서
상황을 이해할 때 사용하는 이상화된 모형이고 골격이다. 우리가 직
면하는 모든 상황에는 그 상황을 이해하는 다양한 프레임이 있을 수
있으며, 그것들은 각각 그 상황에 대한 다양한 추론 방식을 뒷받침
해 준다.

　도덕성 문제에서 이것은 특정한 상황에 대한 다수의 프레임이 존
재하며, 따라서 우리가 그 상황을 구조화하는 방식에 따라 다양한
도덕적 귀결이 존재한다는 것을 의미한다. 만약 태아가 어떤 프레임
안에서는 '인격'(person)으로 이해되고, 다른 가능한 프레임 안에
서는 '인격성을 갖지 않은 생물학적 유기체'로 이해된다면 우리는
그 상황에 대한 도덕적 요구들을 매우 다른 두 가지 방식으로 이해
할 가능성이 크다. 그렇지만 상황을 구조화하는 방식들에는 제한이
있으며, 따라서 특정한 경우에 대한 가능한 도덕적 평가의 폭에도
제한이 있게 된다.

3) 은유적 이해

　의미와 개념, 이성에 대한 전통적 견해와는 반대로 언어학자와 심
리학자들은 우리의 개념체계가 대부분 체계적인 은유적 사상들로
구조화되어 있다는 사실을 발견했다.[5] 일반적으로 우리는 좀 더 구

---

4) 예를 들어 Charles Fillmore, "Frame Semantics," in *Linguistics in the Morning Calm*,
ed., Linguistic Society of Korea (Seoul: Hanshin, 1982), 111~38: Charles
Fillmore, "Frames and the Semantics of Understanding," *Quaderni di Semantica* 6,
no. 2 (1985): 222~53.

체적이고 섬세하게 구조화된 경험 영역(시각이나 운동, 먹는 것, 대
상 조작 등과 같은 신체적 경험)으로부터의 사상을 통해 좀 더 추상
적이고 덜 섬세하게 구조화된 영역들(이성, 지식, 믿음 등에 대한
우리의 개념)을 이해한다. 언어, 그리고 그 배후에 있는 개념체계는
경험에 직접 사상될 수 있는 용어들의 문자적 핵을 제공하지 못한
다. 대신에 그것은 하나의 체험적 영역을 다른 영역과 연결시켜 주
는, 관련되고 연결된 은유적 사상들의 체계에 근거하고 있다.

　도덕적 이해에서 개념적 은유가 존재한다는 사실은 도덕성에 관
한「도덕 법칙」이론에 치명적이다. 전통적 견해는 문자적 개념을
통해 객관적인 속성들을 가진 상황들에 직접적으로 적용될 수 있는
원리와 규칙을 요구한다. 전통적 견해는 은유를 불확정적이고 무합
리적인 상상력의 작용으로 간주한다. 만약 우리의 기본적인 도덕 개
념들이 은유적인 것으로 드러난다면 그러한 개념들을 포함하고 있
는 도덕 규칙의 확정적이고 일의적인 적용은 불가능하게 될 것이다.

　이와는 반대로 도덕적 이해의 은유적 특성이야말로 적절한 도덕
적 판단을 가능하게 해 주는 어떤 것이다.[6] 은유는 다음과 같은 세
가지 방식으로 도덕적 숙고에 개입한다. (1) 은유는 상황을 개념화

---

5) 개념적 은유 체계의 본성은 George Lakoff and Mark Johnson, *Metaphors We Live By*
(Chicago: University of Chicago Press, 1980)에서 탐색되고 있다. 이 주제에 관한 좀
더 최근의 보완 작업은 Lakoff, "The Contemporary Theory of Metaphor," in
Andrew Ortony, ed., *Metaphor and Thought*, 2nd ed. (Cambridge: Cambridge
University Press, 1993) 참조. 개념적 은유들의 존재에 대한 검증 방법들에 대한 사례
는 Raymond Gibbs, Jr., "Psycholinguistic Studies on the Conceptual Basis of Idio-
maticity," *Cognitive Linguistics* 1, no. 4 (1990): 417~51에 제시되어 있다.
6) 법적 추론에서 유사한 상황에 관해서는 Steven Winter, "Transcendental Nonsense";
Winter, "Indeterminacy and Incommensurability in Constitutional Law,"
California Law Review 78, no. 6 (1990): 1443~1541 참조.

44

하는 다양한 방식을 제공한다. (2) 은유는 도덕성 자체(의지, 이성, 의도, 권리, 선, 의무, 평안 등과 같은 도덕성의 핵심적 개념들의 은유적 정의를 포함해서)의 본성을 이해하는 다양한 방식을 제공한다. (3) 은유는 또한 '명확한' 또는 원형적인 사례들을 유비화하거나 넘어서서 새로운 사례들로 이행해 가는 근거를 형성한다. 은유는 이러한 은유적 확장을 추구하는 데 제약된 방식을 제공한다. 따라서 은유는 도덕적 이해를 확장하려고 할 때 필요한 방식으로 경험으로부터 배우는 것을 가능하게 해 준다.

4) 기본 층위 경험

모든 층위의 경험과 범주화가 동일한 것은 아니다. 현재와 같은 유형의 몸, 두뇌의 작용 방식, 의도의 본성, 사회적으로 상호작용하는 방식을 감안할 때 특정한 층위의 경험은 우리의 활동에서 다른 층위들에 비해 더 중요하게 될 것이다.[7] 그러한 '기본' 층위(basic level)의 경험에 적용되는 개념들은 우리의 개념체계를 조직하고 구조화하는 방식에서 우선성을 얻게 될 것이다. 고전적 범주 이론은 이러한 사실을 설명할 수 없다. 왜냐하면 그것은 모든 범주들을 경험에 적용되는 방식과 관련해서 동등한 것으로 간주하기 때문이다.

예를 들어 고통, 쾌락, 해악, 평안 등과 같은 기본 층위 경험은 보편적 인권을 해명하는 데 경험의 보편적 근거들을 제공할 수 있을 것이다. 적어도 그것은 권리에 관한 모든 해명의 본성에 대한 일반적 제약을 설정해 줄 것이다. 따라서 그것은 극단적 형태의 상대주

---

7) 레이코프는 로쉬의 작업을 따라 기본 층위 범주화를 탐구하고 있다. Lakoff, *Women, Fire, and Dangerous Things* 참조.

의에 대한 반대 논변의 가능성을 제공할 수도 있을 것이다. 도덕적 절대를 포기하는 것이 반드시 우리를 무엇이든 된다고 주장하는 도덕적 무정부 상태의 심연으로 빠뜨리는 것은 아니다.

5) 서사

서사(narrative)가 이해의 기본적인 양식이라는 사실에 대한 방대한 경험적 증거가 있으며, 우리는 그것을 통해 모든 형태의 인간 행위를 이해한다.[8] 우리가 행위를 이해하고, 도덕적 특성을 평가하고, 도덕적 문제 상황에 대한 가능한 해결책을 모색하는 데 작용하는 역할을 하는 다양한 유형의 서사적 구조가 존재한다. 서사는 단순히 설명적 장치가 아니라, 우리가 사물을 경험하는 방식을 구성한다. 경험의 서사적 특성을 고려하지 않는 어떤 도덕 이론도 적절한 이론이 될 수 없다.[9]

5_상상적인 것으로서의 도덕성에 관한 견해

인지과학이 제공하는 이러한 종류의 경험적 발견들은 도덕성에 관한 근본적인 재고를 요청한다.[10] 그것들은 유대 기독교적 도덕 세계에서 출발한 이래로 서구 도덕성의 기초가 되어 왔던 「도덕 법칙」 이론의 대부분을 포기할 것을 요구한다. 그것들은 일관되게 도덕적

---

8) Alasdair MacIntyre, *After Virtue*, 2nd ed. (Notre Dame, Ind.: University of Notre Dame Press, 1984); Paul Ricoeur, *Time and Narrative*, trans. K. McLaughlin and D. Pellauer (Chicago: University of Chicago Press, 1984).

9) Richard Eldridge, *On Moral Personhood: Philosophy, Literature, Criticism, and Self-understanding* (Chicago: University of Chicago Press, 1989) 참조.

46

추론이 상상적이라는 매우 다른 견해를 요구한다. 또한 그것들은 인간 이성에 관해 우리가 알게 된 것, 또 마음이 작용하는 방식에 근거한 새로운 종류의 도덕적 이해를 함양해야 할 책무를 부과한다.

이제 필요한 것은 새로우면서도 '경험적으로 책임 있는' 도덕철학이다. 그것은 인지과학이 개념, 이해, 추론에 관해 우리에게 가르쳐 주는 것에 근거하게 될 것이다. 그러한 철학은 우리의 상식적인 (통속 이론적) 도덕적 이해는 물론 서구 통속 이론들에 근거하고 있는 철학적 도덕 이론들을 분석하기 위한 방법을 제공해 줄 것이다. 우리는 도덕철학의 이 부분을 '도덕적 이해의 인지과학'이라고 부를 수 있을 것이다. 그것은 서구 통속 이론의 어떤 부분이 잘못되었으며, 또 수정을 필요로 하는지를 보여 줄 것이다. 또한 도덕성에 관한 철학적 이론들이 궁극적으로 통속 이론들과 그 가정들에 근거하고 있기 때문에 아마도 전통적인 도덕 이론에서 많은 것이 정밀하게 검토되어야 할 것이다. 개념, 상상력, 이해, 이성에 대해 경험적으로 적절한 해명은 어떤 전통적인 윤리적 물음들이 그릇된 가정이나 그릇된 이분법에 근거하고 있는지를 드러내 줄 것이다. 이러한 사이비 물음들은 인간적인 도덕적 경험이나 추론과는 무관한 것으로 거부될 수 있다.

이러한 시도의 또 다른 해방적 귀결은 「도덕 법칙」 이론 자체가 왜 우리에게 약속하는 법칙들을 결코 제공할 수 없으며, 따라서 그 전반적 기획이 왜 진정한 도덕적 이해를 제공할 수 없는가에 대한

---

10) 플래너건은 '심리학적으로 현실적인' 윤리학에 이르기 위해서 최근의 도덕 이론에 요구되는 수많은 변화와 제한을 검토하고 있다. Owen Flanagan, *Varieties of Moral Personality: Ethics and Psychological Realism* (Cambridge, Mass.: Harvard University Press, 1991).

해명을 제시한다는 점이다. 이해의 상상적 구조에 대한 탐구는 도덕 법칙을 '무엇을 해야 할 것인지를 말해 주는' 또 다른 형태의 도덕적 지도로 대체하지는 못할 것이다. 명백하게 문제가 없는 사례들을 제외하고는 사실상 「도덕 법칙」 이론 또한 그것을 이루지 못했다. 그래서 이것은 결코 값진 것을 잃으면서 그것을 대체할 아무것도 갖지 못하는 상황이 아니다. 대신에 우리는 실제로 우리가 유지하는 소수의 도덕 원리들을 행위를 위한 규정으로 이해해서는 안 되며, 오히려 특정한 집단의 집합적 경험의 요약으로 이해해야 한다는 사실을 받아들인다. 그러한 '법칙들'은 책임감 있고, 배려하며, 사려적인 삶을 살기 위한 과거 노력의 과정에서 의미 있고 유용하다는 것을 깨닫게 된 중요한 숙고들의 상징이다.

도덕적 지도에 대한 대안적 형식은 있을 수 없다. 우리가 애당초 엄격한 규칙들을 갖고 있다고 생각하는 것이 잘못이기 때문이다. 내가 주장하려는 것처럼 우리 이해의 상상적 차원에 대한 관심은 우리에게 탐구해야 할, 과거의 가정들의 영향 아래에서는 물어질 수조차 없었던 새로운 물음들을 제기하게 될 가능성이 더 크다.

내가 계획하는 도덕적 이해에 대한 새로운 해명은 도덕적 지식에 대한 주장을 할 때, 우리를 훨씬 더 겸손하게 만들어 줄 것이다. 그것은 도덕성의 상상적 본성을 보여 줌으로써 주어진 상황에 대한 다양한 구조화의 가능성은 물론 가장 중요한 도덕적 개념들을 정의해 주는 은유적 개념의 다양성을 인식하게 해 줄 것이다. 마음과 이성에 대한 이러한 새로운 이해에서 생겨나는 도덕철학은 삶을 위한 규칙들의 체계를 제공해 주지는 않을 것이며, 인간의 인지와 추론에 관해 우리가 알게 된 것을 감안한다면 그것은 당연한 일이다. 대신에 그것이 우리에게 제공하는 것은 진정한 도덕적 이해일 것이며,

그 이해는 감수성 있고 비판적이며 건설적인 도덕적 숙고의 선결 조건이다. 그것은 도덕 법칙을 발견하는 것이 아니라 도덕적 상상력을 함양하려는 과제를 수행할 수 있도록 도와줄 것이다.

제 1 장
힘으로서의 이성: 「도덕 법칙」 통속 이론

1_「도덕 법칙」 통속 이론

다음 몇 장을 통해 우리는 도덕의 모든 측면이 은유적이라는 사실을 알게 될 것이다. 기본적인 도덕적 개념들, 상황에 대한 이해, 그러한 상황에 관한 추론이 모두 상상적으로 구조화되며 은유에 근거하고 있다. 일단 그러한 개념들이 어떻게 구조화되었는지, 그리고 우리가 어떻게 추론하는지 살펴보게 되면 우리는 더 이상 도덕에 관한 전통적 견해와 유사한 어떤 것도 받아들일 수 없게 될 것이다. 전통적인 구도에 따르면 도덕적 추론이란 어떤 상황에 대한 적절한 기술을 생각해 내고, 나아가 그 상황에서 무엇을 해야 할 것인지를 말해 주는, 이미 존재하는 특정한 보편적 도덕 법칙을 발견하는 데 있다. 우리는 이러한 견해가 개념체계와 추론의 상상적 본성에 대해 아무런 해명도 할 수 없다는 것을 알게 될 것이다. 결과적으로 우리는 도덕적 추론이라는 관념에 대해 다시 생각할 필요가 있다.

이 장에서 나는 내가 「도덕 법칙」(Moral Law) 통속 이론이라고 부르는 것에 근거한 서구의 전통적인 도덕 모형을 좀 더 섬세하게 특징지으려고 한다. 그것은 마음이 어떻게 작용하며, 무엇이 도덕적 문제로 간주되며, 도덕 법칙은 어디에서 오는지 등 인간 본성에 대한 상호 연관된 주제들의 다발로 구성되어 있다. 나는 「도덕 법칙」 통속 이론이 서구적 도덕 대부분의 배후에 있는 유대 기독교의 도덕적 전통에 어떻게 근거하고 있는지를 보이려고 한다. 이어서 나는 그것이 어떻게 서구의 지배적인 종교적 윤리뿐만 아니라 신학적인 근거를 갖지 않는, 도덕에 관한 다양한 합리주의적 견해들―즉 도덕 법칙이 신적 이성이 아니라 인간 이성에서 비롯된다고 보는―의 바탕에 놓여 있는지를 보일 것이다.

「도덕 법칙」 통속 이론을 다루면서 우리는 그것이 주로 은유에 의해서 규정된다는 것을 알게 될 것이다. 일단 그 기본적 가정들을 구성하고 있는 일련의 은유들을 다음 장에서처럼 분석하면 그 핵심적 주장들이 우리가 잘못 생각해 왔던 것처럼 보편적 진리가 아니라는 것이 드러난다. 그것들은 주요 개념들의 가능한 구조화 중의 하나, 도덕적 경험을 이해하는 몇몇 가능한 방식 중의 하나에 더 가까워 보인다. 그 주장들 중 몇몇은 기껏해야 부분적으로만 참일 뿐이다. 다른 것들은 그릇된 형이상학적 또는 인식론적 이분법을 가정하며, 따라서 그 자체로 받아들여질 경우에는 전적으로 해결 불가능한 사이비 문제들을 만들어 낸다.

「도덕 법칙」 통속 이론과 그 가정들에 무엇이 포함되어 있는지를 이해하기 위해 당신이 다음과 같은 상황에 처해 있다고 가정해 보자. 당신은 수년 동안 어떤 사람과 건강하고 만족스러운 일부일처 관계를 유지해 왔다. 그러나 당신이 추구하지도 기대하지도 않았던 일이 일어나기 시작한다. 몇 주 동안 당신은 점점 직장 동료에게 끌리기 시작한다. 물론 당신은 문제를 원치 않지만 당신은 그 상황에 직면하고 있다. 그것이 당신에게 문제라는 것은 의심의 여지가 없다. 왜냐하면 다른 사람에 대한 성적 욕구가 커진다는 것은 당신의 일부일처 관계에 문제를 일으키기 때문이다.

물론 당신의 문제는 이처럼 상충하는 느낌이나 욕망에 어떻게 대처해야 할 것인지의 문제다. 당신은 자신에게 이렇게 말한다.

그래, 정신 차려야 해. 내가 느끼는 것은 그(녀)가 여러 면에서 매력적이며, 그(녀) 또한 나에게 끌리고 있다는 점에서 그(녀)에게 대한 욕정임이 분명하며, 그것이 분명히 내가 그(녀)를 매력적이라고 생각하는 이유일 거야. 그렇지만 나는 흔들리지 않아야 돼. 나는 이것이 그동안 유지해 왔던 관계를 위태롭게 만들기를 원치 않아. 우리가 함께 이루어 왔던 것을 모두 잃는 모험은 감당하기 힘든 것이야. 내 배우자를 속이는 것은 옳지 않은 일이야. 누구도 그런 대접을 받아서는 안 돼. 그래, 정신 차리고 그것이 더 커지기 전에 그만두어야 해.

이 시나리오에 관해서 내가 묻고 싶은 물음은 이렇다. 아마도 우리 대부분이 그렇겠지만 도대체 우리가 왜 그러한 상황을 애당초 '문제'로 느껴야만 하는가? 따져보면 모든 사람이 이 문제를 우리와 똑같은 방식으로 받아들이지는 않을 것이다. 다른(일부일처제가 아닌) 문화의 사람들은 이 상황에서 아무런 도덕적 긴장도 느끼지 않을지도 모른다. 또는 서구 문화에서도 성에 대해서, 관계의 본성에 대해서, 또는 도덕적 책무가 무엇인지에 대해서 다른 가치를 가진 사람들 또한 마찬가지일 것이다. 여기에서 명백한 논점은 이것이다. 우리가 이 상황을 도덕적 문제 상황으로 경험하는 이유는 우리가 의미 있는 인간관계, 또는 무엇이 어떤 것을 도덕적 문제로 만드

는지에 관한 관념 자체와 관련된 서구 문화의 가치들을 묵시적으로
받아들이고 있기 때문이라는 것이다. 우리는 여기에서 우리 자신이
스스로 혼란에 빠져 있다는 사실을 느끼게 될 것이다. 왜냐하면 우
리는 상식적인 도덕적 전통을 정의해 주는 느슨하게 공유된 문화적
프레임 안에서 자랐기 때문이다. 그 상식적인 도덕적 전통은 도덕
성, 이성, 동기화, 또 이와 관련된 수많은 철학적 개념들의 본성에
대한 공유된 전제들을 포함한다. 이처럼 우리가 도덕적 문제로 간주
하는 것은 그러한 전통에 상대적으로 정의된다.

내가 여기에서 제시한 구체적 사례에 특별한 것은 아무것도 없다.
그것은 우리가 매일 부딪히는 종류의 수많은 세속적인 도덕적 문제
들과 구조적으로 유사한데, 그것들은 모두 서구 도덕적 전통의 동일
한 기본 가정들의 관점에서 경험되고 이해된다. 그 가정들은 우리가
우리의 도덕적 문제들을 이해하는 방식을 정의하는, 도덕성에 관한
일반적인 통속 모형(「도덕 법칙」 통속 이론)을 형성한다. 이 「도덕
법칙」 통속 이론은 마음이나 인간 본성과 관련해서 우리가 공유하는
또 다른 통속 이론―대부분 마음의 다양한 양상들에 내한 다양한
은유들에 의해 정의되는―에 근거하고 있다.

「능력 심리학」 은유적 통속 이론

― 정신적 영역이 존재한다.

― 이 정신적 영역은 지각, 열정, 의지, 이성이라는 네 개의 구성
원(능력)을 가진 마음의 사회를 포함한다.

― 지각은 몸을 통해 감각적 인상을 받아들이며, 그것을 이성이나
열정에 전달한다. 따라서 지각은 은유적으로 인격이거나 기계
다.

— 열정은 직접적이든(지각으로부터) 간접적이든(기억으로부터
  또는 이전의 지각을 근거로 한 이성이 행하는 추론으로부터)
  신체적 경험을 통해 활성화된다.
— 의지는 **자유롭게** 행위를 결정할 수 있다. 따라서 그것은 은유
  적으로 인격으로 이해되어야 한다.
— 이성은 계산을 한다. 그것은 감각 자료를 분석하고 그 정보를
  의지에 전달한다. 그것은 또한 원리들—세계에 대한 이론적
  기술이든 우리가 행위해야 하는 방식을 말해 주는 실천적 명
  령이든—을 구성해 준다. 따라서 그것은 인격이거나 기계여
  야 한다.
— 열정은 의지에 힘을 행사하며, 예측 불가능하며, 또한 통제하
  기 어렵다. 따라서 열정은 사람이거나 야생동물이거나 자연의
  힘(예를 들면 홍수, 불, 폭풍 등)이다.[1]
— 의지는 몸에 힘을 행사함으로써 몸으로 하여금 행위하게 한다.
— 이성은 의지에 힘을 행사함으로써 행위를 지도한다.
— 의지는 항상 이성의 힘을 거부할 수 있으며, 그렇게 할 것인지
  의 여부를 택할 수 있다. 의지는 적어도 종종 열정의 힘을 거
  부할 수 있다. 의지가 더 강할수록 열정의 힘을 더 성공적으로
  거부할 수 있다. 흔히 열정과 이성은 의지에 대립적인 힘들을
  행사함으로써 의지를 통제하기 위한 투쟁 상태로 나아간다.

---

1) 열정과 정서를 정의하는 기본적인 은유적 체계에 대한 좀 더 확장된 분석은 Zoltan
   Kovecses, *Metaphors of Anger, Pride, and Love: A Lexical Approach to the Structure
   of Concepts* (Philadelphia: Benjamins, 1986); Zoltan Kovecses, *The Language of
   Love: The Semantics of Passions in Conversational English* (Lewisburg, Pa.:
   Bucknell University Press, 1988); Zoltan Kovecses, *Emotion Concepts* (New York:
   Springer-Verlag, 1990).

이 「능력 심리학」(Faculty Psychology) 통속 이론은 서구의 거의 모든 사람들이 공유해 왔다. 그것은 우리가 자주 생각해 보는 정도의 것이 아니다. 사실상 그것은 우리가 정신적 작용을 어떻게 이해할 것인지를 결정하는 데 대부분 무의식적으로 작용한다. 다음 장에서 보게 될 것처럼 그것은 인간의 동기화와 추론, 도덕적 문제, 행위의 본성에 관해 우리가 말하고 생각할 때 항상 드러난다. 지금으로서는 그것이 기본적 은유들에 의해 정의되는 통속 이론이라는 점에 주목하는 것이 중요하다. 그것은 우리의 인지 능력을 은유적으로 기계로, 동물로, 또는 상호작용하는 사람들로 이해한다. 그것은 이 능력들의 관계를 다른 개체에 힘을 행사하는 한 개체의 관점에서 다룬다. 이성도 힘을 행사하며, 열정도 힘을 행사하며, 의지도 힘을 행사하며, 지각도 종종 힘을 행사한다. 어느 것이 지배할 것인지를 결정하기 위해 그 능력들 사이에 끝없는 권력 투쟁이 계속된다. 행위는 은유적으로 경로를 따르는 운동으로 이해된다. 행위의 자유는 운동에 대한 장애의 부재로 이해된다. 이러한 정신적 영역 안에서 다양한 은유적 '힘'은 통합적으로 다양한 행위 경로들을 따라 어떻게 '운동' 할 것인지를 결정한다.

우리는 2장에서 이 은유들에 관해 좀 더 상세하게 검토함으로써 그것들이 어떻게 우리의 도덕적 이해와 추론, 그리고 우리가 도덕성에 관해 이야기할 때 사용하는 언어를 구조화하는지를 보일 것이다. 이러한 은유적 체계가 존재한다는 사실은 행위와 동기화, 도덕성에 대한 우리의 이해가 아무튼 본성상 깊고도 넓게 은유적이라는 것을 보여 준다. 그러한 은유들은 마음에 대한 개념을 정의해 주며, 따라서 그것들은 도덕성에 대한 우리의 개념을 부분적으로 정의해 준다. 특히 그것들은 서구 문화에서 도덕성에 대한 지배적인 통속 이론을 지탱해 준다.

「도덕 법칙」 통속 이론

— **능력 심리학.** 「능력 심리학」 통속 이론이 전제된다.

— **우리의 이중적 본성.** 따라서 인간은 정신적(또는 영적) 차원
과 물리적(신체적) 차원을 갖는다. 우리는 신체적 열정에 따라
쾌락(즉 필요와 욕망의 충족)을 추구하고, 고통과 해악을 피하
도록 추동된다. 따라서 우리의 열정과 욕망이 본성적으로 합
리적이지 않기 때문에 우리의 신체적 부분과 합리적 부분은
긴장 속에서 존재하는 성향을 갖는다.

— **도덕성 문제.** 도덕성 문제는 사람들이 어떻게 행위하는가에
따라서 다른 사람들을 돕거나 해칠 수 있다는 사실로부터 비
롯된다. 그렇지만 동물(마찬가지로 서로를 돕거나 해칠 수 있
는)과는 달리 인간만이 도덕적이거나 비도덕적일 수 있는데,
인간만이 자유 의지를 갖기 때문이다. 인간만이 이성을 사용해
서 어떻게 행위해야만 하는지에 관한 원리들을 구성할 수 있
다. 또한 인간만이 그 원리들을 준수할 것인지 아닌지를 자유
롭게 결정할 수 있다. 이것은 과연 이성이 도움인가, 해악인가
의 문제(즉 평안의 문제)가 발생했을 때 어떻게 행위할 것인지
에 관해 의지의 일반 원리를 제공할 수 있을 것인가라는 기본
적 물음을 불러온다.

— **도덕 법칙.** 이 물음에 대한 대답은 어떤 행위를 해야 하며(규
정), 어떤 행위를 하지 않아야 하며(금지), 만약 그렇게 선택한
다면 어떤 행위를 할 수 있는지(허용되는 행위)에 관해 보편적
인간 이성이 제시하는 일반적 법칙이 확정적으로 존재한다는

それは

것이다. 이성은 이 법칙들을 산출하고 그것들이 구체적 상황에 어떻게 적용되어야 할 것인지를 말해 준다. 이성은 상황을 분석해서 그것들이 어떻게 도덕 법칙에 포함된 개념들에 속하게 되는지를 밝힘으로써 그것을 행한다.

— **도덕적 동기화.** 이성은 인간을 동물로부터 구별해 준다. 동물은 이성이 결여되어 있으며, 행동을 결정하는 데 열정만을 갖는다. 인간을 동물보다 더 나은 존재로 만들어 주는 것은 이성이 자신의 행위를 지도할 수 있다는 점이다. 그렇다면 우리의 본질적 특징은 우리가 합리적 동물이라는 점이다. 따라서 단순히 열정보다는 이성을 따르는 것이 일반적으로 더 나은 일이다. 의지가 이성을 거부하고 열정을 따르게 될 때 의지는 비도덕적인 것으로 보이게 된다. 왜냐하면 열정과 충돌이 있을 때 이성을 따르는 것이 더 낫기 때문이다. 의지가 열정을 거부할 힘을 갖지 못했을 때 의지는 나약한 것으로 간주된다. 도덕적으로 행위하는 것은 열정을 거부할 수 있는 강한 의지의 도야를 요구한다. 나아가 우리는 그렇게 해야 할 도덕적 의무를 갖는다. 왜냐하면 열정만을 따르기보다는 이성을 따르는 것이 더 낫기 때문이다.

「도덕 법칙」 통속 이론에 따르면 도덕성은 이성의 힘과 열정의 힘 사이에 발생하는 대규모적이고 지속적인 권력 투쟁이다. 따라서 도덕적 행동은 도덕적 이성을 순수하게 유지하고(그렇게 함으로써 올바른 행위의 원리를 제공할 수 있도록), 동시에 의지를 강하게 유지할 것(그렇게 함으로써 우리의 이성이 옳은 것이라고 말해 주는 것을 행할 수 있는 의지력을 갖도록)을 요구한다. 따라서 우리는 도덕적 삶을 세계 안에서 신체화 때문에 발생하는 지속적인 압박들에 맞서 이성의 순수성과 의지의 강인함을 계발하고 유지하는 지속적인 투쟁으로 경험하게 된다.

이 통속 모형은 앞에서 서술했던 가상적 경우에 나타난다. 예를 들면 그러한 도덕적 문제 상황에서 나는 자신이 신체적인 성적 욕망의 강력한 유혹을 겪는 것으로 경험하는데, 그것은 만약 자유로운 선택권이 주어진다면 (자연적 이유로) 성적 관계에 이르게 될 것이다. 나 자신에게 문제가 있다고 경험하는 이유는 새 동료에 대한 나의 욕망이 나의 배우자를 향한 느낌이나 애정과 충돌을 불러오기 때문이다. 나의 이성은 나 자신이 성적 욕망에 지배되지 않아야 하며, 배우자와의 관계가 훨씬 더 의미 있으며, 또 내가 이런저런 약속을 했으며, 나의 삶을 공유하는 사람의 평안을 증진시켜야 할 책무를 갖는다고 말한다. 나는 나의 이중적 본성의 두 가지 상충되는 힘을 느낀다. 나는 내가 도덕적으로 옳은 일이라고 추론하는 것을 행하려는 강력한 도덕적 의지의 필요성을 경험한다.

사람들은 이 경우와 관련된 도덕적 갈등에 관해 더 섬세한 기술을 할 수도 있겠지만 핵심적 논점은 선명하다. 즉 이 상황을 도덕적 문제로 경험한다는 것 자체가 (대부분 무반성적으로)「도덕 법칙」통속 이론을 받아들이기 때문이라는 것인데, 그것은 마음, 이성, 행위, 가치 등의 본성에 관해 수많은 심오한 철학적 가정들을 수반하고 있다. 따라서 서구적 도덕성 개념의 핵을 이해하기 위해 그 토대를 이루고 있는 기본적 개념들을 좀 더 섬세하게 탐색할 필요가 있다. 그것은 결과적으로 다음과 같은 중요한 사실들을 밝혀 줄 것이다.

1) 서구의 도덕 전통은 다양한 경쟁적 도덕 전통들 중 하나일 뿐

58

이며, 그것은 역사적 변형을 거쳐 현재의 형태에 이르렀다.

2)「도덕 법칙」통속 이론을 정의하는 핵심적 개념들은 은유적이기 때문에 서구 도덕 전통과 관련해서 절대적인 것은 없다.

3)「도덕 법칙」통속 이론은 일상적인 도덕적 숙고에 핵심적인 것으로 밝혀진 상상적 구조를 무시하거나 거부하는 경향이 있다. 그것이 인지의 이처럼 중요한 차원을 간과하게 된 이유는 일차적으로 그것이 최근의 경험적 탐구에 의해 부적절할 뿐만 아니라 중대한 수정이 필요한 것으로 드러난, 개념 구조와 행위, 추론에 관한 견해들에 근거하고 있기 때문이다.

서구적 도덕 전통의 주된 특성들을 개관함으로써 나는 그 기본적 개념과 가정의 일부가 역사적으로 어떻게 발전해 왔는지, 그것이 어떻게「도덕 법칙」통속 이론을 흡수했는지, 또 그것이 어떻게 우리에게 부적절한 도덕적 추론 개념을 물려주었는지를 보이려고 한다. 서구의 도덕 전통은 본질적으로 제약과 제한의 도덕성이다. 그것은 힘으로서의 이성, 제약으로서의 도덕 법칙, 이러한 제약을 위반하지 않는 활동으로서의 도덕적 행위라는 은유적 개념들에 근거하고 있다. 나는 서구적 도덕 전통이 그 부정적이고 규제적인 성격(힘의 도덕성으로서의) 때문에 도덕 이론이라는 보조적 개념과 함께 상상적인 인지적 원천들―우리가 도덕적으로 민감하면서도 인간적인 판단을 할 수 있게 해 주는 바로 그 수단인―을 간과하고 있다고 주장할 것이다.

여기에서「도덕 법칙」통속 이론에 대해 내가 주장하는 위상을 명확히 설정해 두는 것이 중요하다. 다른 통속 이론들과 마찬가지로「도덕 법칙」통속 이론 또한 세계의 몇몇 양상에 대한 우리의 이해를 정의하는 가정들의 체계로 구성되어 있다. 「도덕 법칙」 통속 이론의 경우 그것은 자아, 이성, 개념, 행위, 의미, 자유, 의무 등 공유된 도덕성 개념을 구성하는 것에 관한 기본적 가정들이다. 이 통속 이론은 명시적인 도덕적 견해들의 원천인, 대체로 무반성적인 지평을 형성한다. 교회나 유대교회는 이러한 도덕성 견해를 설교하며, 많은 사람들은 의식적으로 이 견해가 그들의 윤리적 가치를 정의한다고 생각하며, 도덕철학들은 그 통속 이론을 구성하는 기본적 개념들을 분석하고 섬세화하고 체계화한다.

그러나 「도덕 법칙」 통속 이론의 이런저런 버전에 의지해서 살아가려고 하면 심각한 문제가 발생한다. 그 문제란 그 이론의 정의적 가정들 중 어떤 것도 사실상 사람들이 실제로 개념화하고, 추론하고, 숙고하는 방식과 양립할 수 없다는 점이다. 이것은 도덕성에 대한 서구의 문화적 이해 내부의 뿌리 깊은 긴장과 부조화를 드러내준다. 왜냐하면 우리는 인간이 실제로 사물들을 이해하는 방식과 상충하는 시각에 따라서 살아가려고 하기 때문이다. 나는 이 뿌리 깊은 긴장을 지적하고, 그 부조화의 원천을 진단하고, 나아가 도덕적 이해에 관해 심리학적으로 좀 더 현실적인 견해, 즉 우리의 삶을 이끌어 가고 더 나은 삶을 살 수 있도록 도와주는 견해를 제시하려고 한다.

2_유대 기독교 전통에서 서구 도덕성의 뿌리

좋아하든 싫어하든 서구인으로서 우리는 모두 유대 기독교 도덕 전통에 깊게 뿌리박고 있는 복합적인 서사의 그물 안에 갇혀 있다.

60

이것은 우리의 신학적 믿음과 상관없이 사실이다. 왜냐하면 우리가
물려받은 것은 신학적 윤리학이라기보다는 오히려 「도덕 법칙」 통
속 이론―공유된 가치는 물론 그 가치의 기저에서 그것을 지탱해
주는, 인간 본성과 이성, 행위에 관한 일련의 특정한 가정들―이기
때문이다. 신학적 근거를 갖는 윤리학적 체계가 거부된다 하더라도
그 대체물(예를 들면 칸트적 합리주의 윤리학, 공리주의, 정서주의,
마르크스주의, 실존주의 등)은 이런저런 형태로 이 공유된 가정들
의 대부분을 유지해 왔기 때문이다.

따라서 우리 자신을 이해하기 위해서 우리는 유대 기독교 전통이
제시하는 도덕성의 기원을 이해해야 한다. 그러한 지배적 도덕 전통
이 존재한다는 것은 너무나 분명한 사실이다. 그래서 도너건(A.
Donagan)은 이 이론을 서구 세계의 '유일한 도덕 이론'이라고 확신
한다. 도너건에 따르면 이 이론은 본질적으로 "합리적 존재 자체에
대해 구속력을 가지며, 그 내용이 인간 이성에 의해 식별될 수 있는,
법칙과 개념들의 체계에 관한 이론"[2]이다. 서구 전통의 핵심적 발상
은 인간 존재가 보편적 이성―징확히 작동한다면 어떻게 행위할 것
인지를 말해 주는 것으로 가정되는 도덕 원리와 개념들의 체계를 제
공해 주는―을 갖고 있다는 것이다. 이 도덕 개념들은 행위를 해야
할 경우, 어떤 행위가 도덕적으로 허용되는지, 어떤 행위가 절대적
으로 금지되는지, 또 어떤 행위가 의무적인 것인지를 명시해 주는
것으로 가정된다.

유대 기독교 도덕 전통은 「도덕 법칙」 통속 이론의 한 버전을 표

---

2) Alan Donagan, *The Theory of Morality* (Chicago : University of Chicago Press, 1977), p. 7.

현하고 있는데, 여기에서는 모든 도덕적 제약이 신적 이성의 힘에서
비롯된다. 이러한 종교적 구도에 따르면 나약한 인간 존재인 우리는
신적 지성에 의해 창조되고 유지되며 지배되는 세계 안에 태어난다.
우리는 부분적으로는 동물적 존재(신체적 존재)이며, 부분적으로는
합리적 존재(정신적·영적 존재)다. 이 이중적 본성의 관점에서 우
리는 신이 의도적으로 계획했던 창조 안에서 매우 특별하고 고유한
자리를 갖는다. 신체적 본성을 통해 우리는 야만적 동물과 몇몇 특
성들을 공유한다. 그러나 합리적 본성을 통해 우리는 신체적이고 동
물적이며 물리적인 것을 넘어선다. 왜냐하면 피조물 중에서 우리만
이 유일하게 '신의 형상을 따라 만들어졌기'[3] 때문이다. 말하자면
우리 인간은 '합리적 동물', 즉 신적 이성의 빛을 소유한 유일한 동
물이다. 이것은 우리가 신적 이성의 최소한의 일부를 파악하는 데
유한하지만 보편적인 인간 이성을 사용할 수 있다는 것을 의미한다.
바꾸어 말하면 우리의 이성은 신적 이성을 '나누어 갖거나' 신적 이
성에 참여할 수 있다.

그래서 인간은 존재의 대연쇄 안에서 순수한 동물과 순수한 영성
사이의 괴리를 메워 준다.[4] '합리적 동물'이면서 '합리적 동물'로서
우리의 이중적 본성은 우리에게 도덕적으로 독특한 위상을 제공한
다. 동물들 중에서 우리만이 신의 의지에 복종하는 의무를 갖는다.

---

3) "하나님이 이르시되 우리의 형상을 따라 우리의 모양대로 우리가 사람을 만들고 ……
하나님이 자기 형상 곧 하나님의 형상대로 사람을 창조하시되 남자와 여자를 창조하
시고"(창세기 1: 26~27). [옮긴이 주―이하 성경 인용 부분의 번역은 한글성경, 개역
개정판 (대한성서공회, 2008)에 의거한다.]
4) "사람이 무엇이기에 주께서 그를 생각하시며 …… 그를 하나님보다 조금 못하게 하시
고 영화와 존귀로 관을 씌우셨나이다. 주의 손으로 만드신 것을 다스리게 하시고 만물
을 그의 발 아래 두셨으니"(시편 8: 4~6).

왜냐하면 우리만이 우리 자신과 마찬가지로 신의 형상으로 창조된 타인들과의 관계, 또 무합리적인 존재들과의 관계에서도 우리에게 요구되는 것이 무엇인지를 합리적으로 식별할 수 있기 때문이다.[5] 결과적으로 우리는 두 가지의 기본적 의무를 갖는다는 것을 알게 된다. 무합리적 자연(예를 들면 야만적 동물과 환경)에 대한 의무와 합리적 자연(예를 들어 인간)에 대한 의무가 그것이다. 비록 자연이라는 이 경이로운 선물의 보호자가 되어야 하지만, 자연과 관련해서 우리는 도덕적으로 중립적인 지배권을 갖는다.[6] 이것은 자연이 그 자체로 도덕적으로 중요한 것이 아니며, 우리는 이성의 한계 안에서 도움이 되도록 그것을 이용할 도덕적 권리를 갖는다는 것을 의미한다. 여기에서 자연은 본질적으로 도구나 자원으로 간주되며, 동물은 도구, 또는 기껏해야 애완물일 뿐이다.

합리적 자연과 관련해서 우리의 의무는 모든 인간 존재(모든 합리적 의지)를 신의 형상을 따라 창조된 인격체로서 적절한 존중과 함께 대우해야 한다는 기본적 요구에서 비롯된다.[7]합리적 존재(인간, 천사, 신)와 관련된 의무는 신적 이성에서 비롯되며, 모든 인간에게 보편적으로 적용되는 일련의 절대적 법칙들로 명시된다. 이 도

---

5) "네가 오늘날 여호와를 네 하나님으로 인정하고 또 그 도를 행하고 그 규례와 명령과 법도를 지키며 그의 소리를 들으리라" (신명기 26: 17).

6) "하나님이 그들에게 복을 주시며 그들에게 이르시되 생육하고 번성하여 땅에 충만하라, 땅을 정복하라, 바다의 고기와 공중의 새와 땅에 움직이는 모든 생물을 다스리라 하시니라" (창세기 1: 28).

7) 예를 들어 다양한 행위들이 신의 형상을 따라 창조된 존재들에 합치하는 것으로서 요구되거나 금지된다. "다른 사람의 피를 흘리면 그 사람의 피도 흘릴 것이니 이는 하나님이 자기 형상대로 사람을 지었음이니라" (창세기 9: 6); "가난한 사람을 학대하는 자는 그를 지으신 이를 멸시하는 자요 궁핍한 사람을 불쌍히 여기는 자는 주를 존경하는 자니라" (잠언 14: 31).

덕 법칙들은 사람들을 어떻게 대우해서는 안 되는지, 또 그들에 대해 어떤 도덕적 책무를 갖는지에 관해서 말해 주는 것으로 가정된다. 히브리 전통에서 이 법칙들은 십계명(예를 들면 출애굽기 20)에 구체적으로 명시되어 있으며, 더 넓게는 모세 5경(성문법) 전체와 탈무드(랍비적 문헌)로 구성된 토라(Torah)에 명시되어 있다. 기독교 전통에는 도덕 법칙의 본성과 범위에 관해서 심각한 논쟁이 있으며, 거기에서 법칙의 '문자'보다는 내적 '영성'에 대한 특별한 강조가 나타나지만,[8] 신적 법칙에 복속된 인간 존재라는 기본 구도는 결코 도전 받지 않는다.[9]

이 유대 기독교 전통에서 인간 본성과 도덕성에 관한 매우 확정적인 개념이 생겨난다.

유대 기독교적 도덕 법칙 이론

인간은 존재의 질서 안에서 특별한 위치를 차지한다. 우리 인간만이 물리적/신체적 자연과 합리성(정신적 또는 영적인 것으로서) 사이의 형이상학적 괴리를 메운다. 우리 인간만이 동물적인 동시에 합리적이다. 이러한 독자적 위치는 우리에게 특별한 권리와 특권(예를 들면 대지에 대

---

8) 바울의 경고에서처럼 "피차 사랑의 빚 외에는 아무에게든지 아무 빚도 지지 말라 남을 사랑하는 자는 율법을 다 이루었느니라"(로마서 13: 8).

9) 예수는 이렇게 말한 것으로 알려졌다. "내가 율법이나 선지자나 폐하러 온 줄로 생각지 말라. 폐하러 온 것이 아니요 완전케 하려 함이로다"(마태복음 5: 17). 나는 또한 유대교와 기독교 안에서도 삶에 대한 신비적 형태들과 '사랑의 윤리학'이라고 불릴 수도 있는 대안적인 전통들에 대해 충분히 의식하고 있다. 신비주의는 서구적 도덕성의 주류적이거나 지배적인 전통을 형성하지 못했다. 사랑의 윤리학은 사실상 단순히 규칙의 도덕성을 넘어설 수도 있는 반면 예를 들면 바울은 모든 도덕적 계명은 다음과 같은 요구 안에 포함되어 있다고 주장한다. "네 이웃을 네 자신과 같이 사랑하라 …… 사랑은 이웃에게 악을 행치 아니하나니 그러므로 사랑은 율법의 완성이니라"(로마서 13: 9~10).

한 통제권, 우리의 합리적 본성에 부합하는 존중과 함께 대우받을 권리) 을 부여하지만 그것은 또한 특별한 의무와 책무(좋은 수호자가 되는 것, 다른 모든 인간을 신의 형상으로 대우하는 것)를 수반한다. 신적 이성에 의해 주어지는 절대적이면서 보편적으로 구속력 있는 도덕 법칙이 존재 하는데, 만약 우리가 신의 은총, 구원, 또는 보호를 받으려면 그것을 준수 해야 한다. 우리 자신과 타인을 어떻게 대우해야 하는지를 결정하는 것은 본질적으로 (보편 이성에 의해 주어지는) 적절한 도덕 법칙—합리적 존 재를 존중하는 최소 조건을 명시해 주는—을 추론하는 문제다. 요컨대 이 유대 기독교적 도덕성 구도는 단순히 「도덕 법칙」 통속 이론의 구체적 버전일 뿐이다.

도너건이 지적했듯이,[10] 일단 신적 명령이 신적 이성을 표현하는 것과 그렇지 않은 것으로 구분되면 순수하게 합리주의적인 도덕성 이론을 조망할 수 있다. 만약 (유대교의 초기 단계가 확실히 그랬던 것처럼) 도덕 법칙이 신적 명령 자체와 동일시된다면 인간은 어떻 게 행위해야 하는지를 결정하는 데 전적으로 계시에 의존하게 된다. 이것은 도덕성에서 이성의 역할을 최소화한다. 왜냐하면 엄격하게 신적 명령을 따르는 것만으로 모든 것이 충분하기 때문이다.

이런 종류의 도덕성은 기본적으로 우월한 도덕적 권위자(전형적 으로 신)가 '말하는 대로 행하는' 문제다. 그러나 도덕성이 본질적 으로 합리적인 명령, 즉 신적 이성의 표출에 근거하는 것으로 이해 되는 순간 도덕성은 합리적인 것이 된다. 왜냐하면 관련된 모든 도 덕 법칙은 인간 이성에 의해 파악될 수 있기 때문이다. 전통적인 서

10) Donagan, *The Theory of Morality*, 1장.

구의 도덕성은 그것이 어떤 행위가 옳은 것인지를 결정하고, 그러한 행위를 세계 안에서 실현하는 인간 이성의 사용을 포함하는 한 '합리적'이다. 플라톤의 말을 풀어보면,[11] 우리가 도덕적 행위를 도덕적이라고 이해하는 것은 단지 신이 그것을 명령하기 때문이 아니라 신이 정당한 근거를 갖고 그것을 명령하기 때문이다(즉 그것을 행하는 것이 합리적으로 옳은 일이기 때문이다). 바꾸어 말하면 도덕성은 더 이상 불가해하며, 자의적일 수도 있는 명령의 결과가 아니다. 대신에 도덕성은 모든 정상적인 성인이 보유하는 보편 이성을 통해 주어지는, (신적) 이성의 발현이다.

　내가 초점을 맞추려고 하는 것은 이러한 합리적 도덕성 개념이다. 내가 제시하는 분석은 타인과 우리 자신, 그리고 세계(우리의 구원을 위한 요건을 배제한)에 대한 우리의 의무와 관련해서 이성이 도덕적으로 옳은 행위를 규정하는 규칙들의 체계를 산출하는 데 충분하다고 가정하는 한, 신학적 근거를 갖는 도덕성 이론과 비신학적 근거를 갖는 도덕성 이론 모두에 적용된다. 이러한 견해에 대해 내가 제기하는 비판은 대체로 이성에 근거하지 않은, 엄밀하게 종교적인 도덕성들에도 마찬가지로 적용된다. 왜냐하면 그것들은 전형적으로 내가 비판하고 있는 「도덕 법칙」 통속 이론의 기본적 가정들의 대부분을 공유하고 있기 때문이다.

---

11) 『에우티프론』(*Euthyphro*)에서 플라톤은 경건함이 신에게서 사랑받기 때문에 경건한지(즉 그것은 그들이 자의적으로 그렇다고 말하기 때문에 경건함이 된다), 아니면 그것이 경건하기 때문에 신들이 경건함을 사랑하는지(즉 왜 그들이 그것을 사랑하는지에 대한 이유가 있다)라는 기본적인 물음을 묻고 있다.

3_칸트의 합리주의 윤리학: 신이 제거된 유대 기독교 도덕성

「도덕 법칙」 통속 이론은 도덕성을 이성의 문제라고 가정한다. 그렇게 해서 그것은 신학적 윤리학과 인간적 윤리학의 경계를 가로지른다. 왜냐하면 그 두 가지 모두 이성이 주어진다면 적절한 도덕 법칙들을 식별할 수 있다는 「도덕 법칙」 이론을 받아들이기 때문이다. 그것들은 모두 내가 '합리주의 윤리학'이라고 부르는 것에 속한다. 도덕 법칙들이 신적 이성에서 비롯되든 아니면 단지 인간적 이성에서만 비롯되든 그것들은 합리적으로 발견될 수 있으며, 또 구체적인 상황에 적용될 수 있다.

이제 합리주의 윤리학의 대표적 사례로 서구 도덕철학 안에서 전개된 것으로서 순수한 합리적 도덕성에 대한 가장 심오하고 정교한 분석이라고 생각되는 이론을 살펴보려고 한다. 칸트(I. Kant)는 그러한 유형의 이성의 도덕성을 가장 완벽하게 정형화하고 옹호했다. 나는 칸트를 모든 합리주의 윤리학의 전형으로 간주함으로써 그것이 왜 「도덕 법칙」 통속 이론의 섬세한 정교화 이상이 아닌지를 드러내려고 한다. 이것은 놀라운 일이 아니다. 왜냐하면 칸트 스스로 자신이 상식적인 도덕적 전통에서 신학적 가정들에 근거하고 있지 않은 바로 그 부분의 합리적 토대를 드러내고 있다고 생각했기 때문이다.

무엇보다도 주목해야 할 것은 칸트의 분석이 다음과 같은 종류의 근원적으로 '조건적인' 또는 '가언적인' 성격을 지니고 있다는 점이다. 즉 칸트의 기획은 유대 기독교 도덕 전통의 비신학적 부분, 즉 도덕 법칙이 신적 이성과는 상관없이 보편적인 인간 이성에서 비롯된다고 보는 시각의 합리적 토대를 제공하려는 것이었다.[12] 칸트는 도덕적 신의 존재를 부정하려고 하지는 않았다. 그렇지만 그는 도덕성이 신적 명령에 근거하고 있지도 않으며, 그럴 수도 없다고 주장했다. 칸트는 이 전통적 도덕이 기본적으로 옳은 것이라고 가정했다. 그는 이렇게 말한다. "그런데 대체 누가 모든 윤리성의 새로운 원칙을 이끌어 와, 마치 그에 앞선 세상은 의무가 무엇인지도 몰랐고 완전히 착오에 빠져 있었던 것처럼 윤리를 처음으로 발견한 양하려 했는가?"[13] 그렇다면 도덕 이론은 공통적으로 공유된 도덕성이 전제하는 원리들을 밝혀내고, 그것들의 철학적 토대들을 드러내고, 나아가 그것들을 합리적으로 해명해야만 한다. 또한 공통적인 도덕 전통의 그러한 합리적 재구성은 새로운 원리들을 창조하지는 않는 반면, 서구 도덕성의 핵심에 자리 잡고 있는 뿌리 깊은 원리들―무비판적으로 유지되어 온 일부 도덕 판단들이 그러한 기본적인 원리들과 모순되는 것으로 드러났을 때 그것들의 수정을 요구하게 될―을 드러내 줄 수도 있다.

도덕 이론의 본성에 대한 이러한 시각은 도덕성에 관한 칸트의 저작들의 구조와 순서를 통해서 드러난다. 『윤리형이상학 정초』(*Foundations of the Metaphysics of Morals*, 1785)의 목표는 "도덕성의 최상 원리의 탐색과 확립"[14]이다. 이러한 탐구는 우리의 "평범한 윤리적 이성 인식"(『윤리형이상학』, 393)에서 출발하며, 그것이 의존하고 있는 철학적 전제들을 추출하려고 시도한다. 물론 칸트는 우리

12) 칸트의 기획에 대한 여기에서의 서술은 Mark Johnson, "Imagination in Moral Judgment," *Philosophy and Phenomenological Research*, 46, no. 2 (1985): 265~80에서 옮겨 온 것이다.
13) Immanuel Kant, *Critique of Practical Reason*, trans. Lewis W. Beck (Indianapolis: Bobbs-Merrill, 1956), 8n. 이하 칸트 저작의 모든 인용은 아카데미판의 쪽수를 제시한다.

가 일상적으로 이러한 원리들을 의식하고 있다거나 그것들의 본성을 분석한 적이 있다고 주장하지는 않는다. 오히려 우리는 이러한 철학적 원리들에 근거한 문화 안에서 교육받았으며, 이 프레임 안에서 비교적 무비판적이고 습관적으로 활동한다.

우리가 공유하는 도덕성에 대한 이 첫 분석은 최고 도덕 원리의 정식화를 제시하지만, 그것은 칸트가 "여기저기서 주워 모은 관찰들과 궤변적인 원리들의 구역질나는 잡동사니"(『윤리형이상학』, 410)라고 기술했던 '대중 철학'에서 가져온 방법을 통해 제시된 것이다. 따라서 『윤리형이상학』의 두 번째 절에서 우리는 이 부적절한 대중 철학적 이해에서 적절한 '윤리형이상학', 즉 오직 이성에만 근거하며, "가능한 순수 의지의 이념과 원리들을 연구해야 하는"(『윤리형이상학』, 390) '순수한' 도덕철학으로 나아가야 한다. '순수' 의지는 오직 도덕적으로 옳은 행위를 위한 원리들을 제공하는 이성의 명령에 합치해서만 의지(意志)하게 될 것이다. 따라서 완전한 윤리형이상학은 (말하자면 '순수 의지'에 따라) 항상 합리적으로 행위하는 사람들이 준수하게 될 기본적인 도덕 법칙을 체계적으로 정교화해 줄 것이다. 어떤 실제 인간도 '순수 의지'는 아니기 때문에 이 도덕 법칙들은 우리가 도덕적이기 위해서, 즉 전적으로 합리적이기 위해서 어떻게 행위해야 하는지를 말해 주는 도덕적 명령들이다.

『윤리형이상학』의 두 번째 절 끝 부분에서 칸트는 그 기본 구조에서 전적으로 가언적이기는 하지만 전통적인 서구 도덕성에 대해 섬

---

14) Kant, *Foundations of the Metaphysics of Morals*, trans. Lewis W. Beck (New York: Bobbs-Merrill, 1959), Preface, 392. 이하 이 책은 『윤리형이상학』으로 표기하고 아카데미판의 쪽수를 제시한다. [옮긴이 주―이하 이 책의 인용 부분의 우리말 번역은 칸트, 『윤리형이상학 정초』, 백종현 역 (서울: 아카넷, 2005)에 의거한다.]

세하고 복잡한 분석을 마무리하고 있다. 그 분석은 다음과 같은 주장으로 국한되어 있다는 점에서 가언적이다. 만약 (유대 기독교 전통에 구현되어 있는 것으로서) 일상적인 합리적 도덕 지식이 대체로 옳다면, 이 전통의 근거로 전제되어 있는 의무, 도덕적 가치, 의지, 이성은 최고 도덕 원리의 본성에 어떤 엄격한 요건을 부과할 것이다. 그러한 제약(예를 들면, 도덕 법칙은 무조건적으로 명령한다)을 받아들인다면 우리는 최고의 도덕 원리가 무엇이 되어야 하는지를 합리적으로 결정할 수 있다. 그렇지만 이러한 추론의 모든 얼개는 어떤 형태의 증명도 불가능한 다음과 같은 두 종류의 기본적 가정들에 의존하고 있다. (1) 우리의 일상적 도덕성은 본질적으로 옳은 것이며, (2) 일상적 도덕성이 전제하는 도덕적 행위자, 의무, 의지, 이성, 자유라는 개념은 실제로 인간에게 적용된다. 우리는 이 핵심적 개념들에 관해 추론할 수 있지만 그것들의 존재를 증명할 수는 없다. 따라서 칸트가 고심해서 건설한 프레임 전체는 불안정한 토대에서 건설되었다는 추정이 여전히 가능하다.[15] 예를 들면, 일상적인 도덕적 전통이 전제하는 이성과 의지라는 개념이 단적으로 그릇된 것일 수도 있으며, 사람들의 실제 모습과는 전혀 상관없는 것일 수도 있다.

　물론 칸트는 의지가 자율적이라거나 순수 실천이성이 그가 부여

---

15) 칸트는 『윤리형이상학』에서 자신의 논증의 가언적 성격을 몇 차례에 걸쳐 인정하고 있다. 예를 들어 앞의 두 절에서 그가 도달한 것을 요약하면 그는 이렇게 말하고 있다. "우리는 …… 의지의 자율이 윤리성 개념에 불가피하게 부착되어 있다는 것, 바꿔 말해, 오히려 그 근저에 놓여 있다는 것을 제시하였을 뿐이다. 그러므로 윤리성을 아무런 진실도 없는 괴물 같은 관념이 아니라, 무언가[의미 있는 것으]로 여기는 사람은, 앞에서 서술한 윤리성의 원리를 동시에 인정할 수밖에 없을 것이다"(『윤리형이상학』, 445). 칸트는 물론 전통적 도덕성이 허구적인 것이 아니라고 믿었지만 그에 대한 증명은 가능하지 않다는 사실을 알고 있었다.

하는 특성을 지닌다는 사실을 결코 (우리가 공유하는 도덕성 개념을 지지하기 위해 필수적인 것이라고) 증명하지는 않는다.[16] 오히려 그는 요청되는 것이라는 의미에서 의지가 자율적이며 이성이 실천적이라는 사실이 적어도 가능하다는, 말하자면 모순적이지 않다는 점만을 보이려고 한다. 이러한 가능성을 뒷받침하는 상세한 논증에 대한 서술이 『윤리형이상학』의 3절과 『실천이성비판』의 대부분을 차지하고 있다.

따라서 도덕 이론에 대한 칸트의 생각은 많은 사람들이 생각하는 것과는 매우 다르다. 왜냐하면 그것은 어떤 증명도, 공리적 체계 내에서의 연역도, 제일원리라는 직관에 대한 주장도 포함하고 있지 않기 때문이다. 그것은 고도로 조건적이고 가언적인 구조를 갖는 비형식적인 분석적 논증이다. 왜냐하면 그것은 북유럽적인 도덕적 전통의 기본적인 정당성, 그리고 그 전통에 함축된 이성과 의지, 자유, 인간 본성에 대한 특정한 견해의 정당성을 전제하기 때문이다. 그것은 모든 「도덕 법칙」 이론, 따라서 모든 「능력 심리학」 통속 이론을 전제한다.

여기에서 칸트의 합리주의적 도덕성 이론이 지닌 '만약 ~이라면 ~이다' 라는 형식의 조건적 구조를 염두에 두는 것이 중요하다. 왜냐하면 그것은 우리의 이론 안에서 어떤 핵심적 개념에 대한 분석이라도 그 궁극적 정당성을 증명하는 것은 불가능하다는 점을 상기시켜 주기 때문이다. 칸트는 우리가 결코 "이것이 바로 실천이성의 본질이며, 따라서 X, Y, Z가 보편적 구속력을 갖는 도덕적 의무다"와

---

16) 칸트는 몇몇 경우를 통해 그것에 관해 어떤 의미 있는 직관도 적절한 것일 수 없는 '합리적 관념'으로서의 자유 개념의 본성을 감안할 때 그러한 주장에 대한 증명이 불가능하다는 사실을 반복해서 언급하고 있다.

같은 토대주의적 주장을 할 수 있을 만큼 인식론적으로 확고한 위치에 있지 않다는 사실을 알고 있었다. 그러나 특히 우리가 도덕적·정치적으로 중요한 문제들을 다룰 때 이처럼 절대화하려는 경향이 매우 강하게 나타난다.

나는 다음에 서구의 도덕적 전통에 우연히 합치하는 특정한 개념들―「도덕 법칙」 통속 이론을 구성하는 개념들―을 선택하고, 그것들을 마치 절대적이고 보편적인 개념인 것처럼 다루는 이러한 강력한 유혹을 검토할 것이다. 우리는 그런 방식으로 서구 전통의 핵심적 개념들을 보편 이성 자체의 본질에 내재된 것으로 간주하게 된다. 우리는 이러한 종류의 합리주의적 이론이 서구 최근사에서 종종 드러나는 사회적, 정치적, 도덕적 문제들을 다루는 우리 방식의 합리적 재구성이라는 사실을 망각한다. 우리는 또한 우리가 사실상 대부분 은유들의 체계에 의해 정의되는 「도덕 법칙」 통속 이론을 다루고 있다는 사실을 망각한다. 나는 다음 장들에서 이러한 은유적 체계들의 본성과 한계를 검토할 것이다.

칸트의 기획은 합리주의 윤리학의 전형이다. 그는 신적 이성을 보편 이성으로 대체했지만 이성의 절대적이고 초월적인 성격을 보존했다. 그는 도덕성이 신적인 도덕 법칙의 원천으로서 신의 의지에 근거할 수 없다고 주장했다. 왜냐하면 그는 그것이 인간의 자유를 '타자'에 복종하는 사이비 자유로 전락시킬 것이라고 보았기 때문이다. 그렇지만 그는 도덕성이 우리가 가장 본질적인 모습(말하자면 자유로운 합리적 존재)에 대한 표현으로서 우리 자신에게 합리적으로 부과하는 보편 법칙에 근거할 수 있다고 주장한다. 이 견해에 따르면 우리는 자율적인 만큼, 즉 합리성과 자유에 대한 표현으로서 우리 자신에게 도덕 법칙을 부과하는 만큼 자유롭다.

이렇게 해서 칸트는 '타자'(즉 신)의 의지에 근거하지 않는 도덕적 절대와 궁극적 토대를 유지하려고 했다. 그러나 칸트는 초월적 보편 이성을 가정함으로써만 도덕적 절대주의의 가능성을 유지할 수 있다. 요약해 보면, 칸트적인 합리주의 윤리학은 다음과 같은 유대 기독교 도덕 전통의 기본 개념들을 유지하는 동시에 재해석하고 있다.

1) 신적 이성은 대등하게 초월적인 보편 이성으로 대체된다.
2) 신적 도덕 법칙은 (실천이성의) 보편적 도덕 법칙으로 번역된다.
3) '신의 형상으로 창조되었음'은 '보편 이성과 자유 의지를 보유함'으로 변형된다.
4) 자신과 타인을 '신의 형상으로 창조된' 특유한 존재로 대하는 것은 '우리 자신 안의 것이든 타인 안의 것이든 합리적 본성을 존중함'으로 번역된다.
5) 신의 법칙에 복종할 것인지 아닌지를 선택하는 자유는 자율성, 즉 그 법칙을 (합리적으로) 자신에게 부여하는 것으로서 실현된 자유로 변형된다.
6) 영혼의 순수성과 '내면성'에 대한 유대 기독교적 강조는 열정과 같은 외재적 영향을 극복하는, 또한 우리의 통제를 벗어난 우연적 귀결에 근거하지 않는 올바른 의욕함에 대한 강조로 번역된다.

칸트는 전통적인 유대 기독교 도덕성을 재구성하고 그것을 옹호하려고 했기 때문에 그가 또한 「도덕 법칙」 통속 이론을 구성하는 모든 은유적 개념들—그 도덕성에 프레임을 제공하는—을 받아들인다는 것은 놀라운 일이 아니다. 「도덕 법칙」 통속 이론에서와 마찬가지로 칸트는 이성을 힘으로, 도덕성을 **법칙**으로 해석하며, 인간 본성을 기본적으로 합리적 본성과 신체적 본성으로 이분된 것으로 해석한다.[17] 이 견해에 따르면 우리의 본질적인 모습은 자유와 이성에 대항하는 성향을 가진 욕망과 경향성의 원천인 몸 안에 담겨 있는 합리적 자아다. 그래서 도덕적으로 행위하는 것은 신체적 본성을 순수 실천이성의 명령에 따르도록 억제하고, 전환하고, 강제하는 것이다. 따라서 만약 우리가 순수 의지를 가진, 탈신체화된 합리적 자아들이었더라면 본성상 도덕적으로 행위했을 것이라는 가정 위에서 신체화는 당면한 도덕적 문제로 해석된다. 그 가정이 성립할 경우, 이성은 우리에게 아무런 제약도 구성하지 못할 것이다. 왜냐하면 제약을 필요로 하는 몸이 존재하지 않을 것이기 때문이다.[18]

칸트가 기본적으로 이분된 실재—이성과 자유, 개념, 이해를 모든 신체적 표출(감각, 느낌, 정서, 운동)이 일어나며, 인과적으로 결

---

17) 레더(D. Leder)는 다양한 인지적 활동을 통해서 우리의 신체화가 사라지거나 축소되는 경향이 있음을 드러냄으로써 이러한 데카르트적 이원론을 지지하는 체험적 근거를 탐색하고 있다. 또한 그는 몸이 어떻게 인식적·도덕적 오류의 소재로 (잘못) 간주되게 되었는지를 설명한다. Drew Leder, *The Absent Body* (Chicago: University of Chicago, 1990) 참조.

18) 칸트는 도덕성이 우리처럼 몸을 가졌기 때문에 불완전하게 합리적인 존재에 대한 제약으로서만 성립한다는 점을 분명히 밝히고 있다. 따라서 칸트는 도덕성의 객관적 원리를 "이성이 욕구능력에 대해 완전한 통제력을 가지고 있다면, 모든 이성적 존재자들에게서 주관적으로도 실천 원리로 쓰일 [어떤] 것"(『윤리형이상학』, 401n)으로 기술한다. 이성이 '충만한 힘'을 갖지 못하는 이유는 바로 우리가 욕구와 성향을 수반하는 몸을 갖고 있다는 사실 때문이다. 이 때문에 이성의 명령은 우리에게 정언명령이다. 즉 "모든 명령은 당위[해야 한다]로 표현되며, 그에 의해 이성의 객관적 법칙과, 주관적 성질상 그에 의해 필연적으로 결정되지 않는 의지에 대한 관계(즉 강요)를 고지한다"(『윤리형이상학』, 413).

정되는 물리적 대상의 영역을 넘어서는 형이상학적 영역에 설정하는 실재—를 받아들이는 것은 그가 철학적 생애를 통해 공허하게 분투했던 문제들을 불러왔다. 인간의 자유—그것이 없다면 전통적 도덕성은 하나의 환상이 될 것이다—의 가능성을 설명하면서 그가 부딪혔던 문제는 허구적인 것이다.[19] 나는 다음에 그러한 형이상학적 분리에 근거하지 않은 도덕성 이론이 무엇을 포함하게 될지의 문제로 되돌아가겠지만, 칸트 이론 안에서 그러한 형이상학적 이분법들이 불러오는 문제들을 논의하지는 않을 것이다. 지금으로서 내 논점은 칸트가 유대 기독교 전통을 따라 인간 본성, 그리고 이성과 의지 개념에 관해 인간의 신체화와는 전혀 상관이 없는 이분법적 견해를 유지하고 있다는 것이다.[20] 우리에게 남겨진 것은 다양한 욕구, 욕망, 경향성—여전히 신체적 행위에 영향을 미치는 것으로 가정된 이성과 의지의 힘에 의해 어떻게든 제약되어야만 하는—에 끌려가는 몸으로서 우리 자신의 모습이다. 또 다시 우리에게 남겨진 것은 우리의 도덕적 경험을 구성하는 「능력 심리학」 통속 이론과 「도덕 법칙」 통속 이론이다.

---

19) 예를 들어 실버(John Silber)는 자신이 편집한 *Kant, Religion within the Bounds of Reason Alone* (Chicago: University of Chicago Press, 1960)의 서론에서 『윤리형이상학』에서 『실천이성비판』으로 칸트의 시각이 변화한 것은 자유, 도덕성, 책임의 본성에 대한 명백하게 상충적인 직관들을 화해시키려는 시도라고 설명하고 있다.

20) 실버는 칸트의 문제들을 탈신체화된 의지 개념에서 찾는다. 왜냐하면 그 경우 의지가 어떻게 신체적 욕망과 성향에 영향을 받으며, 또 영향을 미치는지에 관해 어떤 말을 하는 것도 불가능해지기 때문이다. 칸트는 의지를 'Wille'(=도덕 법칙을 제공하는 실천이성)와 Willkür(=욕망과 연결되어 있는, 자유로운 선택 능력)의 두 부분으로 나누지 않을 수 없었다. 그러나 이것은 근본적으로 분리된 두 가지 형이상학적 영역들의 결합이라는 기본적 문제를 다른 층위에서 재진술한 것에 불과하다. 같은 곳.

4_전통적 도덕성의 현대적 변이

전통적인 유대 기독교적 가치들에 대한 합리적인 비신학적 토대
짓기로 해석된 칸트적 합리주의 윤리학은 헤어(R. M. Hare), 기워
스(A. Gewirth), 롤스(J. Rawls), 노직(R. Nozick), 도너건(A.
Donagan) 등과 같은 철학자들의 저술에서 제시되는 매우 다양한 형
태를 통해 20세기로 이어졌다.[21] 이 견해들을 하나하나 상술하고,
칸트적 요소를 드러내고, 나아가 그것들이 도덕적 숙고에서 어떻게
「힘으로서의 이성」 은유를 전제하고 있는지를 드러내는 것은 지루
한 일이 될 것이다. 그것들 사이에서 실제적이면서 때로는 실질적인
차이들이 드러나지만, 이 이론들은 모두가 도덕성을 어떻게 행위해
야 하는지를 규정해 주는, 합리적으로 도출된 규칙의 체계로 간주한
다는 점에서 모두 「도덕 법칙」 통속 이론을 공유하고 있다.

헤어는 우리가 가능한 모든 도덕 규칙들의 형식을 제약하는 궁극
적 원리만을 제시할 수 있다고 생각한다. 기워스와 롤스, 노직은 우
리가 도달할 수 있는 원리들의 종류에 대한 보편적 제약을 옹호하는
데, 이어서 그들은 그 제약에 합치하게 될 도덕 규칙의 몇몇 유형을
제시한다. 도너건은 칸트와 마찬가지로 전형적인 유형의 사례들에
적용될 수 있는 도덕 규칙의 매우 포괄적인 체계를 도출하는 것이
가능하다고 주장한다. 그러나 다양한 이론들 사이의 이러한 차이들

---

21) R. M. Hare, *Freedom and Reason* (Oxford: Oxford University Press, 1963); Alan
Gewirth, *Reason and Morality* (Chicago: University of Chicago Press, 1978); John
Rawls, *A Theory of Justice* (Cambridge, Mass.: Harvard University Press, 1971);
Robert Nozick, *Anarchy, State, and Utopia* (New York: Basic Books, 1974); Alan
Donagan, *The Theory of Morality*.

은 주로 그 규칙들이 얼마나 구체적일 수 있는가라는 물음, 그리고
그러한 규칙들을 도출한다는 것의 엄밀한 본성이 무엇인가라는 물
음과 관련되어 있다. 그러나 이 이론들이 공유하는 것 중 훨씬 더 중
요한 것은 도덕성 이론은 무엇이 옳고 그른지에 관해 도덕적 지침을
제공해야 하며, 그 이론은 도덕 법칙들을 명시해야 하며, 이성은 힘
이며, 또한 도덕성은 제약들의 체계라는 발상이다.

　이 주제들에 관한 20세기의 한 특이한 변형에 주목할 필요가 있
다. 현대 철학의 언어에 대한 집착은 예상할 수 있는 것처럼 도덕성
과 언어 사용 사이의 강한 유비로 이어졌다. 이러한 언어적 강조의
귀결은 실천이성을 도덕적 힘으로 보는 서구의 전통적 관념에 대한
서술의 한 방식으로서 도덕적 문법에 대한 은유의 출현이다. 롤스는
『정의론』(*A Theory of Justice*)에서 정의 이론, 좀 더 일반적으로 도
덕성 이론을 구성하는 것이 자연언어의 문법을 구성하는 것과 유사
하다고 제안한다.[22)]

　롤스는 우리가 하나의 문법을 구성하면서 문법성이라는 직관적
개념을 해명해 줄 수 있는 원리들을 탐색 ― 그렇게 형성되는 원리들
이 후일 무엇이 문법적인가에 관한 우리의 몇몇 직관에 대한 비판을
요구하게 될지도 모른다는 점을 염두에 두면서 ― 한다고 주장한다.
유추해 보면 도덕 이론에서 우리는 고려된 도덕적 직관들(예를 들
면 특정한 유형의 상황에서 어떤 행위가 옳거나 그른지에 관해 반성
적으로 고려된 판단들)을 형성해 줄 원리들을 탐색할 것이며, 이 때
우리는 이러한 원리들에 대한 확신이 후일 우리의 몇몇 도덕적 직관
들에 대해 물음을 제기하도록 이끌어 갈 것이라는 점을 염두에 두게

---

22) Rawls, *A Theory of Justice*, p. 47.

된다.

「문법으로서의 도덕성」(Morality As Grammar) 은유에 대한 더 상세한 서술은 도너건의 책에서 찾아볼 수 있는데, 그는 도덕 이론의 본성에 관한 개념에 있어서, 절대적인 합리적 토대에 대한 믿음에 있어서, 또 보편적 도덕 개념의 체계를 전개하는 데 기본적으로 칸트적이다. 도너건이 도덕성을 인간 이성을 통해 도출할 수 있는, 또 모든 사람에게 보편적으로 강제성을 갖는 법칙이나 개념들의 체계로 간주하고 있다는 사실을 상기하라.[23] 헤겔은 그러한 도덕성이 실제 역사 공동체 안에서 윤리적 삶의 지반으로부터 불가피하게 유리될 것이라고 주장했다. 그렇게 유리됨으로써 그러한 도덕성은 구체적 내용을 잃게 되며, 단순한 주관성으로 '증발하게' 된다. 그렇다면 헤겔에게 윤리학은 단지 도너건이 의미하는 것으로서의 도덕성 이론으로 이루어져서는 안 되며, 오히려 역사적·문화적으로 고착되고 구체화된 윤리적 삶[Sittlichkeit]의 도덕성으로 이루어져야 한다.

도너건이 「문법으로서의 도덕성」 유비를 도입하고 있는 것은 이러한 도덕성 비판에 대응하기 위한 것이다. 그는 도덕적 삶이 단순히 명시적인 도덕 원리들을 의식적이고 반성적으로 따르는 것만으로 이루어질 수 없다는 헤겔의 주장을 인정한다. 오히려 이 법칙과 개념들은 구체적이고 역사적으로 조건화된 공동체의 실천, 가치, 또는 경향성 안에 구체화되어 있다. 이러한 측면에서 이 원리들은 자연언어 문법의 원리들과 매우 유사하다. 우리는 모두 언어 공동체

---

23) Donagan, *The Theory of Morality*, chap. 1. 이하 이 책의 인용 쪽수는 본문에 제시한다.

안에서 태어나며, 그 공동체의 특정한 언어를 배운다. 우리는 언어적 실천을 구조화하는 문법적 원리들을 거의 숙고하지 않으며, 우리 대부분은 그 원리들 중 어떤 것을 명료하게 표현하는 데 능숙하지 않다. 그렇지만 비록 개별적인 화자가 흔히 이런저런 특정한 문법 규칙을 위반한다 하더라도 우리 언어는 여전히 문법적으로 제약되어 있다.

그래서 도너건은 "특정한 언어의 문법이 그 공동체 안에서의 화행에 부과하는 …… 조건들"(Donagan, 13)이 존재한다고 올바르게 결론짓고 있다. 도덕적 영역에서 '문법' 또한 도덕적 전통을 구조화하는 법칙과 개념으로 구성된 제한과 제약의 집합이며, 그것은 그 전통에 따라 삶을 이끌어 가는 사람들의 태도와 성향의 바탕에 자리잡고 있다. 우리는 윤리적 공동체라는 구체적 삶 속으로 태어나며, 그것은 그러한 전통의 공유를 통해 부분적으로 정의된다. 우리의 결정과 행위는 대부분 우리 공동체 안에서 다른 사람들과 공유하는 무반성적인 성향과 태도의 산물이며, 그것이 우리의 공유된 도덕성(예를 들면 우리의 '도덕적 문법')을 드러낸다. 추정컨대 그러한 도덕적 문법이 존재한다는 사실은 도덕 원리들과 구체적 상황에서 그것들의 적절한 적용에 대한 우리의 의식적 반성과 토론의 가능성에 의해 증명된다.

따라서 도너건은 다음과 같은 언어 영역에서 도덕적 실천 영역으로의 사상(mapping)을 따라 도덕성을 문법에 비유한다.

언어 영역		도덕 영역
자연언어의 사용	→	도덕 공동체 안에서의 행위
언어적 전통	→	도덕적 전통

문법 원리	→	도덕 원리
언어적 형태에 대한 제약	→	행위를 지배하는 원리들의 형태와 본성에 대한 제약
정확히 말함(예를 들어 문법적으로)	→	도덕적으로 옳은 방식으로 행위함
훌륭하게 말함	→	훌륭하게 행위함

이 마지막 사상은 도덕성(도너건이 말하는 의미에서)이 도덕적 삶의 완전한 충만성을 포괄하기에는 지나치게 추상적이며 공동체의 윤리적 삶으로부터 지나치게 유리되어 있다는 헤겔적 비판에 대한 도너건의 대응에 핵심을 이루고 있다. 도너건은 '훌륭한 행위' (acting well)와 '도덕적 행위'(acting morally)를 구별해야 한다고 주장한다.

언어 문법은 그 언어로 잘 말하고 쓰는 사람들의 사용법을 통해 확인될 수 있다. 문법의 권위는 그것을 예증하는 말하기와 글쓰기의 권위다. 그러나 훌륭하게 말하고 쓰는 것은 문법적으로 훌륭한 것을 넘어선다. 문법적이라는 것은 그 필요조건이기는 하지만 충분조건은 아니다. 그래서 그것은 도덕성과 훌륭하게 행위함의 관계와 유사하다. 도덕적으로 행위하지 않고서는 누구도 훌륭하게 행위할 수 없다. 그러나 대체로 훌륭하게 행위하기 위해서는 도덕적으로 행위하는 것만으로는 충분치 않다 (Donagan, 11).

합리주의 윤리학 안에서 전개된 유대 기독교적인 도덕적 전통은 물론, 「도덕 법칙」 통속 이론에도 합치하는 것이지만 도너건은 도덕성을 합리적으로 도출된 규제적이거나 제약적인 원리들의 집합으로 해석한다. 그것은 "대체로 우리가 어떻게 정당한 목표들을 추구할 것인지에 대한 제한들에 국한된 도덕성"(Donagan, 11, 고딕은 존슨의 강조)이다. 도너건은 "상식적 도덕성은 사람들이 하지 않으려고 하는 것을 통해 드러난다. 즉 그것은 사람들이 행복을 추구하는 과정에서 준수하는 한계들로 이루어져 있다"(Donagan, 12, 고딕은 존슨의 강조)는 칸트의 견해를 따른다.

도덕성에 대한 이러한 견해를 노직은 우리가 타인에게 무엇을 하지 않아야 하는지를 명시하는, 행위에 가하는 절대적인 '부차적 제약' 또는 '제한적 조건'이라는 말로 잘 표현하고 있다.[24] 비록 도너건은 금지된 행위를 억제하는 것뿐만 아니라 특정한 목표를 추구하는 책무들이 존재한다고 덧붙이려고 하겠지만. 바꾸어 말하면 그것은 보편적 제약들에 맞게 행위를 제약하거나 제한하는, 이성의 힘 도덕성이다.

5_전통적인 합리주의 이론은 왜 그처럼 강제적인가?

신학적 버전이든 비신학적 버전이든 서구 도덕적 전통의 핵심은 도덕 법칙이다. 그러한 법칙의 핵심적 개념을 토마스 아퀴나스는 다음과 같이 간명하게 표현하고 있다. "[도덕 법칙이란] 그것에 근거해 사람들이 행위하도록 권유하거나 행위하지 않도록 억제하는, 행위의 규칙과 척도다. …… 이제 인간 행위의 그 규칙과 척도는 이성

24) Nozick, *Anarchy, State, and Utopia* 참조.

이다."[25] 법칙은 이성의 힘을 빌려 권유하거나 억제한다. 우리는 의지력을 그러한 보편 법칙의 제약 안으로 끌어올 수 있는 정도만큼 도덕적이며, 또 그렇게 함으로써 신체적 행위들에 **힘**과 **통제**를 가할 수 있다.

그렇게 해서 우리는 서구적 도덕성의 기본적 구조에 관해 다음과 같은 구도에 도달한다. 유대 기독교 전통에 따르면 신적 명령은 그것이 과연 신적 이성을 표현하는지의 여부에 따라 구별될 수 있다. 신적 이성을 표현하는 사람들만이 신적 법칙 안에서 행위하는 것으로 간주된다. 인간 이성(우리 안에 있는 신적 영상의 징후)은 신적 이성을 파악하고 신적 이성에 참여할 수 있으며, 그렇게 해서 모든 인간은 모든 합리적 존재를 구속하는 기본 원리나 도덕 법칙에 근접하게 된다. 이 구도의 핵심적 초점은 실천적으로 될 수 있는 이성의 능력, 말하자면 의지의 작용을 이끌어 가도록 의도된 원리들을 제공하는 이성의 능력이다. 일단 이성이 도덕적 반성의 중심이 되면 법칙의 신학적 근거는 적어도 사람들 사이에서나 무합리적 존재들과의 관계에서 불필요한 것이 된다. 이성은 자율적이거나 자기 지배적인 것이 되며, 우리는 「도덕 법칙」 통속 이론에 근거한 순수하게 합리주의적인 윤리학에 이르게 된다.

이 「도덕 법칙」 통속 이론이 지닌 강한 인간적 매력은 도덕적 질서와 통제에 대한 우리의 욕구에서 비롯된다. 나약함(fragility)이 우리 삶의 모든 국면을 특징지어 준다는 사실을 깨닫기 위해 숙고해야 할 필요는 없다. 자기 정체성, 건강, 인간관계, 일, 공적 계획 등은 모두 우리가 통제할 수 없는 사건들 때문에 무산될 수 있다. 아주 우

---

25) Thomas Aquinas, *Summa Theologica*, question 90, art. 1.

82

연적인 사건들이 고통과 도덕적 혼동을 불러옴으로써 삶을 극적으로 재구성할 수도 있다. 우리에게서나 타인에게서 매일 마주치는 공격성, 잠재적 폭력, 악덕 등은 삶의 표면에서 또는 그 배후에서 배회하는 도덕적 혼란을 지속적으로 상기시켜 준다. 일상적 도덕성이 노예적이며 허약한 것이라고 니체는 비판했지만, 우리는 삶에서 도덕적 지도와 지배를 원한다고 해서 반드시 겁쟁이나 바보가 되어야 하는 것은 아니다. 어떤 폭력 행위는 도덕적으로 민감한 존재들에게 명백하게 비인도적이며 용납할 수 없는 일로 보인다. 이 기준에 대한 우리의 확신은 자연스럽게 기본적인 도덕적 책무를 통합적으로 규정해 주는 법칙들의 체계로서의 도덕성이라는 좀 더 원대한 이상으로 이끌어 간다. 따라서 행위에 대해 보편적으로 구속력 있는 도덕 법칙에 대한 전망은 인간 실존의 우연성을 직면함으로써 매우 자연스럽게 생겨난다.

나는 도덕 법칙들이 존재하며, 또 그 일부는 행위에 있어서 인간적 보편성에 매우 근접한 것일 수도 있다는 점을 인정한다. 비록 필연적으로 도덕 법칙들은 구체적 상황에서 어떻게 행위해야 하는지에 관한 지침으로서만 유용할 정도로 일반적이기는 하지만. 어떤 전통이나 문화의 도덕적 지혜의 축적물로서 도덕 법칙은 사람들의 경험의 요약으로 기능할 수 있다. 그러나 그 사실로부터 도덕적으로 행위하는 것이 합리적으로 도출된 규칙들의 체계에 정확히 부합하게 행위하는 것으로 환원될 수 있다는 결론이 따라 나오는 것은 결코 아니다. 나는 도덕성에 대한 「도덕 법칙」 견해가 인간의 도덕적 숙고에서 핵심적인 상상적 활동을 간과하고 있다고 주장하려고 한다. 현존하는 규칙들이 어떤 의미인가를 얻는다면 그것은 오직 그 규칙들에 대한 우리의 해석을 통해서만 가능하며, 모든 해석은 성격상 근원적으로 상상적이다. 나아가 나는 도덕적으로 행위하는 것이 도덕적 문제 상황에서 우리에게 열려 있는 가능성들에 대한 상상적 탐색을 요구한다는 점에서, 도덕성이 결코 단순히 엄격한 규칙을 준수하는 문제가 아니라고 주장할 것이다.

나아가 나는 계몽주의의 도덕 개념을 규정했던 「힘으로서의 이성」 은유가 어떻게 개념적 구조와 의미, 행위, 개인적 정체성에 관한 가정들―최근의 인지과학이 제시하는 경험적 증거들과 양립 불가능한―에 의존하고 있는지를 보일 것이다. 인간의 인지에 관한 이 경험적 탐구는 다시 인간의 개념 구조와 합리성을 근원적으로 상상적인 것으로 보는, 생태학적으로 적절한 해명을 제공한다. 또한 상상적인 것으로서의 이성에 관한 이 견해는 변화하는 환경이나 상황에 직면하고, 거기에 적응하고, 그 안에서 행위하며, 또 그것을 창조적인 방식으로 변형해야 하는 우리와 같은 존재에게 필요한 견해라는 사실이 밝혀지게 되었다.

상상적인 도덕적 숙고에 관한 나의 건설적 견해를 제시하기에 앞서 우리가 왜 그처럼 절실하게 그러한 견해를 필요로 하는지를 좀 더 분명하게 밝혀 둘 필요가 있어 보인다. 서구의 도덕적 전통에서 주변화되고 평가 절하되어 왔던 도덕적 상상력이 우리가 인간의 인지에 관해서 알고 있는 것, 그리고 우리에게 도덕적으로 유용한 것과 부합하는 모든 도덕성 이론의 핵심적 초점이 되어야만 한다는 내 주장의 의도는 무엇인가? 「도덕 법칙」 통속 이론의 규제적이고 부정적이며 법칙 지배적인 성격을 드러냄으로써 나는 다음과 같은 물음에 답하려고 한다. 사실상 우리의 도덕적 전통의 가정들이 인간으로서 우리의 경험을 거의 포착하지 못할 뿐만 아니라 도덕적 문제 상황의 가장 중요한 양상들을 간과하게 만드는데도 왜, 그리고 어떻

게 우리는 그것들이 형이상학적, 인식론적, 심리학적, 도덕적으로
절대적이라고 간주하게 되었는가? 나는 인간 공동체나 개인적 성장
에서 제약이나 제한의 중요성을 부정하려는 것은 아니다. 그렇지만
나는 전통적 도덕성의 이러한 차원에 배타적으로 초점을 맞추는 것
이 인간적 번영의 가능성을 탐색하는 수단으로서의 도덕성 개념, 즉
기본적으로 확장적이고 건설적인 도덕성 개념을 간과하도록 이끌어
왔다고 주장할 것이다.

제 2 장
은유적 도덕성

가엾은 캐소본 씨는 자신의 길고 신중한 독신 생활이 기쁨을 복리로 축적해 주었을 것이라고, 또 크나큰 애정의 궁핍이 틀림없이 대가를 얻게 될 것이라고 상상했다. 왜냐하면 우리 모두는 진지하게든 경솔하게든 은유로 뒤얽힌 생각들을 갖게 되며, 결정적으로 그것들의 힘에 따라 행동하기 때문이다.

조지 엘리엇, 『미들마치』(*Middlemarch*)

1_핀토 사례

1978년 8월 10일, 인디애나 주 여성 세 명이 1973년형 포드 핀토를 몰고 배구 연습을 하러 가는 도중에 1972년형 쉐비가 추돌했다. 핀토는 부셔지고 연료 탱크가 폭발하면서 화염에 휩싸였다. 두 명은 현장에서 숨졌으며, 다른 한 명은 두 시간 후에 병원 응급실에서 숨졌다.

포드자동차는 핀토 연료 탱크의 설계와 관련된 과실로 피소되었다. 포드의 내부 메모에서 차체에 직접적 충격이 있을 경우 연료 탱크를 보호할 수 있도록 고안된 6달러 65센트짜리 부품을 설치하는 권고안을 두고 간부들 사이에 논쟁을 벌였다는 사실이 밝혀졌다. 그 부품을 설치하는 비용—차의 가격을 상승시키는—과 미래의 충돌로 말미암아 발생할 수 있는 부상, 사망, 법적 소송 등에 소요되는 비용 사이에 비용/수익 분석이 이루어졌다. 포드는 보호 장치를 설치하지 않기로 결정했다. 법원은 그 내부 메모를 그 재판에 적법한 증거로 받아들일 수 없다고 결정했다.

배심원은 포드자동차에 무죄 평결을 내렸다.[1] 포드가 과연 정당한 고려를 했는지를 판단하는 것은 어려운 문제다. 그 사건에 관해 대립적인 판단을 뒷받침하는 상충되는 해명들이 있었기 때문이다. 한 목격자는 그 사고 바로 직전에 핀토 운전자가 기름을 넣기 위해 주유소에 들렀으며, 그 때 주유구를 잠그지 않았다고 말했다. 다른 사람은 그 핀토가 추돌 당할 때 정지해 있었다고 말했다. 그 경우 연료 탱크가 그 충격에 견딜 수 있으리라는 것은 불합리한 추정일 것이다. 또 다른 목격자는 그 핀토가 천천히 움직이고 있었다고 진술했는데, 그 경우에는 충격이 덜 심했을 것이며, 연료 탱크는 손상을 받지 않았어야 한다. 그처럼 사건과 관련된 사실들은 명확하지 않았다. 그러나 분명했던 것은 포드의 간부들이 보강대를 장착한 핀토의 비용 증가를 비교하기 위해 사람의 생명에 금전적 가치가 할당되는 일종의 도덕적 수학에 참여하고 있었다는 사실이다.

우리는 대부분 그러한 추론을 충격적인 것으로 받아들인다. 포드의 간부들은 도덕적 수학을 매우 진지하게 받아들임으로써 사람과

---

1) "Three Cheers in Dearborn," *Time* (March 24, 1980), p. 24.

무생물을 구별하지 않고 동일하게 가격을 매기는 단순한 비용/수익 분석을 받아들이게 되었다. 반성적으로 볼 때 그 사람들의 도덕적 불감증과, 또 그 결정의 근거로 사용했던 「도덕적 산수」나 「법적 산수」 은유의 함의들을 검토하지 않았다는 것을 비난하는 것은 아마도 너무나 쉬운 일일 것이다.

이 비극적 사건이 주는 교훈이 무엇이든 간에 그것은 적어도 우리가 일상적으로 그것을 의식하지 못한 채로 종종 도덕적 결정의 바탕을 이루는 기본적 은유들을 근거로 추론한다는 것을 보여 준다. 이것은 도덕적 고려에서 은유들을 제거하려는 노력이 가능한지, 또는 심지어 바람직한지에 관해 핵심적 문제를 제기한다. 나는 은유가 도덕적 결정에 편재해 있으며, 그것이 우리의 추론에서 정당하게 배제될 수 없다고 주장할 것이다. 나아가 나는 은유가 사실상 도덕적 갈등의 해결 가능성을 상상하고, 우리의 가치와 제도들을 평가하며, 우리 자신과 상황들을 변형시키는 주된 수단이라고 주장할 것이다. 요컨대 은유는 상상적인 도덕적 합리성의 핵심에 자리 잡고 있으며, 그것이 없다면 우리는 결국 습관적 행위에 묶여 있게 될 것이다.

2_이른바 은유의 문제

이 책에서 나의 핵심적 주장은 인간의 도덕적 이해가 기본적으로 상상적이라는 것이다. 은유는 상상적 인지의 중심적인 기제의 하나이다. 따라서 우리는 일상적인 도덕적 이해 또한 철저하게 은유적이라고 예상해야 한다. 그것은 사실이다. 또한 나는 이 장에서 은유가 다음과 같은 두 가지 기본 수준에서 필수적이라고 제안할 것이다.

(1) 우리의 가장 중요한 도덕적 개념들(예를 들면, 의지, 행위, 목적, 권리, 의무, 법률 등)은 은유들의 체계에 의해 정의된다. (2) 우리는 도덕적으로 문제시되는 상황들을 관습적인 은유적 사상을 통해 이해한다. 결과적으로 우리의 일상적인 도덕적 추론은 이 두 가지 층위에 근거하고 있다. 다음 장들에서 나는 또 다른 유형의 은유적 투사─한 범주 안의 원형적 사례들을 넘어서서 원형적 사례들과 모든 특성을 공유하지 않는 비원형적이고 새로운 사례로 확장해 가는─를 검토할 것이다. 나는 또한 고도로 형식화된 도덕 이론조차도 도덕성의 통속 이론들을 정의하는 것과 동일한 은유들의 일부를 받아들이고 있다는 것을 보일 것이다. 그래서 나는 우리의 도덕적 이해와 추론, 이론화의 모든 부분에서 은유들이 필수불가결하다는 사실을 드러냄으로써 일상적인 이해에서든 철학적 이론에서든 도덕성이 은유적이고 상상적이 아닌 어떤 것이라는 생각이 불가능하게 되기를 기대한다.

왜 사람들은 대부분의 도덕적 추론이 은유로 가득 차 있다는 사실을 끔찍한 일로 생각해야만 할까? 일반적인 대답은 우리의 전통적인 도덕관에 은유들에 근거한 추론의 여지가 없다는 것이다. 우리는 우리의 「도덕 법칙」 통속 이론이 상황의 객관적 특성을 정의하는 문자적 개념을 통해 직접적으로 그 상황에 적용될 수 있는 도덕적 규칙들을 요구하고 있음을 살펴보았다. 반면에 은유는 의미론적으로 불확정적이며 불안정한 것으로 간주된다. 표준 이론은 만약 기본적인 도덕 개념들이 은유적이라면 그러한 개념들을 포함하는 도덕 원리들을 어떤 확정적인 방식으로도 구체적인 상황에 적용할 수 없을 것이라고 주장한다. 따라서 전통적 견해는 일의적 의미를 갖는 문자적 개념을 요구하며, 그래서 은유의 사용을 피한다.

이러한 문자주의적 도덕관의 바탕에 자리 잡고 있는 편견은 서구 문화에 깊이 뿌리박고 있다.[2] 사람들이 왜 도덕성으로부터 은유를 배제해야 한다고 생각하는지에 관해 전형적으로 두 가지 표준적인 이유가 있다. 그 첫 번째 이유는 은유가 정서, 분위기, 태도 등을 표현하는 순전히 시적이고 수사적인 비유법이라는 가정에 근거하고 있다. 그래서 은유는 어떤 합리적 구조나 개념적 내용도 갖지 않는다고 주장된다. 이러한 전략은 단적으로 언어 기능을 '인지적인 것' (기술적, 진리함수적인 것)과 '정서적인 것'(표현적, 비진리함수적인 것)의 대립적인 두 가지 유형으로 구분하는 낡은 논리실증주의적 구도에 근거한 것이다. 이러한 관점에서 도덕성에 있어서 은유는 특정한 행위나 품성의 상태에 대한 긍정이나 부정의 정서적 표현으로 간주된다. 그래서 은유는 상황의 개념화나 그것에 관한 추론에서 아무런 역할도 할 수 없다는 것이다.

도덕적 추론에서 은유에 대한 두 번째 반론은 은유가 인지적으로 너무나 불확정적이라는 것이다. 은유는 어떤 구체적 개념도 제공하지 못하는, 의미의 불분명한 상상적 유희를 불러오는 어떤 것으로 간주된다. 은유는 애매하고, 다의적이며, 지나치게 맥락 의존적인 것으로 간주된다. 만약 도덕성에 적용된다면 이러한 사실은 도덕적 추론이 근원적으로 불확정적이라는 것, 즉 주어진 상황에서 하나의 정확한 답이나 옳은 행위가 존재하지 않는다는 것을 의미하게 될 것이다.

은유에 관한 이 두 가지 견해를 지지하는 사람들을 위협하는 것은

---

2) 나는 은유에 대한 이 전통적인 편견을 Johnson, ed., *Philosophical Perspectives on Metaphor* (Indianapolis: University of Minnesota Press, 1981)의 「서론」에서 상세하게 다루었다.

그것들 모두가 곧바로 도덕적 상대주의를 불러온다는 것이다. 도덕적 '추론'은 정서적 설득 아니면 주어진 상황에 대한, 동등하게 타당한(또는 동등하게 부당한, 즉 어느 쪽인지 결정할 수 없는) 다수의 평가들에 관한 상상적 유희로 간주된다. 어느 경우든 비판의 합리적 기준은 존재하지 않는다. 그래서 만약 도덕적 추론이 근본적으로 은유적이라면 이것은 주관주의나 상대주의에 대한 「도덕 법칙」 옹호자들의 가장 큰 우려를 정당화해 주는 것으로 받아들여진다.

다행스럽게도 앞으로 살펴보게 되겠지만 은유에 관한 이 두 가지 견해 모두 매우 잘못된 것이다. 우리가 은유의 본성을 생물학적, 사회적, 언어적, 정치적, 경제적 상호작용의 제약을 받는 인지 과정으로 이해하게 되면 극단적 상대주의라는 망령은 어둠 속으로 사라진다. 그렇지만 우리가 모든 상황에서 도덕적으로 하나 이상의 적절한 행위 방향이 있을 수 있다는 사실과 함께 살아가는 법(우리가 의식했든 그렇지 않든 우리가 항상 해 왔던 것)을 배워야만 한다는 사실이 드러나게 될 것이다. 이것은 고도로 제약된 형태의 상대주의이며, 그것은 다수의 가능한 견해나 판단, 행위들을 어리석다거나 도덕적으로 부적절한 선택이라고 비판할 수 있는 근거를 제공한다. 이러한 다원주의적 시각은 은유를 행위 가능성에 대한 상상적 탐색의 소재로서, 또 우리의 가치나 이상, 제도에 대한 자기비판적 반성의 근거로서 받아들일 수 있게 해 준다. 은유적 추론은 우리의 상황과 우리 자신을 제한적이면서도 비판 가능한 방식으로 변형시킬 수 있는 주된 수단이 된다.

3_상식적 도덕성의 은유적 특성

「도덕 법칙」통속 이론을 정의하는 은유들을 살펴보면 우리는 곧
도덕성 개념의 어디에나 은유가 존재한다는 사실을 알게 될 것이다.
내가 확신하는 한 대부분의 기본적인 도덕 개념들은 은유에 의해 구
조화되는데, 그것들은 전형적으로 항상 상호 일관성을 갖지는 않는
다중적 은유들에 의해 구조화된다. 나는 그러한 기본적인 도덕 개념
들의 대표적 표본을 폭넓게 탐구할 것을 제안하며, 그렇게 함으로써
어떻게 그것들이 은유에 의해 정의되며, 어떻게 은유들을 통해 체계
적으로 상호 관련되며, 또 어떻게 은유적 체계들의 계층적 차원을
형성하는지를 이해할 수 있을 것이다. 나는 일상적인 도덕적 이해가
지니는 근본적으로 은유적인 특성을 예증하고, 「도덕 법칙」통속 이
론의 토대를 이루는 몇몇 중요한 체계적 은유들을 제시하며, 나아가
이것이 도덕적 추론에 대한 우리의 이해에 무엇을 함축하는지 탐색
하려고 한다.

나는 특히 도덕적 경험이 일관되게 은유적이라는 나의 핵심적 주
장을 뒷받침할 증거의 두 가지 주된 원천에 초점을 맞출 것이다. 그
것은 (1) 우리가 일상적으로 도덕성에 관해 이야기하는 방식―윤리
적 담론의 관습적 언어는 우리의 기본적인 도덕적 개념을 정의하는
은유 체계에 근거하고 있다는―과 관련된 언어적 증거, (2) 은유적
개념에 근거한 도덕적 추론의 추론 패턴이다.

다음 절들에서는 「도덕 법칙」통속 이론의 핵심적 부분들을 구성
하는 좀 더 중요한 은유적 개념들을 매우 섬세하게 분석하고 있다.
그러한 분석은 은유들 각각의 의미론적 구조를 상술하는 것과, 도덕
적 추론과 도덕적 담론이 어떻게 이러한 은유들에 근거하고 있는지

를 설명하도록 요구한다. 종종 특정한 은유가 어떻게 작용하는지에
대한 섬세한 사항들에 빠져들어 방향을 잃기 쉽다. 그러나 도덕성의
은유적 특성을 드러내려고 한다면 이러한 심층적 수준의 분석은 필
수적이다. 이러한 해명을 시도하면서 이 모든 작업의 핵심이 다음과
같은 사실을 드러내는 일이라는 점을 염두에 두어야 할 것이다. 즉
어떻게 다양한 은유들이 상호 의존함으로써 도덕적 이해의 대부분
을 구성하는 구조화된 개념들의 방대하고 상호 관련된 체계를 형성
하는가?

공유된 도덕성 개념을 정의하는 다음과 같은 세 개의 은유 다발이
존재하는 것으로 보인다. (1) 주로 수행된 행위와 관련된 은유들,
또 행위, 의도, 법, 의무, 권리 등의 개념에 대한 은유적 구조화를 포
함하는 은유들. (2) 서로를 돕거나 해치는 것의 결과로서 우리가 타
인에게 빚진 것과 타인이 우리에게 빚진 것을 결정하는 수단이 되는
은유들. (3) 도덕적 품성을 평가하는 척도가 되는 은유들. 이제 이
세 다발의 은유들을 차례대로 검토해 보자.

행위, 의도, 권리에 관한 은유

행위처럼 기본적인 것에 대한 개념조차도 근본적으로 은유적이라
는 생각은, 특히 「도덕 법칙」 통속 이론을 받아들이는 사람에게는
충격적일 수 있다. 더더욱 충격적인 것은 최근 '행위' 개념이 전형
적으로 최소한 두 가지 다른 은유 체계에 의해 정의된다는 사실이 밝
혀졌다는 점이다. 레이코프(G. Lakoff)와 몇몇 제자들은 최근 영어
의미론과 통사론의 토대를 이루고 있는 개념체계에 관한 기본적인
관습적 은유들에 대해 방대한 체계적 분석을 수행했다.[3] 지금까지
가장 중요한 발견 중의 하나는 행위와 의도, 원인, 상태, 변화, 수단

개념을 포함하는 사건 개념을 정의하는 방대한 은유 체계가 존재한
다는 사실이다. 행위, 의도, 원인 등은 바로 이 「사건 구조」(Event
Structure) 은유와의 상관성 속에서 이해되기 때문에 그 구조를 아
주 섬세하게 개관할 필요가 있다.[4]

「사건 구조」 은유 체계

「사건 구조」 은유는 사실상 두 가지의 다른 은유적 사상이다. 즉
하나는 사건들을 경로를 따라 어떤 위치로 향하는 운동으로 이해하
는 통로가 되며, 다른 하나는 어떤 대상의 소유를 제공하는 행위로
이해하는 통로가 된다. 그것들을 차례로 살펴보자.

「사건 구조」 은유의 「위치」 버전

「사건 구조」 은유의 「위치」 버전에 따르면 우리는 하나의 사건을
어떤 목적지를 향해 경로를 따르는 이동으로 이해한다. 그 은유 체계
는 구조의 방대한 사상―원천 영역(경로를 따르는 공간적 이동)에
서 표적 영역(사건들)으로의―으로 이루어진다. 다음 화살표는 한
영역(원천)의 어떤 요소가 다른 영역(표적)의 어떤 요소와 연관되
거나 사상되는 수단으로서의 사상관계를 보여 준다.

---

3) 이 연구단에는 레이코프(G. Lakoff), 스위처(E. Sweetser), 에스펜슨(J. Espenson), 피
   슐러(S. Fischler), 골드버그(A. Goldberg), 마이어(K. Myhre), 슈위츠(A. Schwarz)
   등을 주축으로 캘리포니아대학교(버클리)의 교수와 학생들이 포함된다.
4) 「사건 구조」 은유에 대한 이 분석의 일부는 Lakoff, "Contemporary Theory of Meta-
   phor"에서 빌려 온 것이다.

공간 운동 영역		사건 영역
위치	→	상태
운동(경계지어진 영역 안/밖으로)	→	상태의 변화
물리적 힘	→	원인
자기 추동적 운동	→	행위
목적지	→	의도
목적지를 향한 경로	→	수단
운동의 장애	→	난점
여행 계획	→	예상된 진행
(큰) 운동하는 대상	→	외적 사건
여행	→	장기적인 의도적 활동

「사건 구조」은유의 이러한 버전은 개념체계에 너무나 기본적이어서, 우리는 그것이 자동적으로 모든 종류의 사건에 대한 우리의 이해를 구조화하는 방식을 거의 의식하지 못한다. 예를 들어 행위와 관련된 것으로서 그 일부만을 고찰해 보자. 우리는 우리 자신이 다양한 목적이나 목표들에 지향되어 있으며, 다양한 관심사나 의도들에 따라 동기화되어 있다는 것을 인식한다. 은유적으로 이해되면 행위는 한 위치(=상태)에서 다른 위치(=상태)로의 「경로를 따르는 운동」이다. 이처럼 심층적인 은유적 개념은 다양한 종류의 사건들에 관해 이야기하면서 사용하는 언어적 표현의 방대한 체계의 토대를 이루고 있다. 다음과 같은 예들에서 그것을 볼 수 있다.

그녀의 수술은 빠르게 진행되고 있다.

(Her surgery is *going along quickly*.)

그들의 가정 건설은 이제 실제로 진행되고 있다.

(The construction of their home is really *moving* now.)

우리는 이 이차방정식의 해결 방법을 찾지 못하고 있다 — 우리는 그저 애쓰고 있다.

(We're *getting nowhere* in solving this quadratic equation — we're just *plodding along*.)

그러한 은유적 행위 경로를 따라 「상태는 위치」이며, 그것들은 은유적으로 경계지어진 영역으로 이해된다. 다음 표현들을 보라.

그는 사랑에 빠졌다.

(He is *in* love.)

비행 중에는 좌석에 앉아 주십시오.

(While we are *in* flight, please remain seated.)

문제를 일으키지 마세요.

(Stay *out of* trouble.)

변화는 한 상태 위치에서 다른 상태 위치로의 운동이다(「변화는 운동」). 우리는 한 상태의 '안' 또는 '밖'에 있는 것으로, 그 '안으로 들어가거나 벗어나는' 것으로, 그것에 '개입하거나' '떠나는' 것으로, 또 상태에 '도달하거나' 그것으로부터 '빠져 나오는' 것으로 말한다. 의도는 우리가 그것을 향해 움직이는 목적지다(「의도는 목적지」).[5] 우리는 의도를 행위 경로를 따라 움직이면서 도달하려고 하

---

5) 「의도는 목적지」 은유는 Mark Johnson, *The Body in the Mind* (Chicago: University of Chicago Press, 1987), 5장에서 상세하게 분석되고 있다.

는 은유적 위치로 이해한다.

> 그들은 결국 구직이라는 목표에 도달했다.
>
> (They finally *reached the end* of their job search.)
>
> 나는 수학 학위 과정을 시작했지만 도중에 그만 두고 말았다.
>
> (I *started out* to get a math degree, but I got *sidetracked along the way*.)
>
> 우리가 일을 끝냈다고? 나는 결코 끝낼 수 없을 것이라고 생각했어.
>
> (Have we finished the job? I thought we'd never *get there*.)

「난관은 운동의 장애물」이다. 즉 의도적 행위에서 직면하는 난관은 은유적으로 운동 경로를 가로막거나 탈선시키는 사람이나 사물, 대상으로 이해된다. 우리가 경험하는 물리적 운동에 대한 장애물의 유형 중 대표적인 것으로 차단, 영역의 지형, 부담, 반격, 에너지 자원의 부족 등을 들 수 있다. 이 장애물은 각각 표적 영역 안에 대응물을 깆고 있다. 따라서 이러한 다섯 가지 형태의 장애물에 근거한 행위의 난점과 관련해서 방대한 폭의 표현들이 있다.

1) 차단:

> 그는 이혼의 상처를 결코 극복하지 못했다.
>
> (He never *got over* his divorce.)
>
> 그는 규정을 피해가려고 한다.
>
> (He's trying to *get around* the regulations.)
>
> 그녀는 그 시련을 감내했다.
>
> (She *went through* the trial.)

우리는 벽돌담에 부딪혔다.

(We've *run into* a brick wall.)

그녀는 궁지에 몰렸다.

(She's *backed into* a corner.)

2) 영역의 지형:

그는 진퇴양난에 빠졌다.

(He's *between a rock and a hard place*.)

끝까지 어려움이 계속되었다.

(It's been *uphill* all the way.)

사소한 것에 빠져들지 않도록 해라.

(Don't get *bogged down* in the details.)

우리는 규정들의 숲을 헤쳐 나아갔다.

(We *hacked our way through* a jungle of regulations.)

3) 부담:

그녀는 지나치게 많은 업무를 맡고 있다.

(She's *carrying too much of a load* to ever finish.)

그는 많은 업무 때문에 과소평가되고 있다.

(He's *weighed down* by a lot of assignments.)

모든 책임을 혼자서 지려고 하지 말라.

(Don't try to *shoulder* all of the responsibility yourself.)

짐 좀 덜어줘!

(*Get off my back!*)

4) 반격:

나 좀 들볶지 마.

(Quit trying to *push me around*.)

그녀는 근소한 차이로 그를 앞섰다.

(She's *leading him around by the nose*.)

그가 그녀를 막고 있다.

(He's been *holding her back*.)

여기 들어와서 거드름 피워도 된다고 생각하지 마라.

(Don't come in here and think you can *throw your weight around*.)

5) 에너지 자원의 부족:

나는 기력이 다 빠졌다.

(I am *out of* gas.)

우리는 기력이 다 빠졌다.

(We're *running out of steam*.)

이것은 사건, 행위, 원인, 의도, 수단 개념의 토대를 이루는 「위치」 은유 구조의 미미한 일부에 불과하다.[6] 더욱이 이 은유는 단순히 고립적인 사건이나 행위에 관한 것이 아니다. 일련의 '더 작은' 행위들은 더 큰 삶의 계획이나 목표의 일부로서 수행되는, 장기적인 의도적 활동의 일부일 수 있다. 「위치」 은유에 따르면 그러한 구성요소로서의 행위들은 각각 경로를 따르는 작은 운동이며, 그것들은

---

6) 「위치」 은유가 우리의 개념체계를 구조화하는 정도에 관한 더 상세한 분석은 Lakoff, "Contemporary Theory of Metaphor" 참조.

좀 더 큰 경로를 구성하기 위해 서로 연결될 수 있는데, 우리는 그렇게 해서 좀 더 포괄적인 의도적 행위를 구성한다. 이것은 삶의 경로를 따르는 것으로서 「장기적인 의도적 활동은 여행」 은유를 제공한다. 우리 행위들 중 많은 것 ─ 공간적 위치를 향한 물리적 행위든 추상적 목표를 향한 정신적 행위든 ─ 은 은유적으로 목적지를 향한 여행으로 해석된다. 예를 들어 우리는 노숙자들이 숙소를 찾도록 도와주려고 시작했지만 그 과정에서 다른 덜 고상한 관심사들 때문에 일탈한 것으로 우리 자신을 이해할 수도 있다. 우리는 길을 벗어날 수 있으며, 심지어 잠시 길을 잃을 수도 있다. 결국 우리는 우리가 어디에 있는지를 깨닫고 원래의 목표에 도달할 수도 있다.

서구 문화에서 삶은 다양한 의도를 갖고 무수히 많은 매개적 행위들로 구성된 방대한 의도적 활동으로 이해된다. 우리는 삶의 목표를 갖고, 또 그 목표에 도달할 수 있게 해 주는 삶의 계획을 세워야 한다. 삶은 장기적인 의도적 활동이기 때문에 그것 또한 하나의 여행이다. 그것은 목표(=목적지), 행위(=자기 추동적인 운동), 노선(=서로 연결된 작은 행위 경로들로 구성된 경로), 난관(=장애물), 진전(=목적지를 향한 노선을 유지하는 것) 등을 갖는다. 간단히 말해서 「의도적 삶은 여행」은 아마도 우리가 지속적인 삶의 계획과 관련해서 경험, 이해, 그리고 언어를 구조화하는 수단이 되는 지배적 은유일 것이다.

「사건 구조」 은유의 「대상」 버전

사건 구조는 이중적으로 은유적이다. 「위치」 은유 체계 외에도 행위를 통한 목적 달성이 은유적으로 대상을 획득하는 것으로 이해되는 유사한 체계가 있다. 기본적 사상은 다음과 같다.

대상 영역		사건 영역
소유 가능한 대상	→	속성
대상의 획득/상실	→	상태의 변화
대상의 획득/상실의 통제	→	인과관계
원하는 소유	→	목적
원하는 대상의 획득	→	목적의 달성
대상 획득/상실의 장애	→	난관

「대상」 사상에 따르면 속성이나 상태는 일종의 소유다.

그녀는 쾌활한 기질을 가졌다.

(She *has* a pleasant *disposition*.)

그는 순결을 잃었다.

(He *lost* his *virginity*.)

그녀는 평온함을 잃었다.

(She *gave away* her *tranquility*.)

한 상태에서 다른 상태로의 변화는 하나의 대상을 얻는 것(또는 잃는 것)이다.

그녀는 어제 아팠다(=병을 얻었다).

(She *got* ill yesterday.)

그 후보는 침착성을 잃었다.

(The candidate *lost* his composure.)

그는 나쁜 습관을 얻었다.

(He *acquired* a bad habit.)

인과관계는 대상의 획득이나 상실에 대한 통제다.

그는 나에게 불안감을 주었다.

(He *gave* me the jitters.)

그녀는 내 자신감을 빼앗았다.

(She *took* my confidence *away*)

목적을 달성하는 것은 원하는 대상을 획득하거나 원하지 않는 대상을 버리는 것이다.

나는 결국 행복을 찾았다.

(I finally *found* happiness.)

그녀는 불안감에서 벗어났다.

(She *got rid of* her insecurity.)

사건에 대한 「위치」 체계와 「대상」 체계 사이에는 매우 밀접한 구조적 유사성이 있다. 두 경우 모두 목적을 달성하는 것은 행위자, 그리고 목적이나 목표 사이의 상대적인 운동을 포함한다. 「위치」 버전에서 행위자는 목적지를 향한 행위-경로를 따라 움직이는 한편, 「대상」 버전에서는 행위자가 원하는 대상(목적으로서)을 소유하기 위해 그것을 향해 움직이거나 그 대상이 행위자에게 온다(또는 주어진다). 앞으로 살펴보게 될 것처럼 이 유사성은 권리에 대한 이중적인 은유적 개념에서 나타난다.

「사회적 회계」 은유 : 권리와 의무

지금까지 나는 행위와 관련된 기본적인 개념들(원인, 사건, 의도, 행위, 수단, 난관 등)이 은유적으로 구조화된다고 주장했다. 이것은 과연 도덕성과 어떠한 상관이 있는가? 그 답은 어떤 방식으로든 행위와 관련된 모든 도덕적 개념이 은유적인 것으로 드러난다는 것이다. 여기에는 의지, 권리, 의무, 책무, 도덕적 빚, 도덕적 신용 등의 개념이 포함되어 있다. 먼저 상호 관련된 권리와 의무 개념에서부터 시작해 보자. 그것들은 모두 내가 「사회적 회계」(Social Accounting)라고 부르는 방대한 체계적 사상과 관련해서 정의된다. 「사건 구조」 은유와 「사회적 회계」 은유는 내가 「인과관계는 상거래」(Causation Is a Commercial Transaction) 은유라고 부르는 것을 통해 연결된다.

인과관계 개념을 좀 더 면밀하게 검토해 보자. 「사건 구조」 은유의 「대상」 버전에서 인과관계는 소유 가능한 대상(속성이나 상태)의 획득이나 상실에 대한 통제라는 것을 상기하라. 그러므로 이행적 (transitive) 행위는 행위자가 피행위자에게 대상을 전달하는 것[예를 들어 「인과적 전송」(Causal Transfer) 은유처럼]이다. 원천 영역 (대상의 전이)에서 표적 영역(인과관계)으로의 사상은 다음과 같다.

「인과적 전송」 은유

대상 영역		인과관계
대상	→	영향
대상의 원천	→	원인
수신인	→	영향 받는 측
대상의 크기	→	효과의 크기

> 대상의 속성   →   효과의 본성
> 추가적 대상   →   반복적 효과

「사회적 전송」 사상에 따르면 행위자 또는 원인은 영향 받는 측에 영향을 준다. 그래서 우리는 "그 소음 때문에 두통이 생겼다"(The noise *gave me a headache*), "그는 붉은 머리를 어머니로부터 물려받았다"(He *got* his red hair *from* his mother), "나는 그녀의 욕설을 더 이상 참을 수 없어"(I *couldn't take* her abusive behavior anymore) 등과 같은 말을 하게 된다. 영향의 크기는 전송된 대상의 크기와 상관이 있다["그 소음 때문에 심한 두통이 생겼다"(The noise gave me a *big* headache), "레이건은 우리에게 엄청난 사회적·경제적 문제를 남겼다"(Reagan left us with *huge* social and economic problems) 등에서처럼]. 반복적인 영향은 추가적으로 주어진 대상이다["그는 나에게 계속적인 패배를 안겨 주었다"(He *handed* me *one* defeat *after another*)].

만약 주어지거나 받아들인 대상이 일종의 상업적 대상으로 이해되면 「인과관계는 상거래」(또는 간단히 「인과적 상거래」 은유)라고 알려진 「인과적 전송」 은유의 특수한 버전이 생겨나는데, 그것은 우리의 도덕적 이해에 중심적 역할을 한다. 「인과적 전송」은 다음과 같은 두 가지 중요한 은유들을 부가함으로써 일종의 상거래로 변형된다.

「인과관계는 상거래」 은유

이 은유는 다음과 같은 세 가지 하위은유로 구성되어 있다.

「인과적 전송」

「평안은 부」(Well-being Is Wealth): 평안은 은유적으로 다양한 가치 있는 상품들의 소유로 이해된다. 돈은 그러한 상품의 대리물 역할을 한다. 그래서 우리는 "음악이 내 삶을 풍부하게 만들었다"(Music has *enriched* my life), "자신에 대한 사랑이 없는 사람은 불행한 사람이다"(It is a *poor man* who has no love of himself), "세계에 대한 냉소주의자들은 황폐한 삶을 살아간다"(The cynics of the world lead *impoverished* lives) 등과 같이 말한다.

「가치를 위한 교환」(Exchange for Value): 실제적이든 은유적이든 하나의 대상은 그것과 교환 조건으로 제공하려고 하는 것, 즉 다른 상품이나 돈의 관점에서 그만큼의 가치가 있다.

「인과관계는 상거래」는 교환이나, 빚, 신용, 물리적 · 사회적 상호작용이라는 영역을 창출한다. 우리의 평안을 증진시켜 주는 모든 사건은 은유적으로 우리에게 돈을 주는 것으로 이해된다["그의 경험은 득이 되었다"(He *profited* from his experience), "그녀는 그 관계를 통해 풍요롭게 되었다"(She was *enriched* by the relationship) 등]. 평안의 감소를 겪는 것은 돈을 잃는 것으로 이해된다["그는 생명으로 자신의 잘못을 갚았다"(He *paid for* his mistake with his life), "그녀는 자신의 부정 때문에 일자리를 잃었다"(Her improprieties *cost* her job) 등]. 유익한 영향을 미치는 것은 누구인가에게 돈을 주는 것이다["그녀는 지연 작전으로 얼마간 시간을 벌었다"(She *bought* herself some time with her delaying tactics), "그들은 내 노력에 대해 감사를 표시했다"(They *paid me* with gratitude for all my efforts)]. 유해한 영향을 주는 것은 돈을 빼앗는 것이다["그녀는 무모하게 스키를 타다가 한쪽 다리를 잃었다"(Reckless skiing *cost* her a leg), "그는 바람 때문에 200미터 기록을 놓쳤다"(The wind *robbed* him of the 200-meter record)].

인과관계에 관해 이렇게 확산된 금전적 개념화는 기본적인 사회적·도덕적 상호작용에 대한 폭넓은 상업적 해석을 낳는다. 사회적·도덕적 세계 안에서 사람들의 행위는 자신들과 타인의 평안에 영향을 미친다. 사람들의 평안에 대한 이러한 영향은 그들의 부를 증가시키거나 감소시키는 것으로 이해된다. 그 결과「사회적 회계」개념이 생겨나며, 여기에서 다음과 같은 사상에 따라 우리의 행위는 타인에게서 신용을 얻거나 빚을 지게 된다.

「사회적 회계」은유

재정적 영역		사회적 영역
부	→	평안
돈의 획득	→	목적 달성
돈을 버는 것	→	정직한 노력으로 목적 달성
지불	→	평안을 증대시키는 행위
빚	→	의무
신용장	→	권리
채무자	→	의무를 가진 자
채권자	→	차용증을 가진 자
무제한적 신용	→	양도 불가능한 권리
계약	→	권리의 교환

   권리와 의무는 은유적으로 정의된다! 이것은 그 토대로서 문자적 개념을 요구하는 「도덕 법칙」 통속 이론과는 양립 불가능한 특별한 결론이다. 「사건 구조」 은유의 「대상」 버전에 따르면 권리를 갖는다는 것은 원하는 대상(당신이 행할 수 있는 행위 또는 도달하려고 하는 상태)을 얻을 수 있는 신용장(IOU)을 갖는다는 것을 말한다. 그러한 원하는 대상에 대하여 권리를 갖게 되면 다른 사람들은 당신이 그 대상을 얻는 것을 막지 않아야 할 의무를 갖게 된다. 그들은 당신에게 당신이 회수할 권리를 갖는 빚을 지고 있는 것이다. 그들은 당신이 권리를 가진 모든 것(즉 은유적 IOU)에 대하여 빚지고 있는 것이다.

   「대상」 버전은 단지 「사건 구조」 은유의 일부일 뿐이며, 따라서 우리는 다른 부분, 즉 「위치」 버전이 산출하는 연관된 권리와 의무 개념이 존재할 것으로 예상해야 한다. 그리고 실제로 그렇다. 「위치」 사상에 따르면 행위는 경로를 따르는 운동이며 의도는 목적지라는 것을 상기하라. 이것은 「권리는 통행권」(Rights Are Rights-of-Way) 은유, 즉 목적지(=의도)를 향한 운동에 장애물이나 방해 없이 통과할 수 있는 경로를 함축한다. 바꾸어 말하면 타인에 의해 봉쇄되거나 방해받지 않고 도달할 수 있어야 하는 의도들이 존재한다. 그들의 의무(즉 그들이 우리에게 빚진 것)는 특정한 행위 경로 상에 장애물을 두지 않는 것이다.

   「위치」 은유와 「대상」 은유 두 경우 모두에서 드러나는 유사한 권리 구조에 주목하라. 「위치」 버전에서 통행권으로서의 권리는 여행자에게 목적지(그의 의도)에 대한 사용권을 준다. 「대상」 버전에서는 그 사람에게 하나의 대리물(=의도)로서 가치 있는 상품이나 돈에 대한 사용권이 주어진다. 그래서 이 두 경우에 권리란 원하는 목표에 대해 사용권을 주는 어떤 것이며, 거기에는 사람과 목표 사이에 상관적인 운동이 존재한다. 그것이 그 두 가지 은유적 개념화에서 우리가 어떤 것에 대해 권리를 갖는 이유다.

「위치」 버전과 「대상」 버전 모두에서 권리를 갖는 것은 사람들이며, 또 우리가 의무를 갖는 것은 그 사람들에 대해서이다. 그러나 인격성 개념이 은유적으로 정의되고 또 확장 가능하기 때문에, 이를테면 우리가 인격성을 부여할 수 있는 모든 것에 대해 우리 자신이 의무를 갖는 것으로 이해할 수 있다. 그 결과 우리의 전통은 의무를 특정한 사람에 대한 것으로, 신(인격성을 가진 존재로서)에 대한 것으로, 또는 사회(「사회는 사람」 은유를 통해[7])에 대한 것으로 인식한다. 인격성에 대한 그러한 은유적 확장이 존재한다는 점 때문에 최근의 동물 권리 옹호론자들이나 환경론자들이 권리란 인간의 영역을 넘어서서 동물, 나아가 유기체적 체계로서의 자연을 포함하는 데까지 확장될 수도 있다고 주장할 수 있다.

「사건 구조」 은유 또한 도덕적 이해의 또 다른 측면들을 의미 있는 것으로 만들어 준다. 경로를 따르는 은유적 운동으로서 기본적인 행위 개념은 대부분의 도덕적 전통에서 매우 엄격하게 해석된다. 예를 들어 「도덕 법칙」 통속 이론에 따르면 도덕 원리들은 어떤 행위-경로를 따를 수 있는지, 어떤 것을 따라야만 하는지, 또 어떤 것을 따르지 않아야 하는지를 말해 주는 규칙들일 것이다. 다양하게 인가된 목표와 의도들(목적지로서)을 향한 특정한 행위 경로들이 도덕적 방향성으로서 드러난다. 그러한 행위들은 개인적이거나 공동체적

---

7) 「사회는 인간」 은유는 Lakoff, "Metaphor and War: The Metaphor system used to Justify War in the Gulf," *Journal of Urban and Cultural Studies* 2, no. 2 (1991)에서 다루어지고 있다.

평안 상태를 실현하는 데 도움이 되는 것들이 될 것이다. 이 경로들은 전형적으로 직선적이고 협소해서 어떤 운동(=행위)이 요구되는 목적지(=목표)로 이끌어 줄 것인지에 관해 어떤 여백도 남겨 두지 않는다.

「일탈은 비도덕적 행위」이다. 그것은 당신이 가야 하는 곳, 즉 당신이 있어야 하거나 실현해야 하는 상태로 당신을 이끌어 가지 못하며, 또 당신을 그곳으로 곧바로 이끌어 가지 못하기 때문에 비도덕적이다. 이러한 의미에서 '당신이 가야만 하는 곳으로 가는 것'은 특정한 목표를 추구하는 것으로 해석되며, 그 종착점은 도덕적 가치를 무엇으로 정의하든 간에 도덕적으로 바람직한 주체가 된다는 포괄적 목표다. 그래서 도덕적 일탈은 다수의 확정된 특수한 목표들 또는 (주체임이라는 상태로서의) 도덕적 순수성 자체라는 목표를 향한 방향성의 상실을 포함할 수 있다. 그 일탈이 경로에서 멀어질수록 그 행위는 더 비도덕적이다. 왜냐하면 그것은 당신을 '적절한' 목적지에서 더 벗어나게 하거나 그 도덕적 목표를 향한 당신의 진행을 방해할 것이기 때문이다.

전통적인 유대 기독교 도덕성에서 일탈은 자율적인 도덕적 주체로서 당신의 본질적 본성의 실현을 가로막는다. 나는 이와 관련된 심리학적 동기화에 관해 많은 것을 알고 있지는 않다. 그렇지만 나는 이것이 왜 사람들이 표준적인 규범에서 벗어나는 모든 형태의 일탈에 대해서 극단적인 혐오감을 갖는지를 부분적으로 해명해 줄 것으로 추정한다. 예를 들어 어떤 사람들은 성적 일탈이 본질적인 인간 본성에 대한 매우 특수한 견해를 전제하는 고착된 규범들에 의문을 제기함으로써 전반적인 도덕적 질서를 위협하는 것으로 간주한다. 그것은 도덕적 본성의 실현이라는 행로에서 벗어나는 것이 우리

를 도덕적 주체로 만들어 주는 모든 것에 대한 거부와 동일하다고
보는 것과 유사하다.[8] 여기에는 사람들이 자신의 충만한 본성을 실
현할 경우 인격성의 최우선적 본질이 무엇인지, 또는 무엇이 될 수
있는지에 관한 이상이 가정되어 있다. 자기실현을 향한 경로를 벗어
나는 것은 도덕성의 목적과 핵심을 완전히 파괴하는 것으로 간주된
다. 따라서 이 견해에 따르면 비도덕적 행동은 길을 벗어나거나, 길
을 잃거나, 또는 의도적으로 금지된 경로를 택하는 데에서 비롯된다.

도덕적 가치의 평가 절차

「사회적 회계」 은유는 우리의 권리와 의무를 규정하는 프레임을
설정해 준다. 그것은 신용장과 채무의 관점에서 권리와 의무를 갖는
다는 것이 무엇인지를 정의해 준다. 그렇지만 그것은 우리 쪽에서의
행위 부분―타인에게 도움이 되거나 해악이 되는 것으로서―의 결
과로서 우리가 빚진 것과 사람들이 우리에게 빚진 것을 평가하는 방식
을 충분히 설명해 주지는 않는다. 그것은 우리가 언제 우리 자신이
나 타인의 행위의 결과로서 권리나 의무를 갖는지를 말해 주지 않는
다. 그것은 도덕적 채권이나 채무를 갖는다는 것이 무엇을 뜻하는지
말해 주지 않는다. 도덕적 경험의 이러한 차원을 설명하기 위해서는
내가 「도덕적 회계」 은유라고 부르는, 「사회적 회계」의 한 버전을 검
토할 필요가 있는데, 그것은 다양한 조건 안에서 우리가 타인에게
'빚진' 것과 그들이 우리에게 '빚진' 것을 결정하는 절차들을 규정

---

8) 많은 사람들에게 생겨나는 일탈에 대한 적대감과 공격성은 물론 좀 더 심층적인(심리
학적인) 설명을 필요로 한다. 그것은 우리의 정체성에 대한 심층적인 불안, 타자에 대
한 두려움, 애매성과 변화에 대한 무능력을 포함하게 될 것이다. 나는 일탈에 대한 우
리의 편협성의 심층적 기원에 관해서 잘 알지 못한다.

해 준다.

개략적으로 말하면 「도덕적 회계」 은유 안에서 평안은 부(富)로 이해되며, 따라서 타인의 평안을 증진시키는 행위는 은유를 통해 타인에게 부를 증가시키는 상품을 주는 것으로 이해되는 도덕적 행위다. 여기에는 정상적인 금전 거래에서와 마찬가지로 거래의 균형이 요구된다. 즉 경제 영역에서 우리는 상품과 서비스를 교환하며, 공정한 거래를 교환되는 상품의 가치들이 균형을 이루는 거래로 이해한다. 이와 유사하게 도덕적 영역에서 우리의 행위를 은유적으로 교환되는 상품으로 이해하며, 또 그 (은유적) 가치들이 결과적으로 균형을 이룰 것으로 기대한다. 만약 내가 좋은 행위를 하게 되면 나는 일종의 도덕적 신용을 축적한다. 만약 내가 당신을 해치면 당신은 그 해악에 버금가는 보상이나 반환에 대한 권리를 갖는다.

따라서 이 「도덕적 회계」 은유는 경제적 교환 영역과 도덕적 상호 작용 영역 사이에 다음과 같은 사상을 포함한다.

「도덕적 상호작용은 상품 거래」 은유[9] (「도덕적 회계」 은유)

상품 거래		도덕적 상호작용
대상, 상품	→	행동(행위), 상태
대상의 유용성 또는 가치	→	행위의 도덕적 가치
부	→	평안
상품의 축적	→	평안의 증대

---

9) 은유적 사상에 대한 다음의 해명은 Chris Klingebiel, "The Bottom Line in Moral Accounting"(Department of Linguistics, University of California at Berkeley, 1989, manuscript)의 분석에 근거한 것이다.

이득＝부 증대의 원인	→	도덕＝평안 증대의 원인
손해＝부 감소의 원인	→	부도덕＝평안 감소의 원인
돈(상품의 대리물로서)	→	평안
돈이나 상품을 주고받는 것	→	도덕적/비도덕적 행위 수행
거래 장부	→	도덕적 장부
장부의 수지	→	행위의 도덕적 균형
빚	→	도덕적 빚＝타인에게 좋은 것을 빚짐
신용	→	도덕적 신용＝타인이 당신에게 좋은 것을 빚짐
공정한 교환/지불	→	정의

이러한 체계적 사상의 세목들은 도덕적 경험에 관해 생각하고 말하는 모든 방식을 통해서 드러난다. 다음은 「도덕적 상호작용은 상품 거래」[10]라는 일반적 은유 안에서 구체적 사상들에서 생겨나는 흔한 표현들이다.

1) 행위/상태는 거래의 대상:

나는 Bif의 도움을 받고 있다.

(I am *getting* help from Bif.)

그녀는 우리의 친절에 대한 보답 대신에 문제만 불러왔다.

(In return for our kindness, she *gave* us nothing but trouble.)

누가 나 좀 도와줘. (도움에 대한 환유나 은유로서의 'hand')

---

10) 다음 예들은 같은 논문에서 온 것이거나 그 변형들이다.

(Can somebody *give/lend* me a hand.)

2) 평안은 부:

나는 풍요로운 삶을 살았다.

(I've had a *rich* life.)

그녀는 나의 삶을 더없이 풍요롭게 만들어 주었다.

(She has *enriched* my life immeasurably.)

병 때문에 그녀의 삶은 황폐화되었다.

(As a result of her illness, her life is *impoverished*.)

3) 도덕적 회계는 거래 기록:

그를 너무 가혹하게 평가하지 말라. 그가 했던 좋은 일들을 고려하라.

(Don't judge him so harshly—*take into account* all of the good thing he's done.)

나는 당신이 이 혼란에 대한 책임이 있다고 본다.

(I'm holding you *accountable* for this mess.)

그의 비열한 거짓말은 자신에게 불리하게 평가된다.

(His despicable lying *counts against* him in my book.)

그가 했다고 비난받고 있는 행위와 그의 훌륭한 품성을 비교해 볼 때 납득이 되지 않는다.

(When you compare his fine character with what he is accused of doing, it just *doesn't add up*.)

4) 도덕적 균형은 거래의 균형:

은혜는 은혜로 갚는다.

(One good turn *deserves* another.)

물론, 그의 최근 희생은 그가 수년 전에 했던 나쁜 일들을 상쇄한다.

(Surely, all his recent sacrifices *balance out* the bad things he did years ago.)

그의 범죄는 그의 선한 행동으로 상쇄할 수 없다.

(His crimes *exceed* his good deeds.)

그의 고상한 행동은 그의 잘못을 훨씬 더 넘어서는 것이다.

(His noble deeds far *outweigh* his sins.)

5) 도덕적 행위를 하는 것은 신용을 쌓는 것:

우리 모두 당신이 오늘밤 베풀어 주신 것에 큰 빚을 졌습니다.

(We all *owe you so much* for all you've done tonight.)

그녀는 분명히 모범적 행동에 대해 칭찬 받을 만하다.

(She certainly *deserves credit* for her exemplary behavior.)

수로가 깨끗하게 유지된 것은 당신 덕택입니다.

(It is *to your credit* that you kept the race clean.)

6) 도덕적 행위들로부터 이익을 얻는 것은 빚을 쌓는 것:

당신은 나의 생명의 은인입니다.

(I *owe* you my life.)

그는 그녀의 도움을 받는 빚을 졌다.

(He *is indebted* to her for her help.)

나는 당신의 친절을 결코 다 갚지 못할 것입니다.

(I couldn't possibly *repay* your kindness.)

신세 많이 졌습니다.

114

(*Much obliged.*)

7) 비도덕적 행위를 하는 것은 빚을 쌓는 것:

나 때문에 받은 상처로 당신에게 많은 빚을 졌습니다.

(I *owe* you a great deal for the hurt I've caused you.)

그는 자신의 범죄로 사회에 빚을 졌다.

(He *owes a debt* to society for his crimes.)

당신은 실수를 갚아야 합니다.

(You must *pay* for your mistakes.)

이처럼 「도덕적 상호작용은 상품 거래」 은유(또는 「도덕적 회계」 은유)는 대부분의 서구 문화 안에서 우리가 도덕성에 관해 경험하고, 추론하고, 이야기하는 방식을 통해 드러난다. 그것은 우리의 책무 개념, 그리고 도덕적 행위에 대한 대가(즉 '우리에게 주어지는 것') 개념의 구체적 구조와 세부사항들을 제시한다. 말하자면 그것은 우리가 타인(「인격으로서의 사회」를 포함해서)에게 무엇인가 빚지고 있으며, 또 그들이 우리에게 무엇인가 빚지고 있는 프레임을 설정해 준다. 타우브(S. Taub)[11]는 도덕적으로 중요한 사람들의 행위를 평가하는 데 사용하는 엄격한 형태의 '빚'과 '신용' 관계를 명시하는 수많은 은유적 도식들을 발견했다. 이 도식들이 은유적인 이유는 그것들이 물질적인 상품이나 그 대리물인 돈 대신에 '도덕적' 상품의 교환을 가리키고 있기 때문이다.

---

11) Sarah Taub, "An Account of Accounting" (Department of Linguistics, University of California at Berkeley, 1989, manuscript).

아래 도식들에서 '좋은 어떤 것'이라는 구절은 다음과 같이 이해되어야 할 것들에 대한 축약된 표현이다. 누군가에게 좋은 어떤 것을 주는 것은 그에게 가치 있는 상품(또는 그 금전적 등가물)을 주는 것인데, 그것은 「도덕적 회계」 은유에 따르면 그의 평안을 증진시키는 것과 같다. 누군가에게 나쁜 어떤 것을 주는 것은 좀 더 복합적인 개념이다. 즉 그것은 그녀를 어떤 방식으로 해치는 것 또는 그녀의 평안을 감소시키는 것과 같다. 그녀의 평안을 감소시키는 것은 그녀에게서 가치 있는 상품(또는 금전적 등가물)을 빼앗는 것으로 이해된다.

이 은유적 개념의 정확한 세부사항을 밝히기 위해 필요한 것은 부정적 가치에 대한 산술적 개념이다. 만약 누구에게 좋은 어떤 것을 주는 것이 그에게 긍정적 가치를 가진 상품을 주는 것이라면 그에게 나쁜 어떤 것을 주는 것은 부정적 가치를 가진 상품을 주는 것이다. 부정적 가치는 타인에게서 긍정적 가치가 있는 어떤 것을 빼앗음으로써 그의 평안을 감소시키는 것과 같다. 명료성과 단순성을 위해 나는 도식을 서술하면서 좋은 어떤 것과 나쁜 어떤 것이라는 개념을 사용한다. 왜냐하면 그 개념들은 부정적이거나 긍정적인 가치들의 모든 세부사항이 포함될 때 사라지는 방식으로 도식들의 배후에 있는 직관적 관념을 드러내기 때문이다.

〈도식 1〉 상호성: '은혜는 은혜로 갚는다'
　　사건: A는 B에게 좋은 어떤 것을 준다.
　　판단: B는 A에게 좋은 어떤 것을 빚지고 있다.
　　기대: B는 A에게 좋은 어떤 것을 주어야 한다.
　　도덕적 추론: B에게는 A에게 좋은 어떤 것을 주어야 할 책무가

116

있다. A는 B에게서 좋은 어떤 것을 받아야 할 권리가 있다.

금전적 추론: B는 A에게 좋은 어떤 것(동등한 가격의)을 줌으로써 좋은 어떤 것을 얻은 것에 보답한다.

나는 당신의 그 친절함에 빚을 졌다.

(I *owe you* a favor for that good deed.)

당신이 내 생명을 구해 주셨습니다! 어떻게 보답할 수 있을까요?

(You saved my life! How could I *ever repay you*?)

당신이 보여 준 친절에 깊은 감사를 드립니다.

(You've been so kind; I'm deeply *indebted* to you.)

나에게 베풀어주신 것에 대해 크나큰 빚을 졌습니다.

(I *owe* you more than you'll ever know, for what you've done for me.)

그녀는 변함없는 선의지로 그의 존경을 받았다.

(She *bought* his respect with her constant good will.)

〈도식 2〉 응보: '인과응보'

사건: A는 나쁜 어떤 것을 B에게 준다.

판단: B는 A에게 나쁜 어떤 것을 빚지고 있다.

기대: B는 나쁜 어떤 것을 A에게 주어야 한다.

도덕적 추론: B에게는 A에게 나쁜 어떤 것을 줄 권리가 있다. A에게는 B에게서 나쁜 어떤 것을 받을 책무가 있다.

금전적 추론: B는 A에게 나쁜 어떤 것을 줌으로써 나쁜 어떤 것을 얻은 것에 대해 갚는다.

당신이 나에게 한 행위에 대해 복수할 것이다.

(I' ll *pay you back* for what you did to me.)

나는 그 모욕을 갚아 줄 것이다.

(I *owe you one* for that insult.)

당신은 그런 행동에 걸맞은 벌을 받을 것이다.

(You' ll get *what you deserve* for that!)

어떻게 되는지 두고 보자.

(Just wait till you *get what's coming to you*!)

〈도식 3〉 보상: '내가 보상할 거야'

　사건: A는 B에게 나쁜 어떤 것을 준다.

　판단: A는 B에게 좋은 어떤 것을 빚지고 있다(즉 나쁜 것을 보
　　상하기 위한).

　기대: A는 B에게 좋은 어떤 것을 빚지고 있다.

　도덕적 추론: A에게는 B에게 좋은 어떤 것을 주어야 하는 책무
　　가 있다. B에게는 A에게서 좋은 어떤 것을 받을 권리가 있다.

　금전적 추론: A는 좋은 어떤 것을 줌으로써 B에게 보상한다.

　당신은 무례함에 대해 나에게 사과해야 한다.

　(You *owe me* an apology for your rudeness.)

　사과를 요구합니다!

　(I *demand* an apology!)

　나는 내가 당신에게 끼친 손해를 보상하기 위하여 최선을 다할 것입
　니다.

　(I' ll do my best to *make it up* to you for any harm I' ve done.)

내가 그 관계에 미친 손상에 대해 어떻게 보상할 수 있을까요?

(How can I *pay* you for the damage I caused in the relationship.)

단 한 번의 실수로 수년 동안 고통을 겪었다.

(The one mistake *cost* me years of suffering.)

〈도식 4〉 복수: '눈에는 눈'('보복하기')

　사건: A는 B에게 나쁜 어떤 것을 준다.

　판단: A는 B에게 나쁜 어떤 것을 빚지고 있다.

　함의: A는 B에게 좋은 어떤 것을 주지 않을 것이다.

　기대: B는 A에게서 좋은 어떤 것을 받아야 한다.

　도덕적 추론: A에게는 B에게 좋은 어떤 것을 주어야 할 책무가
　　있다. B는 A에게서 좋은 어떤 것을 받을 권리가 있다.

　금전적 추론: B는 A에게서 보상을 받는다.

　나는 당신의 행위에 대해 복수할 것이다.

　(I'll *make you pay* for what you did!)

　당신에게 분풀이를 할 것이다.

　(I'll *take it out of your hide*.)

　그는 당신의 행위에 대해 복수할 것이다.

　(He'll *get even with* you for this.)

　그녀는 그 행위에 대해 보복할 것이다(그녀가 빚지고 있는 것은 나쁜
　어떤 것이다).

　[She *owes you one* for that(what she owes is *something bad*)].

〈도식 5〉 이타주의/자비: '얼마나 성스러운가!' [12)]

　사건: A는 B에게 좋은 어떤 것을 준다.

　판단: B는 A에게 좋은 어떤 것을 빚지고 있다.

　함의: B는 A에게 좋은 어떤 것을 되돌려 줄 수 없다. A는 B가
　　그렇게 할 것으로 기대하지 않는다.

　도덕적 추론: A는 정상적으로 우리에게 요구되거나 기대되는
　　것을 넘어서고 있다.

　　그녀는 성인이다. 그녀는 자신의 행위에 대해 어떤 것도 기대하지 않
　　는다.

　　(She's a saint — she never expects anything for what she does.)

　　나는 그가 어떻게 그렇게 이타적일 수 있는지 이해할 수 없다. 아무
　　것도 되돌아오지 않는데도 모든 것을 주다니!

　　(I can't understand how he can be so selfless — all that giving
　　without anything in return!)

　이 마지막 도식은 다른 네 가지 패턴에서 갈라져 나왔다는 점에서
흥미롭다. 여기에서 눈에 띄는 것은 우리의 정상적인 기대와는 반대
로 어떤 기대나 호혜성 없이 행위가 이루어진다는 점이다. 타우브는
그 경우 우리가 "B는 A에게 좋은 어떤 것을 빚지고 있다"라고 말해
서는 안 된다고 지적한다. 그렇지만 나는 이 판단이 자비의 행위가
수행되는 일반적 맥락, 즉 선한 행위가 책무와 빚을 산출한다는 기
대의 맥락을 환기시켜 준다는 점에서 이 판단이 그 도식의 일부라고

---

12) 나는 이 도식에 대해 타우브가 제시했던 것과는 매우 다른 정식화를 제시하고 있다.

120

주장했다. 그렇지만 만약 B(좋은 어떤 것의 수혜자)가 호혜적이어야 한다고 기대하지 않는다 하더라도 거기에는 적어도 도덕적 신용이 축적되며, 또 사회 전체(「인격으로서의 사회」 은유를 전제할 때)의 인정을 받을 것이라는 가정이 전제된다.

이것은 과연 도덕적 신용에 대한 어떤 희망에 의해서도 동기가 주어지지 않는 진정한 이타적 행위가 존재하는가라는 흥미로운 물음을 불러온다. 나는 이 물음에 답할 수는 없지만 「도덕적 회계」라는 지배적인 통속 이론이 우리가 신용의 축적이라는 기대와 함께 행위한다는 점을 전제하고 있다는 것은 분명해 보인다. 따라서 이 「자비」 도식이 "좋은 것을 주는 것과 나쁜 것을 주는 것이 서로를 상쇄한다는 우리의 관념을 위반하고 있다는 점에서 광범위하게 실행되고 있는 것은 아니다"[13]라는 타우브의 지적은 정확한 것이다.

요약하면, 「도덕적 회계」 은유의 넓은 프레임 안에서 이해된 이 은유적 도식들은 사람들이 도덕적 신용과 도덕적 빚을 축적할 수 있는 방식에 대한 일차적 개념을 구성한다. 그러한 도식들은 그 자체로는 '좋음'과 '나쁨'을 정의하지 않는다. 대신에 그것들은 우리가 타인(사회 전체를 포함해서)에게 무엇을 빚지고 있으며, 또 우리의 행위를 통해 타인이 우리에게 무엇을 빚지고 있는지에 관한 추론의 형식들에 기본적 구조를 제공한다. 핵심적 논점은 도덕적 추론의 그러한 형식들이 우리가 분석했던 은유 체계들에 의해서만 존재한다는 것이다. 여기에서 우리는 은유에 근거한 도덕적 추론의 일차적인 증거를 갖는다.

---

13) Taub, "Account of Accounting," p. 8.

도덕적 품성에 대한 은유

서구의 철학적 전통은 기본적으로 이분화된, 즉 양립 불가능한 대립적 요소들로 분리된 인격성 견해에 의해 주도되어 왔다. 자아의 이러한 이원성은 「능력 심리학」 통속 이론의 모든 부분을 관통하고 있으며, 그것은 인격에 대한 우리의 기술에서 반복적으로 드러나는 익숙한 일련의 이분법들, 즉 주체/객체, 마음/몸, 정신적/물리적, 인지/정서, 이성/열정 등의 구분에 의해 특징지어진다. 분열된 자아는 「도덕 법칙」 통속 이론이 가정하는 도덕적 품성에 관한 견해 안에서 극단적으로 나타나는데, 여기에서 도덕성은 우리 자신의 '상부'와 '하부' 사이의 투쟁으로 해석된다. 이러한 긴장을 정교화해 주는 수단인 은유 체계들은 다음과 같은 세 가지 유형으로 구분된다.

1) 힘/통제

「도덕 법칙」 통속 이론에서 보았던 것처럼 도덕적 품성은 기본적으로 통제의 문제로 개념화된다. 즉 합리적·도덕적 자아(또는 능력)는 신체적·감각적 자아를 통제해야 한다. 물리적·감각적 자아는 강하고 비합리적이며, 끝없는 갈망을 드러내기 때문에 그것을 통제하기 위해서는 강하고 힘 있는 도덕적 의지가 필요하다. 이 두 가지 대립적 능력 사이에 지속적인 투쟁이 생기며, 인간의 품성은 이 갈등의 귀결을 통해 드러난다. 도덕적 덕은 이성의 요구에 부응하며 열정을 통제할 수 있는 강한 의지를 요구한다.

> 정신은 의지를 갖지만 육체는 박약하다.
> (The spirit is willing, but the flesh is *weak*.)
> 그녀는 중독을 끊는 데 놀라운 의지력을 보여 주었다.

122

(She showed incredible *willpower* in breaking her addiction.)

열정을 통제해야 한다.

(You've got to *control* your passions.)

네 자신을 통제하라.

(*Get a hold of/on* yourself!)

나는 내 열정의 노예일 뿐이라고 생각한다.

(I guess I'm nothing but a *slave to my passions*.)

맨슨은 분노에 사로잡혔다.

(Manson was *overcome* with rage.)

그는 욕망에 사로잡혀 그렇게 했다.

(Lust *drove/forced/compelled* him to do it.)

새라는 강인한 도덕적 품성을 갖고 있다.

(Sarah has a *strong* moral character.)

나는 분노에 굴복했다.

(I *gave in to* my anger.)

댄은 박약한 의지 때문에 고통스러워한다

(Dan suffers from *weakness of will*.)

훌륭한 덕(라틴어에서는 '힘'을 의미)이로다!

(Such *virtue!*)

2) 고결성(Uprightness)

레이코프와 나는 『삶으로서의 은유』에서 수직성 은유의 편재성과 중요성을 지적했다. 「위」는 전형적으로 통제, 건강, 의식, 좋음, 행복 등과 결합되는 반면, 「아래」는 반대의 특성들에 상응한다. 우리는 이 특수한 배열이 신체적 경험의 본성에서 비롯되는 귀결이라고 생각했다. 「위」는 어떤 사물이나 사람에 대한 힘이나 통제와 연결된다. 우리가 건강하면 서(up) 있으며, 깨어나면(wake up) 의식이 있고, 또 일어선다(get up).

 방금 보았던 것처럼 우리의 통속 이론은 도덕적이라는 것을 통제(＝위에 있음)를 행사하는 것으로 간주한다. 이 때문에 우리는 「수직성」(또는 「위/아래」) 도식이 양극적인 구조를 갖고 높음과 낮음, 좋음과 나쁨과 상관관계를 가지며, 그렇게 해서 분리된 자아라는 개념을 사상하는 이상적 구조를 제공한다는 것을 알 수 있다. 좋고 도덕적인 자아는 '높으며', 나쁘고 비도덕적인 자아는 '낮다'.

폴은 매우 고결한 성품을 갖고 있다.

(Paul is so *high-minded*.)

부바는 정말로 천박한 도덕적 품성을 갖고 있다.

(Bubba is really of *low moral character*.)

그것은 비열하고 저질적인 행위다.

(That was a *dirty, low-down* thing to do.)

하이드는 도덕적 타락의 심연에 빠져들었다.

(Hyde *sunk to the depths* of moral depravity.)

포인덱스터 씨, 인간은 얼마나 비천해질 수 있지요?

(Mr. Poindexter, how *low* can a man go?)

그녀와 가까이 지낸다는 것은 도덕적으로 고무적인 일이다.

(Being around her is morally *uplifting*.)

간디 같은 사람조차도 몰인정한 행동을 벗어나지 못했다.

(Even Gandhi was not *above* unkind deeds.)

그는 자신의 행동 때문에 불명예를 얻게 되었다.

124

(He *fell* into disgrace because of his actions.)

3) 순수성/오염

'도덕적인' 합리적 자아는 높은 반면, '낮은' 자아는 몸 또는 신체적 기능과 결합되어 있다. 이 위/아래, 높음/낮음 지향성은 순수성 대 비순수성과 관련된다. 열정과 욕망을 수반하는 몸은 우리를 더럽고, 오염되고, 불순한 것들과 연결시킨다. 이성과 의지의 터전으로서의 마음은 몸을 넘어서서 몸을 통제함으로써 그 순수성을 유지하려고 한다.

그녀는 일관되게 자신의 순수성을 유지했다.

(She kept herself *pure* throughout it all.)

그의 동기/의도는 순수한 것이었다.

(His motives/intentions were *pure*.)

샌디는 아무런 도덕적 결함이 없는 것처럼 보인다.

(Sandi seems to have no moral *blemishes*.)

"한 점의 죄악도 없이 ……"

(... without *spot* of sin.)

주여, 내 안에 순수한 영혼을 주소서.

(O Lord, create a *pure* heart within me.)

닉슨은 부정한 책략을 허가했다.

(Nixon authorized *dirty* tricks.)

스칼렛은 죄악으로부터 사함을 받았다.

(Scarlett was washed *clean* from sin.)

우리는 그러한 부패를 우리 학교에서 추방해야 한다.

(We must keep that *filth* out of our school.)

그러한 쓰레기는 아이들의 품성을 해칠 것이다.

(That *trash* will ruin our children's character.)

포르노는 정신과 영혼을 오염시킨다.

(Pornography *pollutes* the mind and soul.)

그는 코카인 유포 지역에 살고 있다.

(He lives in a cocaine *sewer*.)

악취가 난다!(비도덕적 행위에 관해서 말할 때.)

(That *stinks!*)

4_도덕적 상황에 관한 구조화와 추론에서의 은유

앞에서 검토했던 유형의 은유들은 상식적인 도덕적 이해의 기본 구조를 제공한다. 그것들은 소위 비-비유적인 도덕적 지식을 표현하는 단순히 선택적이며 편의적인 단어들이 아니다. 대신에 그것들은 우리의 도덕감을 구성한다. 우리가 그것들 또는 대안적인 은유들 없이도 잘 살 수 있을 것이라는 생각은 어리석은 것이다.

앞서 제시되었던 은유의 다발들, 그리고 거기에 수반되는 몇몇 익숙한 언어적 표현은 일반적으로 서구의 도덕의식, 또 구체적으로는 「도덕 법칙」 이론의 토대를 이루는 방대한 은유 체계의 일부를 형성하고 있을 뿐이다. 이에 관한 포괄적인 연구는 사적 관계, 가족, 제도, 제례, 조직 등에 대한 이해를 규정해 주는 은유들을 포함해야 할 것이다. 이것은 속박, 결속, 신뢰, 충성, 명예 등의 은유적 구조에 대한 분석을 요구할 것이다. 우리는 또한 정서적 애착, 예를 들어 사

126

랑, 공감, 욕망, 정열, 존경, 자비,[14] 행복[15]과 관련이 있는 개념들의 체계의 은유적 특성을 탐구할 필요가 있을 것이다.

상식적인 도덕적 이해는 은유적이다! 우리가 발견했던 은유들 (예:「사회적 회계」「권리는 통행권」「도덕적 상호작용은 상품 거래」)이 도덕성에 대한 우리 이해의 내용이다. 그것들은 추론, 평가, 그리고 도덕적 탐색의 양식을 구성한다. 그것들은 정말로 '삶으로서의 은유들'(metaphors we live by)이다. 이 부분적이고 예비적인 분석을 통해 내가 보이려고 했던 것은 기본적인 도덕적 개념들이 은유 체계에 의해, 나아가 종종 주어진 개념에 대한 다수의 체계에 의해 정의된다는 것이다.

지금까지 검토했던 대부분의 은유 체계는 행위, 의도, 권리, 의무 등과 같이 도덕성 자체에 대한 관념을 구조화하는 것들이었다. 그렇지만 은유는 도덕적으로 불투명한 상황에 대한 이해의 좀 더 구체적 층위에서도 마찬가지로 작용한다. 주어진 상황을 구조화하는 방식은 그 상황에서 무엇을 해야 할지를 결정해 줄 것이며, 의미론적 구조화는 전형적으로 은유직 개념들을 포함한다. 결과적으로 상황에 대한 우리의 추론은 은유들에 근거하고 있다.

우리가 어떻게 의미의 심층적인 은유 체계들에 따라 실제로 살아가고, 또 추론하는지에 관한 선명한 이해를 위해서 나는 너무나 일상적이어서 우리가 전형적으로 그 도덕적 또는 은유적 성격조차도 인식하지 못하는 현실적 삶에서의 도덕적 추론의 사례를 검토할 것이

---

14) Zoltan Kovecses, *The Language of Love: The Semantics of Passions in Conversational English* (Lewisburg, Pa.: Bucknell University Press, 1988)는 이 개념들, 그리고 관련된 은유적 개념들의 구조를 분석하고 있다.
15) 예를 들어 Kovecses, "Happiness: A Definitional Effort," *Metaphor and Symbolic Activity* 6, no. 1 (1991): 29~46 참조.

다. 내가 검토하려는 사례는 흔히 무의식적이거나 아니면 거의 무의
식적이며, 다소간 무반성적으로 사용하는 은유들에 근거한 유형의
추론을 포함하고 있다. 그렇지만 일상적인 도덕적 경험의 구조를 구
성하는 것은 바로 이러한 종류의 은유적 이해와 추론이다.

나는 자신의 결혼에 대한 한 남자의 은유적 이해와 그 은유들에
근거해서 그가 추론하는 방식을 고찰하려고 한다. 내 분석은 퀸(N.
Quinn)이 남편과 아내를 대상으로 실시했던 일련의 방대한 인터뷰
에서 얻은 선별된 자료에 근거한 것이다.[16] 퀸은 사람들이 자신의
결혼을 조직화하고 이해하는 방식, 그리고 그들이 어떻게 이 이해에
근거해서 행위하는지에 관심을 두고 있다.[17] 그녀가 발견한 것은 사
람들이 자신의 결혼에 대해 갖고 있는 경험과 관념의 기저를 이루고
있는 몇몇 체계적인 은유적 사상이었다. 좀 더 두드러진 결혼 은유
들은 「결혼은 제조된 물건」 「결혼은 지속적 여행」 「결혼은 두 사람
사이의 지속적 결합」 「결혼은 투자」 등이었다.[18] 이것들은 특정한
종류의 영역(예: 결혼이라는 사회적, 도덕적, 법적, 종교적 제도)을
다른 종류(예: 제조된 물리적 대상, 물리적 결합 과정, 또는 물리적 여
행)의 영역으로부터 사상된 구조와 관계를 통해 이해하고 경험한다

---

16) Naomi Quinn, "Marriage as a Do-It-Yourself Project: The Organization of
Marital Goals," in *Proceedings of the Third Annual Conference of the Cognitive
Science Society* (Berkeley: University of California Press, 1981), pp. 31~40. 퀸의
자료의 선별된 일부에 대한 내 분석은 투아나(N. Tuana)와 맥클루어(G. McClure)
와의 공동 작업으로 이루어졌다.
17) 예를 들어 Quinn, "Convergent Evidence for a Cultural Model of American
Marriage," in D. Holland and N. Quinn, eds., *Cultural Models in Language and
Thought* (Cambridge: Cambridge University Press, 1987), pp. 173~92 참조.
18) 나는 은유들 각각의 토대를 이루는 기본적 사상들을 포착하고는 있지만 이 은유들에
대한 내 정식화는 퀸이 그것들에 부여한 구체적인 이름들과 항상 합치하지는 않는다.

128

는 점에서 은유들이다.

이 은유들은 대상, 사건, 상태, 원인, 관계들을 한 영역에서 다른 영역으로 체계적으로 사상하는 구조를 갖는다는 점에서 체계적이다. 결과적으로 결혼에 대한 우리의 이해와 경험 자체는 은유적이며, 결혼에 관해서 이야기하는 데 사용되는 언어 또한 기저 은유들의 한 표현일 뿐이다. 예를 들어 「장기적인 의도적 활동은 여행」 은유의 구체적 사례인 「결혼은 지속적 여행」 은유는 다음과 같은 일상적인 관습적 표현의 배후에 있는 개념적 구조다.

> 우리의 결혼생활은 금방 시작되었다.
>
> (We've *just started out* in our marriage.)
>
> 결혼의 책무에 관한 그들의 생각에는 많은 변화가 있었다.
>
> (They've *come a long way* in their sense of marital responsibilities.)
>
> 그녀는 지난 수개월 동안 남편과의 사이가 계속 좋아지고 있다고 생각한다.
>
> (She thinks it's been all *uphill* with her husband these last few months.)
>
> 그들은 제자리걸음을 하고 있으며, 방향을 잃고 있다.
>
> (They're just *spinning their wheels* and *going nowhere fast*.)
>
> 나는 그들의 결혼이 막다른 길에 이르렀다고 생각한다.
>
> (I'm afraid their marriage is a *dead end*.)
>
> 그들이 결국 다시 궤도에 들어서게 될지 알 수 없어.
>
> (Who knows, maybe they'll get *back on track* after all.)

결혼과 관련해서 우리가 사용하는 언어는 뿌리 깊게 관습화되어 있기 때문에 대부분 명백한 은유처럼 보이지 않는다. 그러나 우리는 그 언어가 발생하는 원천인 은유 체계(예:「결혼은 지속적 여행」)를 가정하지 않고서는 이 언어를 이해할 수 없다. 그러한 체계적 은유들은 결혼에 대한 경험과 이해에 깊숙이 침투해 있기 때문에 일상적 삶의 행위에 영향을 미친다. 이 영향은 결혼의 목표, 자신과 배우자에 대한 기대, 결혼의 성공 여부에 대한 평가 기준, 또는 그 기저의 은유적 사상에 의해 인가되거나 권고되는 (도덕적으로) 허용 가능한 대응과 행위의 폭 등을 포함할 수 있다.

내가 제시하는 세속적인 도덕적 추론의 사례는 알렉스라는 사람과 가진 퀸의 인터뷰에서 발췌한 것인데, 알렉스는 13년 동안에 걸친 결혼생활의 과정과 성격을 회상하고 있다. 되돌아보면 알렉스는 처음에 자신의 기본적 필요와 욕구를 충족시켜 주는「결혼은 자원/투자」라는 가정에서 출발했다.

[처음에] 나는 모든 것이 멋질 것이라고 생각했어요. 정말 그랬어요. 섹스 문제가 해결될 수 있었거든요. 나는 청년기, 또는 청년기를 갓 벗어난 상태였고, 그래서 그것은 멋진 생각이었어요. …… 거기에는 정말로 내가 알고 있었거나 원했던 어떤 것들이 있었어요. 동료 겸 친구 말입니다. 아마도 그때 가장 중요하게 생각되었던 것은 당신이 항상 의지할 수 있는, 또 모든 것에 관해 항상 이야기할 수 있는 누군가를 갖게 된다는 것이었지요. 당신이 도와주며 또 당신을 도와주는 사람이 있다는 것, 그것은 정말 멋진 생각 같았어요. 그것이 결혼을 통해 얻을 수 있는 중요한 어떤 것처럼 생각되었어요. 누군가 항상 곁에 있다는 것.[19)]

130

알렉스는 자신의 사고와 행위를 지배하는 「결혼은 자원」 은유와 함께 결혼을 했다. 그는 결혼을 일차적으로 두 사람이 서로의 필요와 욕구("결혼을 통해 얻을 수 있는 중요한 어떤 것")를 충족시키는 방법으로 보았으며, 따라서 배우자를 도와주는 것(그녀에게 자원이 되어 주는 것)을 계약의 일부로 보았다. 실제로 이러한 결혼 개념은 상대방에게 해야 할 일, 즉 '당신을 도와주는 사람', 또는 '당신이 항상 의지할 수 있는 사람'이 되어야 하는 책무를 부과했다.

여기에서 결혼은 「상품 교환」의 형식으로 구조화된다. 물론 알렉스는 자신이 진술했던 견해의 은유적 본성을 의식하지 못하고 있다. 그런데도 그것은 지금까지의 상황에 대한 그의 설명의 근거가 되고 있다.

결혼 초기, 해군에 입대한 뒤에 알렉스는 자신의 관계에 대한 새로운 이해를 모색하는데, 여기에서 그와 그의 아내는 「유기적 통일」을 형성한다.

나는 첫 승진을 하면서 두 번째도 곧 다가올 것이라는 생각을 했다. 나는 그것이 현실이라고 생각했으며, 그것은 셜리가 곧 임신을 하면서 옳은 것으로 드러났다. 그리고 그녀는 내가 관타나모에서 돌아오자 그 말을 했으며, 우리는 그 사실을 모든 사람에게 알렸다. 그것은 정말 멋진 일이었다. 나는 아파트, 아이, 또 그것과 관련된 모든 것이 우리에게 주어지기 시작했으며, 우리는 진정한 한 쌍이 되었다는 생각이 들었다. 우리는 진정한 가족이며 정말로 결혼을 한 것이다(Quinn, 32).

---

19) Quinn, "Marriage as a Do-It-Yourself Project," p. 31. '알렉스'의 말에 관한 모든 인용은 이 자료에서 취한 것이다.

태도와 믿음에 있어서 알렉스의 변화는 내가 「결혼은 지속적 여행」이라고 부르는 은유(퀸이 「결혼은 한 쌍이 되는 것」이라고 부르는)의 발생을 포함한다. 「결혼은 자원」은 포기되지는 않지만 배경으로 물러서며, 그렇게 되면 그것은 「유기적 통일」 은유의 맥락 안에서 이해된다.

「유기적 통일」 은유는 사람들이 그 은유 안에 포함되는 가능성으로 이해하게 될 수많은 믿음, 태도, 기대, 목표, 행동 등을 수반한다. 이 가능성은 그 은유를 구성하는 동시에 수많은 인식적 함의(즉 사람들이 그 사상의 세부사항들로부터 알게 되거나 결론짓는 것이라는 의미에서의 '인식적')를 산출하는 사상을 통해 주어진다. 그 사상은 원천 영역(생물학적 유기체)에서 표적 영역(결혼)으로 투사된 개체, 사건, 상태, 구조, 원인, 관계 등으로 구성된다.

「결혼은 유기적 통일」 은유

생물학적 영역		결혼 영역
살아 있는 물리적 개체(A와 B)	→	사람들(배우자)
(두 개체로 구성된) 유기체 전체의 통일	→	배우자의 정신적, 법적, 심리적 결합
유기체의 창발적 속성	→	배우자 관계에서 창발하는 창조적 가능성
유기체의 A 부분과 B 부분의 상호작용 과정	→	사람들 사이의 (정서적, 사회적) 상호작용
A가 B에, 또는 B가 A에 미치는 인과적 영향	→	상대방에 대한 배우자의 정서적, 심리적, 물리적 영향

이 영역 간 사상을 근거로 무수히 많은 인식적 함의들이 가능하다. 예를 들면 이전에 독립적이었던 부분들의 유기적 통일 속에서 유기체의 창발적 속성들이 발생하는 것으로 보인다. 말하자면 결과적으로 배우자의 은유적인 유기적 통일 속에서 그것들의 상호작용─독립적인 단위로서는 불가능한─으로부터 창조적 가능성들이 창발하는 것으로 기대할 수 있다. 「결혼은 유기적 통일」 은유의 인식적 함의 중에는 다음과 같은 것이 있다.

「결혼은 유기적 통일」 은유의 인식적 함의
— 배우자는 더 이상 분리된 개체로서 존재하지 않으며 상호 의존적이다.
— 상호 의존적인 존재로서 배우자들은 자신의 자유에 대한 모종의 제약(독립적 단위로서는 갖지 않았던)을 받아들여야만 한다.
— 그 결합은 독립적 개별자에게는 불가능했던 상호작용과 성장의 가능성을 창조해 준다.
— 공유된 경험은 그 관계 유지를 위해 필수적이다.
— 배우자는 각각 상대방에 대해 모종의 배타적 관계를 기대할 수 있다.
— 물리적 친근성은 공유된 경험과 성장의 증대된 기회를 제공한다.
— 호혜적 조력, 지원, 위로, 지속성 등에 대한 정당한 기대가 존재한다.

그러한 함의들은 단지 잠재적인 것으로만 간주되어야 한다. 즉 그것들은 도덕적 숙고에서 어떤 역할을 하게 될 수도 있는 가능한 목표, 가치, 책무, 기대, 신뢰 등을 제시한다. 은유적 체계의 이러한 다가성(多價性)이 의미하는 것은 은유가 특정한 사람에게 요구하는 것은 항상 그의 구체적인 상황에 달려 있다는 것이다. 그 은유를 통해 행위하는 사람의 맥락이나 구체적 상황과 상관없이 그 은유가 무엇을 함의하게 될 것인지를 정확히 말할 수는 없다.

더욱이 전형적으로 그 은유의 다가성은 비록 모순적이지는 않다 하더라도 적어도 긴장을 불러오는 한 쌍의 함의들을 지지해 줄 정도로 풍부하다. 예를 들어 두 사람의 유기적 결합을 통해 실현되는 창조성과 발전의 창발적 가능성에 매료된 사람들은 동시에 이 유기적 결합이 초래하는 독립성의 상실, 특정한 자유의 제약을 안타깝게 생각할지도 모른다. 「유기적 통일」 은유가 불러오는 것으로서 대부분의 도덕적 숙고에 특징적인 유형의 불가피한 긴장이 있을 수도 있다. 반면에 특정한 영역에서 독립성의 상실은, 다른 측면(예를 들면 친밀성과 지원에 가져다주는 새로운 것들에 의해)에서는 힘을 부여하는 것으로 드러나며, 그렇게 해서 그것은 실제로 삶의 다른 영역들에 자유와 독립성을 고양시켜 준다. 역으로 소위 '정서적 독립성'은 종종 자유를 축소시키거나 고립을 초래할 수도 있는데, 그것은 도덕적 성숙을 방해하거나 심지어 마비시킬 수도 있다.

이 함의들이 어떻게 작용하는지, 즉 어떤 것이 구체적 맥락과 관련되며, 그것들이 어떻게 조직화되는지를 살펴보기 위해 나는 알렉스의 도덕적 추론에서 핵심적인 역할을 하고 있는 세 가지 함의를 검토하려고 한다. 그가 이 은유들을 의식적으로 서술하는 것도 아니고 자신의 결혼의 도덕적 층위를 강조하는 것도 아니다. 그렇지만 이 심층적인 체계적 은유들은 자신과 아내가 어떻게 행위해야 하는지, 서로에게서 무엇을 기대할 수 있는지, 자신들의 행위를 어떻게 정당화할 수 있는지, 각각 어떤 성품을 갖고 있는지, 또 어떤 가치들에 대해 실현의 책무를 느끼는지 등의 문제에 관한 알렉스의 이해와 관련해서 도덕적으로 중요성을 갖는다. 예를 들어 알렉스는「결혼은 유기적 통일」은유를 통해 자신의 결혼을 이해하고 있기 때문에 자신들의 관계와 행위의 본성에 대해 적어도 다음과 같은 세 가지 함축을 인식할 수 있다. (1) 남편과 아내 사이에 특수한 배타적 관계에 대한 요구('일부일처의 의무'라고 부를 수 있는), (2) 신체적 친밀성 또는 인접성의 요구(= '통일성 보존의 의무'), (3) 경험을 공유해야 할 책무(= '상호 성장'의 의무)가 그것이다. 이제 이 함축들이 각각 어떻게「유기적 통일」은유로부터 생겨나는지 살펴보자.

1) 일부일처의 의무

「결혼은 유기적 통일」은유의 영향 아래에서 알렉스는 아내인 셜리와 결혼하기 전 자신들의 관계를 반추해 본다. 그는 이미「유기적 통일」은유를 받아들이기 시작했다. "나는 셜리가 다른 남자들과 빈둥거리는 것을 멈출 때가 되었다고 확신했다. 나는 또 결혼을 하는 것이 그녀로 하여금 그렇게 하도록 설득할 수 있는 한 방법이라고 생각했다. 그렇지 않으면 그녀는 남은 인생을 덧없이 보내게 되었을 것이다"(Quinn, 33). 알렉스에게 배타성 ― 개념이 아니라 태도나 행동, 책무로서 ― 은 그의 경험의 맥락 안에서「유기적 통일」은유의 함축들 중 하나다. 그 은유는 셜리가 허송세월하는 것을 그만 두어야 한다는 그의 생각에 대한 근거를 제시하고 있다. 이러한 방식의 추론은 알렉스가 결혼을 해서 부모에게서 독립해야 한다고 셜리를 설득하는 것이 정당하다고 느끼면서 더 분명한 것이 된다.

나는 그것이 중요하다고 생각했다. 왜냐하면 나는 그때 매우 심각한 결단을 했으며 그녀도 마찬가지였기 때문이다. 셜리는 거기에 동의했으며 나는 그때가 "나는 당신을 부모들에게서 떼어놓을 거야"라고 처음 말했던 때였다고 생각한다. 그리고 결연하게 "이것이 우리가 갈 길이야"라고 말했다. 또 나는 "이제 당신은 나를 따르고, 남편인 나와 함께 가는 거야"라고 말했다. 되돌아보면 아마도 그것은 다소는 독단적인 것으로 보일 수도 있지만 나는 그것이 우리가 결혼했다는 것, 이 결혼은 네 사람이 아니라 우리 두 사람의 문제라는 것에 대한 선언이었다고 생각한다 (Quinn, 33).

알렉스 앞에는 평상 상태로 방치하거나 아니면 셜리가 부모들에게서 독립하도록 설득하는 두 가지의 선택지가 놓여 있었다. 그는 「결혼은 유기적 통일」 은유가 함축하는 도덕적 책무("당신은 나를 따르고, 남편인 나와 함께 가는 거야")에 따라 셜리에게 모종의 헌신을 요구하는 것이 정당화된다고 생각한다. 더욱이 알렉스가 아내에게 부모와의 정서적 결속을 끊을 것을 요구하면서 사용하는 정당화는 동시에 알렉스 자신의 약속과 행위에 도덕적 제약을 부과한다. 알렉스가 셜리와 그녀의 부모의 관계를 자신들의 배타적인 결혼 관계에 대한 위협으로 인식할 수 있으며, 따라서 자신들의 결혼의 통일성의 우선성("이 결혼은 네 사람이 아니라 우리 두 사람의 문제다")을 주장할 수 있는 것은 그가 자신들의 결혼을 특별한 종류의 통일로 경험하기 때문이다.

「결혼은 유기적 통일」 은유는 알렉스에게 무의식적으로 도덕적 이상으로 작용하고 있으며, 따라서 비우호적 귀결 또는 그의 자유에 대한 제약의 가능성(배타성과 같은)이 있는데도, 그에게 도덕적 책무를 낳는다. 알렉스는 그저 사려적 고려에만 묶여(그는 또한 동시에 그것을 실천하고 있지만) 있는 것이 아니라 이 구체적 상황에서 어떤 권리와 의무가 성립하는지를 결정하고 있다.

2) 통일성 유지의 의무

「결혼은 유기적 통일」은유가 갖는 두 번째 부류의 함의들은 공유된 경험의 토대로서 신체적 친밀성을 포함한다. 알렉스는 외적 상황에 따라 물리적인 분리가 강요되는 것은 "모든 것이 잘 정리되면 함께 살 수 있으며 …… '나는 떠나지 않을 거야'라고 말할 수 있는 기회가 주어지기만 한다면 견딜 수 있는 불행이다. 그렇지만 그것은 아마도 극복하기 힘든 일일 것이다"(Quinn, 33). 알렉스는 단순히 배우자와 신체적 친밀성을 유지하는 것이 사려적인 일이라는 것만을 암시하고 있는 것이 아니다. 오히려 그는 그것을 「유기적 통일」은유에 의해 성립하는 정서적·심리적·영적 통일이라는 도덕적 이상에 대한 그의 믿음에서 비롯되는 일종의 도덕적 책무라고 간주하고 있다.

3) 상호 성장의 의무

「결혼은 유기적 통일」은유는 공유된 경험을 요구한다. "내가 멋진 식당에 갈 때나 공연에 갈 때 그녀가 함께 갈 수 없다는 것이 정말 안타깝다. 왜냐하면 우리는 더 이상 함께 경험을 나눌 수 없기 때문이다. 공연 관람이나 좋은 식사 등 함께 했던 경험은 우리에게 너무나 중요했으며, 그것은 우리에게 결혼생활을 통해 멋진 순간들이었다"(Quinn, 34).

이 특별한 함축과 관련해서 두 가지 매우 중요한 논점이 드러난

다. 먼저 「결혼은 유기적 통일」 은유로부터 생겨나는 도덕적 책무는
절실한 성향, 욕망, 또는 동기다. 그것들은 배우자의 부재, 이 부재
가 공유된 경험을 불가능하게 만드는 방식, 과거의 공유된 순간들에
대한 기억 등을 상상을 통해 떠올리는 것을 포함한다. 지적 개념과
느낌 또는 상상력 사이에는 어떤 분리도 없다. 알렉스는 도덕적 감수
성을 지닌 다른 모든 사람들과 마찬가지로 소위 규칙이나 추상의 순
수성에 의해서가 아니라 오히려 느낌이나 상상력—그로 하여금 어
떤 것을 좋은 것으로 받아들이고 원하도록 이끌어 가는—에 의해
동기화된다.

이 점과 관련해서 도덕적 숙고에서 정서적 층위가 핵심적이라는
사실을 강조했다는 점에서 흄(D. Hume)의 생각은 옳은 것이었
다.[20] 불운하게도 흄은 이 정서적 측면을 자신이 순수하게 인지적
또는 지적 요소라고 잘못 생각했던 부분에서 분리해 버리는 실수를
했다. 실제로 이 두 층위는 분리 불가능한 방식으로 혼합되어 있다.
우리의 도덕적 이해에서 은유가 그처럼 중요한 한 가지 이유는 그것
이 신체화된 도덕적 의식—가능성, 느낌들의 관계, 상상적 반성의
투사인—의 바로 이 두 층위를 결합시켜 준다는 점 때문이다. 그것
들 때문에 우리는 애당초 다양한 정도로 도덕적 감수성을 가질 수
있다.

둘째, 결혼에 대한 알렉스의 이해의 은유적 성격은 '단지' 사려적
추론(소위 '도덕적' 추론에 대립되는 것으로서)이라는 이름으로 거
부될 수는 없다. 일부 철학자들이 '도덕적' 고려라고 협소하게 정의

20) David Hume, *A Treatise of Human Nature*, ed. L. A. Selby-Bigge (1777; Oxford: Clarendon Press, 1888), bk. 3, secs. 1, 2; *An Enquiry concerning the Principles of Morals*, ed. L. A. Selby-Bigge (1777; Oxford University Press, 1902) 참조.

138

하는 것(예: "나는 내 배우자와 함께 상호 성장의 가능성을 고양시킬 의무를 갖고 있다")과 사람들이 '사려적' 관심이라고 폄하하여 부르는 것(예: 결혼은 상호 성장을 증진시킬 때 두 사람 모두에게 훨씬 더 만족스러운 것이 된다. 즉 그것은 두 사람 모두를 더 행복하게 만들어 줄 것이다) 사이에 엄격한 구분은 존재하지 않는다. 우리는 우연히 동시적으로 발생하게 된 독립적 층위들('도덕적인 것'과 '사려적인 것')의 결합을 경험하고 있는 것이 아니다. 반대로 이 층위들은 한데 짜여서 도덕적 경험이라는 구조를 이룬다. 어떤 경험은 공동체적 복지, 품성, 타인에 대한 공감 등에 더 큰 영향을 갖는다는 점에서 명백하게 윤리적으로 더 중요하고 두드러진 것이기는 하지만 우리 경험에는 전반적으로 도덕적인 것이 스며들어 있다. 우리는 이 더 중요한 경험들을 '도덕적'이라고 생각하는 경향이 있는데, 여기에서 잊지 않아야 할 것은 모든 경험이 도덕적 중요성이 침투된 배경적 맥락 안에 조건화되어 있다는 사실이다.

더욱이 도덕적인 것이 평안(well-being)에 대한 추구에서 이런저런 방식으로 완전히 분리되어 있거나 상관없다는 생각은 도덕성과 우리가 우리 자신에 관해 알고 있는 것의 관계를 설명적 연결성이 없는 불가해한 것으로 만들게 된다. 사려와 도덕성을 분리하는 것은 왜 우리가 현재와 같은 도덕적 가치들을 갖고 있으며, 왜 우리가 그것들을 그처럼 중요한 것으로 받아들이는지에 대한 이해를 사실상 불가능한 것으로 만든다. 그것은 도덕성이 현재의 우리와 같은 존재, 우리가 갖는 동기들, 또 삶에 방향성을 주는 의도들과 극도로 외재적인 관계만을 유지한 채 마치 높은 어떤 곳에서 불쑥 나타나는 것처럼 보이게 만든다. 그것은 우리 자신이 물질적, 생물학적, 사회적 환경을 따라 진화하는 합목적적 존재로서 생태적으로 조건화되어 있다는 사실을 부정한다. 요컨대 도덕성이 평안과 행복에 대한 우리의 합목적적 탐색과 아무런 관계도 없다는 생각은 도덕성을 기껏해야 완전히 불가해한 것으로, 최악의 경우에는 잔인한 농담으로 만들게 될 것이다.[21]

알렉스는 분명히 상호 성장을 증진시키지 못하면 덜 만족스럽고 덜 성공적인 결혼이 될 것이라고 믿는다. 나아가 그는 자신이 그러한 성장을 증진시키는 도덕적 책무를 갖는다고 생각한다. 그렇지만 이것들은 그에게도, 또 우리 누구에게도 두 개의 다른 명령이 아니다. 그것들은 하나의 요구로서 그의 행위, 태도, 애정 등을 고무하는 동시에 제약하는 필요성이자 강렬한 동기로서 그에 의해 그저 경험되고 느껴진다.

우리는 지금까지 주로 혼인 관계에 대한 대부분 무의식적이고 암묵적이며, 무반성적인 은유적 이해를 살펴보았다. 대부분 일상적인 도덕적 숙고는 다분히 이와 유사하다. 왜냐하면 그것은 거의 무반성적이며, 대부분의 경우 거의 무의식적인 차원에서 작용하기 때문이다. 우리는 대부분 심층적인 가정들, 상황에 대한 이해를 구조화하는 은유들, 또 구체적인 상황에서 가치들이 조직화되고 재정의되는 방식을 의식하지 못한다.

---

21) 도덕성/사려 이분법의 가장 대표적인 옹호자라고 할 수 있는 칸트는 실제로 이 점을 인식하고 있다. 그는 만약 도덕적임과 행복함 사이에 아무런 연관이 없다면 도덕성은 완전히 신비한 것 ─ 부과된 이성의 명령이 행복과는 아무런 상관도 없이 위로부터 주어지는 것처럼 ─ 으로 보이게 될 것임에 틀림없다고 생각했다. 칸트는 심지어 이것을 고민스러운 일이라고 생각했다! 그래서 그는 『실천이성비판』에서 도덕성과 덕이 이성이 요구하는 것으로서 이 세계를 넘어선 삶에서의 행복을 통해 보상될 것이라는 주장을 위해 많은 노력을 기울였다.

그렇지만 자기의식적인 반성의 순간들이 있는데, 그것은 지금까지 은폐되고, 자동적이며, 침전되어 있던 것들이 비판적 통찰을 통해 부분적으로 드러날 때다. 예를 들어 알렉스는 다른 함의들이 어떤 귀결을 불러올 것인지를 추론해 보기 위해서 은유적으로 이해된 경험의 가능한 대안적 함의에 관해 생각한다. 한 구절에서 그는 자신의 아내가 치료를 받을 경우의 도덕적 귀결을 고려한다.

요즈음에는 개개인에게 초점을 맞춘 특정한 분석, 집단상담 등 수많은 것들이 행해진다. 나는 그것이 결혼에 대해 도전적이라고 생각한다. 그 귀결, 즉 결정적인 물음은 이렇다. 그것들에 참가함으로써 결별에 이르게 되는 부부의 경우 그들이 처음부터 결혼을 했어야 했던 것일까? 아마도 그 결혼은 아무튼 좋지 않았을 것이다. 그러나 그렇다면 의문이 들기 시작한다. 한 걸음 더 나아가 우리는 과연 이기주의를 당연한 것으로 만드는 결혼이 있을까라는 의문을 갖게 된다? 자아를 결혼에 앞세우게 되면 어떤 결혼이 지속될 수 있을까? 내 말은 과연 분석이라는 것이 그러한 유형의 관계를 파괴하는지, 아니면 그것이 단지 그러한 유형의 관계의 문제들을 지적해 줄 뿐인지를 알 수 없다는 것이다(Quinn, 35).

분석은 결혼의 성장보다 배우자의 개인적인 자기 이익을 우선시함으로써 그 관계의 「유기적 통일」을 훼손하는 것일까? 아니면 분석은 다만 그 결혼에 이미 내재하고 있는 취약점을 밝혀 주는 것일까? 알렉스는 아직 그것을 결정할 수 없으며, 따라서 「결혼은 유기적 통일」 은유라는 맥락 안에서 이 가능한 함의들을 생각해 보고 있다. 그는 가능한 여러 가지 설명을 시도함으로써 그것이 어떤 느낌인지, 어떻게 경험에 의미를 주는지를 검토한다. 그는 이러한 검증을 통해 자신의 결혼에 대한 구조화의 가능성을 살펴본다. 그가 아내의 분석에 대해 어떻게 행위할 것인지, 자신이 그 분석에 참여할 것인지의 여부는 그 문제들에 대한 느낌이나 반성, 과거의 경험에 달려 있다. 분석의 문제는 「결혼은 유기적 통일」 은유라는 맥락 안에서 도덕적으로 중립적이지 않다. 그가 분석을 하나의 문제라고까지 정의할 수 있는 이유는, 결혼이 요구하는 것에 대한 은유적 이해의 맥락에서 볼 때 결혼에 대한 그의 도덕적 성실성 때문이다.

5_도덕성은 은유적이다: 요약

이 장에서 나의 주장은 상식적인 도덕적 이해가 다음과 같은 두 가지 층위에서 심층적이고 편재적으로 은유적이라는 것이다. (1) 우리의 기본적 개념들(행위, 원인, 의도, 의지, 권리, 의무, 법칙 등)은 각각의 개념에 대한 (전형적으로) 다수의 은유적 구조화를 통해 은유적으로 정의된다. (2) 구체적 상황을 이해하는 수단이 되는 개념적 프레임은 흔히 관습적 은유(예를 들어 결혼 은유에서 드러나는 것과 같은)의 체계를 포함한다. 여기에서도 마찬가지로 거의 항상 상황에 대한 경쟁적인 은유적 기술들이 존재한다. 중요한 도덕적 개념의 층위에서는 물론 상황의 구조화라는 층위에서도 우리는 은유를 제거할 수 없다. 우리는 한 은유 체계를 다른 체계로 대체할 수는 있지만 은유적 개념의 모든 체계로부터 벗어날 수는 없다. 결과적으로 윤리적 문제에 관한 대부분의 추론, 대부분의 결정, 타인에 대한 대부분의 판단은 은유들에 근거하고 있다.

여기에서 염두에 두어야 할 매우 중요한 사실은 내가 우리의 모든

142

개념이 은유적이라고 주장하는 것이 아니라는 점이다. 나는 또한 모든 사고가 은유적이라고 주장하고 있는 것도 아니다. 인지의 모든 것이 은유적이라고 말하는 것은 단적으로 그릇된 것이다. 그것은 개념이나 의미, 추론, 언어에 관한 수많은 경험적 연구들을 통해 그릇된 것으로 드러났다.[22] 나의 특정한 이론적 지향—인지의미론[23]이라고 불리는—은 개념체계가 신체적 경험 구조에 그 토대를 두고 있다는 점을 강조한다. 앞으로 보게 되겠지만 이 구조들 다수에 관한 개념들은 은유적이지 않다.[24] 그러나 인지의미론은 또한 인간 인지의 근본적으로 상상적인 특성을 부각시켜 주는데, 거기에는 대부분의 개념화와 추론에서 은유가 갖는 핵심적 역할이 포함된다. 우리는 수많은 비은유적 개념이 개념적 은유에 의해 함축되거나 확장된다는 사실을 발견했다. 결과적으로 은유의 핵심적 역할에 의지하지 않고서 확장된 개념적 분석을 행한다는 것은 불가능하다.

따라서 내 주장은 상식적인 도덕적 이해의 대부분이 은유 체계에 의해 구조화되기 때문에 도덕성에 관한 개념화와 추론, 언어가 어느 정도 은유(그리고 다른 상상적 기제)를 포함하는지를 검토하지 않

---

22) 적절한 연구들에 의거한 것으로서 이와 관련된 증거들의 많은 부분은 Lakoff, *Women, Fire, and Dangerous Things* (Chicago: University of Chicago Press, 1987)에서 찾아볼 수 있다.

23) 인지의미론은 언어학과 심리학, 철학, 다른 인지과학 등에서 이루어지는 경험적 탐구 프로그램으로 인간 인지의 신체화되고 상상적인 특성을 강조한다. 그 다양한 버전들은 *Cognitive Linguistics* (1990)의 첫 호에 소개되어 있다. 나는 그에 관한 나의 특수한 버전의 기본적 가정들을 Johnson, *The Body in the Mind* (Chicago: University of Chicago Press, 1987)에서 상술했다.

24) 예를 들어 내가 '영상도식'(예:「그릇」「위/아래」「안/밖」「균형」「원천-경로-목표」)이라고 부르는 것들이 있는데, 우리는 그것들에 관해 비은유적 개념을 갖는다. 그렇지만 앞으로 보게 될 것처럼 이 영상도식들은 흔히 다양한 은유적 투사들의 근거를 제공한다.

는 어떤 해명도 적절한 것일 수 없다는 것이다. 지금까지 나는 수많은 도덕적 개념들이 은유적으로 정의되기 때문에 어떤 적절한 도덕 이론도 은유들, 또 우리가 그 은유들에 의거해 생각하고 살아가는 방식을 무시할 수 없다는 점을 보여 주었을 것으로 기대한다.

지금까지 내 전략은 도덕적 지식을 구성하는 수많은 체계적 은유들을 밝히고 분석함으로써 은유에 의지하지 않고 도덕적 추론에 관해 생각할 수 없다는 점을 드러내려는 것이었다. 일상적인 도덕적 이해의 은유적 구조화는 단적으로 하나의 사실이다. 우리는 그것을 부인해서는 안 된다. 우리는 그것을 두려워할 필요가 없다. 우리는 실상이 다른 어떤 것이기를 기대해야 할 이유가 없다. 대신에 우리가 해야 할 일은 이 사실, 그리고 그것이 도덕성에 관해 갖는 함축들을 이해하는 일이다. 그것은 우리가 도덕적 추론과 관련시키려는 지식의 핵심적 일부가 되어야 한다.

제 3 장

도덕 이론의 은유적 근거

1_ '순수' 도덕 이론

　나는 앞서 다음과 같은 두 가지 주장을 제기했다. 먼저 도덕성에 관해 문화적으로 공유된 통속 이론들(「도덕 법칙」 통속 이론과 같은)은 근원적으로 은유적이다. 둘째, 세속적인 도덕적 숙고가 전형적으로 뿌리 깊으면서도 대부분 무의식적인 은유적 이해에 의존하고 있다. 도덕적 지식에서 은유의 중심적 역할이 서구의 전통적인 도덕성 개념에 의문을 제기한다는 사실을 알게 된 사람들은 이 분석을 다음과 같은 방식으로 해소하려고 할지도 모른다.

　당신은 일상적인 사람들의 일상적 추론이 대개의 경우 무의식적인 체계적 은유에 의존하고 있다는 사실을 보여 주었다. 그러나 도덕철학의 임무는 특정한 상황에서 우리가 실제로 어떻게 추론하고 행위하는지를 말해 주는 문제가 아니라 우리가 어떻게 추론하고 행위해야 하는지를 말해 주는 것이다. 철학적으로 정교한 도덕 이론은 은유와 같은 비유적 장치들을 피할 것이다. 왜냐하면 그것은 실제의 추론을 넘어서서 도덕성의 궁극

적 규칙에 대한 적절한 명세표를 위해 필요한 순수한 문자적 개념들을 반
성적으로 이해할 것이기 때문이다.

이들의 주장에 따르면 도덕 이론의 임무는 은유적 이해를 넘어서
서 토대주의적인 문자적 개념에 도달하는 것이다.

그러한 도덕 이론이 가능하려면 비-비유적인, 또 경우에 따라서
는 심지어 비상상적인, 소위 '순수한' 도덕적 합리성이 존재해야만
한다. 일단 도덕성과 모든 기본적 도덕 개념에 대한 통속적 이해의
은유적 특성을 인식하게 된다면 은유 없이 적절한 철학 이론을 건설
할 수도 있다는 생각이 과연 어떤 설득력을 가질 수 있을까? 이것은
받아들이기 어려운 일이다. 우리가 지금까지 검토했던 체계적 은유
들은 일상적인 통속적 이해 안에만 존재하는, 그렇지만 적절하게 다
듬어진 철학 이론 안에서 비-비유적인 개념들로 대체될 수도 있는,
단순히 편리한 표현 형식으로 해석될 수만은 없다. 예를 들어 '의
무'나 '권리'와 같은 개념의 두 가지 다른 은유적 구조화가 실제로
그 개념들을 징의해 준다. 방대한 경험적 증거는 단적으로 비-비유
적 도덕성이라는 꿈을 지지해 주지 않는다.

문자적 전략은 실제적이지 않다. 왜냐하면 그것은 '순수' 이성 —
그 본질이 우리의 경험이나 경험적 개념들과 아무런 관련이 없는 이
성 —이라는 환상에 근거하고 있기 때문이다.[1] 그 견해에는 두 가지
잘못이 있다. 먼저, 그것은 기본적 도덕 개념과 도덕 법칙들이 초월

---

1) 5장에서 나는 왜, 그리고 어떻게 도덕 이론들이 전형적으로 스스로를 도덕적 문제들에
   대해 절대적이고 확정적인 분석을 제시하는 것으로 간주하게 되었는지를 설명했다. 핵
   심적 논점은 그것들이 이성이 스스로의 본질에 대한 직접적인 반성적 통찰을 보유하고
   있다는 잘못된 관념을 전제하고 있다는 것이다.

적이고 비경험적인 이성에서 온다고 주장한다. 둘째, 그것은 이성의 본질이 은유에 아무런 자리도 할애하지 않는 논리적 구조라고 본다. 이렇게 정의된 이성은 신체적 경험에 근거하고 있으며, 일관되게 상상적인 실제 인간의 이해나 추론과 거의 상관이 없다. 요약하면, '순수' 이성은 인간 이성과 거의 상관이 없다.

이성을 순수하고 초월적이며 비상상적이라고 보는 견해는 도덕 이론이 도덕적 전통―도덕 이론의 원천이며, 또 도덕 이론이 재구성하는―의 표현이라는 사실을 간과하고 있다. 철학 이론은 대부분 한 문화 안에 존속하는 다양한 통속 이론들에 대해 내적으로 일관성 있는 체계적 해명을 제시하려는 시도다. 철학자들은 통속 이론을 분석하고, 세련화하고, 비판하고, 재구성하고, 정당화하며, 때로는 확장한다. 그 결과 철학자들은 자신이 서술하는 통속 이론 안에서 형성되는 동일한 은유적 개념, 담론 형식, 논증 양식 등을 받아들이는 경향이 있다. 이것이 바로 철학적으로 정교한 이론들이 종종 일상인의 직관을 통해 옳은 것으로 받아들여지는 이유다. 만약 철학적 해명이 통속 이론적 이해에 의존하지 않거나 그것과 관련되지 않는다면 우리 경험을 전혀 설명할 수 없을 것이다.

매킨타이어(A. MacIntyre)는 도덕철학이 도덕적 전통을 발전시키는 데 그 바탕을 두고 있으며, 또 그것으로부터 생명력을 얻는다는 논증을 통해 이 점을 지적하고 있다. "도덕철학은 아무리 그 이상의 것을 성취하려고 열망하더라도 항상 특정한 사회적·문화적 관점에서의 도덕성을 표현하고 있다. 아리스토텔레스는 기원전 4세기 아테네 한 계층의 대변인이며, 칸트는 …… 자유주의적 개인주의의 자라나는 사회적 힘을 옹호하는 합리적 목소리를 제공했다. …… 도덕철학은 다른 무엇이기에 앞서 특정한 도덕성이 합리적 지

148

반을 갖는다는 주장에 대한 명시적 표현이다. 이것이 도덕성의 역사와 도덕철학의 역사가 단일한 역사인 이유다."[2]

　모든 도덕 이론이 특정한 도덕적 전통을 표현하고 있다는 매킨타이어의 주장은 도덕 이론이 스스로의 원천이 되는 전통을 비판할 수 없다는 사실을 함축하지는 않는다. 『덕의 상실』(*After Virtue*)과 『누구의 정의인가, 어떤 합리성인가?』(*Whose Justice? Which Rationality?*)에서 매킨타이어는 일관되게 도덕 이론의 발전 가능성을 옹호하는 논변을 제시하고 있다. 나는 다음에 우리가 우리의 집합적 경험에서 배울 수 있다는 다소 약화된 주장을 옹호할 것이다. 현재 나의 논점은 모든 도덕철학에서 도덕적 전통—그 철학의 원천이며, 또한 그 철학이 표현하려고 하는—을 구조화하는 기본 은유들(그 전통의 통속 이론들과 함께)을 찾을 수 있을 것이라는 소극적인 것이다.

2_칸트의 은유적 도덕성

　도덕 이론의 은유적 성격에 관한 앞의 논제를 결정적으로 입증하는 유일한 방법은 알려진 모든 이론을 검토하는 일일 것이다. 그것이 불가능하지는 않겠지만 정작 중요한 목적에는 기여하지 못하는 엄청난 작업이 될 것이다. 대신에 내가 제안하는 것은 서구적 전통 안에서 '순수한' 도덕철학의 최우선적 후보로 생각되는 도덕 이론,

2) Alasdair MacIntyre, *After Virtue*, 2nd ed. (Notre Dame, Ind.: University of Notre Dame Press, 1984), p. 268.

즉 칸트의 잘 알려진 합리주의 윤리학을 간략히 검토하는 일이다. 칸트는 자신이 순수한 실천이성에 의해서만 기본적인 도덕적 개념과 법칙들이 추론될 수 있다는 것을 보여 준다고 생각했다. 지난 두 세기 동안 도덕 이론가들은 칸트의 도덕 이론이 이성에 근거한 도덕성의 모형이라고 간주해 왔다.

만약 은유나 상상적 인지의 다양한 방식들로부터 자유롭다고 주장할 수 있는 도덕 이론이 있다면 그것은 칸트의 도덕 이론일 것이다. 일반적 형식과 기본적 개념에 있어서 칸트의 도덕 이론은 어떻게 도덕성이 전혀 상상력에 의존하지 않고 전적으로 순수한 실천이성으로부터 추론될 수 있는지를 보여 주는 것으로 가정된다. 이제 그것이 사실인지를 밝히기 위해 칸트적 합리주의 윤리학을 검토해 보기로 하자.

퍼트남(H. Putnam)은 칸트 윤리학이 순수 실천이성으로부터 추론된 것이 아니라고 지적한다. 퍼트남은 순수 도덕 이론에 관한 칸트의 명시적인 주장과는 반대로 칸트적 기획은 초월적인 이성에서 비롯되지 않는다고 주장한다. 퍼트남은 칸트의 이론이 엄격한 규칙과 순수한 문자적 개념, 논리적 판단에 근거하기보다는 하나 또는 그 이상의 '도덕적 영상'(moral image)에 근거하고 있다고 본다.

칸트는 자신이 아마도 '철학적 인류학'이라고 불렀을 법한 것을 수행하고 있거나 세계의 도덕적 영상이라고 불릴 수 있는 어떤 것을 제시하고 있다. 그는 단순히 정언명령의 제3 정식화에 대한 논변, 즉 도덕성의 형식적이고 실질적인 원리들의 적절한 순서 등에 대한 논변을 제시하고 있는 것이 아니다. 그는 또한 가장 중요한 것으로 이 원리들을 환기시키며, 또 그것이 없이는 그 원리들이 의미를 가질 수 없는 것으로서 세계의 도

덕적 영상을 제시하고 있다. 내가 사용하는 도덕적 영상이라는 말의 의미
는 이런저런 것이 덕이라거나 이런저런 것이 사람들이 해야만 하는 것이
라는 선언이 아니다. 그것은 오히려 우리의 덕과 이상이 어떻게 서로 공
존하며, 또 우리가 처해 있는 상황과 어떤 관련이 있는지에 관한 하나의
그림이다. 그것은 '형제자매 관계'라는 개념처럼 모호한 것일 수 있다.
사실상 수많은 사람들은 그 은유들 안에서 그들의 도덕적 삶을 조직화해
줄 수 있는 도덕적 영상을 발견해 왔다.[3]

퍼트남에 따르면 우리가 칸트로부터 물려받은 도덕적 영상은 복
합적이고 다면적이지만 그 핵심은 자율성이라는 개념, 즉 다른 사람
들 또한 그렇게 할 권리를 존중하는 방식으로 사고하고 행위하는 자
유롭고 평등한 존재들로 구성된 공동체의 영상이다.[4]
스스로의 기획에 대한 칸트 자신의 순수주의적 시각에 반대해서
칸트의 이론은 하나의 도덕적 영상을 표현하고 있으며, 그것은 특정
한 도덕 공동체에 대한 상상적 서술이라는 퍼트남의 주장은 옳은 것
이다. 그렇지만 왜 퍼트남이 옳은지를 살펴보기 위해서는 내가 합리
주의 윤리학의 전형으로 간주하는 칸트주의의 실제적인 은유적 구

---

3) Hilary Putnam, *The Many Faces of Realism* (La Salle, Ill.: Open Court, 1987), p.
51.
4) "칸트적인 도덕적 영상은 어떻게 살 것인가에 관한 자기 사유는 물론 하나의 덕이지만
그것은 동시에 다른 개념들도 담고 있다는 주장을 포함한다. 그것은 이 덕이 단지 하나
의 덕이 아니라는 생각은 물론 이 덕을 실행하는 우리의 능력 또한 우리가 갖고 있는
가장 중요한 도덕적 능력이라는 생각을 담고 있다. 그것은 어떻게 살 것인가에 관한 자
기 사유를 하지 않으려고 결정했거나 어떻게 살 것인가에 관해 사유할 수 없도록 강요
되거나 '제약받은' 인간 존재는 충만한 인간적 삶을 살아갈 수 없다는 주장을 포함한
다. 그것은 또한 그러한 능력에 대해 서로를 존중하는 개인들의 공동체의 비전을 포함
하고 있다." 같은 책, pp. 61~62.

조를 좀 더 섬세하게 검토해 볼 필요가 있다. 우리는 이미 도덕성의 통속 이론들이 (1) 그 이론의 기본 개념들(예를 들어 인격, 행위, 목적, 이성, 의무, 권리 등)의 본성, 그리고 (2) 특정한 상황들의 개념화라는 두 가지 층위에서 체계적 은유들을 포함하고 있다는 사실을 살펴보았다. 우리는 다양한 철학자들의 도덕성 이론에서 동일한 두 가지 층위가 발견될 것으로 예상해야 하며, 실제로 우리는 그렇게 예상한다.

칸트 도덕 이론의 은유적 특성에 대한 분석에 들어가기에 앞서 나는 근세의 칸트주의자들이 제기했을 법한 명백한 반론 하나를 언급해 두고 싶다. 그들은 내가 칸트를 전형적인 도덕적 절대주의자로 희화화하고 있다고 비난할 것이다. 이들은 칸트의 도덕 이론이 전통적인 해석가들이 생각했던 것보다 훨씬 더 섬세하며, 훨씬 덜 형식주의적이며, 훨씬 더 심리학적으로 현실적이라고 주장하는, 최근에 증가하고 있는 논문들과 책들을 제시할 것이다.[5] 나는 우선 내가 칸트를 서구의 도덕적 전통에 영향을 미쳤던 가장 심오하고 정교한 사상가들 중의 한 사람으로 간주하고 있다는 사실을 언급해 두고 싶다. 나는 칸트에 대해 전형적으로 피상적인 비판들을 거부하고 도덕성에 대한 칸트의 식견이 갖는 풍부한 깊이를 탐색하려는 이러한 모든 시도에 대해 매우 우호적이다. 이 때문에 나는 동기화와[6] 도덕감,[7]

---

5) 우리는 최근의 칸트 옹호자들인 베이런(M. Baron), 도너건(A. Donagan), 엘드리지(R. Eldridge), 허먼(B. Herman), 힐(T. Hill), 코스가드(C. Korsgaard), 라우든(R. Louden), 오닐(O. O'Neill), 맥카티(R. McCarty) 등 수많은 사람들의 저작들을 제시할 수 있을 것이다.
6) Barbara Herman, "On the Value of Acting from the Motive of Duty," *Philosophical Review* 90, no. 3 (1981): 359~82; Marcia Baron, "The Alleged Moral Repugnance of Acting form Duty," *Journal of Philosophy* 81, no. 4 (1984): 197~220 참조.

152

덕,[8] 통합성[9]의 본성에 대한 칸트의 통찰을 파고드는 최근의 시도들에 주목한다. 나는 또한 문학을 통해 칸트적 도덕성이 우리 세계 안에서 어떻게 구조화되고 위치지어질 수 있는지를 보여 주려는 엘드리지(R. Eldridge)의 시도에 큰 영향을 받았다.[10]

요약하면, 나는 좀 더 현실적인 칸트주의에 대한 탁월한 탐구를 이끌어 가는 이러한 새로운 해석들의 중요한 미덕을 인정한다. 그러나 나는 이 일련의 저작들이 내가 제시하려는 칸트 도덕성 개념의 은유적 분석을 어떤 중요한 방식으로 반박할 수 있을지 알 수 없다. 나는 곧이어 문헌적 분석을 제시할 것이다. 만약 도덕성에 관한 칸트의 저작에서 내가 서술하는 것보다 덜 절대주의적이라는 것을 보여 주는 구절들이 있는 것으로 드러난다면 그것은 나의 분석에 부분적인 수정을 요구할 것이다. 그렇지만 나는 내가 공정하면서도 문헌적으로 방어 가능한 해석―두 세기 동안 유지되어 온 칸트적 도덕성에 대해 최소한 주류적 견해를 포착하고 있는 동시에 합리주의 윤리학을 개관하는―을 제시했다고 생각한다. 이러한 제한을 염두에 두고 이제 도덕성에 관한 칸트의 해명 안에서 작용하는 몇몇 은유적 개념을 살펴볼 수 있을 것이다.

칸트는 자신이 서구의 도덕성을 지배해 왔던 유대 기독교 도덕 전

7) Andrews Reath, "Kant's Theory of Moral Sensibility," *Kant-Studien* 80, no. 3 (1989): 284~302; Rick McCarty, "Kantian Moral Motivation and the Feeling of Respect," *Journal of the History of Philosophy* (forthcoming) 참조.
8) Robert Louden, "Kant's Virtue Ethics," *Philosophy* 61, no. 238 (1986): 473~89; Onora O'Neill, "Kant after Virtue," *Inquiry* 26 (1984), p. 397 참조.
9) Henning Jensen, "Kant and Moral Integrity," *Philosophical Studies* 57, no. 2 (1989): 193~205 참조.
10) Richard Eldridge, *On Moral Personhood: Philosophy, Literature, Criticism, and Self-understanding* (Chicago: University of Chicago Press, 1989) 참조.

통의 핵심적 개념들의 합리적 토대를 제공하고 있다고 생각했다. 칸트의 도덕철학은 '하나의 도덕적 전통을 표현하는 도덕철학'이었으며, 그 전통은 칸트의 것인 동시에 우리의 것이기도 하다. 그래서 칸트의 이론 안에서 서구의 전통을 지배하는 「도덕 법칙」 통속 이론을 구성하는 것으로서 앞서 확인했던 핵심적 은유들이 발견되는 것은 놀라운 일이 아니다. 이것이 바로 우리가 실제로 발견하는 것, 즉 앞에서 우리의 통속 이론들을 정의하는 것이라고 분석했던 것과 동일한 은유의 사례들이다.

칸트가 도덕성의 기본 원리를 표현하는 데 사용했던 핵심적인 도덕적 개념들은 은유적이며, 그것도 환원 불가능하게 은유적이다. 칸트의 궁극적 도덕 원리인 정언명령에 대한 논변과 정식화를 살펴보자.[11] 칸트의 기획이 유대 기독교 도덕 전통의 비신학적 부분에 대한 합리적 토대를 제공하려는 것이었다는 사실을 상기하자(1장). 『윤리형이상학』에서 칸트는 공유된 도덕 전통에 구체화된 것으로서 "평범한 윤리적 이성인식"(『윤리형이상학』, 393)을 분석한다. 또한 그는 우리의 모든 도덕적 지식이 근거하고 있는 "도덕성의 최상 원리"(『윤리형이상학』, 392)를 발견했다고 주장한다.

앞서 칸트의 방법이 가설적 성격을 띠고 있다는 점을 살펴보았다. 칸트는 만약 서구의 상식적인 도덕 전통이 대체적으로 옳은 것이라면 그 전통이 전제하는 의무, 도덕적 가치, 의지 등의 개념은 매우 구체적인 형태의 최고 도덕 원리를 요구할 것이라고 주장한다. 칸트는 자신의 도덕 전통의 진리성을 입증할 수 없다. 그는 다만 그 전통

---

11) 이하의 분석은 Johnson, "Imagination in Moral Judgment"의 일부를 수정한 것이다.

을 분석함으로써 그 가정과 귀결이 무엇인지를 드러낼 수 있을 뿐이다. 따라서 칸트가 어떤 종류의 증명에도 관심이 없었다는 퍼트남은 말은 옳은 것이다.[12] 대신에 서구 도덕적 전통의 핵심적 개념들에 대한 합리적 분석에 근거해서 칸트는 그러한 기본적인 도덕적 개념들이 어떻게 체계적으로 연관되며, 그것들이 어떻게 통합적으로 최고 도덕 원리의 정식화를 제약하는지에 관한 일관성 있는 이론을 구성하려고 했다.

칸트의 순수 도덕철학(그가 '윤리형이상학'이라고 부르는)은 "가능한 순수 의지의 이념과 원리들을 연구"(『윤리형이상학』, 390)하려는 의도를 갖고 있다. 순수 의지는 항상 의무로부터, 따라서 도덕적으로 옳은 방법으로 행위하려는 의지일 것이다. 그래서 칸트의 핵심적 물음은 그러한 순수 의지가 도덕적으로 행위하려고 하는 한 의존하게 될 도덕적 원리들의 본성과 관련되어 있다. 이 원리들은 도덕성의 '순수' 원리들이 될 것이다. 그러나 칸트가 말하는 '순수' 원리란 무엇인가? 칸트에 따르면 지식의 형식은 어떤 경험적 요소도 섞여 있지 않았을 때 순수하다.[13] 도덕성의 순수 원리는 오직 순수 실천이성에서 비롯된 것이어야 하며, 그것은 결코 감각, 느낌, 감정, 영상 등 신체적 측면과 연관된 어떤 것에도 근거하고 있지 않다.

칸트가 「능력 심리학」과 「도덕 법칙」 통속 이론을 통째로 물려받았다는 사실에 주목하라. 인간은 '순수한' 합리적 측면과 '순수하지

---

12) 칸트는 그가 도덕 법칙의 '초월적 연역'이라고 부르는 것을 제시한다. 그 논증의 형식은 다음과 같다. 도덕 법칙들은 이성이 특정한 본성을 가질 때에만 우리가 그것들에 부여하는 특성(예를 들면 필연성과 보편성)을 가질 수 있다. 초월적 논증은 공리들로부터의 연역이라는 의미의 증명이 아니다.

13) Immanuel Kant, *Critique of Pure Reason*, trans. Norman Kemp Smith (New York: St. Martin's, 1968; 원저는 1781).

않은' 신체적 측면이라는 이중적 본성을 갖고 있다. 은유적으로 인격으로 이해된 이 두 측면, 즉 이성과 열정은 의지에 대한 통제권을 확보하기 위해 투쟁한다. 우리의 심층적 본질은 신체적이고 열정적인 존재성이 아니라 합리성이다. 칸트는 몸을 이질적인(그는 이것을 '타율적'이라고 부른다) 영향원으로 보았는데, 그 중 주된 것은 다양한 종류의 느낌이다. 그렇다면 도덕적으로 행위하기 위해서 우리는 의지가 감각, 느낌, 정서에 의해서가 아니라 오직 순수이성에 의해서만 결정되도록 해야 한다. '순수한 도덕 법칙'은 오직 이성에서만 비롯되며, 어떤 실질적 경험이나 경험적 개념, 상상적 기제들에도 근거하고 있지 않다. 칸트는 행위가 "욕구능력의 모든 대상과는 무관하게,"(『윤리형이상학』, 400) 따라서 욕구나 경향성, 느낌과는 독립적으로 오직 그것을 결정해 주는 합리적 원칙으로부터만 도덕적 가치를 얻을 수 있다고 주장한다.

칸트의 견해의 핵심은 오직 이성만이 의지의 작용을 결정할 수 있어야 한다는 것이다. 이성은 의지를 제약할 수 있어야 한다. 이성의 법칙들은 그 제약의 형식을 제공한다. 말하자면 그 법칙들은 어떤 종류의 행위가 도덕적으로 요구되며, 어떤 종류의 행위가 금지되는지를 규정한다. 우리가 항상 합리적 방식으로 행위하지는 않기 때문에 이성의 법칙들은 우리의 의지 작용에 대한 제약으로 제시된다. 칸트의 표현을 빌리자면, "그러한 의지를 객관적 법칙들에 맞게 결정하는 것은 강요이다"(『윤리형이상학』, 413). 이것이 바로 「도덕 법칙」 통속 이론에서 보았던 「힘으로서의 이성」(Reason As Force) 개념이다.

요약하면, 칸트는 선한(순수한) 의지라는 우리의 개념은 의무로부터 행위하려는 의지라고 주장한다. 의무로부터 행위하는 것은 경험['경험적'(a posteriori) 원리들]에서 도출되는 것이라기보다는 실천이성[칸트가 '선험적'(a priori) 원리들이라고 부르는]의 본질에서 비롯되는 순수한 원리에 따라 행위하는 것을 포함한다. 그러한 원리들은 어떻게 행위해야 하는지를 말해 주며, 따라서 그것들은 의지 작용을 제약한다. 칸트의 견해는 "윤리성의 원리들은 온전히 선험적으로, 일체의 경험적인 것에서 자유롭게, 단적으로 순수한 이성 개념들 중에서 만날 수 있다"(『윤리형이상학』, 410)는 것이다. 칸트는 도덕 지식에 대한 분석을 통해 "모든 윤리적 개념들은 온전히 선험적으로 이성 안에 그것들의 자리와 원천을 [갖는다]"(『윤리형이상학』, 411)고 주장한다.

3 _ 도덕 법칙 적용에서의 상상력

모든 도덕적 개념이 후천적 경험에 근거한 어떤 것도 포함하지 않고 순수하다는 칸트의 가정은 심각한 문제를 불러온다. 선험적 개념에만 근거한 순수한 원리들이 어떻게 구체적인 경험에 적용될 수 있는가? 특정한 행위를 지배하는 모든 원리들은 세계 안의 경험적 상황에 적용되는 개념들을 포함하고 있을 것이라는 점에서 경험적 내용을 갖고 있는 것처럼 보이게 될 것이다. 그렇다면 '순수한' 도덕 원리(예를 들면 경험적 내용이 없는 원리)는 어떻게 경험에 적용되는가?

칸트는 최고 도덕 원리를 적용하는 문제는 바로, 어떤 행위의 특정한 준칙이 과연 도덕적으로 수용 가능한지를 결정할 때, 그 최고 도덕 원리를 어떻게 사용할 것인지를 추론하는 문제라고 본다. 준칙은 단순히 한 사람이 실제로 행위하는 데 의지하는 원리에 대한 하나의 기술일 뿐이다.[14) 칸트가 자주 말하는 것처럼 준칙은 전형적으로 다음과 같은 형식을 갖는다. 나는 X(목적)를 위해서, C라는 환경(상황)에서 Y를 행할 것이다. 따라서 모든 준칙은 (예상되는 목적을 규정하는) '합목적적' 요소와 (이루어진 행위를 규정하는) '수행적' 요소, 그리고 (그 행위가 일어난 상황의 유형을 규정하는) '정황적' 요소를 포함한다.[15) 칸트는 이러한 형식의 준칙이 모든 행위에 주어질 수 있다고 가정함으로써 어떤 준칙의 도덕적 수용 가능성을 결정하는 것은 우리의 실제적(주체적) 원리나 준칙이 동시에 모든 합리적 존재에게 보편적으로 타당한 객관적 원리로 작용할 수 있는지를 결정하도록 요구한다고 주장한다. "객관적 원리(다시 말해, 이성이 욕구능력에 대해 완전한 통제력을 가지고 있다면, 모든 이성적 존재자들에게서 주관적으로도 실천 원리로서 쓰일 것)는 실천 **법칙이다**"(『윤리형이상학』, 401n).

객관적 원리, 실천적 법칙, 또는 모든 합리적 존재에 타당한 법칙은 나의 개인적이거나 특이한 어떤 것에도 근거한 것일 수 없다. 그것은 "만약 내가 목적 E를 의지한다면 나는 그 목적을 위해 필요한 수단인 행위 A, B, C 등을 행해야 한다"라는 형식을 갖는 단순히 가언적 명령일 수 없다. 단순히 가언적인 명령은 항상 내가 어떤 특정한 목적을 설정하는가에 따라 우연적이다. 그러한 명령은 내가 만약

---

14) 준칙이란 "이성이 주관의 조건들에 알맞게 (흔히 주관의 무지나 경향성들에도 따라) 규정하는 실천 규칙을 포함하며, 그러므로 그것은 그에 따라 주관이 행위하는 원칙이다"(『윤리형이상학』, 421n).

15) 완전한 준칙의 이러한 정식화 방식은 Michael Green, "Using Nature to Typify Freedom: Application of the Categorical Imperative," *International Studies in Philosophy* 14 (1982): 17~26에 제시되어 있다.

158

그 우연적 목적을 더 이상 의지하지 않을 경우 내가 더 이상 특정한 방식으로 행위해야 한다는 명령에 묶이지 않게 되기 때문에 가언적이다.

칸트는 또한 객관적 원리(도덕 법칙)가 어떤 방식으로도 나의 신체적인 느낌이나 경향성, 욕망, 정서에 의존할 수 없다고 주장하는데, 칸트는 그것들을 모두 주관적이고 우연적이며, 또한 타율적 영향의 원천으로 간주한다. 칸트의 용어로 도덕 법칙은 모든 질료적 내용(말하자면 우연적 욕망들에 따라 주어진 모든 특정한 목적들)과 모든 신체적 존재성을 제거해야 한다. 이러한 방식으로 '순수'를 유지함으로써 도덕 법칙은 무조건적이고 보편적으로(즉 정언적으로) 명령할 수 있다.

그렇지만 일단 도덕 원리의 모든 구체적인 내용을 제거하게 되면 법칙 자체의 형식만 남게 되는데, 그것이 보편성이라는 형식이다. 왜냐하면 모든 도덕 법칙은 보편적이고 무조건적인 구속력을 갖기 때문이다(『윤리형이상학』, 420~21). 따라서 보편성이라는 형식에만 초점을 맞추는 것은 우리에게 "유일한 정언명령"을 제공하는데, 그것은 "그 준칙이 보편적 법칙이 될 것을, 그 준칙을 통해 네가 동시에 의욕할 수 있는, 오직 그런 준칙에 따라서만 행위하라"(『윤리형이상학』, 421)이다.[16]

---

16) 칸트는 물론 다수의 정언명령을 언급하지만 이 '보편 법칙' 버전이 기본적 정식화라고 주장한다. 나는 아래에서 몇몇 정식화들과 그것들의 관계에 관해서 논의할 것이다. H. J. Paton, *The Categorical Imperative* (London: Hutchinson, 1947)는 여전히 다양한 정식화들과 그것들의 상호관계, 그리고 그 중요성에 관한 가장 훌륭한 논의로 남아 있다. Bruce Aune, *Kant's Theory of Morals* (Princeton: Princeton University Press, 1979) 또한 최고 원리들의 버전들을 간략히 대비시키는 데 매우 유용하다.

나는 칸트의 전반적 분석이 어떤 방식으로 '형식'과 '질료' 사이, 또 '순수'와 '경험적' 사이의 엄격한 구분에 의존하고 있는지를 간략히 지적해 두고 싶다. 수많은 철학자들이 '형식'은 그 형식을 갖는 어떤 것과 독립되어 그 자체로 의미를 가질 수 없다고 주장함으로써 급진적인 형식/질료 이분법에 문제를 제기해 왔다.[17] 나는 이 반론에 덧붙여 다만 '형식'과 '질료'가 상호 관련되어 있으며, 은유적으로 정의된 개념들이라는 추가적 논변을 제시하려고 한다. 형식에 대한 우리의 기본적 이해는 지각 가능한 대상의 형태와 내적 구조에 대한 신체적인 지각 경험과 운동 경험에 근거하고 있다. 비지각적이고 추상적인 개체나 영역(예를 들어 논증 형식, 논리적 형식, 수학적 관계, 형식적 법칙 등)과 관련된 '형식'이라는 말의 사용은 형식에 대한 신체적 의미의 은유적 확장을 통해서 이루어진다. 마찬가지로 '질료'와 '내용'은 비물리적이고 추상적인 영역들에 적용될 때에는 은유적 개념들이다.

순수 도덕 법칙이 어떻게 경험에 적용될 수 있는지에 관한 칸트의 문제로 되돌아와 보면, 한 행위의 도덕성을 결정하는 것이 그 준칙이 과연 보편적 법칙으로 작용할 수 있는지에 대한 추론을 요구한다는 주장은 일견 허황한 것으로 보일 수 있다. 왜냐하면 우리는 그 진의가 무엇인지에 관해 아무런 개념도 갖고 있지 않기 때문이다. 자연적이면서 인과적으로 결정론적인 세계 안에서 신체적 행위를 통해 성취되어야 할 주관적 목적들을 규정해 주는 특정한 준칙이 어떻게 순수하게 형식적인 원리에 의해 평가될 수 있을까? 문제는 그러한 형식적 원리가 모든 질료적 내용을 제거하며, 주관적 목적들에

---

17) John Dewey, *Experience and Nature*, rev. edition (1929; New York: Dover, 1958).

의존하지 않으며, 합리적 존재의 영역(인과적 필연성과 대비되는
것으로서 자유의 영역)을 고려하도록 가정된다는 점에서 우리의 경
험적 준칙과 전적으로 다르다는 점이다. 칸트는 이 곤란한 문제를
잘 알고 있으며, 이렇게 말한다.

> 가능한 행위로 나타나는 모든 경우는 오로지 경험적일 수 있으므로,
> 다시 말해 경험 및 자연에 속할 수 있다. 바로 그렇기 때문에 감성 세계
> 안에 있는 한에서 언제나 오직 자연 법칙 아래에 있는 것이면서도 자유의
> 법칙을 자신에게 적용하는 것을 허락하는 경우를, 곧 감성 세계에서 구체
> 적(具體的)으로 개진되어야 할 도덕적 선의 초감성적 이념이 적용될 수
> 있는 경우를 감성 세계에서 발견하고자 하는 것은 배리(背理)적인 일로
> 보인다.[18]

여기에서 우리는 칸트의 전 도덕 이론의 핵심적 쟁점에 이르게 된
다. 순수한 형식적 원리가 어떻게 경험에 적용될 수 있는지를 보여
주지 못하는 한 칸트의 순수한 합리적 도덕성이라는 총체적 기획은
붕괴된다. 칸트는 이 결정적인 문제를 특정한 종류의 실천적 도덕
판단이 어떻게 가능한가라는 문제로 제기한다. 판단이란 "구체적인
것을 보편적인 것에 포함된 것으로 생각하는 능력"[19] 또는 "규칙들
에 포섭하는 능력"[20]이다. 도덕성의 경우에 '규칙들'이란 자유의 영
역을 위한 법칙들, 즉 도덕 법칙들이다. 여기에서 우리는 자유(도덕

18) Kant, *Critique of Practical Reason*, 68.
19) Kant, *Critique of Judgment*, trans. J. H. Bernard (New York: Hafner, 1968), Introduction, iv. 이하 『판단력 비판』으로 표기하고 절의 번호를 제시한다.
20) Kant, *Critique of Pure Reason*, A132/B175.

적 영역)와 자연(인과적으로 결정되는 영역) 사이의 메울 수 없는 괴리에 직면한 것처럼 보인다. 칸트는 물리적 세계는 인과적 필연성에 따라 절대적으로 결정되어 있다고 가정했기 때문에 자유 법칙에는 '직접적 표상'(『판단력 비판』, 59; 경험 안에는 사례가 없음)이 존재할 수 없다고 말함으로써 이 존재론적 괴리를 기술하고 있다. 바꾸어 말하면 모든 것이 인과적 필연성을 따라 작동하는 뉴턴적 세계 안에는 자유라는 개념이 설 자리가 없는 것으로 보인다. 따라서 순수한 도덕 규칙(자유 법칙)을 실제 생활의 사례들에 적용할 수 있는 방법이 없는 것으로 보이게 된다! 나아가 이것은 합리적 원리들로 우리의 행위를 이끌어 갈 수 있을 것이라고 가정하는 전통적 도덕성을 잔인한 환상으로 만들게 될 것이다.

칸트의 해법은 이렇다. 비록 자연 세계 안에 도덕 법칙들에 대한 직접적 표상(또는 '도식성')은 존재하지 않지만 우리의 실천적 요구에 부합하는 간접적이거나 상징적인 표상은 존재할 수 있다는 것이다.

감성적 직관의 대상들이 그 자체로 종속해 있는 법칙으로서의 자연 법칙에는 (법칙이 규정하는 순수 지성 개념을 감관들에서 선험적으로 그려내는) 도식, 다시 말해 상상력의 보편적인 수행 방식이 부응한다. 그러나 (전혀 감각적으로 조건지어져 있지 않은 원인성인) 자유 법칙의 기초에는, 그러니까 무조건적 선의 개념의 기초에도 어떠한 직관이, 그러니까 그 개념을 적용하기 위한 어떠한 도식이 구체적(具體的)으로 놓여 있을 수 없다. 따라서 도덕 법칙은 지성—상상력이 아니다—이외에 도덕 법칙의 자연 대상들에 대한 적용을 매개하는 다른 어떤 인식 능력도 갖지 않는다. 지성은 이성의 이념의 기초에 감성의 도식이 아니라, 법칙을, 그것도 감관의 대상들에서 구체적으로 그려 내질 수 있는 그러한 법칙을, 그러니까 자연 법칙을, 그러나 단지 그것의 형식의 면에서 판단력을 위한 법칙으로서 놓을 수 있고, 이것을 우리는 그래서 윤리 법칙의 **범형**(範型) 이라고 부를 수 있다.[21]

매우 불투명한 이 해명을 좀 더 분명하게 정리해 보면 이렇다. 어떤 순수 도덕 법칙도 경험에 직접 적용될 수 없다. 왜냐하면 그러한 자유 법칙은 결정론적 자연 세계에 적용될 수 없기 때문이다. 그러나 최고 도덕 법칙(정언명령)은 모든 법칙들의 **형식**, 즉 보편성만을 포함할 뿐이다. 따라서 모든 도덕 법칙의 보편성은 실제적으로는 자연 법칙(즉 보편성)의 형식으로서만 비유적으로 표상될 수 있다. 디트릭슨(P. Dietrichson)은 추상적 도덕 법칙은 "도덕 법칙의 도식화에 대한 순전히 비유적인 대체물, 즉 **범형화**(typic)"[22]에 의해 행위의 준칙에 적용될 수 있다는 말로 이것을 설명한다. 도덕 법칙에 대한 칸트의 '범형화'는 도덕 법칙을 마치 자연 법칙인 것처럼 간주하는 것이다. 그렇다면 도덕 법칙을 범형화함으로써 우리는 자연 법칙 아래에서의 존재 체계라는 개념을 구체적 준칙의 도덕성을 결정하기 위한 장치로 사용할 수 있다.

어떤 준칙을 평가하기 위해 우리는 만약 우리의 준칙(우리의 행위 원리)이 보편적인 자연 법칙이 되는 경우에도 우리가 여전히 그 원리를 따름으로써 성취하려고 했던 목적을 추구할 수 있는지를 묻

21) Kant, *Critique of Practical Reason*, 69.
22) Paul Dietrichson, "Kant's Criteria of Universalizability," in *Kant: Foundations of the Metaphysics of Morals*, text and critical essays ed. Robert Paul Wolff (Indianapolis: Bobbs-Merrill, 1969), pp. 176~77.

는다.[23] 비유적 검증이란 하나의 자연 체계―그 '자연' 법칙들이 실제로 우리가 도덕 법칙이라고 주장하는 원리들인―가 존재할 수 있는지를 묻는 것이다. 만약 그처럼 비유적으로 그려진 자연 세계에 내적으로 상충적이거나 모순적인 것이 있다면 제안된 도덕 원리는 거부되어야 한다.

따라서 도덕 법칙에 대한 범형 또는 상징을 발견한다는 것은 한 영역(자유 영역)의 법칙들을 그 형식(보편성)에 있어서 다른 영역(자연 영역)에서 비롯되는 법칙들과 유사하게 작용하는 것으로 간주하는 은유적 절차다. 요약하면, 정언명령을 구체적인 사례들에 적용하게 해 주는 기저 은유는 「도덕 법칙은 자연 법칙」(Moral Laws Are Natural Laws) 은유다.

나아가 칸트는 그렇게 범형화된 도덕성의 최고 원리가 사람들이 행위를 평가하는 데 실제로 사용하는 원리라고 주장한다.

순수 실천이성의 법칙들 중 판단력의 규칙은 "네가 의도하고 있는 행위가 너 자신도 그 일부일 자연의 법칙에 따라서 일어나는 것이라면, 그 행위를 네 의지에 의해 가능한 것이라고 네가 과연 볼 수 있겠는가를 네 자신에게 물어보라"는 것이다. 이 규칙에 따라서 실제로 누구나 행동들이 과연 선한가 악한가를 평가하고 있다. 그래서 사람들은 말한다. …… 그리고 너 또한 그러한 사물들의 질서에 속해 있다면, 어떻게 네가 너의 의지와 합치하면서 그러한 질서 안에 머물러 있겠는가?[24]

---

23) 그래서 우리는 "마치 너의 행위의 준칙이 너의 의지에 의해 보편적인 자연 법칙이 되어야 하는 것처럼, 그렇게 행위하라"(『윤리형이상학』, 421)는 '범형화된' 형식의 정언명령에 이르게 된다. 칸트는 이것을 그가 다루는 수많은 준칙들을 평가하는 데 사용한다.

24) Kant, *Critique of Practical Reason*, 69.

164

그러나 우리가 도달하게 된 다음과 같은 놀라운 결론에 주목하라. 가장 순수한 합리주의 윤리학이라고 가정되었던 것은 기저 은유적 사상에 근거해서만 구체적인 사례들에 적용될 수 있는 규칙들을 포함하는 것으로 드러났다. 도덕성은 은유들에 근거하고 있다. 칸트 자신의 서술에 따라 도덕적 추론은 존재하지 않는 세계에 대한 비유적 상상을 의도하는 행위에 대한 판단의 척도로 포함한다. 지금 (우리 세계 안에서) 자유롭게 행해진 행위들이 (상상된 세계 안에서) 인과적으로 수반되는 그러한 세계는 문자 그대로 존재하지 않는다. 그러나 우리는 의도된 준칙의 적절성을 평가하기 위해 그러한 비유적 개념을 사용할 수밖에 없다. 은유적 사상은 우리가 자연 법칙(의 형식)에 관해서 알고 있는 것을 받아들이고, 그것을 자유의 영역에 투사함으로써 자유로운 행위를 자연적으로 수반된 사건으로 변형시키는 과정을 포함한다.

이러한 은유적 변형에 근거해서 우리는 상상된 세계가 모종의 내적 모순을 포함하게 될 것인지를 결정해야만 한다. 모순이 생기게 된다면 그것은 전형적으로 의도된 준칙의 '합목적적' 요소와 '수행적' 요소라고 내가 이름지은 것들 사이에서 발생한다. 말하자면 적절하게 보편화된 준칙에 따라 행위하는 것은 그 행위의 목표나 목적 자체의 달성을 불가능하게 만들 수도 있다는 것을 알 수 있다.[25]

칸트는 범형화에 상상력이 개입된다는 것을 부정한다. 왜냐하면 그는 도덕적 판단을 순수 실천이성의 문제로 유지하려고 하기 때문

---

[25] 언제 모순이 발생하는지를 결정하는 것은 매우 어려운 문제이며, 내가 여기에서 다룰 수 있는 문제도 아니다. 나는 이 평가 절차에 대한 철저하고 통찰력 있는 해명으로 디트릭슨의 해명을 들고 싶다. Dietrichson, "Kant's Criteria of Universalizability" 참조.

이다. 그러나 은유적 사상에 근거하고 있는 비유적 상상의 이러한 형식보다도 더 철저하게 상상적인 무엇이 있을 수 있는가? 내가 다른 곳에 언급했던 것처럼,[26] 이것은 분명히 판단의 상상적인 은유적 절차이며, 칸트는 은유(『판단력 비판』, 59)와 반성적 판단(『판단력 비판』, 「제1판의 서론」, V)을 다루면서 그 성격을 서술하고 있는데, 그것들은 둘 다 상상적인 과정들이다.

더욱이 칸트가 제시하는 정언명령의 다른 정식화들은 모두 기본적 은유들에 대한 상술이다. 전반적 개관을 위해 가장 흔히 알려진 네 가지 정언명령의 정식화를 뒷받침하고 있는 은유들을 다음과 같이 요약할 수 있다.

1) "마치 너의 행위의 준칙이 너의 의지에 의해 보편적 자연 법칙이 되어야만 하는 것처럼, 그렇게 행위하라"(『윤리형이상학』, 421).

은유:「도덕 법칙은 자연 법칙」

이것은 방금 분석했던 정식화다. 칸트의 체계 안에서 도덕 법칙은 문자적인 의미의 자연 법칙은 아니지만 범형화는 도덕 영역을 자연의 보편 법칙에 의해 지배되는 자연적 체계의 관점에서 은유적으로 이해할 수 있게 해 준다.

2) "너 자신의 인격에서나 다른 모든 사람의 인격에서 인간(성)을 항상 동시에 목적으로 대하고, 결코 한낱 수단으로 대하지 않도록, 그렇게 행위하라"(『윤리형이상학』, 429).

은유:「인간 본성은 그 자체의 목적」

---

26) Johnson, "Imagination in Moral Judgment," pp. 265~80 참조.

우리는 전형적으로 목적을 도너건(A. Donagan)이 '산출 가능한 목적' 27)이라고 부르는 것, 즉 어떤 행위에 의해 발생할 수 있는 목적으로 이해한다. 그러한 목적들은 그 실현을 지향하는 행위의 결과로서만 존재한다. 그러나 '목적 자체'는 엄밀히 말해서 행위를 통해 산출하는 어떤 것이 아니다. 목적 자체가 실제로는 행위에 의해 산출되지 않는다면 그것은 어떤 의미에서 행위의 산물일 수 있을까? '목적 자체'는 우리 자신에 의해 생겨나는 '목적'이라는 일상적 개념의 은유적 확장물이라는 것이 분명하다. 목적 자체는 우리가 행위를 통해 산출하고 실현하는 사물이 아니라 행위를 통해 **존중하는** 하나의 합리적 대상이다. 바꾸어 말하면 우리는 도덕적 존재인 타인의 통합성을 침해하지 않는다고 확신할 수 있도록 주의해야만 한다.

3) "의지가 자기의 준칙에 의해 자기 자신을 동시에 보편적으로 법칙 수립하는 자로 볼 수 [있도록 행위하라]"(『윤리형이상학』, 434).

은유: 「행위자는 자기 입법적 존재」

우리는 흔히 입법이 우리가 복종하는 타인(또는 어떤 집단)에 의해 이루어지는 것으로 생각한다. 법칙은 우리 자신에게 주어지기도 하며 우리가 다른 사람을 위해 제정하기도 한다. 두 경우 모두 그 법칙의 적용 대상이 되는 사람, 즉 그 법칙 아래 있는 사람은 그 법칙에 따라 특정한 방식으로 행위하도록 제약받는다. 그러나 그것은 어떤 의미에서 우리 자신이 단지 법칙에 복종하는 것이 아니라 (자율적으로) **스스로에게** 부과하는 법칙에 복종하는 것으로 간주할 수 있을까? 우리 자신에게 법칙을 부과하는 것[*auto*(self)-*nomos*(law)]은

---

27) Donagan, *The Theory of Morality*, p. 232.

입법에 대한 일상적 개념의 은유적 확장물이다. 그것은 분열된 자아 개념을 요구하며, 거기에서는 한 자아가 다른 부분으로 간주된 자아에게 법칙을 부과한다. 동일한 사람의 다른 부분들이지만 한 부분은 다른 부분을 강제하거나 제약한다.

4) 합리적 존재는 "의지의 자유에 의해 가능한 목적들의 나라에서 자기를 항상 법칙 수립자로 [간주할 수 있도록]"(『윤리형이상학』, 434) 행위해야만 한다.

은유: 「도덕적 행위자는 목적의 영역(왕국)의 구성원」

'목적의 왕국'은 목적 자체(합리적 행위자)와 산출 가능한 목적(행위자들의 행위를 통해 생겨나는 목적) 사이의 체계적 관계다. 그러한 왕국 안에는 이 모든 목적들 사이에 조화로운 균형이 존재하며, 이 때문에 갈등을 최소화하고 자유(자율로서의)를 극대화할 수 있다. 그러한 목적의 왕국은 실제로 존재하지 않지만 우리는 그러한 왕국이 우리의 행위를 평가하는 지도적 이상으로서 어떤 것이 될지를 상상해야만 한다. 우리는 이러한 은유적 '왕국' 또는 조화롭게 존재하는 목적들의 체계적 통일을 추구해야 한다. 이 정식화는 아마도 엄격한 의미에서 은유라기보다는 「목적 자체」라는 은유에 근거한 상상적 이상일 것이다.

정언명령의 다양한 정식화가 기저 은유적 개념들을 포함하고 있다는 사실을 인식하면 각각의 정식화가 도덕성을 실현하는 나름대로의 고유한 방식을 제시하고 있다는 칸트의 주장을 이해할 수 있다.

윤리성의 원리를 표상하는, 앞에서 서술한 세 가지는 근본에 있어서는, 한 가지가 다른 두 가지를 저절로 자기 안에 통일하는, 동일한 원칙의 세 가지 정식[定式]일 따름이다. 그럼에도 그것들에 차이가 있는데, 그것은 객관적–실천적인 것이라기보다는 오히려 주관적인 것이다. 곧, 이성의 이념을 (일종의 유비에 의해서) 직관에 근접시키고, 그렇게 함으로써 감정에 근접시키기 위한 것이다(『윤리형이상학』, 436).

칸트가 '유비'(analogies)라고 부르는, 다양한 정식화의 바탕을 이루는 기저 은유에는 모두 나름대로의 특별한 역할이 있으며, 도덕 법칙에 대한 나름대로의 관점을 제시하며, 나아가 독특한 일련의 경험, 개념, 감정, 연합, 영상 등을 환기시키는데, 그것들은 그 법칙이 구체적인 사례들에 어떻게 적용되는지를 이해할 수 있게 해 준다.

4 _ 요약: 칸트의 합리주의 윤리학의 상상적 근거

칸트의 전반적인 합리주의적 구도(의구심을 가져야 할 이유가 있는)를 인정하더라도 그의 이론이 몇몇 측면에서 은유적이며 상상적이라는 것은 여전히 사실이다.

1) 칸트 도덕 이론의 기본적 개념들은 대부분 칸트가 정교화하고 옹호하려는 도덕적 전통에서 취한 개념들이다. 이 개념들이 그 전통 안에서 우선성을 갖는 「도덕 법칙」 통속 이론 안에서 은유적으로 정의되었던 것처럼 그것들은 또한 칸트의 좀 더 엄밀하고 정교한 철학적 이론 안에서 동일한 은유들에 의해 정의된다. 칸트가 「도덕 법

칙」통속 이론에서 받아들였던 은유적 개념들에 대한 총체적 검토는 길고도 복잡한 전문적 작업이 될 것이며, 그러한 작업은 이 책의 구성적 기획에서 벗어나는 일이 될 것이다. 따라서 나는 내 주장을 제시하기 위해 그러한 은유적 개념의 몇몇 대표적인 사례들에만 의존했다.

2) 도덕성의 원리에 관한 칸트의 정교한 정식화, 즉 정언명령들조차도 은유들에 근거하고 있다. 앞서 살펴보았던 것처럼 칸트의 정식화가 의미하는 것에 대해 최소한의 이해라도 가능하게 해 주는 것은 은유들이다.

3) 정언명령의 정식화가 의도된 행위 준칙의 도덕성을 평가하는 데 사용될 수 있는 그 가능성 자체가 은유에 의존하고 있다. 정언명령의 범형화—정언명령이 공허한 형식적 원리가 되지 않기 위해서 필수적인—는 우리의 현재 세계 안에서 실제로 존재하지 않는 상황들을 상상적으로 가정할 것을 요구하는 비유적 절차다.
더욱이 상상력은 칸트의 도덕 이론에서, 또는 내가 다음 장에서 다루려고 하는 모든 「도덕 법칙」 이론에서 최소한 다음과 같은 두 가지 추가적 방식으로 핵심적인 역할을 한다.

4) 어떤 규칙이 현재의 사례와 관련되어 있다는 사실을 인식하는 것은 다양한 세부사항들은 조직화하고, 그것들 중 특정한 것을 더 중요한 것으로 선별할 것을 요구한다. 그것은 상상적 반성이라는 과정을 통해서 수행된다.

5) 우리는 또한 특정한 규칙이 적용 가능한 것으로 드러났을 때, 주어진 상황과 전형적이고 확정적인 다양한 사례들 사이의 유사성과 차이들을 상상적으로 측정해야만 한다. 이러한 측정 기술은 훈련된 상상력을 요구하며, 그것은 유용한 방식으로 형식화되거나 어떤 알고리즘적 형식으로 전환될 수 없다. 흔히 그렇지만 어떻게 '명확한', 또는 전형적인 사례들을 넘어서서 비전형적인 사례들로 확장할 것인지를 결정하는 데에는 은유적 투사가 개입된다.

따라서 내가 주장하는 것은 자신의 견해가 순수 실천이성의 본질에서 따라 나온다는 칸트 자신의 믿음과는 반대로 칸트가 실제로 행하고 있는 것은 서구적 도덕 전통의 깊은 통찰들을 포착하고 있는 강제적인 도덕적 영상들, 이를테면 보편적 도덕 법칙, 그 자체로 목적인 인격, 자기 입법으로서의 자율성 등을 제공하는 일이라는 퍼트남(H. Putnam)의 지적이 옳다는 것이다. 더욱이 특정한 준칙의 도덕성을 평가하기 위해 정언명령을 사용하는 모든 절차는 비유적이며 은유적인 과정이다.

도덕적 추론의 은유적 특성을 인식하면 우리는 칸트의 순수하고 초월적이며 탈신체화된 합리성 개념을 거부함으로써 칸트의 도덕 이론을 탈초월화해야 할 필요성을 깨닫게 된다. 그렇게 함으로써 칸트의 이론을 서구 도덕적 전통의 기본적 가치와 믿음, 함의들에 대한 합리적이고 일관성 있으며 체계적인 분석을 제공하려는 하나의 시도로 간주할 수 있게 된다. 그러한 비절대주의적 이론의 가치와 유용성은 서구의 도덕 전통, 그 가정들, 그 한계들에 대한 지식에만 국한되지 않는다. 그러한 이론은 동시에 우리에게 서구 전통뿐만 아니라 다른 대안적 전통들에 대한 비판의 방법을 제공해 준다. 이것은 ('순수이성'에 근거한 '선험적 논증'에 의해) 경쟁적인 견해들을 공격하고 굴복시키는 방법을 제공해 주지는 않을 것이다. 대신에 그것은 내가 주장하려는 것처럼 일상적 삶에서 부딪히는 도덕적 문제 상황에 관한 가치와 개념에 관해 우리에게 깊은 도덕적 이해와 자기 지식을 제공하며, 또한 비판적 반성의 근거를 제공한다.

5 _ 결론: 도덕성은 은유적이다

이 장과 앞장의 귀결들을 요약하면 도덕성은 일관되게 은유적이라는 것이다. 도덕성에 관한 서구의 통속 모형은 체계적 은유들에 근거하고 있다. 우리의 세속적이고, 대부분 자동적이며 무비판적인 도덕적 이해와 추론은 불가분하게 은유와 결합되어 있다. 가장 추상적인, '순수한' 합리주의적 도덕성 이론들조차도 은유들로 가득 차 있다. 그 은유적 특성을 드러내기 위해 모든 주요 도덕 이론을 분석하는 것은 힘겹고도 지루한 일이 될 것이다. 그러나 나는 그러한 기획이 실제로 가능하다는 것을 제안하려고 했다. 왜냐하면 행위, 의도, 권리, 의무, 인격 등 대부분의 기본 개념들은 본질적으로 은유적이며, 따라서 서구 전통에서 모든 도덕 이론은 불가피하게 그러한 개념들에 대한 일련의 기본적 은유들을 사용하게 될 것이기 때문이다. 이것은 도덕성이 갖는 특수한 조건에서가 아니라 인간의 인지가 편재적으로 은유적이라는 특성에서 비롯되는 귀결이다. 요컨대 나는 칸트의 기본적 개념들이 은유적으로 구조화되고 있는 한, 누구보다도 드러나게 '순수한' 도덕철학을 제시한다고 자처했던 칸트가 분명히 도덕 이론 일반의 대변자라고 제안하고 있다.

172

이제 우리는 도덕적 추론에 관해 어떤 말을 하더라도 뿌리 깊게 상상적인 특성을 인정하고 이해해야 한다는 사실을 인식해야 한다. 우리는 그 사실이 우리의 도덕적 관점에 부과하는 제약들은 물론 우리에게 제공하는 통찰들에 관해 명확하게 이해해야 한다. 특히 상상적 합리성은 일상적으로 생겨나는 새로운 상황들에 비판적이고 창조적이며 감수성 있게 대응하는 주된 수단이다. 도덕적 추론의 상상적 특성을 인식하지 못하면 그것은 우리의 상황을 잘못 이해하는 두 갈래 그릇된 방식에 이르게 될 것이다. (1) 도덕적 절대, 순수이성, 알고리즘적 절차라는 가상의 이상에 의존하게 되거나, (2) 비합리주의, 극단적 상대주의, 또는 주관주의라는 반대편의 오류에 빠져드는 것이 그것이다.

내가 지금까지 서술했던 것처럼 이 주장을 받아들이는 두 갈래 길이 가능하다. 좀 더 온건한 첫 번째 해석은 전통적인 도덕 이론이 상상적 합리성 이론에 의해 보완되어야 한다는 것이다. 이러한 해석에서 도덕 이론은 구체적인 사례들이 포섭될 수 있는, 합리적으로 추론된 일련의 도덕 법칙을 제공하는 것이라는 고전적 정의를 유지한다. 이러한 맥락에서 나의 주장은 법칙과 원리들이 과거에 가정되었던 것과 같은 순수성을 갖고 있지 않다는 것, 그것들이 은유적 개념에 근거하고 있다는 것, 또한 그것들의 적용이 다양한 형태의 상상력을 요구한다는 사실을 보여 주는 것으로 해석될 것이다.[28]

좀 더 강한 두 번째 해석은 나의 분석이 도덕 이론 자체의 새로운

---

28) 이 약한 해석은 기본적인 칸트적 도덕 행위를 표출하는 서사들에 초점을 맞춤으로써 우리가 어떻게 사회화되고, 역사적으로 조건화된 칸트주의를 발전시킬 수 있는지를 보이려는 엘드리지의 시도와 양립 가능할 것이다. Eldridge, *On Moral Personhood* 참조.

개념, 즉 그 안에서 법칙들과 형식적 결정 절차가 중심적 역할을 하지 않는 도덕 이론의 필요성을 제시하는 것으로 간주할 것이다.

내 논증의 이 대목에서 나는 내가 적어도 왜 우리가 상상적 합리성을 전통적으로 받아들여진 도덕 이론에 도입해야 하는지를 드러냄으로써 내가 첫 번째 해석에 대한 적극적 논변으로 생각하는 것이 드러났으면 한다. 나아가 나는 이것이 도덕적 추론이라는 우리의 관념을 변화시키는 몇몇 방식들을 제안했다. 나는 그것이 이 첫 번째 기획을 실현하는 데 기여하는 중요한 단계라고 생각하고 싶다.

그렇지만 나는 개념체계와 이성의 상상적 본성이 도덕성과 도덕 이론에 관한 수정된 견해를 요구하는, 좀 더 강한 논제까지도 뒷받침해 준다고 생각한다. 이 책은 전반적으로 더 강한 해석을 뒷받침하려는 시도이며, 따라서 도덕 이론의 새로운 개념을 제안하려는 것이다. 그러한 이론은 일차적으로 도덕 법칙들을 발견하고 적용하는 일에 근거하기보다는 도덕적 이해의 상상적 구조에 관한 지식을 확장하는 일과 그것이 도덕적 추론에 대해서 갖는 의미에 근거하게 될 것이다.

제 4 장
규칙을 넘어서

앞서 두 장은 도덕적 추론의 상상적 특성의 일차적 사례로 도덕적 이해의 은유적 본성에 초점을 맞추었다. 기본적인 도덕 개념들, 그리고 상황에 대한 개념적 구조화에서 은유의 편재성과 불가결성은 서구의 「도덕 법칙」(Moral Law) 통속 이론의 문자주의적 가정들에 대한 핵심적 도전이다. 나는 이제 도덕적 숙고에서 중심적 역할을 하는 또 다른 유형의 상상적 구조, 즉 개념들의 원형적 구조에 관해 서술하려고 한다. 원형적 구조의 존재는 「도덕 법칙」 통속 이론의 배후에 자리 잡고 있는 특정한 가정들에 대한 두 번째 도전이다. 그렇지만 원형 현상의 함축들이 단지 부정적이고 비판적인 것만은 아니다. 그것들은 동시에 명확하거나 전형적이지 않은 까다로운 사례들에 관해 숙련된 도덕적 판단이 어떻게 가능한지에 관한 통찰을 제공한다.

최근 인지적 원형들의 발견은 개념 구조에 대한 우리의 이해를 근원적으로 바꾸어 놓았다.[1] 범주 구조에 관한 고전 이론은 범주(또는 개념)가 하나의 실재가 그 범주의 구성원으로 간주되기 위해서 지녀야 하는 속성들의 목록에 의해 정의된다는 생각에 근거하고 있다.

몇몇 까다로운 주변적 사례들이 존재한다는 것을 인정한다 하더라
도 범주 구성원 문제는 전부 아니면 전무의 문제―한 실재가 어떤
범주 안에 있거나 밖에 있는―로 간주된다. 더욱이 고전적 견해에
는 범주의 '내적' 구조라는 개념이 없다. 모든 구성원이 목록상의
모든 속성을 보유해야만 하기 때문에 범주 구조 안에서 한 구성원과
다른 구성원을 차별화할 수 있는 어떤 방법도 없다. 그것들은 그 범
주 안에서 모두 동등하다.

　1970년대에 로쉬(E. Rosch) 등은 범주들에 전형적으로 상당한 정
도의 내적 구조가 존재한다는 사실을 발견했다.[2] 모든 구성원이 어
떤 범주에 대한 우리의 이해에 동등하게 중심적인 것은 아니다. 어
떤 특정한 범주(예를 들면 「새」)에서 몇몇 구성원들(예를 들면 '로
빈')은 그 범주에 대한 우리의 이해에서 인지적으로 더 중심적인 것
으로 나타난다. 이러한 인지적 원형들은 범주들을 정의하는 데 중요
하다. 그렇지만 그것들이 범주의 모든 구조를 보여 주는 것은 아니
며, 범주 구성원이 되기 위한 필요충분조건의 목록을 제시하는 것도

1) 범주 구조에 관한 이 새로운 견해의 다양한 측면들은 Ludwig Wittgenstein, *Philosophical Investigations*, trans. G. E. M. Anscombe (New York: Macmillan, 1953)과 John Austin, *Philosophical Papers*, 2nd ed., ed. J. O. Urmson and G. J. Warnock (Oxford: Oxford University Press, 1970)에서 처음 탐색되었다. 오늘날 범주화 연구를 특징짓는 일련의 주요 탐구는 로쉬와 그녀의 동료들이 진행하고 있다. Eleanor Rosch, "Natural Categories," 328~50; Eleanor Rosch, "Cognitive Reference Points," *Cognitive Psychology* 7 (1975): 532~47; Eleanor Rosch, "Cognitive Representations of Semantic Categories," *Journal of Experimental Psychology* 104 (1975): 192~233; Rosch and Lloyd, *Cognition and Categorization*.
2) Rosch, "Natural Categories," pp. 328~50; Rosch, "Human Categorization," pp. 1~49; Rosch, "Principles of Categorization," in Eleanor Rosch and B. B. Lloyd, eds., *Cognition and Categorization* (Hillsdale, N. J.: Lawrence Erlbaum, 1978), pp. 27~48.

아니다. 예를 들어 「새」 범주의 경우 병아리, 타조, 에뮤, 펭귄 등은
덜 중심적이거나 덜 원형적이다. 대부분의 경우 그 범주의 모든 구
성원이 지니는 속성들을 정의하는 단일한 집합은 존재하지 않는다.
상이한 구성원들은 일련의 필수적 속성들을 공유함으로써가 아니라
비트겐슈타인(L. Wittgenstein)이 말하는 '가족유사성'(family re-
semblance)에 의해 상호 관련된다.[3]

　이 장에서 나는 범주 구조에 관한 우리의 새로운 이해가 어떤 방
식으로 「도덕 법칙」 통속 이론(절대주의 버전과 상대주의 버전들 모
두에서)과 상충되며, 따라서 도덕적 추론의 본성에 관한 다른 견해
를 요구하는지를 간략하게 탐색할 것이다. 도덕적 추론이 주로 확정
적인 도덕 법칙을 상황들에 적용하는 문제라는 견해가 왜 잘못되었
는지를 강조하기 위해 나는 내가 도덕적 절대주의라고 부르는 「도덕
법칙」 통속 이론에 주로 초점을 맞출 것이다.

　도덕적 절대주의는 도덕성이 단지 특정한 도덕적 전통의 우연적
가치나 관심사들을 강화하기 위해 건설된 문화적 구성물일 뿐이라
는 회의적 우려를 극복하려는 노력과 함께 도덕적 객관성을 근거짓
고 확보하는 문제에 사로잡혀 있다. 도덕적 절대주의는 보편 이성에
서 비롯되며, 모든 합리적 존재에 강제적이며, 문화와 역사를 통해
불변하는 확정적인 도덕 규칙들의 명확한 집합을 탐색함으로써 이
절대적 근거를 추구한다. 따라서 절대주의자가 기본적인 도덕 규칙
들에 관해 최종적으로 '바로잡는 것'(get it right)이 가능하다고 생
각하는 것은 놀라운 일이 아니다.

　절대적 도덕 규칙에 대한 이러한 시각은 너무나도 중요한 사실을

---

3) Wittgenstein, *Philosophical Investigations*, 67절 참조.

간과하고 있다. 그것은 우리 경험과 도덕적 지식의 발전과 성장, 그리고 역사적 변형 등이 주는 모든 의미를 배제하고 있다. 절대적 도덕 규칙은 역사적 경험의 우연성이나 일과성의 영향을 받지 않는다는 바로 그 점 때문에 객관적인 것으로 가정된다. 앞으로 보게 되겠지만 그러한 규칙들은 실천이성의 본질적 구조—항구적으로 확정된 것으로 가정된—에서 비롯되는 것으로 간주된다. 핵심적 개념들에 대한 우리의 이해는 변화할 수도 있지만 개념들 자체는 그 본질이 결코 변화하지 않는다는 것이다. 도덕 법칙에 대한 우리의 이해는 변화할 수 있으며, 때로는 퇴화할 수도 있는 반면, 법칙들 자체는 본래의 상태에서 항구적으로 확정되고 타당해야만 한다는 것이다.

도덕적 개념이나 법칙, 추론에 관한 이러한 시각은 현실적인 인간의 숙고와는 거의 상관이 없다. 나는 이러한 시각이 대부분 인간의 개념 구조와 판단, 추론에 관해서 우리가 알게 된 것들과 상충된다고 주장할 것이다. 그렇지만 절대주의적 관점의 몇몇 가정들은 적어도 부분적으로는 옳은 것임에 틀림없다. 만약 그렇지 않다면 그 관점이 결코 역사와 문화를 관통해서 누려왔던 그런 신뢰를 얻고 유지할 수 없었을 것이기 때문이다.

절대주의가 옳게 보았던 것은 우리의 기본적인 도덕적 개념들에 공유되고 안정된 부분이 존재한다는 점이다. 무엇을 해야 할 것인지에 관해 거의 또는 아무런 의문의 여지가 없는 명백하고 확실한 수많은 경우가 있다. 이것들이 우리가 대부분의 경우에 무반성적이고 때로는 심지어 무의식적으로 가정하는, 모종의 안정적이고 핵심적인 도덕성을 형성한다. 그처럼 명백한 사례들의 경우에는 그것들이 확정적인 도덕 법칙에 선명하게 포섭된다고 말하는 것이 충분한 설득력이 있다. 그러나 절대주의자들의 오류는 모든 도덕적 추론이 이런 방식으로 작용한다는 주장을 그릇되게 일반화하는 데 있다.

지성적인 도덕적 숙고가 반성적 활동이라는 것, 또 그것이 그 자체로는 전형적으로 상상적인 이상과 원리들의 일반적 영향 아래서 작용한다는 것은 사실이다. 그렇지만 이 원리들이 절대적인 도덕 법칙이라고 생각해서는 안 된다. 나는 규제적인 도덕 법칙으로서가 아니라 오히려 우리의 도덕적 숙고에서 고려해야 하는 중요한 관심사들을 표출하는 집단적인 도덕적 경험의 요약들로서의 도덕 원리에 관해 색다른 견해를 제시할 것이다. 나는 도덕적 숙고가 공동체적으로 공유하는 경험의 질적 향상 가능성에 대한 확장적이고 상상적인 탐구라고 본다. 아래에서 설명될 의미에서의 원리들은 이런 종류의 지성적인 도덕적 탐구와 자기비판에 있어서 핵심적이다. 나는 도덕적 숙고가 사례들을 일련의 확정적인 규칙에 따라 분류하는 것으로서가 아니라 경험의 상상적인 탐색과 변형으로서 더 적절하게 기술될 수 있다고 주장할 것이다.

만약 절대주의가 도덕성의 공유되고 안정적인 부분의 존재에 관해 옳다면, 그것이 간과하고 있는 것은 공유되지 않고 불안정한 도덕성 부분에 대한 상대주의적 통찰이다. 개념들의 상상적 구조에 관해 우리가 알게 된 것들은 왜 이 주장이 옳은지를 설명해 줄 수 있다. 따라서 그것은 절대주의를 와해시킨다. 그러나 동시에 그것은 또한 도덕성이 극단적으로 불안정하고 불확정적이지도 않다는 것을 보여 줌으로써 극단적 형태의 상대주의도 와해시킨다.

따라서 이 논의의 쟁점은 최고의 중요성을 갖는다. 그것은 도덕적 추론이 무엇인가라는 문제다. 이 물음이 중요한 이유는 도덕성의 본성에 관한 우리의 견해가 어떻게 살아야 하며, 또 무엇이 삶에서 가장 중요한 문제인지에 관한 견해로 이어지기 때문이다.

1_개념과 법칙에 관한 도덕적 절대주의의 시각

다양한 형태의 도덕적 절대주의가 있지만 내가 원형적 버전이라고 생각하는 것은 도덕적 숙고에 관해 밀접하게 연관된 다음과 같은 일련의 주장들을 포함한다.

1) 보편적 도덕 법칙

모든 인간에게 강제성을 갖는, 어떤 행위가 도덕적으로 허용되거나 허용되지 않으며, 어떤 행위가 허용 가능하며, 어떤 행위가 책무에 속하는지를 명시해 주는 일련의 도덕 법칙들이 존재한다.

2) 보편 이성

각각의 도덕적 행위자는 보편적 이성 능력을 보유하며, 그것은 정확히 작용했을 때 이 도덕 법칙들을 파악하고 그것들을 구체적인 상황들에 적용할 수 있다.

3) 도덕적 가치의 절대적 특성

도덕적 가치와 법칙들은 절대적이다. 그것들은 결코 문화적 차이나 역사적 우연에 영향 받지 않는다. 그것들은 시간과 공간을 넘어서 모든 합리적 존재에 대해 보편적인 강제력을 갖는다.

4) 도덕적 개념은 일의적이며 문자적이다

만약 우리의 기본적 도덕 법칙들이 도덕적으로 올바른 의지와 행위에 대해 절대적이고 확정적인 것이 되려면 이 법칙들에 포함된 개념들은 고도로 확정적이며 잘 정의된 것이어야 한다. 그것들은 하나의 확정적인 의미를 가져야 하며, 그래서 구체적 상황에 적용하는 것은 바로 그 개념을 정의하는 필요충분조건이 경험 안에서 실제로 성립하는지(말하자면 구체적 상황에 실제로 적용되는지)를 결정하는 문제다.

5) 개념의 고전적 범주 구조

도덕적 판단이 사례들을 확정적 개념과 법칙에 포섭시키기 위해서는 그 개념들이 고전적 범주 구조를 지녀야 한다. 말하자면 그것들은 필요충분조건의 집합에 의해 정의되어야 하며, 이 개념들에는 그 일련의 정의적 특성들 이외에 어떤 내적 구조도 존재하지 않아야만 한다.

6) 도덕적 추론의 비상상적 구조

일의성(문자적 개념들을 통한)에 대한 절대주의자들의 요구는 은유(metaphor)나 환유(metonymy), 다양한 영상(images)과 같은 상상력의 구조들—주관적이고 특이하며 매우 불확정적인—을 허용하지 않는다. 적어도 상상력이 무제약적인 환상의 놀이라는 절대주의적 성격 규정에 따르면 이러한 구조들은 도덕적 숙고를 비합리적이고 불확정적인 것으로 만들 것이라고 간주된다.

7) 가치와 원리들의 위계적 서열화

둘 이상의 도덕 원리들이 충돌하는 모든 경우에 관련된 가치나 원리들의 서열을 정하는 합리적 절차가 존재해야 한다. 이 견해에 따르면 보편 이성은 의무들 사이의 환원 불가능한 도덕적 충돌들을 피할 수 있게 해 준다. 그 절차에는 완전한 정합성과 내적 일관성이 있

182

어야 하며, 평가의 통일된 기준이 있어야 한다. 이렇게 함으로써만 우리는 각각의 경우에 단일한 정확한 판단을 기대할 수 있다.

8) 절대주의적 논리

절대주의자에게 도덕적 추론은 궁극적으로 구체적인 사례들을 절대적인 도덕 개념에 포섭시키는 연역논리의 문제여야 한다. 이런 종류의 형식논리는 은유들이나 다른 종류의 상상적 구조들을 허용하지 않는다. 이렇게 함으로써만, 나아가 개념 구조에 대한 고전적인 견해와 이성의 보편성을 가정함으로써만 절대주의자는 주어진 상황에서 '유일한 옳은 행위'를 기대할 수 있다. 절대주의자들은 형식화 가능성이 더 작은 다른 추론 양식을 인정할 수도 있지만 그것들은 모두 순수한 연역적 모형에서 벗어나는 정도에 따라 덜 만족스러운 것으로 간주될 것이다.

9) 근본적 자유

절대주의는 근본적 자유의 가능성을 요구한다. 말하자면 도덕적 행위자는 우연적 정서, 욕구, 습관, 집착 등 '외재적' '무합리적' 이유들과 상관없이 스스로에게 부여한 도덕 원리들에 근거한 도덕적 결정을 바탕으로 행위할 수 있어야 한다. 절대주의자에 따르면 도덕적 책임은 그 행위자가 항상 모든 숙고된 행위에 대해 동의하거나 거부할 능력을 가질 것을 요구한다.

10) 옳은 행위

만약 절대주의 프로그램의 모든 측면이 정립되면 특정한 모든 사례에 대한 유일한 '옳은 행위'가 존재할 것이다. 그렇게 함으로써 우리는 주어진 상황을 올바르게 숙고하고 도덕 법칙이 요구하는 대로 행위하는 빈도를 최대화하려는 시도를 중심으로 우리의 삶을 조직화할 수 있을 것이다. 도덕적 탁월성은 정확히 무엇을 행할 것인지, 또 과연 그것을 행할 것인지를 결정하는 마음의 순수성과 의지의 강인함으로 이루어진다.

위에서 주어진 일련의 가정들은 도덕적 절대주의에만 적용되는 것이 아니라 「도덕 법칙」 통속 이론의 변형인 몇몇 유형의 상대주의에까지도 적용된다.[4] 왜냐하면 만약 당신이 절대주의에 관해 앞에 열거된 열 가지 가정들 중 대부분을 그것들이 특정한 문화적·역사적 맥락에 따라 상대화되는 방식으로 인정하게 되면 당신은 도덕적 상대주의의 전형적인 한 버전에 이르게 된다. 예를 들면 만약 당신이 도덕 법칙은 특정한 영역 안에서 모든 인간에게 강제력을 가지며, 주어진 조건 아래서 옳고 그름을 규정한다고 덧붙임으로써 위의 첫번째 가정을 상대화한다면 상대주의의 한 버전에 이르게 되는 것이다.

절대주의에서 이런 특정한 형태의 상대주의로의 전이를 가능하게 해 주는 것은 그것들이 모두 「도덕 법칙」 통속 이론의 가정들에 근거하고 있다는 점이다. 그것들은 모두 도덕성을 윤리적 법칙을 구체적 상황에 적용하는 문제로 본다.

결과적으로 개념들의 상상적인 원형적 구조에 관해서 내가 제시하려는 주장은 도덕적 상대주의는 물론 여전히 「도덕 법칙」 통속 이

---

4) 절대주의와 상대주의의 몇몇 형태가 모두 「도덕 법칙」 통속 이론의 버전들이라는 사실은 윈터(S. Winter)가 나에게 알려 준 것이다. 그는 이 문제에서 실제 주범은 절대주의나 상대주의가 아니라 오히려 도덕성이 규칙 따르기라는 발상이라고 지적해 주었다.

론의 기본적인 가정들과 결합하고 있는 모든 유형의 도덕적 상대주의에도 마찬가지로 적용된다. 나는 절대주의적 경향에 내 주장의 초점을 맞출 것이다. 왜냐하면 개념들의 원형적 구조, 그리고 원형적 구조와 이상화된 인지 모형의 관계가 절대주의적으로 정식화된 「도덕 법칙」 이론과 어떻게 상충되는지를 살펴보는 것이 더 쉽기 때문이다.

2 _ 도너건의 도덕적 절대주의

도덕적 절대주의는 도덕성을 일련의 보편적인 행위 규칙으로 간주하는 규범윤리학이다. 지난 40여 년 동안 규범윤리학의 주목할 만한 회복이 이루어졌는데, 기본적인 도덕 원리들을 수립하려는 철학적 시도들이 그것이다. 이러한 회복에 40여 년 정도 앞서 규범윤리학을 무너뜨렸던 것은 논리실증주의(logical positivism)라는 매우 유해한 질병이었다. 지금도 남아 있는 그 주요 징후들은 인지적/정서적 구분과 이론/실천 구분, 반형이상학적 편향, 그리고 엄격하게 분리된 담론들의 다양한 유형들의 '문법'(grammar)에 대한 과도한 집착 등이었다.

윤리학은 건설적인 도덕 체계에 대한 어떤 희망도 없이 도덕적 담론 자체의 본성에 대한 분석으로 이루어진 메타윤리학이라는 메마른 형태로 후퇴했다. 언어와 의미, 지식에 대한 논리경험주의의 시각은 도덕에 관한 논의가 기술적인 과학적 진술이라는 인지적 기준에 부합할 수 없다는 점을 근거로 도덕적 담론을 정서적 표현이라는 위상으로 전락시켰다. 이처럼 메타윤리학이라는 극단적으로 좁은 입장으로 후퇴한 도덕 이론은 지나치게 편향적일 뿐만 아니라 진지한 도덕적 관심사와 경험으로부터 멀어졌으며, 솔직히 말하면 너무나 지루한 것이어서 도덕 이론을 통째로 제거하는 데 성공한 것이나 다름없다.

　규범윤리학의 부활은 대부분 롤스(J. Rawls)의 『정의론』(*A Theory of Justice*)에 빚지고 있는데, 이 책은 당시 주도적인 메타윤리학적 이론들에 반론을 펴고 있는 것은 아니다. 대신에 그것은 단지 의미와 지식에 관한 비본질주의적이고 비토대주의적인 견해들을 통합하는 규범윤리학에 관한 주목할 만한 이론적 작업을 수행하고 있다.

　롤스의 대담한 규범윤리학 건설에 고무되어 많은 철학자들은 기본적인 도덕 규칙들의 정교화에 초점을 맞춘, 좀 더 전통적인 규범적 기획으로 되돌아왔다. 앞서의 서술을 반복하자면 도너건(A. Donagan)은 '규칙' 접근법을 "합리적 존재 자체에 강제력을 갖는, 인간적 이성에 의해 그 내용을 식별할 수 있는 법칙 또는 개념들의 체계에 관한 이론"[5]이라고 정확하게 정의한다. 현재의 논의를 위해서 헤어(R. M. Hare), 롤스, 노직(R. Nozick), 거트(B. Gert), 기워스(A. Gewirth), 도너건, 브란트(R. B. Brandt) 등을 규칙(도덕 법칙) 이론가들로 한데 묶을 수 있으며, 이들의 견해들에서 드러나는 중요한 차이들을 무시할 수 있을 것이다. 이들은 각각 규칙의 본성, 수, 세부사항을 고려하는 데 큰 차이가 있다.[6] 그렇지만 이러한 실제적이고 사소하지 않은 차이들을 보이면서도 이들은 모두 이런저런 차원에서 도덕적으로 허용 가능한 행위들은 한두 가지 규칙, 원리, 또는 법칙들을 통해 선별되거나 평가된다는 규칙 이론적 견해를

---

5) Donagan, *The Theory of Morality*, p. 7.

공유한다. 이들은 또한 이 규칙들이 구체적인 사례들에 어떻게 적용되어야 할 것인지를 이성만이 결정할 수 있다는 주장을 공유한다.

이 대목에서 철학자들이 '규칙'이라는 용어를 언어학자들 또는 정규적인 철학적 훈련을 거치지 않은 사람들에게는 혼란을 줄 수 있는 매우 특별한 방식으로 사용하는 경향이 있다는 점을 중요하게 염두에 두어야 한다. 규칙에 대한 언어학자들과 철학자들의 원형적 개념들을 대비시키는 것이 유용할 것이다. 언어학자와 인지과학자에게 규칙이란 다음과 같은 것이다.

① 규칙은 무의식적이며, 전형적으로 의식에 주어지지 않는다.
② 규칙은 실제적인 정상적 행동의 규칙성에 대한 기술이다.
③ 규칙은 자동적이며, 노력이 필요하지 않다.

철학자에게 전형적인 '규칙'이란 다음과 같은 것이다.

---

6) 그래서 헤어는 그가 행위의 더 구체적인 규칙의 본성을 지배하는 최고의 논리적 원리라고 간주하는 것, 즉 보편화 원리에 주된 초점을 맞춘다. Hare, *Freedom and Reason*, 3장 참조.

기워스 또한 최고 원리를 도덕적으로 허용된 행위에 대한 일반적 제약으로 간주한다. "모든 행위자는 행위를 한다는 사실에 근거해 특정한 평가이고 의무론적인 판단, 나아가 궁극적으로 최고의 도덕 원리, 즉 일반적 일관성의 원리를 받아들이도록 논리적으로 묶여 있다. 이 원리는 행위자에게 피행위자의 행위의 필요조건에 대한 존중을 요구한다. Gewirth, *Reason and Morality*, p. x.

노직은 규칙을 사람에 대한 특정한 종류의 행위를 금지하는 '부차적 제약'(side constraints)으로 생각한다. Robert Nozick, *Anarchy, State, and Utopia*, p. 11. 또한 도너건은 더 노골적인 칸트적 방법으로 도덕적으로 허용된, 허용 불가능한, 그리고 의무적인 행위와 관련된 좀 더 구체적인 계율들을 추론하는 근거가 되는 것으로서 기본적인 실질적 기초 원리("자신이든 타인이든 항상 모든 인간을 하나의 합리적 존재로서 존중할 수 있도록 행위하라")를 제시한다. Donagan, *The Theory of Morality*, p. 65.

① 규칙은 의식적이거나 적어도 의식에 주어질 수 있다.
② 규칙은 규제적이다. 즉 그것은 주어진 상황에서 어떤 행위가
   수행되어야 하는지를 명시하는 명령이다.
③ 규칙은 추론된 것이며, 노력이 필요하다.

　언어학자에게 규칙의 전형적인 사례는 음운론적 규칙일 것이다. 단어를 발음할 때 우리에게 의사소통을 가능하게 해 주는 다양한 종류의 규칙성이 존재한다. 즉 어떻게 단어를 발음할 것인지에 관해 작용하는 '규칙들'이 존재한다. 그렇지만 그 규칙들은 무의식적으로 작용한다. 만약 의식적으로 그것들을 따르려고 하면 말하는 것이 불가능하게 될 것이다. 일상적인 화행에서 우리는 대부분의 경우 자동적이고 손쉽게 이 규칙들을 따른다.

　적어도 칸트 이래로 철학자들은 무의식적이고 자동적인 이러한 종류의 규칙들이 존재한다는 사실을 인식하고 있다. 언어학자들과 대부분의 인지과학자들이 사용하는, 규칙에 관한 이러한 관념에 따르면 우리의 행위 방식에는 수많은 규칙들이 작용한다. 그러나 이것이 도덕 이론이 사용하는 전형적인 규칙 개념은 아니다. 철학자들이 도덕 법칙이나 개념을 따른다고 말할 때 그것은 의식적으로 유지될 수 있는 동시에 우리의 행위를 규제하는 규칙들을 따른다는 것을 의미한다.「도덕 법칙」이론들에 대하여 내가 제기하는 비판은 도덕철학자들이 전형적인 방식으로 이해하고 있는 '규칙들'에 대한 비판이다.

　도덕철학자들이 흔히 '규칙'이라는 말로 이해하고 있는 것을 염두에 두고 나는 분석의 초점을 도너건의 작업에 맞출 것이다. 왜냐하면 내 생각에 그것은 규칙(도덕 법칙) 이론의 논증적이고 정교한

모형적인 버전이기 때문이다. 도너건은 칸트를 따라서 핵심적인 서구적 도덕 전통이 존재하며, 그 견해는 대부분 옳으며, 나아가 도덕 이론은 그 전통의 기초를 어떤 형태로든 합리적으로 재구성해야 한다고 가정한다.

내 주된 관심사가 어떤 도덕 체계 안의 특정한 덕목이 아니라 법칙과 규칙들 자체의 본성이기 때문에 나는 유대 기독교 도덕 전통에서 행위의 평가를 위한 기본적 원리는 인격에 대한 존중이라는 도너건의 주장을 받아들일 것이다. 도너건은 그 원리를 다음과 같이 말한다. "자신이든 타인이든 모든 인간을 합리적 존재로서 존중하지 않는 것은 허용될 수 없다."[7] 이것은 일차 체계, 즉 도덕적 행위를 지배하는 도덕 법칙 또는 덕목의 체계에서 최고 원리로 가정된다. 도너건이 지적하듯이 우리의 과제는 어떤 특정한 유형의 행위가 어떻게 이 원리에 귀속되는지를 결정하는 일이다. 달리 말하면, 그것은 우리는 어떤 행위가 인격에 대한 존중이라는 원리에 부합하는지를 어떻게 아는가의 문제다! 만약 우리가 인격의 존중이라는 개념이 무엇을 포괄하는지를 밝혀낼 수 있다면 다양한 유형의 상황에서 어떻게 행위할 것인지를 말해 주는 좀 더 구체적인 개념들의 체계를 제시할 수 있을 것이다.

도너건에 따르면 이 구체적 개념들은 항상 세 가지 가능한 도식적 형식 중 하나에 합치한다.[8]

① K라는 유형의 행위는 항상 허용 가능하다. (허용)

---

7) Donagan, *The Theory of Morality*, p. 66. 이하 이 책의 인용 쪽수는 본문에 표시한다.
8) 다음의 도식들과 명세적 전제들은 같은 책, pp. 67~68에서 직접 옮겨 온 것이다.

② K라는 유형의 행위는 결코 허용할 수 없다. (금지)

③ K라는 유형의 행위가 행해질 경우가 발생했을 때 그것을 행하지 않는 것은 도덕적으로 결코 허용할 수 없다. (엄격한 책무)

요약하면, 모든 주어진 행위는 (1) 우리가 선택하면 허용되거나, (2) 결코 허용되지 않거나, (3) 우리가 할 수 있을 때에 반드시 행해야 하는 것 중의 하나다. 도덕성의 완전한 체계는 결국 우리의 도덕적 경험에서 직면하는 모든 종류의 기본적 행위를 포괄함으로써 (위의 도식에 합치하는) 개념들의 방대한 목록을 제시하는 것으로 가정된다.

도너건의 이론뿐만 아니라 모든 「도덕 법칙」 이론의 핵심적 문제는 어떤 유형의 행위가 앞의 세 가지 가능한 도식 중 어떤 것에 합치하는지를 어떻게 결정할 것인지의 문제다. 따라서 가능한 모든 행위에서 과연 그것이 인간을 합리적 존재로 존중하는 것인지, 또 어떤 방식으로 그런지를 말해 주는 일련의 추가적인 전제들이 필요하다. 이 '명세적 전제들'(specificatory premises)은 일상에서 부딪히는 다양한 행위들의 층위에 이르기까지 사람들에 대한 존중의 기본적 원리들을 명시해 주는 것으로 가정된다. 도덕적 개념들에 대한 세 가지 도식에 병행해서 명세적 전제들에는 다음과 같은 세 가지 형태가 있다.

① K라는 유형의 행위는 반드시 모든 인간을 합리적 존재로 존중한다.

② K라는 유형의 어떤 행위도 인간을 합리적 존재로 존중하는 데 성공적이지 않다.

③ 만약 K라는 유형의 행위가 행해질 수 있는 경우가 발생하면 그것을 행하지 않는 것은 인간을 합리적 존재로 존중하는 데 성공하지 못할 것이다.

이것이 일차 체계를 형성하는데, 이것은 최고 원리와 명세적 전제들, 그리고 이른바 하위 수준 또는 파생적인, 행위의 도덕성을 지배하는 개념들의 방대한 집합으로 구성되어 있다. 이 체계는 공리가 아니며, 오히려 다양한 종류의 행위들을 '인간을 합리적인 존재로 존중함'이라는 핵심적 개념으로 포섭시키는 작용을 포함한다.

그런데 모든 「도덕 법칙」 이론에서 그렇듯이 여기에서 어떤 종류의 행위들이 핵심적 개념들에 포섭되는지를 결정하는 방식과 관련해서 명백한 난점들이 발생한다. 그러한 판단 행위들은 그 자체로 추가적인 규칙이나 알고리즘적인 절차에 따라 유도될 수 없다. 왜냐하면 그것은 규칙들의 적용을 위한 규칙들이라는 무한 퇴행을 불러올 것이기 때문이다. 따라서 만약 도덕성이 규칙들의 체계라면 어떤 지점에서 우리가 그 개념들을 특정한 **종류**의 상황에 적절하게 적용하고 있는지를 결정할 수 있어야 한다. 이 적용 절차에 관한 도너건의 설명은 다음과 같다.

기본 원리와 파생적 개념, 명세적 전제들로 구성된 구조는 엄밀하게 연역적이다. 왜냐하면 모든 파생적 개념들은 몇몇 명세적 전제들을 통해 기본 원리나 이미 추론된 몇몇 개념들로부터 엄격하게 연역되기 때문이다. 그러나 그 구조가 체계의 전부는 아니다. 왜냐하면 그 구조를 이끌어내면서 부딪히는 거의 모든 철학적 난점들이 명세적 전제들을 확립하는 일과 관련되어 있기 때문이다. 나아가 그것은 비형식화된 분석적 추론에 의해 이루

어지는데, 여기에서 기본 원리 또는 추론된 개념 안에서의 어떤 개념들이
새로운 종류의 사례에 적용되기 때문이다(Donagan, 71~72; 고딕은 존
슨의 강조).

3_도덕성의 규칙 이론이 간과하고 있는 것

여기에서 우리는 모든 「도덕 법칙」 이론의 핵심적 문제, 즉 무엇
이 이 '비형식화된' 추론에 개입되어 있는지에 대한 설명—이 설명
이 없이는 도덕 법칙이 구체적인 현실적 삶의 상황에서 특정한 종류
의 행위에 적용될 수 없는—이라는 문제에 직면하게 된다. 도너건
의 답변은 매우 명쾌하다. 즉 공유된 전통의 구성원들로서 우리는
모두 '인간을 합리적 존재로서 존중함'이라는 기본 개념에 대한 부
분적 이해를 갖고 있다. 더욱이 우리는 대부분 특정한 종류의 행위
가 명백하게 (논란의 여지없이) 어떤 확정적 방식으로 이 개념에 포
섭된다는 것 또한 알고 있다. 예를 들면 어느 누구도 선량한 사람들
을 무분별하고 이유 없이 살해하는 것이 그들을 합리적 존재로 존중
하는 것과 양립 가능하다고 주장하지 않을 것이다. 그렇게 해서 도
너건은 특정한 도덕적 개념의 안정적인 핵을 인정하며, 나아가 그러
한 명백한 핵심적 사례들의 경우에 거의 논쟁의 여지가 없는 것으로
본다.

그러나 우리의 일상적 삶을 채우고 있는 까다로운 경우들, 즉 정
확히 어떤 도덕적 개념들에 자동적으로 합치하지 않기 때문에 논란
의 소지가 있는 경우는 어떤가? 도너건은 그 경우 우리가 해야 할
일은, 당면한 불확실한 사례가 이미 결정했거나 또는 명확했던 과거

의 사례와 충분히 유사한지를 밝힘으로써, 과거의 사례에 대한 평가를 현재의 까다로운 사례에 적용되도록 확장하는 일이라고 주장한다. 우리는 이 사례들 사이의 유사성과 차이를 측정해야 하며, 그러한 반성적 활동은 "유용한 방식으로 형식화될 수 없다"(Donagan, 69). 도너건은 이 절차를 법리적 추론과 유사한 것으로 보는데, 여기에서 새로운 사례에 적용될 수 있는 개념은 "부분적으로는 법을 준수하는 공동체 구성원들에게 파악되며, 또 부분적으로는 그 개념, 그리고 관련된 개념들이 적용되었던 사례들을 숙고하여 결정되어야 할 내용을 갖는다"(Donagan, 69).

여기에서 도너건이 기술하는 상황은 도덕적 개념들이 전적으로 새롭고 전례 없는 사례들을 포괄할 수 있도록 확장되면서 시대에 따라 실제로 변형되는 방식을 드러내는 것으로 해석될 수도 있다. 그러나 도덕적 절대주의자들은 그것이 도덕 체계의 절대적 토대를 잠식할 수도 있다는 우려 때문에 그런 설명을 전적으로 거부해야만 한다. 그 우려란 만약 그 핵심적 개념들이 확정되지 않으면 그 체계 안에 제거할 수 없는 비결정성이 끼어 들 것이라는 우려다. 그러한 비결정성은 과연 우리가 한 개념을 정확하게 적용하고 있는지, 또 그것을 단지 우리의 이해와 욕구를 충족시키는 방식으로 비틀고 주무르는 것은 아닌지를 확신할 수 없다는 것을 의미하게 된다.

결과적으로 도너건은 도덕성이라는 기본 개념(즉 인격에 대한 존중)이 "대부분 그 자체로 이해된다"(Donagan, 71)라고 주장한다. 도너건의 절대주의에 따르면 합리적 존재의 존중이라는 개념에 대한 우리의 이해는 시대에 따라, 또는 문화에 따라 달라질 수 있다 하더라도 그 개념 자체는 변화할 수 없다. 왜냐하면 만약 그것이 변화한다면 그 적용은 모두 잠재적으로 우리의 가치, 이해, 목적 등에 의존할 수도 있는 새로운 규범적 행위가 될 것이기 때문이다. 그렇게 된다면 우리는 다시 그 개념을 우리의 주관적 의도에 맞게 주무르고 있는 셈이 된다.

그래서 도너건은 기본적인 도덕적 개념들 각각의 확정적인 핵심을 옹호할 필요가 있다. 그는 비원형적이고 불확실한 사례에 이 개념들을 적용하는 것이 이 개념들의 변화를 함축하지는 않는다고 주장할 필요가 있다. 이것은 도너건이 왜 새로운 사례가 발생할 때 사실상 추가적인 규범적 판단들이 생겨날 수 있다는 헤어의 견해에 대해 상세하게 반론하는지를 설명해 준다.

4 _ 하트-풀러 논쟁: 원형적 구조에 대한 연구

다음에서 나는 개념들의 원형적 구조에 대해서 우리가 알게 된 것들이 도너건(그리고 모든 「도덕 법칙」 이론)이 왜 옳으며, 왜 그른지를 설명해 준다고 주장하려고 한다. 원형 이론은 왜 대부분의 도덕적 개념들에 안정적 핵이 존재하는지를 설명해 주지만 동시에 왜 그러한 개념들에 항상 불안정한 부분이 존재하는지도 설명해 준다. 나아가 그것은 우리가 어떻게 핵 안에 포섭되지 않는 비원형적 사례들에 대해 지적 판단을 할 수 있는지를 설명해 준다. 따라서 나는 도너건이 명확한 규칙들을 갖는 안정적 핵을 인정한다는 점에서는 옳지만, 개념들의 비원형적 부분의 풍부한 상상적 구조―여기에서 대부분의 도덕적 문제들이 발생한다―를 간과하고 있다고 주장할 것이다. 「도덕 법칙」 이론들은 이 비원형적 사례들의 경우에 완전히 부적절한 것으로 드러난다.

헤어의 논증은 큰 논란을 불러왔던 하트(H. L. A. Hart)의 사례,
즉 공원에서 차량(wheeled vehicles) 사용을 금지하는 법령 사례에
근거한 것이다.[9] 하트는 핵심적 논점을 다음과 같이 기술한다.

법 규정은 공원에 차량 진입을 금지하고 있다. 그것이 자동차를 금지
한다는 것은 분명하지만 자전거, 롤러스케이트, 장난감 자동차는 어떤
가? 비행기는 또 어떤가? 말하자면 이것들은 그 규칙의 목적에 비추어
볼 때 '차량'이라고 불려야 하는가, 그렇지 않은가? 만약 우리가 상호 의
사소통을 하려고 한다면 …… 우리가 사용하는 일반적인 단어들은 ……
그것을 적용하는 데 아무런 의구심도 들지 않는 모종의 표준적 사례를 가
져야만 한다. 안정된 의미에 핵이 있다는 것은 분명하지만 마찬가지로 단
어들이 명백하게 적용되지도 않으며 명백하게 배제되지도 않는 논쟁적인
사례들의 경계부(penumbra)가 존재한다. 이 사례들은 각각 표준적 사례
와 몇몇 특성들을 공유한다. 즉 그것들은 다른 특성들을 결여하고 있거나
표준적 사례에 나타나지 않는 특성들을 수반할 것이다. ……

…… 만약 불확실성이라는 경계부가 모든 법적 규정을 에워싸고 있다
면 그것들을 경계 영역 안의 구체적 사례들에 적용하는 것은 논리적 연역
의 문제일 수 없으며, 따라서 수세기에 걸쳐 인간적 추론의 완성 자체로
칭송되어 왔던 연역추론은 재판관, 나아가 모두가 행해야 하는 것의 모형
이 될 수 없다.[10]

9) 이 문제에 대한 헤어의 논의는 Hare, "Abortion and the Golden Rule," *Philosophy
and Public Affairs* 4 (1975): 201~22 참조. 이 사례는 H. L. A. Hart, "Positivism
and the Separation of Law and Morals," *Harvard Law Review* 71 (1958):
593~629, 또 Lon Fuller, "Positivism and Fidelity to Law: A Reply to Professor
Hart," *Harvard Law Review* 71 (1958): 630~72와의 논쟁에서 빌려 온 것이다.
10) Hart, "Positivism," p. 593

도너건과 헤어는 연역추론이 더 이상 유효하지 않은 경우에 관해 다른 견해를 갖고 있다. 헤어는 과연 롤러스케이트가 차량에 속하는 지를 결정할 때, 재판관은 언제든지 사용할 수 있는, 확정적이고 가 치중립적인 개념을 다루고 있는 것이 아니라고 주장한다. 오히려 그 개념이 무엇을 의미하는지를 결정하는 데에는 '규범화나 평가'라는 추가적 행위가 개입되며, "이것은 법률의 연장적 결정이다."[11]

헤어에 대한 응답으로 도너건은 비록 그런 사례들이 연역적으로 결정되지는 않는다 하더라도 추가적인 규범적 판단을 포함하지 않 는 추론을 통해 언제든지 결정될 수 있다고 강력하게 반박한다.

> 공원에서 차량 사용을 금지하는 법 조항이 롤러스케이트에 적용되는 지를 결정하기 위해 열리는 영국이나 미국의 모든 법정은 …… 보통 법 규적 해석이라는 일상적 과정을 통해 그것을 결정할 수 있을 것이다. 판 단을 제공한다는 명분으로 입법을 해야 한다는 것은 거의 상상할 수 없는 일이다(Donagan, 71).

여기에서 도덕성 개념과 관련해서 핵심적인 문제가 무엇인지를 명확히 밝히는 것이 중요하다. 도너건이 그처럼 강력하게 반박하고 있는 것은 법적(또는 도덕적) 개념의 적용이 그 개념을 실제로 변형 시킬 수도 있으며, 그 개념 자체가 규범적 차원을 갖게 된다는 헤어 의 견해다. 도너건이 받아들일 수 없는 것은 기본적인 도덕적 개념

---

11) 헤어는 다음과 같이 추론한다. "만약 규범적이거나 평가적인 원리가 모호한 경계(실 제로 거의 대부분의 술어들이 갖는)를 가진 술어의 관점에서 구조화된다면 우리는 추 가적인 규범화나 평가가 없는 경계선상의 사례들을 결정할 원리를 사용할 수 없게 될 것이다. Hare, "Abortion and the Golden Rule," p. 204.

(또는 모든 부수적 개념들)이 비교적 비결정적일 수 있으며, 따라서 맥락, 일련의 의도들, 또는 복합적 관심 등에 상대적인, 가능한 대안적 해석들에 열려 있을 것이라는 가능성이다. 왜냐하면 이것은 주어진 맥락 안에서 한 개념을 명료화하거나 결정하는 것이 평가적 결정을 요구한다는 것을 의미하기 때문이다. 그것은 물론 도덕적 절대주의의 정의적이고 동기적인 힘을 이루고 있는 객관성을 무너뜨리게 될 것이다. 만약 도덕성이 도너건이 요구하는 종류의 규칙들의 체계로 간주된다면 그 개념과 규칙들은 절대적으로 확정되어야 하며, 그 적용은 새로운 규범적 판단을 포함하지 않아야 한다.

이어서 법적 맥락에서 도덕적 맥락으로 전환하면서 도너건은 매우 강한 어조로 직접적으로 기본적인 도덕적 개념이 실제로 이처럼 확정적이고 고도로 명확한 본성을 갖는다는 주장, 또한 그 개념을 적용하기 위해 규범적 결정을 해야 할 필요가 없다는 주장을 반복하고 있다.

> 모든 인간을 '합리적 존재로 존중함'이라는 기본 개념은 그것을 이런저런 유형의 사례들에 적용하는 것이 논란의 소지가 있다는 피상적 의미에서 그 경계가 불투명하다. 그러나 히브리-기독교적 도덕 전통을 받아들이는 문화에서 삶을 공유하는 사람들에게 그 개념은 대부분 그 자체로 이해된다. 나아가 그것은 모종의 합의 척도가 존재하는 다양한 중요성과 관련된 수많은 적용들과 관련되어 있다. 사실상의 확실성을 갖고 수많은 명세적 전제들을 결정하며, 또 상당한 정도의 확신을 갖고 여타의 전제들을 결정할 수 있다는 것만으로도 충분하다(Donagan, 71).

그렇다면 도너건은 헤어에 대한 공격에서 쉽사리 승리한 것처럼 보일 수 있다. 왜냐하면 도너건은 분명히 차량 사례와 관련해서, 나아가 일반적으로 법적 추론에서 법칙에 포섭되는 사례들―사실상 어떤 불일치나 논란도 없는―의 비교적 명확한 핵이 전형적으로 존재하는 상황을 기술했기 때문이다. 하트-풀러 논쟁에 관한 논의에서 윈터가 지적했던 것처럼 롤러스케이트 사례와 공원 안에 전쟁 기념물로 전시된 2차대전 군용차량 사례는 쉬우면서도 논란의 여지없이 그 조례가 명시하는 금지사항에 해당되지 않는 것으로 결정된다.[12]

그러나 윈터는 이러한 결론을 이끌어 내면서 핵심적 물음은 아예 제기되지도 않았으며, 이 때문에 하트가 틀렸다는 그릇된 인상을 불러일으키고 있다고 주장한다. 제기되었어야 할 핵심적 물음들은 (1) 왜 대부분의 법적(또 도덕적) 개념들에 안정적인 핵이 존재하는 것일까? 즉 그러한 핵의 존재를 설명해 줄 수 있는 인지에 관해 우리가 알고 있는 것은 무엇인가? (2) 이 핵을 넘어서서 발생하는 경계적이거나 주변적인 사례들에 관해 우리는 어떻게 해야 하는가? 일단 이 물음들이 제기되면 하트의 해명은 훨씬 더 통찰력 있는 것으로 보이게 된다.

나는 도덕적 개념의 안정적 핵에 대한 적절한 설명과 관련된 이 첫 번째 물음에 대한 답이 도너건이 제안한 것과는 매우 다르다고 주장할 것이다. 도너건의 주장과는 달리 그 개념은 단순히 '그 자체로 이해될' 수 있는 확정적 본질을 갖고 있지 않다. 오히려 그것은 한 문화의 공유되고 변화하는 경험과 사회적 상호작용과의 관계 속에서만 그 의미를 갖게 되며, 바로 그러한 상호작용의 안정적 구조

---

12) Winter, "Transcendental Nonsense" 참조.

가 존재함으로써 그 개념에 안정성을 부여한다. 바꾸어 말하면 그 개념에 핵이 존재하는 이유는 전형적으로 그 개념에 내재적이라고 주장되는 속성들 때문이 아니라 한 문화의 공유된 경험―그것에 의해 그 개념이 현재의 의미를 갖게 되는―의 사회적 배경 안에서 드러나는 연속성 때문이다. 나는 특정한 도덕적 개념이 서구 문화의 구성원들이 공유하는 모종의 이상화된 인지 모형과의 상관성 속에서 그 원형적 구조로부터 의미를 획득하게 되는 방식의 한 사례를 제시할 것이다.

경계적이고 불확실한 사례들을 어떻게 다룰 것인가라는 두 번째 물음에 대한 답으로 나는 원형적 구조가 우리의 이해를 비원형적인 사례들에 상상적으로 확장하는 방식들을 제시한다고 제안할 것이다. 그러한 상상적 추론은 사실상 대부분 확정적 개념의 본유적 의미를 드러내는 문제가 아니다.

그러므로 나는 도너건이 대부분의 도덕적 개념들에 존재하는 비교적 안정적인 핵을 정확하게 인식하고 있기는 하지만 그의 규칙-이론적 견해기 이 현상에 대한 적절한 해명을 제시하는 것은 아니라고 주장할 것이다. 대신에 개념들의 안정적 부분은 그것들의 원형적 구조, 그리고 한 문화가 공유하는 이상화된 인지 모형의 안정성에 의한 것이며, 그것들이 개념이나 도덕적 이상들에 의미를 부여한다. 결과적으로 기본적인 도덕적 개념들은 부분적으로 '그 자체로서 이해된다'―따라서 확정적이고 명확한 구조를 갖는다― 는 도너건의 주장은 근본적으로 잘못된 것이다. 왜냐하면 그것은 상상적인 도덕적 이해와 추론을 요구하는 비원형적 사례들을 무시하고 있기 때문이다.

5_ '거짓말' 사례: 원형적 구조와 개념적 비결정성

도덕적 개념들의 본성을 탐색하기 위해서 나는 최근 수년 동안 몇몇 탁월한 연구의 주제가 되었던 「거짓말」(lie) 개념의 사례를 취하려고 한다. 전통적인 또는 객관주의적인[13] 범주 구조 이론(앞서 절대주의에 대한 해명에서 상술했던)에 따르면 어떤 화행을 거짓말로 만드는 필요충분조건의 집합이 존재한다. 도덕 법칙 이론가이자 절대주의자인 도너건은 「거짓말」의 본질적 특징을 "화자의 마음과 반대되는 어떤 것을 표현하는 모든 자유로운 언어적 발화"(Donagan, 88)라고 정의한다.

그렇지만 「거짓말」 개념의 구조가 그보다도 훨씬 더 복잡하다는 주목할 만한 증거가 있다. 콜맨과 케이(L. Coleman and P. Kay)는 「거짓말」이라는 범주가 원형 효과를 드러낸다는 사실을 발견했다. 즉 화자들이 논쟁의 여지없이 쉽게 거짓말이라고 식별할 수 있는 화행의 중심적 사례들이 있다는 것이다.[14] 이것들이 그 개념의 핵을 구성하는데, 그것은 다시 훨씬 덜 명확한 수많은 다른 사례들―그것들이 어느 정도 거짓말인지, 또 그것들을 도덕적으로 어떻게 평가해야 하는지에 대해 화자들이 다양한 정도로 불확실하게 생각하는

---

13) 여기에서 '객관주의적'이라는 말은 Lakoff, *Women, Fire, and Dangerous Things*에서 '객관주의적' 또는 '고전적' 범주 이론이라고 말할 때와 같은 의미다. 이 이론의 핵심은 주어진 개념의 의미는 한 대상이 그 개념에 속하기 위해서 가져야 하는 속성들의 확정적 목록에 의해 규정된다는 것이다. 이러한 의미에서 한 개념이나 범주는 그 범주의 구성원이 되기 위한 필요충분조건의 집합에 의해 정의된다. 따라서 그 범주들은 이 세계 안에 독립적으로 존재하는 대상이나 속성과의 객관적 관계에 따라 의미를 얻게 된다.

14) Linda Coleman and Paul Kay, "Prototype Semantics: The English Verb *Lie*," *Language* 57, no. 1 (1981): 26~44.

200

사례들(예를 들면 선의의 거짓말, 사교적 거짓말, 실수, 농담, 과장, 지나친 단순화 등)―로 둘러싸여 있다. 콜맨과 케이는 또한 원형적 거짓말들(예를 들면 레이커스/피스톤스 게임에서 돈을 죄다 잃어버리고 배우자에게 도박을 하지 않았다고 믿게 하려는 시도처럼 범주의 중심부에 위치하는 거짓말들)은 다음과 같은 세 가지 조건을 모두 충족시킨다는 것을 발견했다.

① 화자는 그 진술이 거짓이라고 믿는다.
② 화자는 청자를 속이려는 의도를 갖는다.
③ 그 진술은 사실상 거짓이다.

만약 이 세 가지 조건이 모두 충족되지 않으면 그 화행은 거짓말이 아니다. 덜 중심적이고 덜 원형적인 거짓말의 경우들은 그 조건들 중 한두 가지를 충족시킨다. 더욱이 피험자들은 전형적으로 조건 ①이 가장 중요하고 조건 ③이 가장 덜 중요한 것으로, 중요성에 따라 그 조건들을 서열화한다. 요약하면, 그 연구의 피험자들은 "전부 아니면 전무라는 방식이 아니라 정도의 문제라는 방식으로 상당히 쉽고 확실하게 제시된 화행들에 '거짓말'이라는 단어를 부과한다. 나아가 …… 피험자들은 일반적으로 그 요소들의 상대적 비중에 관해 합치를 드러낸다."15)

이처럼 「거짓말」이라는 개념은 고전적인(객관주의적인) 범주 구조를 드러내지 않는다. 그것은 고정된 본질적 특성들에 의해 정의되는 것이 아니라 오히려 원형적 경우들이 중심적 구성원들로부터 다

---

15) 같은 논문, p. 43.

양한 (개념적) 거리를 두고 퍼져 있는, 방사상으로 구조화된 개념이라고 할 수 있다.[16] 그 개념에는 중요한 내적 구조가 있는데, 그것은 언제, 어떻게 그것을 적용할 것인지를 결정하는 데 핵심적이다.

우리는 이제 도덕적 절대주의가 가정하고 있는 고전적(객관주의적) 범주화 이론에 관한 결정적인 의문에 부딪히게 된다. 즉 어떻게 「거짓말」이라는 이 복합적인 방사상 범주 구조를 설명할 것인가? 개념들이 필요충분조건의 집합에 의해 정의된다는 객관주의적 견해는 단적으로 원형 효과를 설명할 수 없다. 그 견해에는 개념의 내적 구조를 설명할 방식이 없다. 그 범주의 모든 구성원은 그 본질적 특성들을 모두 보유해야 하며, 또한 그 특성들은 그 범주가 보유하는 유일한 구조이기 때문에 고전적인 객관주의적 이론은 한 구성원과 다른 구성원들을 구별할 수 있는 어떤 내적 구조도 인정하지 않는다. 그 범주의 이해와 관련해서 모든 구성원은 동등해야 한다. 따라서 객관주의자에게 화행은 「거짓말」이라는 개념이 명시하는 조건들을 충족시키거나 충족시키지 못하며, 나아가 다양한 종류의 거짓말들을 차별화할 수 있는 개념의 내적 구조나 구성 등은 존재하지 않는다.

그렇지만 스위처(E. Sweetser)는 「거짓말」 개념이 고전적 견해가 가정하는 것처럼 작동하지 않는다는 사실을 상세히 밝혀냈다.[17] 대

---

16) 방사상 범주 구조에 관한 해명은 Lakoff, *Women, Fire, and Dangerous Things*, 특히 5장 참조. 여기에서 레이코프는 "방사상 구조에서는 중심 구성원, 그리고 일반적인 규칙으로 예측될 수 없는 중심 구성원의 관습화된 변이들이 있다"고 말한다. 같은 책, p. 84.

17) Eve Sweetser, "The Definition of Lie: An Examination of the Folk Models Underlying a Semantic Prototype," in D. Holland and N. Quinn, eds., *Cultural Models in Language and Thought* (Cambridge: Cambridge University Press, 1989), pp. 43~66.

신에 「거짓말」 개념은 원형적 구조를 가지며, 지식과 의사소통에 관한 특정한 배경 모형—대부분의 세속적인 의사소통적 상호작용에서 전제되는—과의 연관 속에서만 기능하고 또 그 의미를 획득한다. 이 배경적 모형들이 얼마나 보편적인지의 문제는 이른바 마음의 선험적 구조에 달려 있는 것이 아니고, 오히려 인간의 의사소통적 상호작용과 관련해서 문화들 사이에 공유되는 어떤 것에 달려 있다.

스위처는 콜맨과 케이가 발견했던 명백한 변칙성을 설명하는 과정에서 이 점을 예증하고 있다. 그 변칙성이란, 비록 사실적 허위성(factual falsity)이 원형적 거짓말을 식별하는 데 가장 덜 중요한 조건이라는 것이 분명하지만 피험자들에게 비공식적으로 물었을 경우 그들은 전형적으로 거짓말을 식별하는 우선적 특성으로 허위성을 드는 것으로 나타났다.

이러한 예상 밖의 사실은 레이코프(G. Lakoff)가 '이상화된 인지 모형'(idealized cognitive models)[18]이라고 부르는 것에 근거해서 설명된다. 이상화된 인지 모형이란 주어진 영역 안에서 우리 지식과 이해, 경험의 선별된 측면들을 조직화하는 단순화된 인지 세슈탈트다. 그런 모형은 맥콜리(R. McCauley)가 설명하는 것처럼 그것들이 "가능한 모든 특성들 중에 (좀 더 순수하게 이론적인 영역에서) 체계적으로 효용성이 있으며, (실제적인 영역에서) 사회적으로나 도구적으로 의미 있는 것들을 선별한다"[19]는 점에서 **이상화**된 것이다.

18) Lakoff, *Women, Fire, and Dangerous Things*. 이상화된 인지 모형이라는 개념은 이 책 전반에 걸쳐서 다루어지지만 특히 3부의 사례 연구에서 매우 상세하게 다루어지고 있다.
19) Robert McCauley, "The Role of Theories in a Theory of Concepts," in Ulric Neisser, ed., *Concept and Conceptual Development* (Cambridge: Cambridge University Press, 1988), pp. 288~309.

그렇기 때문에 이 모형들은 어떤 특정한 상황에 정확하게 합치하지 않을 수 있지만 물리적이고 사회적인 환경과의 상호작용에서 중요하다고 입증된 특성이나 구조들을 드러내 준다. 그 모형들은 외재적 사물들의 객관적으로 현존하는 특성이라기보다는 경험을 조직화하고 이해하는 수단이 되는 상상적 구조들이라는 점에서 인지적이다. 또한 그것들은 우리의 특정한 경험과 판단을 측정하고 평가하는 구조나 기준들을 제공한다는 점에서 모형이다.

스위처는 우리가 거짓말을 이해하는 데에 두 가지 기본적인 이상화된 인지 모형이 그 배후에 자리잡고 있음을 지적한다. 그녀는 그 인지 모형을 지식에 대한 것과 의사소통에 관한 것으로 구분한다.[20]

「일상적 지식」의 이상화된 인지 모형

(1) 사람들은 자신들의 믿음에 대해 적절한 이유를 갖는다.

(2) 사람들이 적절한 이유를 갖는 믿음들은 참이다.

(3) 그래서 사람들의 믿음은 참이며, 또 지식을 구성한다.

(3a) 거짓인 것은 받아들여지지 않는다.

「일상적 의사소통」의 이상화된 인지 모형

(4) 사람들은 서로를 도우려는 의도(해악이 아니라 도움을 주려고 노력하는)를 갖는다.[21]

(5) 참인 정보는 도움이 된다.

---

20) 스위처는 '이상화된 인지 모형'이라는 말을 사용하지 않지만 대신에 '통속 이론'에 관해서 이야기한다. 이 모형들에 대한 나의 명명과 정식화는 Lakoff, *Women, Fire, and Dangerous Things*와 Winter, "Transcendental Nonsense"에서의 유사한 분석에서 온 것이다.

(6) 화자는 정보를 공유함으로써 청자를 도우려는 의도를 갖는
    다.

(6a) 의도적으로 거짓 정보를 전달하는 화자는 청자를 해치려는
     의도를 갖는다.

이 두 가지 모형은 공동으로 일상적 대화 안에서 이루어지는 것의
대부분을 결정해 주는 광범위하게 공유된 배경적 이해를 구성한다.
그것들은 모두 명백한 이상화다. 예를 들어 우리는 참이 아닌 수많
은 믿음들을 갖고 있으며, 또 흔히 화자를 도우려는 의도가 없이도
대화하기 때문이다. 그렇지만 이 모형들은 일상적 대화가 진행될 수
있도록 만들어 주는 기대들의 안정된 집합을 제공한다. 만약 우리가
모든 발화에 대해 모든 진술을 검토하고, 모든 화자의 의도를 시험
해야 한다면 우리의 의심은 단순한 일상적 대화마저도 엄청난 비중
을 갖는 과제로 바꾸어 놓게 될 것이다.

이처럼 간략하게 묘사된 「일상적 지식」과 「일상적 의사소통」 모형
을 받아들이면 「거짓말」 개념의 다음과 같은 세 가지 중요한 특징을
설명할 수 있게 된다. (1) 콜맨-케이 변칙성, (2) 그 범주의 복잡한
원형적 구조, (3) 배경적 모형들과 거짓말하기에 대한 이해를 구성
하는 개념적 구조의 상호작용. 스위처는 앞의 두 가지 특징을 명시
적으로 다루고 있으며, 나는 세 번째를 옹호하는 논변을 전개할 것
인데, 그것은 도덕적 절대주의에 대한 나의 비판은 물론 도덕적 이

---

21) 이 유익성(helpfulness)의 준칙은 그라이스의 협력 원칙의 한 버전이다. 협력 원칙에
    대한 서술은 Paul Grice, "Logic and Conversation," in P. Cole and J. Morgan,
    eds., *Syntax and Semantics*, vol. 3, *Speech Acts* (New York: Academic Press,
    1975), pp. 41~58.

해에 대한 대안적인 해명의 전개에 결정적이다.

먼저 변칙성을 보자. 왜 사람들은 사실적 허위성이 원형적 거짓말의 세 가지 조건들 중 가장 덜 중요하다고 평가하면서도 비공식적으로는 그것을 거짓말을 식별하는 일차적 특징으로 간주하는가? 그 대답은 「거짓말」 개념이 왜 그 두 가지 이상화된 인지 모형 안에 구체화되어 있는 사회적이고 인식적인 조건들과의 상관성 속에서만 이해되는지를 밝히는 데 달려 있다. 이 모형들에 의해 구성된 이상화된 상황 안에서 앞의 (3a)에 따르면 거짓인 것은 받아들여지지 않는다. 따라서 사실적 허위성은 믿음의 결여(원형적 거짓말의 세 가지 조건들 중 두 번째로 중요한 조건인)를 수반한다. 앞의 (6a)에 따르면 거짓 정보를 주는 것은 청자를 해치거나 속인다. 따라서 허위성은 속이려는 의도(원형적 거짓말의 세 가지 조건들 중 가장 중요한 조건인)를 수반한다. 여기에서 알 수 있는 것은 의사소통적 상호작용의 대부분을 지배하는 모형들에 의해 건설된 이상화된 세계 안에서 세 번째이면서 가장 덜 중요한 조건(즉 사실적 허위성)이 실제로는 다른 더 중요한 두 가지 조건들(즉 믿음의 허위성과 속이려는 의도)을 수반한다는 점이다. 이렇게 해서 거짓 진술이라는 거짓말에 대한 상식적인 정의는 거짓말하기의 원형적 사례들에 대한 약호로 통용된다(물론 두 가지 관련된 이상화된 인지 모형이 배경적 조건들로 자리 잡고 있다고 가정할 때).

개념에 대한 객관주의적 견해에서는 찾아볼 수 없는, 스위처의 분석의 두 번째 중요한 결과는 「거짓말」 개념의 원형적 구조에 대한 설명이다. 이 구조에 관한 상세한 내용은 스위처와 레이코프, 윈터(S. Winter)에 의해 연구되었기 때문에 나는 다만 두어 가지 예증만을 제시할 것이다. 비원형적 거짓말(이를테면 선의의 거짓말, 과장된 이야기, 사교적 거짓말)의 후보들과 비-거짓말(이를테면 과도한 단순화, 농담, 실수)의 후보들은 모두 다양한 방식으로, 다양한 정도로 지식과 의사소통에 대한 이상화된 인지 모형 안에서 제시된 조건들에 합치하지 않는다는 사실에 주목하라.

선의의 거짓말과 사교적 거짓말을 예로 들어 보자. 이것들은 모두 「일상적 의사소통」의 이상화된 인지 모형 안에 명시된 조건들에 미치지 못하거나 아니면 아예 상관없는 사례들이다. 둘 다 거짓말이기는 하지만 그것들은 참인 정보가 반드시 중요하지는 않거나(선의의 거짓말) 사회적으로 도움이 되는(사교적 거짓말) 상황에서 속임수를 사용하고 있다. 선의의 거짓말은 악질적인 허위는 아니며, 그 해악이 없거나 미미한 경우다. 따라서 우리는 '사소한 선의의 거짓말'이라는 말을 한다. 사교적 거짓말의 경우 진실을 말하지 않는 것이 사회적 상호작용과 공동체의 목적에 이익이 될 수도 있다.

반면에 농담(jokes)이나 놀림(kidding)은 아예 거짓말이 아니다. 왜냐하면 그것들은 정보가 교환되는 상황 밖에서 일어나고 있으며, 따라서 참된 정보가 문세시될 것이라는 신행직 기대가 없기 때문이다. 과도한 단순화나 과장은 좀 더 까다로운 경계적 사례들이다. 그것들은 실제로 진실성에 대립되는 방향으로 이루어지지 않을 수도 있다. 그렇지만 몇몇 경우에 그것들은 거짓이거나 잘못된 정보를 제공한다. 그렇지만 그것들이 상황의 선별적이고 부각된 특성들을 표현하는 경우 종종 매우 유용한 것일 수도 있다. 그래서 우리가 그것들을 과연 거짓말로 간주하는지, 그것들의 비난 가능성을 어떻게 이해하고 판단하는지는 그것들이 발생하는 맥락과 그 순간에 작동하는 가정들(이를테면, 「일상적 의사소통」이나 「일상적 지식」이라는 이상화된 인지 모형, 그리고 우리가 무엇을 말하고, 그것을 어떻게 말할 것인지에 관한 우리의 의도)에 달려 있다.

끝으로 세 번째이면서 현재의 논의에서 가장 중요한 것으로 「거짓말」 개념의 방사상 구조, 그리고 그 의미와 관련해서 이상화된 인지 모형에의 의존성이 불러오는 귀결을 들 수 있다. 그것은 바로 그 개념 자체가 평가적이며, 따라서 그 적용으로 나타나는 것은 항상 하나의 규범적 행위라는 것이다. 도덕적 절대주의자에게 「거짓말」 개념은 그 자체로 평가적이거나 가치 의존적일 수 없다. 대신에 그것은 순수하게 기술적인 것—어떤 것을 거짓말로 만들기 위한 필요충분조건을 진술하는—으로 간주된다. 이 견해에 따르면 「거짓말」을 정의하거나 주어진 사례들이 거짓말인지를 식별하는 것은 규범적 행위를 요구하지 않는다. 내 생각으로 이것이 공원에 차량 진입을 금지하는 법안에서 무엇이 차량에 해당되는지를 결정하는 데 어떤 '규범화나 평가'라는 추가적 행위도 요구되지 않는다고 주장하면서 헤어에 반대했던 도너건의 논점이다.

절대주의적 견해가 무엇을 간과하고 있는지를 좀 더 분명하게 살펴보기 위해서는 왜 거짓말이 대체로 나쁜 행위로 간주되는지를 상기해 보면 된다. 그 답은 거짓말이 전형적으로 타인들에게 해롭다는 것이다. 그러나 여기에서 관련된 해악 개념은 부분적으로는 「일상적 의사소통」의 이상화된 인지 모형을 통해 명시된다는 점에 주목하라. 도움/해악 개념은 그 모형에 맞게 구성된다. 따라서 특정한 상황에서 무엇이 거짓말에 해당되는지를 결정하는 것이 「일상적 의사소통」이라는 이상화된 인지 모형에 의존하는 한 「거짓말」에 대한 이해는 도움/해악이라는 평가적 개념과 불가분하게 결합되어 있다.

절대주의적 견해와는 반대로 「거짓말」 개념은 가치중립적이지 않으며, 순수하게 기술적인 것도, 자립적인 것도 아니다. 그 적용이야말로 바로 규범적 행위다. 그 개념의 의미는 적어도 두 가지 이상화된 인지 모형(즉 「일상적 지식」과 「일상적 의사소통」)과 불가분하게 결합되어 있는데, 그것들은 그 자체로 심중하게 가치 의존적이다. 「거짓말」 개념과 관련된 다양한 비원형적 후보들의 도덕적 위상은 바로 이 인지 모형들에 의거해서 결정될 수 있다.

예를 들어 '공적 거짓말' (official lie) ─ 정부 대변인이 정부의 이익을 위해 의도적으로 하는 기만적인 거짓 진술 ─ 이라고 불리는 것을 고려해 보자. 우리는 그 사람이 거짓말에 대한 책임이 있다고 생각하는가? 그 답은 분명치 않다. 이것은 분명히 전형적인 거짓말은 아니다. 왜냐하면 그 사람은 자신을 위해서 말을 하고 있는 것이 아니라 단지 대변인의 역할을 수행하고 있을 뿐이기 때문이다. 우리는 누가 대변인의 역할을 맡더라도 종종 공적 거짓말을 할 것으로 예상한다. 우리는 정부가 어떻게 특정한 종류의 정보를 유포시키며, 중요한 국가적 기밀이 문제시될 때 정부가 무엇을 할 것인지에 대해서 우리가 갖고 있는 배경적 각본을 통해서만 이 비원형적 거짓말의 사례를 이해할 수 있다.

두 번째 사례로 중앙정보국(CIA)이 요원들을 보호하기 위해서 거짓말을 하는 경우를 고려해 보자. CIA가 요원들의 존재, 또는 심지어 수행되었거나 수행되고 있는 작전의 존재를 부인하는 경우는 어떤가? 그러한 문제들에 대해 미국인에게 거짓말을 하는 것은 잘못된 것인가? 많은 사람들은 요원의 안전이나 중요한 작전의 통합성을 보장하기 위해서 하는 거짓말은 명백히 정당화된다고 말할 것이다. 그러나 몇몇 요원들의 위험을 피한다는 명분으로 행해지는 이 거짓말들 중 어떤 것은 동시에 국제관계에 영향을 미침으로써 수백만 명의 생명에 영향을 미친다.

그렇다면 여기에서 절대주의자(모든 형태의 거짓말에 대해 반대하는 광신자는 아닌)는 거짓말의 금지에 우선하는 상위적인 도덕 원리나 가치를 제시해야만 하는 상황에 직면하게 된다. 그러나 이것은 거짓말에 대한 비난 가능성의 본성이 그 상황에 대한 우리의 구조화에 상대적이라는 것을 의미한다. 바꾸어 말하면 「거짓말」 개념은 그 자체로 의미나 도덕적 힘을 갖지는 않지만 앞서 살펴보았던 것처럼 국민에 대한 정부의 책임, 국제관계의 작동 방식, 정치적 책임자들의 특권 등에 대해 우리가 갖고 있는 '배경적인 이상화된 인지 모형'과 '통속 이론들'에서 그 의미를 얻게 된다.

앞서 언급했던 것처럼 절대주의자들은 이러한 상황에서 위축되어야 할 이유가 없다. 왜냐하면 그들은 언제든지 보편적인 도덕적 합리성에 대한 확고한 통찰을 갖고 있다고 주장할 수 있기 때문이다. 이를테면 그들은 '공적 거짓말'이나 '사회적 거짓말'이 실제로 거짓말이라고 주장할 수 있으며, 나아가 언제 특정한 거짓말들이 허용될 수 있는지를 규정하는 다른 원리들을 구성할 수 있다. 그렇지만 절대주의자가 받아들이는 개념에 대한 전통적인 객관주의적 견해를 반박하는 것으로서 「거짓말」의 원형적 구조와 이상화된 인지 모형의 핵심적 역할에 대한 증거는 압도적인 것으로 보인다. 내가 제안하려는 것은 그 증거가 일상적인 도덕 개념들이 '그 자체로' 정의되지 않고, 공동체적 실천을 정의하는 이상화된 인지 모형에 상대적으로 그 의미를 얻게 된다는 사실을 보여 준다는 것이다.

인격 존중 개념에 관한 도너건의 절대주의적 논변의 핵으로 되돌아가 보자. 만약 「거짓말」 개념이 원형적 구조—이상화된 인지 모형을 전제하는—를 갖는 방사상 범주라면 「인격」 개념은 얼마나 더 복잡한 것이 될까? 서구적 도덕 전통에서 「인격」 개념은 대부분의 기본적 도덕 원리들의 근거가 된다. 그러한 핵심적 개념보다 더 복잡한 구조를 가지며 동시에 끊임없이 논쟁적인 개념이 있을까? 나는 「인격」 개념을 다음에 다룰 것이다. 지금으로서는 「인격」 개념이 비원형적 사례들(예: 여성,[22] 비-백인, 어린이, 노약자, 정신장애자)과 경계적 사례들(예: 고등 원인류)로 둘러싸인 몇몇 원형적 사례들(예: 정상적인 성인인 백인 이성애자 남성)로 구성된 방사상 범주라는 점만을 언급해 두려고 한다.

도너건에 따르면 도덕적 추론이란 기본적으로 어떤 존재가 합리적 인격성이라는 지위를 갖는지를 구별한 다음, 그들을 적절하게 존중하기 위해서 무엇이 요구되는지를 결정하는 것이다. 도너건을 따라 이 개념이 '그 자체로 이해될'[23] 수 있다는 주장은 한마디로 믿기 어려운 것이다. 그러한 견해는 「인격」 개념의 복합적인 내적 구조를 간과하고 있으며, 그 내재적 비결정성을 무시하고 있다. 그것은 또한 우리의 인격성, 합리성, 도덕성 개념이 모두 인간적 번영(예: 의미 있고 중요한 인간 활동의 본성에 관한 기본적 가치들)과 긴밀하게 묶여 있나는 사실을 산과하고 있다. 인격성은 그 자체로

---

22) 여성이 원형적 인간으로 간주되는 정도는 문화와 시대에 따라 다르다. 그러나 미국과 유럽 문화 안에서 여성이 남성과 대등한 토대 위에서 권리와 특권을 부여받고 있지 못하다는 점에서 여성은 아직 원형적 지위를 획득하지 못했다는 것이 분명하다. 더욱이 여성주의 철학자들이 상세하게 보여 주는 것처럼 이성과 지식, 도덕성, 정치 개념 자체에 심오한 성적 편견이 존재한다.

23) "모든 인간을 합리적 존재로서 존중한다는 생각은 대부분 그 자체로 이해된다" (Donagan, 71)라는 도너건의 주장을 상기하라. '대부분'이라는 제한은 내가 제시하는 논증과 무관하다. 왜냐하면 나는 그 개념의 어떤 부분도 도너건이 그 구절에서 제시했던 의미에서 '그 자체로 이해되는' 것은 아니라고 주장하기 때문이다. 내 주장은 도너건이 '그 자체로 이해되는' 것으로 간주하는 것은 항상 배경적 인지 모형에 상대적으로, 그리고 그 개념들이 중요한 역할을 갖는 사람들의 의도와 관심에 상대적으로만 이해된다는 것이다.

존재함으로써 인간 이성에 의해 드러나기를 기다리는 어떤 것이 아니며, 그 개념 자체가 근원적으로 복합적이고 논쟁적이다.

예를 들어 무엇이 「인격」 개념을 정의하는가? 그것은 우리의 질료적이고 물리적인 존재성인가? 생물학적 자아인가? 역할에 의해 정의되는 사회적이고 대인관계적 자아인가? 정신분석적 자아인가? 발달적 자아(삶의 단계에 나타나는)인가? 전기적 자아인가? 법적 자아인가? 신학적 자아인가? 정치적 자아인가? 자아와 인격에 관한 이 개념들은 각각 그것에 의미와 실재성을 부여하는 가치, 통속 이론, 인지 모형 등의 방대한 배경을 전제한다. 이 개념이 '그 자체로 이해된다'는 말의 의미를 누구든지 파악할 수 있다고 가정하는 것은 우리의 신뢰를 한계 너머까지 확장하는 일이다.

동물의 권리 논쟁이라는 것도 「인격」 개념을 은유적으로 확장시킴으로써 동물들―우리가 원형적 인격으로 간주하는 존재들과 유사하지 않게 구성된 두뇌를 가진―까지 거기에 포함시키는 것이 정당한지에 관한 일련의 논증들이 아니고 무엇이겠는가? 그것은 바로 전형적으로 은유적 원리들을 사용함으로써 원형적 구조, 또 비원형적 사례들로의 확장에 관해 논쟁하는 것이다.

마찬가지로 일부 환경주의자나 생태주의자들은 인격 개념을 은유적으로 우주 안의 생태계 차원까지 확장함으로써 인간중심적 편견을 폐기해야 한다고 설득한다. 이러한 논쟁의 설득력조차도 사실상 「인격」 범주의 원형적 구조, 그리고 원형적 사례들을 넘어서서 과거에는 그 개념을 벗어나 있었던 경계적 사례들에까지 투사할 수 있는 상상적 능력에 근거한 것이다. 대부분의 중요한 도덕적 논란을 불러오는 것은, 가장 기본적인 도덕 개념들의 방사상 구조에 관한 바로 이 논쟁들이다.

6_개념적 안정성과 비결정성의 유형

하나의 도덕적 전통 안에서 사실상의 보편적 합의가 가능한 핵심적인 사례들이 존재할 것이라는 도너건의 주장은 여전히 옳은 것이다. 우리가 알 수 있는 것처럼 이것들이 특정한 도덕 개념의 원형적 또는 중심적 구성원들이다. 이 안정적인 핵심적 사례들은 한 문화 안에서 공유된 가치, 이상화된 인지 모형, 실천, 목적이라는 맥락의 안정성에서 비롯되는 산물이다. 개념적 안정성을 설명해 주는 것은 원형적 구조와 이상화된 인지 모형 이론이며, 이것은 고전적인 범주 이론에는 주어지지 않은 방식이다. 도너건의 절대주의적 견해와는 반대로 그러한 안정성은 확정적이고 객관적인 범주 구조의 산물이 아니다.

예를 들어 공원 내 차량에 관한 법규의 경우 우리는 흔히 어떤 종류의 대상이 그 법규에 해당되는지를 아주 쉽게 결정할 수 있다. 그러나 우리가 그렇게 할 수 있는 것은 우리가 전형적으로 차량에 부여하는 목적들, 공원이 우리에게 주는 기능, 우리 활동이 장애를 받는다는 것의 의미, 현재 통용되는 공공 행위의 척도 등과 같은 공유된 배경 지식을 갖고 있기 때문이다. 부분적으로는 시대에 따라 한 문화 안에서 변화하는[24] 이러한 경험과 지식의 관점에서 볼 때, 일반적으로 그 법규에 의거해 무엇을 자동차로 간주해야 할 것인지를 매우 쉽게 결정할 수 있는 '명확한' 사례들의 범위가 있다.

---

24) Steven Winter, "An Upside/Down View of the Countermajoritarian Difficulty," *Texas Law Review* 69, no. 7 (1991): 1881~1927는 공원의 목적이라는 개념을 바꾸는 것에 관해서, 또 그처럼 문화적으로 우연적인 규범적 견해들이 법적 추론에 어떻게 영향을 미치는지에 관해서 간략한 해명을 제시하고 있다.

그렇지만 「인격」 개념의 경우 상황은 훨씬 더 복잡하고 혼란스럽다. 예를 들어 서구 문화에 확산되어 있는 '남근 중심적'이고 인종주의적인 편견에 관한 오늘날의 논쟁에서처럼 우리는 범주의 원형적 구성원에 관해서조차 논쟁을 한다. 역사적으로 도덕적 인격성과 관련해서 여성이 남성과 같은 원형적 지위를 부여받지 못했다는 사실은 (마치 과거에는 불분명하기나 했던 것처럼) 오늘날 철저하게 기록되고 있다.

원형들 자체마저도 논란이 되면 우리는 매순간 논쟁의 소지가 있는 개념을 갖게 된다. 그것이 현재 우리가 겪고 있는 도덕적 혼동의 특징이다. 그렇지만 도덕적 절대주의의 주장과는 반대로 그 혼동은 인격성의 본질에 관한 멋진 옛날식의 명료한 추론에 의해 제거될 수 있는 어떤 것이 아니다. 그 비결정성은 (상관적인 결정성과 마찬가지로) 「인격」 개념의 원형적 구조에 내재적이며, 그것은 문화적으로 우연적이고 역사적으로 변화하는 가치, 인지 모형, 또는 통속 이론들에 상대적이다.

개념적 안정성과 비결정성을 요약해 보자. 우리의 도덕 개념들은 대부분 인지적 원형을 중심으로 비교적 안정적인 핵을 갖는다. 그 안정성은 원형적 구조에서 비롯되며, 또한 배경적인 이상화된 인지 모형과 통속 이론, 또 삶에서 그것들이 기여하는 목적들에서 비롯된다. 이 모든 것들이 함께 작용함으로써 명확하고 확실한 경우들이 가능해진다. 그렇지만 우리는 몇몇 중요한 도덕 개념의 경우 무엇이 원형에 속하는지에 관해서조차도 논쟁의 소지가 있다는 것을 살펴보았다. 예를 들어 「인격」 개념의 경우 우리는 그 구조 자체의 섬세한 변형을 경험하고 있는 것인지도 모른다.

인지적 원형 이론 또한 개념들에 대한 우리의 이해에서 발생하는 불확실한(주변적이거나 경계적인) 경우들의 본성에 대한 설명의 근거를 제공한다. 우리는 그런 사례들이 왜 현재와 같은 방식과 정도로 비결정적인지를 설명할 수 있을 것이다. 그 비결정성은 일차적으로 그것들이 이상화된 인지 모형에 불합치하는 방식, 그리고 배경―한 개념이 그 의미를 얻는 수단인―을 구성하는 원형성의 조건들에 달려 있다. 예를 들어「거짓말」의 경우 우리는 사회적 거짓말이 왜, 또 어떻게「일상적 의사소통」(예: 해롭지 않으며, 실제적으로 사회적 조화와 상호작용에 기여하는)의 모형에 따라 설정된 이상화된 화행 상황에서 벗어나는지를 알 수 있다. 더욱이 이 일탈을 이해하는 것은 사회적 거짓말이 특정한 한계 내에서, 그리고 특정한 상황에서 과연 받아들일 수 있는 것인지, 또 어느 정도 받아들일 수 있는 것인지를 결정하는 데 도움이 된다.

「인격」개념에도「거짓말」의 경우와 마찬가지 상황이 적용된다. 그렇지만「인격」개념은 내적 구조에 있어서, 따라서 배경적 모형과 가치의 관계에서 훨씬 더 복합적이기 때문에 원형적 구성원들을 넘이시시 비원형적 구성원들로 확상하는 데 작용하는 상상적 구조를 기술하는 일이 엄청나게 어려워진다. 이것들이 낙태, 안락사, 시민권, 동물의 권리, 우리의 환경적 책임과 관련된 논쟁에서 우리를 괴롭히는 물음들이다.

상대적인 개념적 비결정성이 도덕적 추론에 관한 모든 해명에 대해 폭넓은 함축을 갖는다는 것은 명백하다. 그 주된 함축의 하나는 절대주의적 견해와는 반대로 도덕적 추론이 단순히 확정적 개념을 합리적으로 드러내는 문제일 수 없다는 점이다. 대신에 그것은 비원형적 사례들로의 상상적 확장을 요구한다.

지금까지의 논의를 정리해 보자. 도덕 개념들의 원형적 구조에 대

한 이해는 이 개념들의 비교적 안정적인 핵뿐만 아니라 그것들이 왜
어떤 상대적인 비결정성을 갖는지를 설명할 수 있게 해 준다. 그 비
결정성은 우리의 기본적 개념들의 방사상 구조의 귀결인 동시에 대
부분의 도덕적 난점들이 비원형적 경우들일 때 발생한다는 사실에
서 비롯된 귀결이다. 이 비결정성의 정도와 깊이에 관해 명료하게
이해하는 일, 그리고 왜 그것이 로티를 비롯한 다양한 해체론자들이
주장하는 종류의 근원적 비결정성이 아닌지를 이해하는 일은 너무
나도 중요하다.[25]

법적 추론의 상상적 특성에 관한 논의에서 윈터(S. Winter)는 실
제 삶의 상황에 법률을 적용할 때마다 불가피하게 나타나는 세 가지
중요한 비결정성을 밝혀냈다.[26]

1) 확장의 비결정성

몇몇 가장 중요한 개념들의 원형적(또는 '방사상') 구조의 귀결
로 우리가 그 범주 안의 비원형적 사례들을 어떻게 다룰 것인지를
결정할 때 내재적인 비결정성이 존재하게 된다. 이것이 내가 앞서
논의했던 유형의 비결정성이다. 여기에서는 그 범주의 중심적, 원형
적 구성원을 넘어서는 활동은 이상화된 인지 모형—한 개념이 이것
과의 관계 속에서 그 구조와 의미를 전개하는—으로부터 다양한 정
도로 일탈하는 것을 포함한다. 예를 들면 태어나지 않은 태아에 대
한 도덕적 책임을 결정하는 것은 매우 어려운데, 그 이유는 과연 인

---

25) Richard Rorty, "The Contingency of Language," in his *Contingency, Irony, and
    Solidarity* (Cambridge: Cambridge University Press, 1989), pp. 3~22.
26) Winter, "Transcendental Nonsense," 1194ff. 이하 이 논문의 인용 쪽수는 본문에 제
    시한다.

격이 태아들에게까지 확장적으로 적용되어야 하는지에 관한 다양한 유형의 주장이 있기 때문이다.

이러한 유형의 개념적 비결정성이 불러오는 난점들을 강조하는 과정에서 또한 그만큼 중요한 대응물을 간과해서는 안 되는데, 그것은 원형적 사례들이 드러내는 고도로 안정적이고 확정적인 성격이다. 그러한 안정성이 존재한다는 사실은 모든 도덕 개념들이 근원적으로 비결정적이라는 주장들을 무너뜨리기에 충분하다. 극단적 상대주의 또는 모든 급진적 비결정성 논제는 단적으로 원형적 구조에 관해 우리가 알게 된 것들에 의해 반박된다.

도너건이 법적 추론과 도덕적 추론에 동등하게 중심적인 것이라고 생각했던 것이 바로 이 안정된 핵이다. 그는 그것을 지나치게 강조함으로써 비원형적 사례들을 고찰했을 때 드러나는 비결정성을 과소평가하는 잘못을 범하게 되었다. 따라서 도너건이 개념적 안정성을 인정하는 것을 그 자체로 받아들일 수는 있지만 여기에는 다음과 같은 두 가지 조건이 필요하다. (1) 이 상대적 안정성에 대한 적질한 해명이 원형적 구소, 그리고 이상화된 인지 모형이나 다른 배경적 프레임에 관한 공유된 가정들에 근거하고 있다는 사실을 인정해야만 한다. (2) 우리가 원형적 사례들을 넘어서서 확장해 갈 때 생겨나는 대응적인 비결정성에 대해 적절한 주의를 기울여야 한다. 종종 특정한 맥락 안에서 주변적이거나 사소한 것이라 하더라도 이상대적인 비결정성은 마찬가지로 현존한다.

여기에서 주목해야 할 중요한 사실이 있다. "확장에서 결정성의 결여가 확장의 자의성을 의미하는 것은 아니다. 오히려 [이상화된 인지 모형]과 그 최초의 공식화의 확장을 모두 제약하지만 결정하지는 않는 동기 유발적인 구조들이 존재한다"(Winter, 1196). 일단

한 개념의 안정적이고 확정적인 핵을 둘러싸고 있는 영역―하트 (H. L. A. Hart)가 '경계부'(penumbra)라고 부르는―으로 들어선 다고 해서 우리가 끊임없이 변화하고, 거칠 것 없고, 끝이 없는 바다에 떠도는 것이 아니다. 우리는 적어도 어떤 지침과 함께 어려운 사례들에 관해 판단할 수 있는데, 그것은 어려운 사례가 어떤 측면에서 그 개념의 배후에 자리 잡고 있는 이상화된 인지 모형과 불일치하는지를 이해할 수 있기 때문이다. 또 우리는 중심적이고 확실한 사례들과 현재 고려하고 있는 사례의 관계를 검토할 수 있다. 여기에서 비결정성은 상대적이다. 즉 주어진 사례에 대해 다양한 해석들이 가능하지만 어떤 해석도 확정적이지는 않다. 예를 들면 비원형적인 거짓말(선의의 거짓말처럼)의 경우 유일하게 옳은 도덕적 평가는 존재하지 않을 수도 있다. 그렇지만 그 경우를 평가하면서 「일상적 지식」과 「일상적 의사소통」이라는 인지 모형을 통째로 무시하는 것은 가능하지 않다.

2) 패러다임의 비결정성

개념과 추론에 관한 도덕적 절대주의 모형과 인간의 인지가 실제로 작용하는 방식 사이의 괴리 때문에 나타나는 것이 패러다임의 비결정성이다. 도덕적 절대주의(객관주의 형태의)가 요구하는 것은 우리의 인지 과정의 본성에 근거해서 볼 때 애당초 충족될 수 없는 것이다. 윈터는 법적 문제들에 있어서 우리가 명제적인 법률과 규칙에 대한 객관주의적 기대와 요구에 직면하고 있다고 설명한다. 그러나 인간의 추론은 명제적이거나 삼단논법적이지만은 않다. 우리는 도덕적 추론이 종종 명제적이지 않으며, 심층적인 은유적·상상적 구조들에 의존하고 있다는 것을 살펴보았다. 고전적인 연역 논리는 은유적 개념들을 설명할 수 없다. 윈터가 설명하는 것처럼 "객관주의가 제안하는 규칙들은 명제적이고 삼단논법적인 것이라고 자임한다. 그러나 인간의 합리성은 그 어느 것도 아니다. 명제적인 법적 규칙들은 확정적인 답을 약속한다. 그러나 사고의 상상적·은유적 구조는 상이한 의사결정 패턴을 낳는다. 이론적인 것과 실제적인 것 사이의 불일치는 비결정성으로 인식된다(Winter, 1196).

윈터는 지혜로운 도덕적 판단의 어려움에 관해 고찰하면서 많은 사람들이 직면하게 되는 매우 현실적인 딜레마를 기술한다. 서구의 도덕적 전통은 「도덕 법칙」 통속 이론에 근거하고 있는데, 그것은 성격상 기본적으로 절대주의적이다. 결과적으로 우리는 우리 자신이 추론과 개념에 관해 비현실적인 고전적(객관주의적) 견해를 가정하는 도덕관에 묶여 있다고 생각한다. 그러나 우리는 때로 우리 자신이 객관주의적 논리의 요구에 부합하는 방식으로 사고하지 않는다는 사실을 불가피하게 의식하게 된다. 그 결과, 우리는 때로 우리 자신이 결함이 있는 존재라고 생각하게 된다. 왜냐하면 우리의 추론, 이해, 명료성 등이 그 객관주의적 견해가 가정하는 기준들을 충족시키기에는 역부족이기 때문이다. 우리가 이 내적 긴장을 느끼는 이유는 개념들의 대부분이 고전적인 범주 구조를 갖고 있지 않기 때문이다. 우리의 개념들은 「도덕 법칙」 통속 이론이 가정하는 것과 같은 방식으로 작용하지 않는다. 따라서 우리가 '실제로 느끼는' 것은 절대주의적인(따라서 객관주의적인) 「도덕 법칙」 통속 이론과 우리의 추론이 실제로 작용하는 방식, 즉 비객관주의적 방식 사이의 충돌이다.

물론 이것이 최고의 도덕적 이상들에 맞게 살아가려고 노력해야 한다는 우리의 책임을 면제해 주지는 않는다. 오히려 반대로 더 나은 사람이 되기 위해서 발전과 초월, 변형을 향한 도덕적 이상들을 지향해야 한다는 믿음은 도덕성에 핵심적이다. 다만 그 도덕적 이상들이 심리적으로 현실적이며, 우리의 마음이 실제로 작용하는 방식에 부합해야 한다는 것이다. 도덕적 절대주의가 약속하는 명료성, 확정성, 논리적 엄밀성과 같은 이상에 도달할 수 없다는 이유 때문에 우리 자신을 실패작으로 생각할 필요는 없다. 왜냐하면 도덕적 절대주의는 인간의 실제적 인지와는 거의 상관이 없는 그릇된 이상들을 유지하고 있기 때문이다.[27]

3) 실질적 비결정성

이상화된 인지 모형 ─ 도덕적 추론의 맥락을 제공하는 ─ 의 역사적·사회적 우연성은 실질적 비결정성을 불러온다. 우리의 도덕 개념과 추론의 바탕에 자리 잡고 있는 모형들에는 변화해 가는 사회·문화적 차원이 존재한다. 예를 들면 나는 도덕적 인격성 개념이 오늘날 그러한 실질적 변화를 겪고 있다고 제안했다. 우리가 원형적 구성원으로 간주했던 것들조차도 변화하고, 또 변화할 수 있다는 것이 아마도 사실일 것이다.

사회의 기본적 구조와 구성을 확정적인 것으로 보지 않는다면, 역사적 변형을 무시하지 않는다면, 그리고 진정한 참신성을 거부하지 않는다면 그 실질적 비결정성을 부인할 수는 없다. 도덕성은 이 변형 과정과 밀접하게 연관되어 있다. 도덕적 숙고의 전체적인 핵심과 방향은 이 불가피한 변화 과정에 대한 지적, 감성적, 구성적 방향 설정이다.

---

27) 이후의 장들에서 나는 인간 인지의 상상적 특성에 관한 이 견해를 이해와 추론의 비명제적 층위에 대한 강조와 함께 상세하게 서술할 것이다.

　요약하면, 윈터가 법률을 역사적인 실제 사례들에 적용할 때마다 드러난다고 서술했던 유형의 비결정성은 도덕적 추론에도 나타난다. 이 세 종류의 비결정성이 객관주의적 개념이나 가치, 법률이라는 그릇된 절대주의적 이상들을 무너뜨리는 것은 사실이지만 그것들이 무정부 상태를 옹호하는 것은 아니다. 도덕성을 정의하는 것으로서 단일한 참된 이론(또는 개념의 집합이나 규칙의 체계)의 가능성을 포기하는 것은 이성의 폐기가 아니다. 오히려 그것은 인간 이성의 다면적이고 다차원적인 특성을 인정하는 것이다.

　인간의 경험은 생물학적, 문화적, 경제적, 정치적, 종교적, 미학적, 법적 차원들의 복합적인 혼성이며, 그것들은 우리의 가치, 의도, 제도, 실천 등에 영향을 미치는 동시에 우리는 그것들의 영향을 받는다. 예를 들어 환경 안에서 생존하려는 유기체로서 나의 생물학적 본성(생물학적 가치)은 내가 어떤 사회적·정치적 상호작용을 선호할 것인지에 영향을 미친다. 그것들 모두가 대등하게 나의 의도에 기여하는 것은 아니다. 그러나 동시에 내가 속해 있는 사회적, 정치적, 경제적 실천과 제도는 내가 생존과 번영이라는 생물학적 목적을 이해하고 추구하는 방식에 영향을 미칠 것이다. 이타적 행위가 평가받는 사회는 사회적 상호작용이 본성상 훨씬 더 홉스적이거나 마키아벨리적인 문화 안에서 우리가 선택할 수 있는 것과는 매우 다른 방식으로 생존을 추구하도록 우리를 이끌어 갈 것이다. 따라서 어떤 관점에서 생물학적으로 주어진 의도나 가치는 특정한 문화적 전통 안에서 실현되었을 때 외견상 드러난 것보다 실제로 더 유연하고 개방적일 수 있다.

　그러나 이러한 상대적 비결정성 때문에 이성이 자의적인 행위들에 의해 대체될 수 있다는 결론이 따라 나오는 것은 결코 아니다. 모든 종류의 추론, 모든 자의적 원리들, 또는 모든 무작위적인 행위가 우리의 도덕적 이상이나 의도에 합치할 것이라는 생각은 어리석은 것이다. 도덕적 개념이나 추론이 철저히 은유적이고 상상적이라는 사실은 도덕적 숙고를 자의적이고 무작위적인 사고의 유희로 귀착시키는 것은 아니다. 대신에 그것은 이성의 오류 가능성을 부각시켜 주며, 또 우리가 행하는 것, 그 행위의 이유가 최선으로 판명될 것인지에 관해 그 행위에 앞서서 결코 확신할 수 없다는 사실을 부각시켜 준다.[28]

7_규칙을 넘어서 원리와 이상으로

나는 도덕성의 절대주의적 · 객관주의적 '규칙 이론'이라고 부르는, 즉 도덕성을 인간 이성을 통해 발견할 수 있는 보편적인 도덕 법칙들의 체계로 제한하려는 견해들에 대하여 지속적인 비판을 제기해 왔다. 지금까지 내 주장은 그러한 견해들이 인간 이성에 대해 빈곤한 견해를 제시하고 있으며, 개념에 관한 객관주의적 견해 — 개념

---

28) 이것은 객관주의적 배경을 지녔던 칸트조차도 스스로 매우 분명하게 이해하고 있었던 점이다. 그는 다음과 같은 두 가지 기본적인 이유 때문에 우리는 결코 도덕적으로 행위했는지를 확신할 수 없다고 주장했다. (1) 심리적 이유: 우리는 사람들의 심층적인 동기가 무엇인지를 결코 알 수 없다. "행위의 준칙이 오로지 도덕적 근거들과 그의 의무의 표상에만 의거한 단 하나의 경우라도 경험을 통해서 완전히 확실하게 결정하기는 단적으로 불가능하다. …… 우리는 거짓되게 자부하는 고귀한 동인으로 기꺼이 자위하거니와, 사실 그러나 그 배후를 제아무리 힘들게 검사해 보아도 숨은 동기들이 결코 온전히 드러날 수는 없다"(『윤리형이상학』, 407). (2) 존재론적 이유: 도덕적으로 행위하는 것은 자유롭게 행위한다는 것을 요구하지만 우리는 결코 우리 자신이 자유롭다는 것을 입증할 수 없다(『윤리형이상학』, 3절 참조).

적 구조에 관해서 우리가 알게 된 것들과 양립 불가능한―를 가정하고 있다는 것이다. 「도덕 법칙」 이론들은 사안의 일부에 관해서 이야기하고 있지만 도덕적 추론의 가장 중요한 차원의 일부를 간과하고 있다. 다음에 나는 또한 절대주의(객관주의의 한 형태로서)가 가정하는, 자아와 행위에 관한 부적절한 구도를 고찰할 것이다. 법칙들의 체계로 이해되는 도덕성은 단적으로 도덕적 경험의 많은 것을 파악하기에는 너무나 편협하며 비상상적이다. 그것은 결국 도덕적 이해의 핵심이 되는 추론과 숙고의 상상적 차원을 무시하는 결과를 낳는다.

그 잘못은 역사적으로 전개되는 사람들의 도덕적 경험의 구체화로부터 특정한 법칙을 추출해 내려는 데에 있다. 현존하는 모든 도덕 법칙은 진화하는 도덕적 전통의 지평 안에서만 그 의미와 유용성을 갖는다. 따라서 그 잘못은 그 법칙을 특수한 역사적, 정치적, 사회적, 경제적, 심리적 맥락 안에서의 체험적 원천에서 분리시키는 데에 있다.

내 주장은 「도덕 법칙」 이론들이 요구하는 것을 수행할 수 있는 확정적인 법칙이나 규칙들의 집합은 있을 수 없다는 것이다. 우리의 개념들이나 이성이 이런 방식으로 작용하지 않기 때문에 「도덕 법칙」 이론들은 결코 실현될 수 없으며, 또 인간 이성의 본성과 합치하지 않는 가상적인 이상들만을 제시할 수 있을 뿐이다. 확정적이고 유용한 규칙들이 존재하는 정도에서 그것들은 관련된 개념들의 안정적 핵심부에 자리 잡고 있는 사례에만 명확하게 적용될 것이다. 그러나 도덕적 숙고의 대부분을 차지하고 있는 경계적이거나 주변적인 사례들에서 '규칙들'은 충분한 것이 아니다. 그것들은 다만 우리의 도덕적 전통에 대한 진화적 통찰의 요약으로서 기여할 수 있을 뿐이며, 그 전통을 구성하는 공유된 경험과 분리되어 독자적으로 존립할 수는 없다.

요컨대「도덕 법칙」이론들은 부분적으로는 옳지만 부분적으로는 그릇된 것이다. 그 옳은 부분은 도덕적 숙고의 반성적 차원이 지적 원리나 이상들―때로 우리가 법칙이나 확정적 규칙의 형태로 표현하려고 하는―을 요구한다는 점이다. 우리로 하여금 단순한 습관을 넘어설 수 있게 해 주며, 또 우리 스스로의 가정, 믿음, 가치들에 대해 반성할 수 있게 해 주는 원리들이 존재한다는 것은 분명하다. 그러한 반성적 차원이 없이는 자기 초월도, 어떤 목표를 향한 상황의 창조적 변형도, 도덕성도 존재하지 않을 것이다.

「도덕 법칙」이론의 잘못은 모든 도덕성이 (의식적으로든 습관에 의해서든) 규칙 따르기로 환원될 수 있다는 가정에 있다. 여기에서는 (「도덕 법칙」이론에서 이해된 것으로서) 규칙들(rules)―어떻게 행위해야 하는지를 말해 주는―과 일반적 원리들(principles)―우리의 집합적인 도덕적 통찰의 요약인―을 구별하는 것이 핵심적이다. 내가 염두에 두고 있는 결정적 구분은 듀이가 제시했던 것이다. 듀이는 규칙들이 구체적 상황 안의 기원에서 분리된, 완성되고 확정된 계율들이며, 그것들은 법칙들에 '속하는' 사례들에 대한 객관주의적 모형에 따라 새로운 상황들에 '적용된다고' 생각했다.

반면에 원리들은 사람들의 지속적인 경험에서 창발하는 통찰들의 결정체다. 그것들은 그 자체로 우리의 경험과 의도된 행위들을 검토하고 평가하는 관점을 수립해 주는 이상들을 제공한다. 듀이에 따르면 원리들이 우리의 삶, 목표, 가치, 행위 등을 성찰하기 위한 상상적 이상들을 제시해 주는 반면, 규칙들은 기술적인 지침으로서 훨씬 더 직접적으로 실제적인 기능을 갖는다. 듀이는 이렇게 요약한다.

224

규칙들은 실제적이다. 그것들은 행위의 습관적 방식들이다. 그러나 원리들은 지적이다. 그것들은 방향과 행위를 판정하는 데 사용되는 최종적 방법들이다. 직관주의자의 근본적 오류는 그 자체로 행위자에게 어떤 행위의 방향을 따를 것인지를 말해 주는 규칙들을 기대한다는 점이다. 반면에 도덕 원리의 목표는 개인에게 자신이 처해 있는 특정한 상황에서 좋음과 나쁨의 요소들의 분석을 가능하게 해 주는 관점과 방법을 제공하는 것이다.[29]

여기에서 핵심은 규칙과 원리 사이에 엄격한 구분을 제시하는 것이 아니다. 듀이의 논점은 오히려 우리가 그것을 무엇이라고 부르든 도덕적 숙고와 중요한 관련성을 갖는 지적 원리들이 존재한다는 것이다. 그렇지만 그것들은 행위를 위한 처방으로 간주되어서는 안 된다. 대신에 그것들은 한 전통이 지속적인 경험과 반성의 과정에서, 과거 행위에 대한 반성, 미래의 행위 방향, 또는 실천적 지혜를 가진 것으로 생각되는 사람들의 선택에 대한 성찰을 통해 중요한 고찰들로 받아들인 것들을 환기시켜 주는 장치로 간주되어야 한다.[30] 듀이는 계속해서 이렇게 말한다.

29) John Dewey, *Theory of Moral Life* (New York: Holt, Rinehart, and Winston, 1960), p. 141. 이 책은 듀이와 터프츠의 공저인 1932년 판『윤리학』(*Ethics*)의 제2부다(고딕은 원문의 강조).

30) 도덕적 숙고에 관한 아리스토텔레스의 견해에 관한 논의에서 누스바움은 일반적 규칙을 존중하는 적절한 방식에 관해 유사한 논점을 제시했다. "원리들은 좋은 판단에 대한 명료한 기술적 요약이며, 그것들이 그러한 판단을 정확히 기술하는 정도만큼만 타당하다. 그것들은 경제적인 형식으로 지혜로운 사람의 선하고 구체적인 결정이 갖는 규범적 강제성을 전달하는 한에서만, 또한 우리가 다양한 이유들 때문에 그 사람의 선택에 따라 지도되기를 원하기 때문에 규범적이다." Martha Nussbaum, *The Fragility of Goodness: Luck and Ethics in Greek Tragedy and Philosophy* (Cambridge: Cambridge University Press, 1986), p. 299.

자비, 정의, 황금률 같은 도덕 원리는 행위자에게 생겨나는 특정한 물음을 관찰하고 검토하는 근거를 제공한다. 그것은 그 행위의 몇몇 가능한 측면들을 제시한다. 즉 그것은 행위자에게 그 행위에 대해 단기적이거나 부분적인 시각을 갖지 않도록 경고해 준다. 그것은 그의 욕구나 의도의 관련성을 고려하는 준거점이 되는 주된 항목들을 제시함으로써 그의 사고가 효과적인 것이 되도록 해 준다. 그것은 그가 예상해야 하는 중요한 고찰들을 제시해 줌으로써 그의 사고를 이끌어 준다.[31]

원리에 대한 이러한 해명은 도덕성의 핵심에 자리 잡고 있는 종류의 반성에 관해 매우 다른 견해를 제시해 준다. 그것은 「도덕 법칙」 이론이 가정했던 것처럼 새로운 사례들을 이미 수립되고 고착되고, 고도로 확정적인 규칙들(법칙들)에 귀속시키는 문제가 아니다. 그것은 특정한 가치, 원리, 믿음 등을 일차적인 것으로 받아들이는 광범위한 함축들을 상상하는, 훨씬 더 상상적이고 설명적인 작업이다. 완고한 「도덕 법칙」 이론들은 그러한 상상적 탐색에 내재적인, 근원적인 비결정성과 불확실성을 벗어나려는 욕구가 그 동기를 이루고 있다. 그러나 분명한 사실은 우리가 인간 경험의 복합성과 진화에 대해 개방적이고 수용적이기를 원하지 않는 한 이것이 결코 실현될 수 없다는 것이다.

따라서 도덕 원리는 불확정적인 삶에 대처하는 데 도입하는 추상적인 지적 도구다. 이러한 듀이적 의미에서 '황금률'은 하나의 규칙이 아니라 우리에게 가능한 행위들 중 어떤 것이 선택될 수 있는지를 성찰하는 데 부분적 근거가 되는 일반적 원리다. 이런 종류의 도

---

31) Dewey, *Theory of Moral Life*, p. 141.

226

덕 원리들은 그것들이 잘 합치하는 특정한 종류의 상황에, 특정한 종류의 문제에 적절한 것으로 형성되었다. 그러나 우리 경험이 진화하고 변화하기 때문에 그러한 도구들이 처음 형성되었을 때에는 생각치도 않았던 새로운 문제 상황이 생겨날 것이다. 황금률 같은 원리는 이런저런 상황에서 정확히 무엇을 해야 하는지를 결정해 주지 않는다.

그래서 새로운 문제와 상황들은 도구의 개선을 요구하거나 심지어 과거의 도구와는 거의 관련이 없는 새로운 도구들의 개발을 요구하기도 할 것이다.[32] 예를 들어 최근의 생명공학처럼 새로운 기술의 출현은 성적, 가족적, 생의학적 실천의 기준들이 우리의 도덕적 전통 안에서 점차 형성될 때에는 존재하지 않았거나 심지어 상상하지도 않았던 새로운 도덕 문제나 상황을 불러왔다. 비판적 검토 없이 우리의 전통적 개념이나 기준들이 이러한 새로운 사례들에 어떻게든 '합치'해야만 한다고 가정하는 것은 우리 경험의 특성에서 변화의 가능성을 부인하는 것에 불과하다. 그러나 체외수정이나 유전공학의 진보 등은 인격성 개념, 또는 생식 과정에서 무엇이 '자연적'인가에 대한 가정을 실제로 수정하도록 요구할 수도 있다.

이러한 도구 비유는 나름대로의 결함이 있지만 인간 경험의 지속적 진화라는 관점에서 도덕적 추론의 적응적 특성을 강조하고 있다는 점에서 옳은 것이다. 거기가 바로 우리의 습관과 그것을 규정하

---

32) 이 점(인간 경험의 지속적 진화)에 근거해서 듀이는 다음과 같이 주장한다. "도덕적 지식의 지속적인 수정과 확장의 필요성은 비도덕적 지식과 진정으로 도덕적인 것을 구별해 주는 괴리가 왜 존재하지 않는가에 대한 주된 이유이다. 한때 전적으로 생물학적이거나 물리적 영역에 속하는 것으로 보였던 관념들은 언제든지 도덕적 중요성을 가질 수 있다." 같은 책, p. 144.

는 규칙들이 지금까지 예상치 못했던 문제들, 새롭게 발생한 의도들, 또 진화하는 기술들―지성적인 도덕적 반성을 요구하는―에 대해 적절하게 적응하지 못하는 지점이다. 그러한 반성은 우리의 집단적 존립의 질을 고양시키는 방식들을 탐색하는 데 가능한 행위 방향의 상상적 탐색이 되어야만 한다. 그렇게 함으로써 그것은 우리로 하여금 불확실하며 비결정적인 상황에 적응할 수 있게 해 주기 때문이다. 그러한 도덕적 반성과 숙고의 상상적 특성에 대한 나의 제안은 도덕적 절대주의에 대한 나의 비판이 전개되어 가면서 점차 더 선명한 것이 되었다. 이제 필요한 것은 이 상상적 활동의 본성에 대한 건설적인 해명인데, 나는 그것이 도덕적 절대주의(그리고 앞으로 보게 될 것처럼 도덕적 상대주의)에 대한 대안의 근거라고 주장할 것이다.

제 5 장
이성의 빈곤: 계몽주의의 유산

　도덕적 절대주의에 따르면 이성은 실제 역사적 맥락 안에서 추론의 모든 구체적 사례들을 넘어서거나 초월하는 추상적 구조에 의해 정의된다. 합리성은 보편 이성, 즉 결코 우리의 신체적 경험의 본성이나 그것이 발현되는 사회적 맥락, 역사적 사건, 또는 문화적 실천에 의존하지 않는, 확정적이고 초시간적인 구조로 간주된다. 절대주의의 도덕적 이상은 보편 이성을 가정하는데, 보편 이성은 '정확히' 작용했을 때 우리의 사고, 계획, 목표, 행위 등의 도덕성을 평가하는 보편적 기준을 제공한다.

　도덕적 추론에 관한 이러한 해명에는 도덕적 상상력을 위한 어떤 자리도 없다. 절대주의는 은유적 관점에서 이성을 본질적으로 일련의 규제적 법칙들 안에서 실현되는 통제력으로 간주한다. 그 반대로 우리는 도덕적 이해와 추론이 개념적 은유, 영상도식(image sche-mas), 개념들의 원형적 구조(prototype structure)를 포함함으로써 근본적으로 상상적이라는 사실을 살펴보았다. 그러한 상상적인 도덕적 숙고는 행위의 가치와 가능성 ─ 현재 상황에서는 잠재적인 ─ 을 탐색하는 수단이 되는, 열려 있는 구성적 과정이다. 이것을 도덕적 법칙을 상황에 적용하는 과정으로 기술하는 것은 실제의 많은 부분을 놓치게 된다. 다양하게 투사된 행위 방향들을 극적으로 시도할 수 있게 해 줌으로써 특정한 상황에서 가능한 선택들의 도덕성을 평가할 수 있게 해 주는 것은 도덕적 상상력이다. 따라서 도덕적 자기지식은 도덕 개념들, 상황의 구조화, 무엇을 해야 하는지에 관한 추론이 모두 어떻게 다양한 형태의 상상력에 근거하고 있는지에 대한 이해를 요구한다.

결과적으로 서구 세계에서 지배적인 절대주의적「도덕 법칙」전통은 상상적 행위의 현실성을 인정하면서도 그 기본적 가정들은 실천이성의 구조에서 상상력을 사실상 완전히 배제할 것을 요구한다. 나는 이 견해가 (상상력이 근원적인 개방성과 비결정성을 우리의 도덕적 숙고에 끌어들이는 한) 상상적 구조를 도덕적 추론에 필수적인 것으로 포함시키는 것이 재앙이 될 것이라는 그릇된 우려에서 비롯된다고 주장했다.

따라서 절대주의자들은 상상력을 도덕심리학의 영역으로 축출해야 한다고 본다. 그들은 **도덕심리학**을 도덕적 숙고와 관련된 다양한 인지 과정의 본성 등을 다루는 경험적 탐구로 해석한다. 그들의 정의에 따르면 **도덕철학**은 우리가 실제로 어떻게 추론하고 행위하는가를 다루기보다는 단지 우리가 어떻게 추론하고 행위해야 하는지를 다루는 합리적 탐구다. 따라서 도덕철학은 우리의 실제 추론, 동기, 행위 등을 판단할 수 있는 기준을 제공하는 것으로 가정된다. 그래서「도덕 법칙」이론은 도덕심리학을 도덕 이론에서 중요하지 않거나 심지어 무관한 것으로 받아들이는 경향이 있다.[1)]

그렇지만 모든 도덕 이론이 필연적으로 개념과 이성에 관한 스스로의 견해가 옳으며, 도덕성이 요구하는 것을 인간이 실제로 행할

수 있다고 가정한다는 분명한 사실에 주목하라. 이것은 도덕 이론이
최소한 도덕심리학, 즉 개념화, 추론, 동기화, 개인적 정체성 등에
관한 우리의 경험적 이해와 양립 가능해야만 한다는 것을 의미한다.
그렇지만「도덕 법칙」통속 이론과 그것을 가정하는 다수의 도덕철
학들은 우리가 알게 된 것처럼 인지과학이 마음에 관해 알려 주는
것과 합치하지 않는다. 그 주된 귀결의 하나는「도덕 법칙」이론들
이 거의 전적으로 도덕적 상상력을 배척한다는 점이다.[2]

　이 장에서 나는 서구적 전통이 어떻게 도덕적 경험에 대한 반성을
통해 필수 불가결한 것으로 드러나는 상상적 능력을 배제하는 방식
으로 도덕적 추론을 이해하게 되었는지를 물을 것이다. 우리는 어떻
게 인간 이성과 도덕적 이해에 관해 그처럼 빈곤한 견해에 이르게
되었을까? 인간은 물리적 조건, 사회 정치적 제도, 공동체적 관계가
전형적으로 점진적인 변화―드물게 더 급진적이고 신속한 변형의
계기들 때문에 중단되기도 하지만―의 과정에 있는, 진화하는 환경
안에서 성장한다. 그처럼 물리적, 대인관계적, 문화적 상호작용의
변화하는 복합성에 적응하는 것은 상상력, 즉 범주, 사회적 관계, 제

---

1) Owen Flanagan, *Varieties of Moral Personality: Ethics and Psychological Realism*
(Cambridge, Mass.: Harvard University Press, 1991)은 왜 도덕 이론이 도덕심리학
에 합치해야만 하는지를 보여 주는 일관되고 포괄적인 논변을 제시하고 있다. 핵심적
논점은 모든 수용 가능한 도덕 이론은 인격, 인간적 동기화, 도덕적 발달 등의 본성에
관해 우리가 일반적으로 알고 있는 것들과 양립 가능해야만 한다는 것이다. 플래너건
은 비록 그러한 지식이 도덕 이론의 형식과 내용에 부과하는 제약이 매우 포괄적이기
는 하지만 그럼에도 그 제약은 특정한 종류의 견해를 심리적으로 비현실적인 것으로
배제한다고 주장한다.

2) 도덕 이론에 관한 표준적 저작들에 '도덕적 상상력'이라는 표현이 단 한 차례라도 나
타나는지를 밝히려는 시도는 흥미로우면서도 계몽적일 것이다. 그 용어가 무시되거나
폄하되고 있다는 사실을 발견하게 될 가능성이 커 보인다. 아무튼 도덕적 상상력이 우
리의 추론에서 중심적이라는 발상은 서구의 주류적 전통에는 낯선 것이다.

도적 믿음을 변형하고 조정하는 능력을 요구한다. 만약 삶의 모든 측면에서 일상적으로 직면하는 다양한 변화의 요구에 지성적으로 대응하려고 한다면 우리는 지속적이고 발전하는 도덕적 전통을 대변하는 공동체 안에서 참으로 개혁가들이 되어야 한다. 우리는 지속적이고 발전하는 도덕적 전통을 대변하는 공동체 안에서 어떤 태도, 성격적 특성, 인간적 좋음, 행위들이 우리의 의도와 목표에 기여하는지를 결정해야 한다. 이것은 우리 자신의 의도와 가치에 대한 비판적 검토, 그리고 인간적 번영을 위한 대안적인 시각과 가능성에 대한 상상적 전망을 포함하게 될 것이다.

이렇게 보면 서구의 전통이 특히 계몽주의 이래로 어떻게 도덕성이 상상적 합리성의 문제가 아니라고 받아들이게 되었는가를 묻는 것은 일견 당황스러운 것이다. 건설적인 도덕적 상상력 이론의 필요성을 부각시키기 위해서 도덕적 추론에서 상상력을 배제하는 데 공모했던 편견들을 검토해 보기로 하자. 가장 두드러진 이성의 건설은 계몽주의의 도덕 이론에서 나타나는데, 그것은 「도덕 법칙」 통속 이론을 전제하며, 도덕성에 관한 최근 견해들 대부분의 근거를 이루고 있다.

나는 특히 칸트적 합리주의 윤리학과 그 적대적인 상대편, 즉 공리주의에 초점을 맞출 것이다. 왜냐하면 그것들이 금세기에 우리가 물려받은 이성과 도덕적 주체성에 관한 부적절한 견해에 주된 책임이 있기 때문이다. 칸트적 합리주의의 핵심적 난점이 지나치게 추상적인 이성 개념을 제시하는 데 있는 반면, 공리주의는 지나치게 환원주의적인 이성 개념을 제시하고 있다. 두 견해 모두 합리성에 관한 일차원적 구도를 제시한다는 데 잘못이 있다. 내 관심사가 단지 계몽주의 도덕철학 자체에 있는 것이 아니라 그 철학이 토대를 두고 있는, 우리가 공유하고 있는 「도덕 법칙」 통속 이론에 있다는 점을 강조해 두고 싶다. 핵심적 논점은 진정으로 빈곤한 것은 「도덕 법칙」 통속 이론에 내재된 이성관이라는 점이다.

1_칸트적 추상주의

「좋음의 다양성」[3]에서 테일러(C. Taylor)는 계몽주의 도덕 이론의 두 가지 위대한 표본, 즉 칸트적 형식주의와 공리주의가 스스로 이성의 본질 자체를 대변하며, 따라서 보편적으로 타당한 도덕철학이라고 자임했던 상황이 어떻게 발생했는지를 설명하고 있다. 테일러는 칸트적 합리주의 윤리학과 공리주의가 공통적으로 하나의 근본적 가정에 의존하고 있다고 지적하는데, 우리 ─ 내가 「도덕 법칙」 통속 이론이라고 부르는 것을 공유하는 서구인으로서 ─ 는 흔히 그 가정을 도덕적 절대라고, 또 유대 기독교 도덕 전통의 우월성의 핵이라고 간주한다. 그 가정은 도덕적 인격성을 모든 인간에게 보편적으로 귀속시키는 원리다.

모든 기본적인 윤리적 문제에서 모든 사람이 동일한 방식으로 간주되어야만 한다는 것이다. 이러한 시각에서 윤리적 사고의 절대적인 한 가지 요청은 우리가 다른 인간적 행위자들을 우리 자신과 동일한 지위를 가진 실천이성의 주체로 존중해야 한다는 것이다(Taylor, 130).

---

3) Charles Taylor, "The Diversity of Goods," in Bernard Williams and Amartya Sen, eds., *Utilitarianism and Beyond* (Cambridge: Cambridge University Press, 1982), pp. 129~44. 이하 이 글의 인용 쪽수는 본문에 제시한다.

234

모든 인간의 보편적인 도덕적 위상에 대한 이 토대적 믿음은 적어도 우리 모두가 '신의 형상을 따라' 창조되었기 때문에 도덕적 관점에서 동등하다는 유대 기독교적 믿음으로까지 거슬러 올라간다. 우리 모두를 동등하게 만들어 주는 것은 우리 각자가 기본적인 인간 이성─도덕 법칙을 식별하고 그것에 따라 행위를 규제하는 척도가 되는─을 지니고 있다는 점이다. 말하자면 우리는 모두 동일한 도덕 법칙 아래서 평등하며, 따라서 우리 자신과 타인들에 대해 동일한 의무를 갖는다. 모든 합리적 존재는 도덕적 행위자로서 동등하게 존중되어야 한다.

보편적인 도덕적 인격성이라는 이상은 「도덕 법칙」 전통에서 너무 중요한 부분을 차지하고 있기 때문에 그것이 도덕적 차원에서 실천이성의 본질 자체에 내재된 절대적 도덕 원리 이외의 어떤 것이라고 상상하기 힘들다. 이것은 칸트를 위시해서 유대 기독교 전통 안의 거의 모든 사람이 가정하고 있는 것이기도 하다. 앞에서 검토했던 몇몇 (은유적) 정식화로 표현되어 있는 것으로서[4] 칸트의 정언명법은 실천이성으로부터 정언적으로 따라 나온다고 간주되며, 그것은 바로, 동등한 도덕적 지위라는 이상의 표현이다.[5] 마치 보편적

4) 보편적인 도덕적 인격성의 부과는 다음과 같은 세 가지 정언명령의 정식화에서 매우 분명하게 드러난다. (1) 보편화 가능성: "그 준칙이 보편적 법칙이 될 것을, 그 준칙을 통해 네가 동시에 의욕할 수 있는, 오직 그런 준칙에 따라서만 행위하라"(『윤리형이상학』, 421). (모든 사람은 보편타당한 도덕 법칙 안에서 동등하다.) (2) 목적으로서의 인간성: "너 자신의 인격에서나 다른 모든 사람의 인격에서 인간(성)을 항상 동시에 목적으로 대하고, 결코 한낱 수단으로 대하지 않도록, 그렇게 행위하라"(『윤리형이상학』, 429). (모든 사람은 목적 자체로 대등하게 대우받는다.) (3) 자율성: "개개 이성적 존재자는 자신의 의지의 모든 준칙들을 통해 보편적으로 법칙 수립하는 자로 간주되어야 하는 …… 이성적 존재자의 이런 개념"(『윤리형이상학』, 433). (우리는 스스로에게 보편타당한 도덕 법칙을 부여해야 한다는 요구에 직면한다는 점에서 동등하다.)

인 도덕적 인격성 원리가 사실상 이성 자체의 형식적 원리로 간주되듯이![6] 서구의 도덕적 전통에 대한 칸트의 탁월한 분석에 사로잡힌다는 것은 이 원리가 바로 도덕적 실천이성의 핵이라고 확신하게 된다는 것을 말한다. 테일러는 이렇게 설명한다.

> 이 원리가 서구의 문화적 가치들에서 너무나 자연스럽게 따라 나오는 것처럼 보이기 때문에 우리는 그것을 다른 층위에 설정하려는 경향, 즉 그것을 모든 도덕적 추론의 절대적인 원리로 수립하려는 경향이 있다. …… 우리는 심지어 그것이 단지 어떤 실질적으로 논쟁적인 의미의 도덕원리가 아니라 도덕적 추론에 있어서 모종의 극한적 원리라고 우리 자신을 설득하게 된다(Taylor, 131).

그러나 사실상 우리가 이처럼 이성의 '보편적' '형식적' '한계적' 원리라고 간주하게 된 것(예를 들면 보편적인 도덕적 인격성 원리)은 단지 우리가 이성적으로 수용할 수 있는 다양한 가능 원리, 가치, 좋음, 목표들 중의 하나일 뿐이다. 그것은 우연히 서구의 도덕적 전통에서 토대적 원리가 된 것뿐이다. 그러나 그 원리가 서구 전통의 토대라고 말한다고 해서 그것이 이성 자체의 형식적 원리가 되지는

---

5) 말하자면 우리가 도덕적 인격성이라는 이러한 지위를 갖는 것은 우리가 실천이성을 보유하기 때문이며, 또한 우리가 다른 모든 합리적 존재에게 이러한 지위를 인정해야만 하는 책무를 알려주는 것이 바로 실천이성이다.
6) 칸트는 도덕 법칙의 본성(순수 실천이성 안에서 그 기원)이 어떤 방식으로든 어떠한 경험적인 내용이나 목적, 느낌에도 의존하지 않을 것을 요구한다고 주장한다. 그러나 이것은 단지 보편성이라는 법칙의 형식 자체만을 제시하고 있다. 도덕성의 최고의 순수원리란 다름 아닌 구체적인 행위 준칙의 평가를 위한 보편화 가능성 기준이다. 그래서 이 보편화 가능성이라는 제약이 다름 아닌 순수 실천이성 자체의 본질인 것으로 보인다.

236

않는다. 그것은 단지 서구적 전통이 그것을 토대로, 또 그 요구에 따라 그것에 상응하는 실천이성을 토대로 수립되었다는 것을 의미할 뿐이다. 이렇게 말한다 해서 그것이 이성의 본질을 이루는 일부분이 되는 것은 물론 아니다.

보편적인 도덕적 인격성 원리가 인간 이성의 본질에 반드시 내재적인 것은 아니라는 사실을 이해하기 위해서는 그것이 분명히 모든 사람이 항상 어디에서든 동의하는 원리는 아니라는 사실을 상기하는 것이 도움이 될 것이다. 예를 들면 그것은 고대 그리스에서는 받아들여지지 않았으며, 오늘날 인도에서도 토대로서 인정되지 않고 있다.[7] 슈베더와 부르네(R. Shweder and E. Bourne)는 도덕적 인격성에 대한 서구적 관념의 국지적 성격을 드러내 주는 풍부한 인류학적 증거를 제시하고 있다. 이들은 세계적으로 "사람들은 특정한 상황이 특정한 행위의 도덕적 성격을 결정하며, 개인은 그 자체로 중요하거나 본래적으로 존중받을 자격을 갖는 것이 아니며, 도덕적 행위자로서 개인은 그가 점하고 있는 사회적 위상과 구분되어서는 안 되며, 실제로 추상적인 윤리적 또는 규범적 범주로서의 개인은 인정되어서는 안 된다고 믿는다."[8]

따라서 이 원리를 옹호하는 것이 이성의 '본질'에 속하는 문제라고 주장하는 것은 다만 일련의 가치와 좋음에 대해 다른 것들을 넘어서는 특권을 부여하고, 우리가 그렇게 하고 있다는 사실을 잊어버

---

7) 나는 여기에서 최소한의 사례로 그리스 사회에서 노예의 대등한 도덕적 지위를 부정하고 있다는 사실, 또 현대 인도의 계급제도 안에서 위치에 따라 의무, 권리, 책무 등이 상대화된다는 사실을 염두에 두고 있다.

8) Richard Shweder and Edmund Bourne, "Does the Conception of the Person Vary Cross-culturally?" in R. Shweder, *Thinking through Cultures: Expeditions in Cultural Psychology* (Cambridge, Mass.: Harvard University Press, 1991), p. 113

리는 것일 뿐이다. 이성의 본질적 정의를 옹호하기 위한 어떤 비순환적인 방법도 없다. 그렇지만 이 때문에 어떤 합리성 개념이 다른 것에 비해 우월하다는 주장의 근거를 제시할 수 없는 것은 아니다. 콰인(듀이를 따르는)을 따라 롤스(J. Rawls)가 지적하는 것처럼 이성 개념은 단지 각각의 부분들이 다른 부분들(인간 본성에 대한 관념, 반성적으로 추론된 도덕 원리들, 숙고된 도덕적 직관 등)과 균형을 이루고 결합해야 하는, 복합적인 도덕적 관점의 한 차원일 뿐이다.[9]

여기에서 나의 의도는 이 보편적인 도덕적 인격성 원리를 비판하려는 것이 아니다. 그것은 다른 사람들에게 그렇듯이 나에게도 핵심적인 원리이며, 나는 그것에 의존해서 살아가는 삶을 받아들이고 있다. 내가 비판하려고 하는 것은 테일러를 따라 이 원리가 도덕적 실천이성의 본질을 구성한다는 것, 나아가 더 나쁘게는 그것이 어떤 방식으로든 이성의 형식적 원리일 것이라는 그릇된 가정이다. 대신에 실천이성에 관한 이 견해는 다양한 대립적 견해들 중의 하나일 뿐인데, 그것들은 모두 특정한 가치들이 다른 가치들보다 우월하다고 본다. 가치중립적인 이성은 존재하지 않으며, 실천이성에 관한 하나의 개념을 갖는다는 것은 다른 경쟁적 가치들에 우선해서 하나의 가치에 특권을 부여하는 것이다.[10]

---

9) Rawls, *A Theory of Justice*, pp. 11~22, 251~57. 또한 도덕 이론의 이 구성주의적 견해는 Rawls, "Kantian Constructivism in Moral Theory," *Journal of Philosophy* 77, no. 9 (1980): 515~72, 특히 pp. 554~72 참조.

10) Alasdair MacIntyre, *Whose Justice? Which Rationality?* (Notre Dame, Ind.: University of Notre Dame Press, 1988) 참조. 매킨타이어는 여기에서 다양한 역사적 시기에서 끌어온 세 가지 사례에 대한 상세한 서술을 근거로 '정의'와 '실천이성' 개념이 상호 관련되어 있으며, 따라서 어떤 것도 다른 것과 독립적으로 정의될 수 없다는 유사한 논점을 매우 섬세하게 제시하고 있다.

최고선의 네 가지 다른 관념들을 함축하는, 따라서 도덕적 실천이성의 네 가지 다른 개념들을 함축하는 네 가지 대안적 가치들을 제시함으로써, 테일러는 이 핵심적 논점을 뒷받침하고 있다.

1) 인격적 통합성

우리에게 가장 중요한 것은 중요하고 훌륭하고 고귀하며 바람직하다고 생각하는 것을 성취해 내는 삶을 사는 일이다. 유의미한 인간 존재에 대한 그러한 견해는 몇몇 경우에 보편적인 도덕적 인격성 원리를 인식할 수도 있는 반면, 그것이 반드시 그 원리를 다른 모든 대안적인 좋음이나 가치들보다 우월한 것으로 분류해야 할 이유는 없다.

2) 기독교적 아가페

인간의 기본적인 목적은 인간성에 대한 신의 사랑의 매개자, 즉 이 세계에서 그 사랑이 발현되는 통로가 되는 것이다. 분명히 그런 삶은 모든 타인이 대등하게 고려되어야 한다는, 또 삶에 영향을 미치는 모든 상황이 항상 중요하게 고려되어야 한다는 모든 주장을 포기하는 것일 수 있다. 특정한 형태의 자비는 실제로 자신의 행복보다는 다른 사람의 행복을 앞세우도록, 따라서 보편적인 도덕적 인격성 원리를 무시하도록 요구할 수도 있다.

3) 해방

우리의 목표는 무엇보다도 사람들이 자신들만의 삶을 지향할 수 있게 함으로써 인간의 존엄성을 고양시키는 것이 되어야 한다. 존엄성이 각각의 인격을 존중할 것을 요구한다는 점에서 그러한 해방이 보편적인 도덕적 인격성 원리에 의존하고 있는 것처럼 보일 수도 있는 반면, 다른 모든 것에 우선해서 해방에 특권을 부여하는 것이 때로는 모든 사람을 동등하게 간주하지 않는 차별적 행위를 정당화할 수도 있다. 그러한 차별은 억압된 자들을 해방하고 권리를 찾아 주는 것과 같은 더 우월한 좋음의 수단으로 해석될 것이다.

4) 경제적 합리성

공리주의에서 드러나는 것처럼 사회 전체의 전반적 유용성의 최대화라는 목표는 동시에 도덕적 인격성 원리를 존중하지 않는 차별적 판단을 정당화할 수도 있다. 사회 전체의 더 큰 좋음을 위해 한 개인이 차별적인 방식으로 다루어질 수 있는 상황이 발생한다고 주장될 수도 있다.

테일러는 이처럼 잠재적으로 상충적인 가치들을 '질적 대비의 언어들'이라고 부르는데, 그것들은 각각 대안적인 좋음과 그에 따르는 합리성 개념을 규정한다.

> 이것들은 우리가 상이한 행위, 느낌, 삶의 양식들을 어떤 방식으로든 도덕적으로 더 높거나 낮으며, 고귀하거나 비천하며, 훌륭하거나 비열한 것으로 구별하는 질적 구분들이다. 이 질적 대비의 언어들은 공리주의적 또는 형식주의적 환원에 의해 주변적인 것이 되거나 총체적으로 말살된다. 나는 여기에 반대해서 그것들이 우리의 도덕적 추론에서 핵심적이며, 따라서 도덕적 사유에서 그것들을 제거할 수 없다고 주장하려고 한다 (Taylor, 132~33).

모든 실천이성 개념은 그 자체로 가치 의존적이다. 우리는 실천이성의 본질을 보편적인 도덕적 인격성 원리나 다른 질적 대비의 원리와 동일시할 때처럼 그것을 협소하게 정의할 수 있다. 또는 테일러가 제안하는 것처럼 도덕적 평가의 모든 단일한 기준을 배제하는 방식으로 일부 또는 모든 다양한 가치와 좋음을 포함하는, 실천이성에 대한 훨씬 더 풍부한 해명을 제시할 수도 있다. 그러나 우리가 할 수 없는 것은 도덕적 실천이성에 대한 가치중립적인 개념을 제시하는 일이다. 우리의 모든 개념은 그 자체로 자명하거나 절대적이지 않은 가치 판단을 포함하게 될 것이다.[11]

2 _ 이성의 규범적 차원

이성 개념의 가치 의존성에 관한 이 논점은 기본적인 것으로서 좀 더 깊은 고찰이 필요하다. 도덕적 이해와 추론에 관한 길리건(C. Gilligan)의 연구는 이성, 도덕성, 인간적 평안 등의 개념들이 긴밀하게 상호 연관되고 상호 정의되는 방식들을 보여 준다.[12] 도덕성과 인간적 번영에 관한 우리의 개념을 추론해 내는 데 출발점이 되는, 선재하는 순수이성은 없다. 오히려 그것들은 모두 다른 것들에 상대

11) Hilary Putnam, *Reason, Truth and History* (Cambridge: Cambridge University Press, 1981) 참조. 여기에서 퍼트남은 모든 이성 또는 합리적 수용 가능성 개념은 모종의 인지적 번영 개념, 또는 좀 더 일반적으로 인간적 번영 개념에 의존하게 될 것이라고 주장하고 있다. 따라서 모든 이성 개념은 가치 의존적이다. 특히 "Fact and Value," pp. 147~49 참조.
12) Carol Gilligan, *In a Different Voice: Psychological Theory and Women's Development* (Cambridge, Mass.: Harvard University Press, 1982). 이하 이 책의 인용 쪽수는 본문에 제시한다.

적으로 정의된다. 이 핵심적 논점에 대한 확장된 예증으로 길리건이
제시한 도덕적 추론에 관한, 잠재적으로 경쟁적인 가치와 개념들의
사례들을 살펴보자.

　길리건의 연구는 콜버그(L. Kohlberg)의 탁월한 기획처럼 지난
30여 년 동안에 걸쳐 이루어진, 도덕적 발달에 관한 가장 영향력 있
는 연구들이[13] 거의 대부분 한 가지 유형의 도덕적 추론에만 초점을
맞추어 왔다고 지적하는 것으로 잘 알려져 있다. 이 장에서 나의 관
심사는 콜버그에 대한 길리건의 비판이라기보다는 그녀가 제시하는
도덕적 추론의 사례들이 실천이성에 관한 모든 견해의 규범적 차원
을 드러내는 방식에 있다. 길리건은 콜버그가 자신의 남성 피험자들
을 통해 관찰했던 도덕적 추론의 유형이 결코 모든 도덕적 추론, 또
는 대부분의 도덕적 추론의 특징이 아니라고 주장한다. 길리건은 콜
버그의 연구가 대부분의 남성이 개인적 권리의 논리와 보편적 행위
규칙에 따라 사고한다는 것을 보여 준다고 해석한다. 그렇지만 길리
건의 연구는 자신의 여성 피험자들이 더 전형적으로 보살핌과 타인
에 대한 책임, 공동체적 협력에 초점을 맞춘 도덕성과 함께 상황에
대처한다는 사실을 보여 주었다.

　여성의 도덕적 판단을 형성하는 규약들이 남성에게 적용되는 규약들
과 다른 것처럼, 도덕적 영역에 대한 여성의 정의 또한 남성에 관한 연구
들로부터 추론되는 도덕적 영역과는 다르다. 여성이 도덕적 문제를 권리
와 규칙의 문제가 아니라 관계 속의 보살핌과 책임의 문제로 구성하는 것

13) Lawrence Kohlberg, *Essays on Moral Development*, vol. 1, *The Philosophy of Moral Development*, and vol. 2, *The Psychology of Moral Development* (New York: Harper and Row, 1981, 1984).

242

은, 그들의 도덕적 사고의 발달 문제를 책임과 관계에 대한 그들의 이해
의 변화에 연관시킨다. 그것은 마치 정의로서의 도덕성 개념이 발달 문제
를 평등과 호혜의 논리에 연관시키는 것과 다르지 않다. 따라서 보살핌의
윤리의 바탕을 이루는 논리는 관계에 관한 심리적 논리이며, 그것은 정의
중심의 접근방식을 이끌어 가는 형식적인 공정성 논리와 대비를 이룬다
(Gilligan, 73).

비록 남성과 여성이 전통적으로 이처럼 다른 태도와 관점을 갖도
록 사회화되어 온 것처럼 보이기는 하지만 길리건은 엄격하게 성적
구분만을 따라 도덕적 추론의 양식을 구분하는 것을 경계한다. 핵심
적인 것은 우리가 여기에서 도덕적 문제에 접근하는 매우 다른 두
가지 방식, 실천이성에 대한 두 가지 다른 개념, 도덕적 관심의 두
가지 다른 초점을 다루고 있다는 사실을 인식하는 일이다. 권리와
규칙, 공정으로서의 정의의 도덕성은 어떤 상황에서 각각의 개인에
게 부과되는 것이 무엇인지를 계산하며, 따라서 준수해야 할 옳은 규
칙을 결정하는 절차를 요구한다. 보살핌, 관계성, 협력의 도덕성은
상충하는 이해관계들 속에서 관계와 공동체를 유지하고 고양시키는
방식을 추구한다.

이 두 가지 다른 추론 양식은 길리건이 상황에 대한 남성과 여성
의 반응을 병치시키는 데서 드러난다. 콜버그가 실시한 초기 연구의
피험자 중에서, 이제는 성인이 된 한 남성은, "도덕성이라는 말은
당신에게 어떤 의미가 있는가?"라는 물음에 대해 다음과 같이 대답
했다.

이 세상 누구도 그 답을 알지 못한다. 나는 그것이 개인의 권리, 다른

사람의 권리를 인정하는 것이며, 그 권리를 침해하지 않는 것이라고 생각한다. 그들이 당신을 대해 주기를 기대하는 만큼 공정하게 행위하라. 나는 그것이 기본적으로 생존을 위한 인간 권리를 유지하는 것이라고 본다. 나는 그것이 가장 중요하다고 본다. 둘째, 그것은 마찬가지로 다른 사람의 권리를 침해하지 않고 자신이 원하는 대로 행위하는 권리를 말한다(Gilligan, 19).

여기에 불간섭이라는 보조적 논리를 수반하는, 권리와 규칙 도덕성의 사례를 보자. 그것은 「도덕 법칙」 통속 이론이라는 기본적인 은유에 의해 정의된다. 즉 권리란 어떤 목적-목적지를 향한 행위-경로를 따라 방해받지 않는 방식으로 이동하는 통행권이다. 당신이 통행권을 갖게 되면 다른 사람들은 이 행위-경로를 따르는 은유적 운동을 방해하지 않을 의무를 갖게 된다. 「공정으로서의 정의」는 「사회적 회계」(Social Accounting) 은유의 논리에 따라 모든 사람들 사이에 권리들의 균형 잡기를 말한다. 「권리는 신용장」(A Right Is a Letter of Credit/an IOU)이라는 또 다른 권리 은유에 따르면 도덕 공동체의 평등한 구성원인 한 우리는 각각 동일한 권리를 갖는다. 이 「사회적 회계」 프레임 안에서 각각 합리적 행위자로서 우리에게 주어지는 것이 무엇인지, 즉 우리의 권리가 무엇인지를 계산할 수 있다. 만약 각자 자신의 권리를 벗어나지 않고 타인의 권리를 침해하지 않는다면, 우리의 다양한 의도들에 따라 특정한 행위를 수행할 권리를 상호 존중하는 균형을 실현할 수 있을 것이다. 이것이 도덕성의 '자유주의적' 이상의 근거를 제공해 준다.

그러나 이제, 이 권리와 정의 접근방식을 길리건의 한 연구에서 "도덕적 문제에 참으로 어떤 정확한 해답이 있는가, 또는 모든 사람

244

의 의견이 대등하게 옳은가?"라는 물음에 답하고 있는 성인 여성의 접근방식과 대비시켜 보자.

> 아니오, 나는 모든 사람의 의견이 대등하게 옳다고 생각하지 않습니다. 나는 어떤 경우에 대등하게 타당한 의견들이 있을 수 있으며, 사람들은 몇몇 행위 방향 중 하나를 양심적으로 선택할 수 있다고 생각합니다. 그러나 옳거나 그른 답이 있다고 생각되는 다른 상황들도 있습니다. 그것은 생존의 본성에, 또 생존을 위해 다른 사람들과 함께 살아가야 하는 모든 개별자들의 본성에 어느 정도 내재적입니다. 우리는 서로에게 의지해야 하며, 우리가 기대하는 것처럼 다른 사람과의 협력을 통해, 또 다른 사람들과 조화로운 삶의 추구를 통해, 한 사람의 삶을 풍요롭게 해 주는 것은 단순히 물리적 필요성이 아니라 우리 안에서 요구하는 성취의 필요성입니다. 나아가 그 목표에 비추어 옳고 그름이 있으며, 그 목표에 기여하는 것들이 있으며, 그 목표에서 멀어지는 것들이 있습니다. 그렇게 해서 특정한 상황에서 그 목표에 명백하게 기여하거나 저해하는 상이한 행위 방식들 중에서의 선택이 가능하게 됩니다(Gilligan, 20).

여기에는 도덕적 추론의 또 다른 장이 있다. 앞의 사례와 달리 그것은 보편적 규칙들에 따르는 권리, 의무, 책무의 계산이 아니다. 대신에 그것은 현전하는 갈등 속에서 협력의 논리, 어떻게 함께 일할 것인가―타인에 대해 책임감 있는 방식으로―를 발견하는 논리다. 최선의 행위 방식은 특정한 관계를 유지하고 조화와 공동체의 성장에 기여하기 위해 무엇이 요구되는지에 따라 결정된다. 여기에서 기본적인 규정적 은유는 다른 사람들과의 「유대」(Ties) 은유 또는 「연결」(Links) 은유다. 관계성을 일차적인 것으로 유지하게 되면 권리

와 정의 도덕성의 관점에서 우리가 권리나 권한을 갖는 것을 실제로
포기해야 할 수도 있다.

결과적으로 우리는 이 두 가지 유형의 추론―권리의 논리 대 보
살핌과 책임의 논리―이 충돌을 불러오는 일상적 삶의 무수한 상황
들을 상상해 볼 수 있다. 이 경우 그것은 두 가지 다른 유형의 상황
에 두 가지 다른 유형의 추론을 적용하는 문제라기보다는 동일한 상
황에 두 가지 다른 도덕적 논리들을 적용하는 문제다.

핵심적 논점은 대부분은 아닐지라도 많은 사람들이 이 두 가지 경
쟁적인 가치 체계와 그에 상응하는 추론 개념들―주어진 상황에서
그들이 끌어들이게 될―을 모두 사용하게 될 것이라는 점이다. 우
리는 대부분 이 가치 체계 아니면 다른 체계를 배타적으로 사용하면
서 살아가지 않는다. 우리는 다른 사람들과 마찬가지로 복합적인 도
덕적 이해 안에서 긴밀하게 얽혀 있는 그 체계들 **모두**를 사용한다.
이 경쟁적 논리들 사이의 내재적 긴장이 일상적인 도덕적 숙고를 어
렵게 만드는 부분적인 이유가 된다. 전형적으로 다른 모든 것을 완
전히 배제하고 그 논리들 중 어떤 하나만을 받아들이는 것은 해답이
되지 않는다. 왜냐하면 그것은 도덕적 이성을 황폐화시키고, 주어진
상황에서 최선의 행위를 하는 데 장애가 될 것이기 때문이다.

이처럼 좋음과 논리들의 피할 수 없는 충돌은 "자신에 대한 책임
과 타인에 대한 책임이 충돌할 때 어떤 선택을 해야 하는가?"라는
질문에 대한 두 명의 열한 살짜리 아이들의 대답에서 선명하게 드러
난다. 제이크라는 소년은 이렇게 대답한다.

다른 사람들에게 4분의 1을 배정하고 자신에게 4분의 3을 배정해야 합
니다.

246

([질문] 왜 그렇지요?)

제이크: 왜냐하면 당신의 결정에서 가장 중요한 것은 당신 자신이어야 하기 때문에 다른 사람에게 전적으로 끌려가지 않아야 하지만 당신은 그들을 고려해야만 합니다. 따라서 만약 당신이 원하는 것이 원자폭탄으로 스스로를 날려버리는 것이라면 당신은 아마도 수류탄을 사용해서 그렇게 해야 할 것입니다. 왜냐하면 당신은 함께 죽게 될 이웃들 또한 생각해야 하니까요(Gilligan, 35~36).

제이크는 무엇을 어떻게 해야 하며, 옳은 답을 어떻게 계산할 것인지(타인에게 4분의 1을, 자신에게 4분의 3을)를 안다고 주장한다. 당신은 타인의 권리와 양립 가능한 한 자신을 먼저 고려할 권리를 갖고 있다. 당신은 어떤 명시적인 방식으로도 그들의 자유를 침해하지 않아야 한다. 따라서 당신은 권리들의 정확한 균형을 모색하면서 그들의 권리를 등식에 산입해야만('그들을 고려해야만') 한다.

에이미는 타인에 대한 책임을 강조하는, 다소 다른 평가 방식을 통해 대답한다.

에이미: 글쎄, 그건 사실상 상황에 달려 있어요. 만약 당신이 다른 사람에게 책임을 지고 있다면 어느 정도까지는 그것을 지켜야 하지만 그 한계는 그것이 정말로 당신을 해치거나 당신이 정말로 하고 싶어 하는 것을 가로막는 정도가 될 겁니다. 그 다음에 당신은 자신을 우선적으로 고려해야 한다고 생각해요. 그러나 만약 그것이 당신에게 정말로 가까운 사람에 대한 책임이라면 당신은 그런 상황에서 당신 자신과 그 사람 중 누가 더 중요한지를 결정해야만 할 겁니다. 그리고 내가 말했던 것처럼 그것은 정말로 당신이 어떤 사람이며, 당신이 그 관련된 사람을 어떻게 생각하느냐

에 달려 있습니다.

　([질문] 왜 그렇죠?)

　에이미: 글쎄, 그것은 마치 어떤 사람들은 다른 사람들을 고려하기에 앞서 자신 또는 자신을 위한 것들을 먼저 고려하며, 어떤 사람들은 정말로 다른 사람을 배려하는 것과 유사합니다. 마찬가지로 나는 당신의 일이 당신이 정말로 사랑하는 사람, 이를테면 남편이나 부모, 또는 아주 가까운 친구보다 더 중요하다고 생각하지 않습니다. …… 그러나 만약 그 사람이 당신이 정말로 사랑하는 사람, 당신 자신을 사랑하는 것보다도 더 사랑하는 사람일 경우, 당신은 그 사람, 그 일, 또는 당신 자신 중 무엇을 정말 사랑하는지를 결정해야만 합니다.

　([질문] 그것을 어떻게 하지요?)

　에이미: 생각을 해 보아야 합니다. 양쪽 모두에 관해서 생각해 보아야 합니다. 그리고 어떤 것이 모두에게 또는 당신 자신에게 더 나은지, 어떤 것이 더 중요한지, 어떤 것이 모든 사람을 더 행복하게 만들어 줄 것인지를 생각해 보아야 합니다(Gilligan, 35~36).

　피상적으로 볼 때 제이크와 에이미는 모두 올바른 귀결을 찾기 위해 다양한 요인들을 평가하는, 일종의 계산적 추론을 택하고 있다. 그러나 결정적인 차이는 그들이 그 계산에 관련된다고 생각하는 것에서 생겨난다. 제이크는 그것을 권리들의 균형 잡기 문제로 본다. 에이미의 추론은 다음과 같은 세 가지 주된 방식에서 차이가 있다.

　1) 그녀는 문제 전체를 맥락("그건 사실상 상황에 달려 있어요")에 상대적인 것으로 구성하는 데서 시작한다. 그녀에게는 상황, 믿음, 관계들로부터 독립적인 하나의 올바른 답은 없다. 그 때문에 그

녀는 항상 누구와 의미 있는 관계를 갖고 있으며, 그 유대와 신뢰가 당신에게 얼마나 중요한 것인지를 고려해야 한다고 주장한다. 제이 크는 그 문제를 더 일차원적으로, 단지 권리의 문제로 본다.

2) 출발에서부터 에이미의 일차적 관심, 즉 그녀가 언급하는 일차 적 문제는 타인에 대한 책임("만약 당신이 다른 사람에게 책임을 지 고 있다면 어느 정도까지는 그것을 지켜야 하지만")이다. 숙고의 소 재는 공동체 안에서 다른 사람에 대한 신뢰와 유대다. 어떤 계산을 하든 그것들은 대인관계에 묶여 있는 우리의 정체성에서 비롯되는 전반적 요인들을 고려해야만 한다.

3) 나는 동일한 질문에 대한 제이크와 에이미의 대답의 길이를 비 교하는 것도 중요하다고 생각한다. 놀랍게도 제이크의 대답은 직설 적이고 짧다. 옳은 행위라는 것이 있으며, 권리의 논리에 따라 그것 을 결정하는 단일한 기준("왜냐하면 당신의 결정에서 가장 중요한 것은 당신 자신이어야 하기 때문에")이 존재한다. 에이미의 대답은 두서가 없으며 유보적인 것처럼 보인다. 그 이유는 그것이 다양한 요인들을 고려하고 있기 때문이다. 그것은 다중적인 좋음과 가치에 근거한 복합성을 받아들이고 있다. 따라서 에이미는 최선의 것을 결 정하는 데 고려되고 조정되어야 할 무수한 요인들을 나열하고 있다. 그녀가 보기에, 상황은 복합적이고 혼란스러우며, 경쟁적인 좋음들 사이의 섬세한 구별을 요구한다.

나는 도덕적 평가의 상이한 유형들에 관한 이 사례들이 갖는 세 가지 주된 함축을 강조하려고 한다. 먼저, 여기에서 우리는 두 가지 다른 유형의 도덕적 추론을 볼 수 있는데, 그 두 가지 모두 동일한 상황에서 우리의 믿음에 합리적인 설득력을 가질 수 있다. 둘 중 어느 것도 실천이성이 지니는 선재하는 본질의 더 또는 덜 중요한 일부가 아니다. 대신에 그것들은 각각 상이한 도덕적 이성 개념, 즉 우리가 상이한 도덕적 논리라고 부를 수 있는 것을 규정하려고 한다. 자체적인 본질적 구조를 갖는, 「보편 이성」이라는 이념 ─ 모든 도덕성의 원천인 ─ 은 이성, 권리, 좋음 등 우리의 핵심적 개념들이 상호적으로 정의된다는 사실을 간과하고 있다. 그 어떤 것도 다른 것에 비해 존재론적으로, 인식론적으로, 또는 논리적으로 우선적이지 않다.

둘째, 흔히 그렇듯이 우리의 도덕적 딜레마가 한 사람의 복합적인 도덕적 이해를 구성하는 이 논리 또는 다른 경쟁적 논리들을 조정하거나 조화시키는 과정의 어려움에서 비롯된다. 우리는 한 논리를 다른 논리로 환원할 수도 없으며, 충돌을 피하기 위해 그것들을 계층적으로 분류할 수도 없다. 따라서 이 개념들 중 어떤 것도 이성의 유일한 본질이라고 자처할 수 없다.

셋째, 이 경쟁적 견해들은 각각 우리의 추론을 정의하고 제약하는, 상이한 일련의 기저 은유, 영상도식, 환유들을 포함하고 있다. 권리와 규칙의 논리는 전형적으로 「경로」「장애물」「통행권」「불간섭」「채무」「신용장」 등의 은유에 의해 정의되는 반면, 보살핌과 타인에 대한 책임의 논리는 「유대」「연결」「공동체」「조화」 등의 은유에 의해 정의된다. 도덕적 추론의 의미 있는 개념들은 은유적으로 구성된다.

요약하면, 에이미와 제이크는 '여성적' 대 '남성적' 추론 유형을 대변한다기보다는 인간적 상황의 복합성에 민감한 모든 사람이 직

250

면하는 경쟁적인 도덕적 논리, 가치, 이성 개념을 대변한다. 도덕적 딜레마는 대부분 경쟁적인 프레임 ─ 그것들은 각각 우리가 반박할 수 없는 설득력을 지닌다 ─ 의 대비적인 설득력을 느끼는 데에서 비롯된다. 도덕적 절대주의는 단적으로 인간 이성의 복합적인 상상적 구조, 나아가 심지어 주어진 상황에 대한 타당한 대안적 해석들의 존재조차도 간과하고 있다. 그것은 도덕적 상상력에 관한 빈곤한 견해를 전제함으로써 우리의 도덕적 이성 개념을 황폐화시킨다.

이성, 권리, 좋음 등 우리의 가장 기본적인 개념들이 상호 정의된다는 사실은 순수 실천이성에 대한 칸트적인 합리주의적 가정을 와해시킨다. 합리주의적 견해는 이성의 본성에 관해 모종의 본질주의를 받아들일 것을 요구한다. 그러나 이성의 본성에 대한 이른바 선험적 주장들을 수반하는 본질주의는 듀이, 비트겐슈타인, 콰인, 퍼트남, 데리다, 로티에 이르는 철학자들의 비판과 논증의 긴 역사에 비추어 볼 때 점차 유지하기 힘든 것이 되었다. 분석판단(명제, 문장)과 종합판단(명제, 문장)을 구분하는 방법이 존재한다는 믿음, 또 분석적 요소는 합리성 자체의 구조에 대한 통찰을 제공할 것이라는 믿음은 논리실증주의의 다른 어떤 독단들보다도 더 철저히 배격되었다.[14]

그러한 반본질주의적 맥락에서 테일러의 핵심적 논점은 다음과 같이 요약될 수 있다. 칸트적 형식주의 또는 그와 유사한 합리주의 윤리학은 모두 스스로가 실천이성의 본성에 관한 선험적 통찰을 갖

---

14) 이성에 관한 본질주의적 견해들(그리고 분석/종합 이분법)에 반대해서 영어권의 분석철학 안에서 정식화된 다수의 관련된 논변들은 Richard Rorty, *Philosophy and the Mirror of Nature* (Princeton: Princeton University Press, 1979)에 요약되어 있다. Nelson Goodman, *Ways of Worldmaking* (Indianapolis: Hackett, 1978) 또한 굿맨의 여러 저작들에서 수년 동안 제시했던 논변들에 관한 유용한 요약이다.

고 있다는 그릇된 가정에 근거하고 있다. 그러한 프로그램은 서구의 특정한 도덕적 전통(예를 들면 「도덕 법칙」 통속 이론)에 절대적으로 기본적인 하나의 원리를 받아들이며, 그것을 이성 자체에 대한 하나의 형식적 원리로 간주한다. 이러한 잘못은 특정한 일련의 가치들(또한 그에 상응하는 이성 개념)에 우선적인 특권을 부여하는 결과를 낳는다. 그것은 그 견해가 특권을 부여하는 가치가 실제로 합리성의 본질적 구조에 내재된 형식적 원리라는 무반성적인 주장을 낳게 된다. 그것이 유일한 하나의 형식적 원리로 보이게 되는 이유는 그 선호된 원리가 고도의 추상성 층위에서 구성되었기 때문이다. 테일러가 지적하는 것처럼 이 추상성의 한 귀결은 그 원리가 발생했던 역사적 맥락을 무시하게 된다는 점이다.

> 사실상 어떤 유형의 윤리적 추론이 다른 것에 비해 우선시되는 이유는 우리 문명 안에서 그것이 덜 논쟁적이거나 방어가 더 용이해 보이기 때문이다. …… 마찬가지로 우리는 윤리학에 대한 규제적 정의, 즉 다른 것들을 배제하는 반면, 우리가 추구하는 좋음, 예를 들면, 유용성, 도덕적 인격성에 대한 보편적 존중 등을 해명해 주는 정의를 받아들이도록 조종되어 왔는데, …… 그것은 후자가 곤혹스러운 논쟁에 덜 취약하기 때문이다(Taylor, 139~40).

따라서 모든 합리주의적 도덕철학의 범형인 칸트적 형식주의는 추상을 통해 우리의 도덕적 이성을 불모화시킨다. 그것은 하나의 추상적 원리, 유일한 원리를 도덕적인 실천이성의 형식적 구조로 구성하며, 그렇게 함으로써 다른 모든 가치를 덜 중요하거나 심지어 아예 도덕철학의 영역 밖에 있는 것으로 배제한다.

3 _ 공리주의적 환원주의

칸트주의가 지나친 추상화를 통해 이성을 황폐화시키는 한편, 그에 대한 계몽주의의 주요 적수인 공리주의 또한 그에 상응하는 환원을 통해 동일한 귀결을 불러온다. 거칠게 말하자면 공리주의는 이성을 도덕적 평가의 유일한 기준으로서 경제적 합리성, 수단-목표 합리성, 기술적 합리성으로 환원시킨다. 공리주의는 이성을 그처럼 과격하게 축소시킴으로써 일상적인 도덕적 숙고에서 중요한 많은 것들을 배제하게 된다.

공리주의는 윤리학이 과학적인 것이 될 수 있다는 계몽주의의 희망과 함께 출발했다. 이것은 이성이 충분히 자기반성에 도달했기 때문에 우리는 결국 모든 가능한 상황에 대한 도덕적 평가를 위한 과학적 기준을 발견할 수 있을 것이라는 믿음에 근거하고 있다. 그 기준, 즉 유용성의 원리는 인간 본성에 대한 진정으로 과학적인 탐구에서 비롯되는 인간 행동의 궁극적 원리로 가정되었다.

벤담(J. Bentham)은 유용성의 원리를 "이해관계가 있는 당사자의 행복을 증가시키거나 감소시키는 것으로 보이는 경향성에 따라 모든 행위를 승인하거나 거부하는 원리"[15]라고 정의한다. 좀 더 일반적으로 공리주의는 어떤 행위나 규칙은 그것이 인간의 좋음을 최대화시키는 한 옳은 것이라는 견해다. '행위' 공리주의라고 알려진 버전에 따르면 도덕적 숙고에서 사람들이 비교하는 것은 그 행위자에

---

15) Jeremy Bentham, *An Introduction to the Principle of Morals and Legislation* (Oxford, 1978), selection from Oliver A. Johnson, ed., *Ethics: Selections from Classical and Contemporary Writers*, 5th ed. (New York: Holt, Rinehart, and Winston, 1984), p. 212.

게 가능한 대안적 행위들의 총체적 귀결이다. '규칙' 공리주의는 주어진 행위가 산출하는 좋음을 계산하기보다는 특정한 보편적 규칙을 따르는 것의 귀결들을 비교한다.

핵심적 개념인 '좋음'은 (벤담이 좋음을 유쾌한 느낌과 동일시하는 것처럼) 쾌락주의적으로, (밀이 행복과 평안에 초점을 맞추는 것처럼) 행복주의적으로, 또는 (예를 들어 무어가 미와 우정의 경험처럼 특정한 마음의 상태를 즐기는 것에 배타적 관심을 보이는 것처럼) 또 다른 방식들로 정의될 수 있다. 공리주의는 최대화되어야 할 좋음이 한 사람의 행위에 영향을 받는 개인들의 공동체 전체의 좋음이어야 한다고 주장한다는 점에서 개인주의적이거나 이기주의적인 쾌락주의와 구분된다.

공리주의의 다양한 버전들이 공유하는 본질적으로 통합적인 특성은 유용성의 계산이다. 도덕적 추론은 「도덕적 산수」(Moral Arithmetic)로, 즉 어떤 대상 또는 상황에 대해 객관적으로 양화 가능한 좋음, 상품, 속성 등으로 간주되는 것을 합하거나 평균치를 구하는 행위로 환원된다. 그러한 도덕적 계산은 가치들을 관련된 변항들에 할당하고, 주어진 행위의 예상되는 유용성을 합하는 엄격한 절차에 대한 벤담의 희망을 통해서 매우 극적으로 드러난다. 벤담은 적정한 수학적 절차를 다음과 같이 제시한다.

그렇다면 모든 행위의 일반적 성향―공동체의 이해에 영향을 미치는―에 대한 정확한 해명을 위해서는 다음과 같이 진행하라. 그것에 의해 가장 직접적으로 이해에 영향을 받는 것으로 보이는 사람들 중 어떤 한 사람에서 시작해서 다음 사항들을 해명해 보자.

1. 그것이 일차적으로 산출하는 것으로 보이는 식별 가능한 각각의 쾌락의 가치.

2. 그것이 일차적으로 산출하는 것으로 보이는 각각의 고통의 가치.

3. 그것이 이차적으로 산출하는 것으로 보이는 각각의 쾌락의 가치. 이 것이 일차적 쾌락의 생산성과 일차적 고통의 비순수성을 구성한다.

4. 그것이 산출하는 것으로 보이는 이차적인 각각의 고통의 가치. 이것 이 일차적 고통의 생산성과 일차적 쾌락의 비순수성을 구성한다.

5. 한편으로 모든 쾌락들의 가치를, 다른 한편으로 모든 고통들의 가치 를 합한다. 그 균형이 쾌락 쪽에 있다면 그것은 그 개별적 인간의 이 해관계라는 관점에서 전반적으로 좋은 행위 성향을 제공할 것이다. 만약 그 균형이 고통 쪽에 있다면 전반적으로 나쁜 행위 성향을 제 공할 것이다.[16]

벤담은 계속해서 다른 계산 규칙들을 명시하고 있지만 위에서 제 시한 규칙들은 「도덕적 산수」 은유에 근거한 것으로서 그의 프로그 램이 치음 진개될 때 수반되었던 당당한 확신을 보여 주기에 충분할 것이다. 결국 도덕성은 객관적인 과학적·수학적 절차의 확고한 토 대에 근거하게 되었다. 전통적인 도덕 이론을 구성하고 있던 애매하 고 불확정적이며 강한 의심의 대상인 형이상학적이거나 신학적인 개념이나 원리들은 완전히 제거되고, 진보적인 과학적 프로그램의 확실한 결정으로 대체될 것이다.

과학적 객관성과 엄밀성(보편적인 도덕적 인격성 원리의 한 버전 을 수반하는)이라는 후광은 공리주의가 거부된 이후로도 오랫동안

---

16) 같은 책, p. 218.

상식적인 이해에 있어서 공리주의의 매력을 지탱해 주었다. 논증이나 실례도 없이 실제 상황에서 그러한 계산이 유용할 뿐만 아니라 가능하다고 가정하는 사람들에게는 그 허세를 지적하는 것만으로도 충분한 비판이 될 것이다.

도너건(A. Donagan)이 지적했던 것처럼 "핵심적인 난점은 그에게 가능한 생산적 행위가 최대의 유용성을 갖게 될지를 계산하는 것이 비현실적이라는 것이 아니라 그 계산 자체에 어떤 확정적인 해답도 없다는 점이다."[17] 여기에 과학적인 것이라고는 아무것도 없다. 왜냐하면 인과적 고리에 대한 현재 우리 지식의 결여, 그리고 주어진 행위에서 비롯되는 효과들의 무한하게 긴 연쇄에 대한 고려를 어디에서 멈추어야 할지를 어떤 방법으로도 적절하게 결정할 수 없다는 점을 감안할 때 어떤 과학적 계산도 애당초 가능하지 않기 때문이다. 더욱이 공리주의는 우리가 통제할 수 없는 다른 행위자의 협조적 행위에 달려 있는 공동 기획의 결과에 대해 책임을 질 것을 요구한다. 나아가 그것은 어떤 순간에 가능한 모든 행위—타인의 평안에 적극적으로 영향을 미칠 수도 있는—를 의식할 것(사실상 심리적으로 불가능한)을 요구한다.[18]

이러한 반론들은 잘 알려진 것이다.[19] 내 의도는 그러한 비판들을 반복하려는 것이 아니다. 오히려 내 관심사는 어떻게 공리주의가 불가피하게 이성이 단순히 계산일 뿐이라는 환원주의적 견해에 이르

---

17) Donagan, *The Theory of Morality*, p. 194 ff.
18) 플래너건은 행위 공리주의가 "우리의 행위 선택에 불가능한 정도의 관심을 요구한다"고 지적한다. Flanagan, *Varieties of Moral Personality*, p. 34.
19) 가장 두드러진 비판들에 대한 요약은 Bernard Williams and Amartya Sen, eds., *Utilitarianism and Beyond* (Cambridge: Cambridge University Press, 1982), Introduction 참조.

게 되었는지를 밝히는 데 있다. 공리주의는 도덕성의 단일하고 절대적이며 과학적인 기준을 탐색하는 과정에서 인간의 도덕적 추론의 풍부하고 복합적이며 다변적인 특성을 간과했다. 심지어 과학적 객관성이라는 명분을 유지하기 위해서 공리주의는 일련의 절대주의적인 개념과 가정들—그것들이 한데 결합되는 것은 매우 드문 일이다—을 수용해야만 했다. 그 결과 공리주의는 '경제적 합리성', 즉 단지 주어진 목표에 대한 가장 효율적인 수단을 결정하는 일에만 초점을 맞추는, 계산적 이성이라는 철저히 일차원적 이성 개념에 이르게 되었다.

테일러는 공리주의적 합리성의 토대를 이루고 있는 절대주의적 가정들을 섬세하게 요약한다.

> 우리는 여기에서 자신의 목표에 관해 통찰력을 갖고 있으며, 그 자신과 그를 둘러싼 세계를 객관화시키고 이해할 수 있는 인간상을 보게 된다. 그는 자신과 세계 안에서 작동하는 기제들에 관해 선명하게 이해하고 있으며, 따라서 명료하고 사려 깊게 자신의 행위를 이끌어 갈 수 있다. 이렇게 하기 위해서 그는 다양한 고무적 환상들—자아나 세계를 과학적 시각을 통해 드러나는 실제보다 훨씬 더 매력적인 것으로 만들어 주는—이 제시하는 유혹들을 거부할 수 있어야만 한다(Taylor, 133~34).

여기에서 우리는 도덕적 절대주의의 핵심을 보게 된다. 도덕적 행위자는 자신을 완전히 이해하려는 욕망을 가진, 합리적으로 투명한 개인이다. 그는 자신의 목표에 관해 완전한 이해를 갖고 있으며, 그 목표는 완전히 확정적이고 고정적이며, 그 수단에 관한 도덕적 숙고에 앞서서 주어진다. 그는 자신(본능, 동기, 욕구)에 관해서뿐만 아니라 외부 세계의 인과성의 기제들에 관해서도 관련된 모든 지식을 갖고 있다. 더욱이 그의 이성은 이 관련된 지식의 방대한 체계를 산술적으로 처리할 수 있는 계산 능력이다.

나는 이 가정들이 명백하게 실현 불가능성을 위장하고 있다고 본다. 우리는 이 절대주의적 견해들의 그른 점이 무엇인지 이미 살펴보았다. 여기에서 나는 단지 공리주의적 합리성이 사실상 얼마나 규제적이고 환원주의적인지를 강조하려고 한다. 단일하고 보편적인 과학적 기준을 구체화시키려고 시도하면서 공리주의는 수많은 그릇되고 오도적인 가정들을 산출하지 않을 수 없었으며, 합리적 숙고의 폭을 지나치게 제한함으로써 인간 이성을 유사 기계론적인 계산으로 환원시키지 않을 수 없게 되었다. 따라서 공리주의가 상상력을 객관적 이성에 반하는 모든 것을 대변하는 것으로서 논의의 장에서 전적으로 배제하는 것은 놀라운 일이 아니다. 도덕적 추론이 단지 '숫자 놀이'라고 확신하는 어떤 견해에도 상상력의 자리는 있을 수 없다.

4 _ 이성은 어디로 갔는가?

방금 서술했던 이성에 대한 추상주의 또는 환원주의 견해가 이런저런 방식으로 계몽주의적 유물—진정으로 계몽된 영혼인 우리 자신이 극복했으며, 또 가벼운 마음으로 이미 지난 시대의 환상들이라고 간주할 수 있는—이라고 가정하는 것은 잘못일 것이다. 반대로 내가 개괄했던 모형들은 현대의 도덕적, 사회적, 정치적, 경제적, 심리학적, 교육학적 이론의 대부분이 가정했던 「능력 심리학」(Faculty

Psychology) 통속 이론과 「도덕 법칙」 통속 이론에 근거한 것이다.[20) 그것들은 우리가 알고 있든 그렇지 않든 서구의 모형들이며, 우리가 해야만 하는 행위에 관한 도덕성과 이성을 인식하는 방식에 영향을 미친다. 그 모형들은 절대주의적 사고, 그리고 모든 유형의 도덕적 객관주의와 불가분하게 묶여 있으며, 또 그것들을 규정한다. 실제적인 인간의 의미와 인지, 이성의 복합적이고 진화적인 상상적 특성을 조금이라도 파악할 수 있는 이성 모형을 전개하려고 한다면 우리는 그것들을 극복해야만 한다.

절대주의는 확실성의 탐구에 의해 추동된다. 절대주의는 안전, 통제, 질서 등에 대한 인간의 보편적 필요성에서 그 설득력을 이끌어낸다. 따라서 도덕적 절대주의는 모든 사람에게 모든 시대에 모든 역사적 맥락에서 타당한 원리를 추구한다. 도덕적 절대주의는 도덕 법칙들이 소위 합리성의 본질적 구조에서 나온다고 가정한다. 도덕적 절대주의는 모든 행위에 대한 도덕적 평가의 통합적 기준(또는 계층적으로 분류된 기준들의 집합)을 추구한다.

따라서 절대주의는 기본적 개념들을 제시하면서 역사적으로 우연적인, 신체화된 인간 주체나 실천, 제도, 문화적 맥락 등과 결부되어 있는 어떤 개념이나 원리에 의지하는 것도 거부한다. 결과적으로 절대주의는 그 의미나 영향력이 (최고의 일반성과는 거리가 먼 것으로서) 맥락 의존적인 모든 가치나 원리들을 배제하는 방식으로 도덕성의 영역을 정의해야 한다. 따라서 절대주의는 구체적인 상황에

---

20) 최근의 심리, 사회, 정치 이론에서 이 합리성 모형의 지배에 관한 한 사례는 MacIntyre, *After Virtue*, 특히 7~8장 참조. 경제 이론에서는 Julie A. Nelson, "Gender, Metaphor, and the Definition of Economics" (Working Paper Series no. 350, Department of Economics, University of California, San Diego, January 1990) 참조.

서 우리의 개념화를 특징짓는 다의성, 다가성(multivalence), 다차
원성 등이 '동일한 종류의' 모든 상황들이 공유하는 가장 일반적이
고 추상적인 특성들의 목록으로 환원 가능해야 한다고 가정한다.

더욱이 절대주의는 질적 대비를 드러내는 모든 대안적 언어가 소
위 특권을 갖는 형식적 원리의 언어로 환원되거나 단지 개인적 선호
나 주관적 선택의 차원으로 평가절하되어야 한다고 주장한다. 예를
들면 보편적인 도덕적 인격성이 실천이성의 본질을 구성한다고 무
반성적으로 받아들이는 사람은 기독교적 아가페의 가치에 특권적
원리와 대등한 위상을 인정할 수 없다. 보편적인 도덕적 인격성 원
리의 우선성을 유지하기 위해서는 전형적으로 아가페가 실제로는
도덕적 요구나 책무가 아니라 합리적 도덕성의 한계 안에서 허용된
개인적 선호나 생활 양식의 문제라고 주장하는 전략이 요구될 것이
다. 이렇게 해서 그 대안적 가치는 어떤 사람의 기본적인 도덕 원리
에 대해 경쟁적인 위상을 갖지 않고서도 받아들여진다.

이러한 절대주의적 경향은 실질적으로 해소 불가능한 도덕적 갈
등, 즉 좋음, 정의, 이성에 대한 경쟁적 개념들 사이의 갈등의 현전
을 부정한다. 그러나 누스바움(M. Nussbaum)이 설득력 있게 주장
했던 것처럼,[21] 삶은 우리에게 어떤 단일한 보편적 원리에 따라 계
층적으로 분류될 수 없는 상충적인 책무들을 제시한다. 안티고네는
자신의 가족과 공동체 모두에 대해 현실적인 의무를 갖지만 그 어느
것도 설명을 통해 해소될 수 없으며, 다른 것에 귀속되지도 않는다.
그럼에도 그녀는 행동해야만 하며, 그녀가 선택한 것에 대한 책임을
받아들여야만 한다. 도덕적 영역은 모든 경쟁적 견해들의 장점을 평

---

21) Nussbaum, *The Fragility of Goodness*.

가하기 위한 하나의 포괄적 기준에 의해 통합되는 동질적 영역이 아니다. 대신에 테일러는 이렇게 지적한다.

　　많은 사람들은 자신이 이 견해들 중 하나 이상의 것에 끌려가고 있다는 것을 알게 되며, 삶을 통해서 그것들을 어떻게든 화해시키는 일에 직면하게 된다. 여기가 바로 우리가 도덕적이라고 고려할 수 있는 모든 명령, 그리고 타당하다고 인정하는 것들이 정합적으로 결합될 수 있는지의 문제가 발생하는 지점이다. 이 물음은 자연적으로 또 다른 물음, 과연 '도덕적'이라고 불리는 단일한 유형의 명령에 관해서 이야기하는 것이 적절한가라는 물음을 불러온다. …… 실제로 중요한 물음은 우리가 삶에서, 불가피하게 생각되면서도 양립 불가능하게 보이는, 몇 가지 다른 목표, 덕, 또는 기준들을 어떻게 결합하는가이다(Taylor, 134~35).

도덕적 개념이 다양한 종류의 상상적 구조들(영상도식, 원형적 구조, 은유 등)에 의해 정의된다는 사실은 도덕적 추론에 대해 계몽주의의 선도자들이 우리에게 물려주었던 것보다도 훨씬 더 풍부한 해명의 통로를 열어 준다. 그 경우 우리가 필요로 하는 종류의 합리성은 철저히 상상적인 합리성이다. 도덕적 행위자로서 우리의 과제는 단순히 특정한 사례에 대한 올바른 규칙, 소위 '올바른 행위'를 규정해 주는 규칙을 발견하는 일일 수 없다. 왜냐하면 좋음, 가치, 책무 등에 관한 실질적인 도덕적 갈등이 존재하는 한 그 사례의 본성이 그러한 가능성을 자연스럽게 배제할 것이기 때문이다. 그 경우 우리가 필요로 하는 것은 열려 있는 다양한 행위 방향들을 탐색하기 위한, 가능한 관계들과 행위 유형들을 숙달하기 위한, 또 종종 상충적인 가치들과 이성 개념들을 조화시키는 데 최선을 다하기 위한 성숙된 도덕적 상상력이다. 우리는 실제로 어떤 방향들이 열려 있으며 (즉 우리는 행위의 가능성을 투사할 수 있는 상상력을 필요로 한다), 또한 다른 것에 우선해서 하나의 행위 방향을 따르는 것(즉 각각의 투사된 방향의 함축을 상상적으로 탐색하는 것)이 우리에게 무엇을 의미하는지를 결정해야만 한다.

그렇다면 우리의 긴박한 과제는 상상적 합리성에 관한 만족스러우면서도 실제적인 이론을 전개하는 일이다. 그러한 이론은 진화해 가는, 자기반성적인 도덕적 행위자로서 우리가 일상적인 삶에서 마주치는 과제들에 부합하는 상상력에 관한 견해를 포함해야만 한다. 도덕적 추론에 관한 우리의 해명은 또한 경험적인 심리학적 탐구들이 인간의 본성과 심리적 동기화, 인간 이성에 관해서 밝혀낸 것들과 양립 가능해야 한다. 그것은 도덕적으로 행위하는 인간이 된다는 것의 의미에 관한 물음을 불러올 것이다.

제 6 장
객관주의적 자아는 무엇이 문제인가?

　우리는 (칸트적 합리주의 윤리학에서처럼) 지나친 추상화를 통해서든 (이성에 대한 공리주의적인 수단-목표 개념에서처럼) 지나친 환원을 통해서든, 도덕적 절대주의가 인간 이성에 대한 서구적 시각에 초래한 몇몇 문제들을 살펴보았다. 우리는 합리성을 본질적이고 고정적이며, 무역사적인 본성─도덕적으로 옳은 의지를 지배하는 일련의 규칙이나 법칙이 규정할 수 있는─을 갖는다고 정의하는 것이 어떻게 도덕적 숙고에서 상상력의 중심적 역할을 부정하는지를 살펴보았다. 절대주의처럼 이성을 '제약력'으로서 좁은 역할에 국한시키는 것은 합리적 숙고의 창조적이고 설명적인 차원에 어떤 여지도 남겨 두지 않는다.

　그러나 절대주의가 초래한 손상은 황폐화된 이성 개념에 국한되지 않는다. 그것은 또한 밀접하게 관련되어 있는 자아관의 문제로까지 확장된다. 이 장에서 나는 「도덕 법칙」 통속 이론이 가정하는, 내가 '객관주의적' 자아관이라고 부르는 견해를 서술하고 비판할 것이다. 나는 그것이 도덕적 인격성을 적절하게 해명할 수 없음을 드러낼 것이다. 왜냐하면 객관주의적 자아관은 한 사람의 도덕적 정체성이 지속적이면서 문화적·역사적으로 조건화된, 사고와 행위의 상상적 과정이 되는 방식을 해명할 수 없기 때문이다. 다음 장에서 나는 도덕적 행위자(또 그의 행위)의 정체성을 도덕적 절대주의가 대부분 무관한 것으로 간주하는 서사적(narrative) 맥락 안에서만 적절하게 이해할 수 있다고 주장할 것이다. 나는 도덕적 행위자가 자신의 도덕적 정체성을 형성하고 지속적으로 수정하는 역사적·서사적 과정이 서구의「도덕 법칙」통속 이론의 바탕에 자리 잡고 있는 객관주의적 형이상학이나 인식론과 양립 불가능하다고 주장할 것이다.

1_도덕적 인격성에 대한 객관주의적 통속 모형

서구 도덕적 전통의 대부분을 정의하고 있는「도덕 법칙」통속 이론은 도덕적 주체성에 대한 '객관주의적' 모형을 가정한다. 그것은 부분적으로는 신체적이고 부분직으로는 정신적이라는 이중적 본성을 가진 '합리적 동물'로서의 인간 모형이다. 욕구와 욕망의 원천인 신체적 측면은 항상 그 동물적 욕망을 충족시키려고 한다. 동물로서의 인간이라는 관점에서 그의 욕망은 신체적 구조, 성격적 특성, 그리고 과거의 경험에 따라 조건화되는 것으로 간주된다. 만약 우리가 야만적인 동물일 뿐이라면 도덕성은 단순한 환상이 될 것이다. 왜냐하면 우리는 사실상 자기 이익을 충족시켜 준다고 생각되는 목표를 추구하는 강렬한 충동과 욕망에 이끌려 가는 조건화된 유기체일 것이기 때문이다.

그렇지만 동물의 영역에서 우리 인간만이 어떻게 우리의 목표를 최대한 실현할 것인지(수단–목표 합리성)를 말해 줄 뿐만 아니라 어떤 목표를 추구해야만 하는지(도덕적 이성)를 규정해 주는 이성을 갖고 있다. 우리의 의지(실천이성으로서의)는 단순히 우연적인 자연적 원인들의 결과로서가 아니라 합리적 원리들의 지도에 따라 행위의 원인이 될 수 있다. 따라서 우리의 의지는, 어떤 행위를 할 것인지 선택할 수 있으며(자유롭다), 이성에 의해 주어지는 원리들에 근거해서 그렇게 할 수 있다(합리적이다)는 의미에서, 합리적이고 자유로운 것으로 간주된다.

따라서 이 객관주의적 자아관에 따르면 도덕성 문제는 우리의 동물적 욕구가 본래적으로 합리적이지는 않다는 사실에서 비롯된다. 욕망이나 열정이 이성의 요구에 반해 일어날 때마다 의지는 욕망의 힘에 저항하기 위해서 강해야만 한다. 도덕적 추론은 특정한 상황에 대해 합리적으로 적절한 도덕 법칙을 결정하며, 나아가 이성이 명령하는 대로 의지의 힘을 불러내는 작용으로 간주된다.

내가 방금 개괄했던 구도는 서구의 상식적인 도덕적 전통의 거의 모든 구성원이 공유하는, 도덕적 인격성의 통속 모형을 이루고 있다. 그것은 자아와 이성, 동기화, 행위, 숙고의 본성과 관련된 일련의 가정들을 포괄하는데, 그 가정들이 대체적으로 우리의 도덕감을 정의한다. 서구 전통의 모든 사람이 자아에 관한 이 객관주의적 통속 모형의 모든 부분을 받아들이는 것은 아니다. 예를 들어 신학적 토대를 갖는 윤리학에서 옳은 행위를 결정하는 것은 신적 이성의 명령을 파악하는 인간 이성의 문제로 간주된다. 대조적으로 엄격하게 합리주의적인 윤리학에서 인간 이성은 자율적인 것으로, 즉 외재적인 신적 권위에 의존하는 것이 아니라 그 자신에게 도덕 법칙들을 부과하는 것으로 간주된다. 그렇지만 도덕 법칙을 제시하는 본질적

266

이고 초월적인 이성의 핵심적 역할을 받아들인다는 점에서 두 견해
모두 동일한 객관주의적 통속 모형을 공유하고 있다.

모든 통속 모형과 마찬가지로 도덕적 인격성(과 이성)의 객관주
의적 모형도 의식적 반성의 차원에서 작동하는 일은 거의 없다. 그
래서 그 모형을 상술할 수 있는 사람이 거의 없는데도 (예를 들어
사람들이 자신의 몸을 이성의 지도를 받아야만 하는 맹목적 욕망의
원천으로 경험할 때 그렇듯이) 대부분 사람들은 그 모형에 따라 행
위한다.

자아에 관한 객관주의적 통속 모형에는 심각한 문제가 있다. 그것
은 우리 자신에 대한 그릇된 그림을 제공하고 있다. 그것은 우리 자
신을, 두 개의 근본적으로 구분되는 세계(즉 몸의 세계와 마음의 세
계)―결코 완전하게 조화될 수 없는―를 살고 있는, 형이상학적으
로 이분화된 존재로 그리고 있다. 그것은 인간의 정체성에 관해 극
단적인 이원론 아니면 환원주의로 흐르게 되는, 매우 부적절한 견해
를 남겨 주었다. 그것은 개인적 정체성의 대부분을 형성하는 사회적
관계나 문화적 역할과 상관없이 도덕적 인격성을 정의하고 있다. 따
라서 거기에는 도덕적 추론을 해명하는 데에 상상력의 자리가 없다.

이 객관주의적 자아관의 문제가 무엇인지 밝히기 위해 그 주된 특
징들과 그 배후의 동기를 살펴보기로 하자.

자아에 대한 객관주의적 통속 모형

1) 본질적인 합리적 자아

객관주의의 시각에서 도덕적 행위자는 고정적이고 확정적인 본성
을 가진 모종의 유사 대상(quasi-object)이다. 자아는 (유물론적 형

이상학에서 그렇듯이) 하나의 물리적 대상으로 간주될 수도 있으며, (관념론적 형이상학에서 그렇듯이) 하나의 초월적 주체로 간주될 수도 있다. 그러나 어느 경우든 자아는 같은 종인 다른 모든 존재들과 공유하는 불변의 본성을 갖는 것으로 간주된다.

인간의 특유한 본질은 이성이다. 합리성은 논리적으로 관련된 일련의 원리들로 규정될 수 있는 본질적이고 고정된 구조를 갖고 있다. 도너건(A. Donagan)이 주장했던 것처럼 이 전통적 견해에 따르면 합리적이라는 것은 이성의 본질에서 비롯되는 그 법칙들을 따르는 것이다.

> 따라서 "K라는 종류의 행위들은 이성에 반한다(또는 반하지 않는다)"라는 형식의 도덕 법칙이나 계율은 '실천이성 자체 — 즉 어떤 오류도 없는 경우 모든 사람의 실천이성 — 는 K라는 종류의 행위가 허용될 수 있다고(또는 허용되지 않는다고) 규정한다'라고 분석될 수 있을 것이다. 따라서 어떤 행위가 이성에 반하거나 반하지 않는다는 것은, 실천이성이 행위에 관해 무엇을 규정하는가라는 문제와 관련되어 있다는 점에서, 행위에 관한 하나의 사실이다.[1]

그 이유는 이성이 하나의 본질을 가지고 있으며, 따라서 이성이 정확하게 작동했을 때 어떤 원리들을 규정하는지에 관한 하나의 '사실'이 존재할 수 있기 때문이다. 이것이 특정한 원리들이 이성으로부터 '비롯된다' 또는 '유래한다'는 주장의 의미다. 따라서 도덕적 절대주의에 따르면 도덕적 객관성은 이성이 정확하게 작동했을

---

1) Alan Donagan, *The Theory of Morality* (Chicago: University of Chicago Press, 1977), p. 53.

268

때 그것이 규정하는 것들에 관한 객관적 사실의 존재에 근거하고 있다. 도너건이 설명하는 것처럼 "따라서 상식적 도덕성의 기본적인 진술은 실재론 또는 진리 대응설에 따른 참/거짓 문제다."[2]

요약하면, (도덕적 객관주의의 한 형태로서) 도덕적 절대주의는 인간의 본질적 합리성에 근거해, 즉 인간이 다양한 실천적·도덕적 원리들을 제시하는 본질적 구조를 갖는 실천이성을 보유한다는 사실에 근거해 인간을 정의한다.[3]

2) 무역사적 자아

만약 도덕적 인격성이 실천이성을 보유하는 데 있다면 도덕적 행위자인 우리의 본질은 역사적 상황에 의해 변화하지 않을 것이다. 물론 개별적 인간은 시대에 따라 다양한 방식으로 변화할 것이며, 따라서 그의 경험적 정체성은 변화할 수밖에 없다. 그렇지만 객관주의적 형이상학에 따르면 한 개인의 본질적 합리성은 변화하지 않는다. 우리의 핵심적 합리성은 개인적 정체성이 아무리 변화하더라도 고정되어 있다. 도덕적 절대주의는 안정적인 도덕적 정체성이라는 위안을 줄 수는 있겠지만 그것은 우리의 도덕적 인격성의 변화 가능

---

2) 같은 곳.
3) 따라서 도덕적 객관주의는 George Lakoff, *Women, Fire, and Dangerous Things* (Chicago: University of Chicago Press, 1987)에서 '고전적'(classical) 범주 이론이라고 불리는 것을 가정한다. 이 견해에 따르면 한 범주는 정확히 그 범주에 실제로 속하는 것으로 말해질 수 있는 모든 것에 의해 충족되어야만 하는 필요충분조건의 집합에 의해 정의된다. 객관주의적 범주 이론은 아주 자연스럽게 모든 상황은 그것의 확정적 속성들에 따라 어떤 주어진 개념에 속하거나 속하지 않는 것이어야만 한다는 그릇된 견해에 이르게 된다. 나아가 이것은 다시 우리가 주어진 상황이 구체적인 도덕 원리에 속하는지의 여부를 밝힘으로써 어떻게 행위해야만 하는지를 결정할 수 있다는 견해에 이르게 된다.

성을 무시했을 때에만 가능하다.

3) 보편적 자아

만약 자아가 합리적 본질에 의해 정의된다면 모든 도덕적 행위자
는 그 동일한 본질적 본성을 보유할 것이다. 도덕적 행위자로서 우
리는 실천이성을 보유하고 있다는 사실에 의해 모두 동등하다. 이
견해에 따르면 도덕적으로 행위하는 것은 우리의 특수성으로부터
우리 자신을 추상해 내고, 나아가 우리가 공유하는 보편적인 합리적
본성―우리가 보편적인 도덕 공동체를 구성할 수 있게 해 주는―
을 실현하는 문제다. 칸트의 '목적의 왕국'은 (그 자체로 목적들인)
합리적 존재들, 그리고 그들의 특수한 주관적 목적들의 그러한 보편
적 공동체에 대한 하나의 이상화다(『윤리형이상학』, 2절).

보편적인 합리적 자아는 합리주의 윤리학에 국한되어 있는 것은
아니다. 그것은 유대 기독교적 도덕 전통의 토대를 이루고 있으며,
그것은 또한 모든 도덕적 행위자를 그들의 합리적 본질에 근거해 대
등한 존재로 간주하는 공리주의의 기초가 된다.

4) 이성과 욕망으로 이분화된 자아

근세(즉 계몽주의)의 도덕·정치 이론의 바탕을 이루고 있는 '자
유주의 심리학'(liberal psychology)에 대한 비판에서 웅거(R.
Unger)는 자아 개념을 정의하는 심리학의 세 가지 기본 원리를 제
시한다.[4] 제1원리는 이렇게 말한다.

---

4) Roberto Unger, *Knowledge and Politics* (New York: Free Press, 1976). 이하 이 책의
　인용 쪽수는 본문에 제시한다.

자아는 이해와 욕망으로 구성되어 있으며, 그 둘은 서로 구분되며, 욕망은 자아의 추동적이고 적극적이며 근원적인 부분이다. 마음이라는 기계는 그 자체로는 아무것도 원하지 않는다. 즉 욕망은 이해의 도움 없이는 아무것도 알 수 없다. 이것은 이성과 욕망의 원리라고 불릴 수 있을 것이다(Unger, 39).

웅거는 근세의 자아관에서 기본적이며 화해될 수 없는 분리의 뿌리를 기술하고 있다. 이성이나 이해는 자아의 그러한 계산적 부분으로 간주되는데, 그 목적은 세계에 대한 참된 기술을 추구하고 원리들을 구성하는 것이다. 대조적으로 욕망은 "자아가 그 흥미나 혐오의 대상을 결정하는 데 사용하는 능력이다"(Unger, 39). 욕망은 우리에게 동기를 제공한다. 즉 욕망은 관심이나 요구를 충족시켜 줄 대상이나 존재의 상태로 이끌어 간다.

따라서 분리된 자아의 문제는, 우리를 행위로 이끌어 가는 욕망이 본래적으로 합리적이지 않은 반면, 계산적 이성은 우리를 행위로 이끌어 갈 능력이 없는 것으로 간주된다는 섬이다. 문제는 이 두 측면을 어떻게 통합할 것인가이다.

5) 원자론적 · 개별적 자아

합리적 부분과 신체적/열정적 부분의 분리로서의 자아에 대한 이러한 구도에 따르면 사람들의 욕구와 욕망은 신체적 본성, 즉 동물성으로부터만 생겨난다. 따라서 사람들은 나름대로의 목표의 원천이다. 더욱이 합리성과 자유는 개별적 인간의 내재적이고 본질적인 속성이다. 따라서 사람들은 나름대로의 목표, 그리고 그 목표를 실현시킬 합리성과 자유의 원천이라는 점에서 원자론적 개별자, 즉 사회적 원자다. 이처럼 내재적이고 본질적인 특성은 결코 다른 사람에 의해 정의되지 않으며, 다른 사람에 의존적이지도 않은 것으로 간주된다.

웅거는 인간에 대한 이러한 원자론적 이해가 계몽주의의 '자유주의 심리학'의 바탕에 자리 잡고 있다고 보는데,[5] 그것은 원자론적 지식관을 전제하고 있다. 그는 경험주의적인 '분석의 원리'를 지적하는데, 그 원리에 따르면 "어떤 지식에도 그 지식의 구성요소인 기초 감각이나 관념으로 분석되는 동시에, 다시 그 감각이나 관념으로 재구성될 수 없는 것은 없다"(Unger, 46). 사회 전체에 대한 우리의 지식에 적용시켜 보면 이 분석의 원리는 사회를 단지 개별자, 원자론적 구성원들―그 자체로 현재와 같은 존재인―의 총합으로 간주한다. 따라서 그들의 특수한 관계, 역사, 믿음, 제도적 관심 등은 완전히 외재적 관계들로 간주된다.

따라서 자유주의적 정치 이론의 기본적 물음이 본질적으로 자유로운 개별자들이 애당초 자신들이 복종하는 통치 집단이나 지배 집단에게 자유의 일부를 양도해야 할지도 모르는 공동체에 참여하려고 하거나 참여해야만 하는 이유를 설명하는 일이라는 것은 결코 놀라운 일이 아니다.[6] 만약 우리가 본질적으로 사회적 관계와 상관없이 정체성을 보유하는 개별자라면 국가는 개별자의 자유에 제약을 부과하는 인위적인 연합체가 된다. 만약 우리가 본질적으로 합리적, 원자론적, 자기중심적인 욕망의 동물이라면, 사회적이고 공동체적

---

5) 웅거는 제2원리를 '욕망의 자의성'(Arbitrariness of Desire)이라고 부르는데, 여기에서 그가 말하는 것은 우리가 원하는 것은 우리가 원하는 것에 대한 정당화와 마찬가지로 이성이나 이해의 문제일 수 없다는 점이다. 그것은 스스로가 대상에 지향되어 있음을 발견하거나 어떤 목적을 추구하기 위해 선택하려고 하는 단순히 자의적 욕망의 문제다.

272

인 관계들은 우리의 본성이나 도덕적 행위자로서의 정체성에 있어서 비본래적인 것으로 간주될 것이다. 홉스(T. Hobbes)가 지적했던 것처럼 그러한 원자론적 개별자는 사회적 단위를 형성하는 것이 어떻게든 자신의 개별적 의도, 이해, 또는 목표에 기여한다고 생각될 때에만 자신의 자유 의지에 따라 스스로를 제약에 복속시킬 것이다.

이 견해에 따르면 그 개별자의 존재를 부분적으로 정의하는 공적, 보편적 이해관계와 같은 것은 존재하지 않는다. 결과적으로 "모든 이해관계가 그 자체로 사적이거나 주관적인 것으로 간주되거나 주관적이고 사적인 이해관계의 조합으로 생각될 때에는 어떤 활동도 보편적인 이해관계—그 실현이 사회에 대한 보편적 지식을 요구하는—의 표현으로 간주될 수 없을 것이다. 균열된 사회적 존재는 오직 사회적 질서에 대한 균열된 지식을 산출할 수 있을 뿐이다"(Unger, 48).

6) 행위로부터 분리된 자아

원자론적, 본질적 자아는 자신의 행위, 스스로를 위하여 설정한 목표, 또는 자신이 개입하는 사회적인 상황과는 전혀 상관없이 존재하며, 또한 그 정체성을 유지한다. 그 자아는 바로 그 자체로 존재하는 어떤 것이다. 결과적으로 이런 종류의 객관주의적 견해는 한 개

---

6) 사람들은 곧 한 개인이 자연 상태에서 국가라는 조건으로 이행해 가기 위해서는 정당화가 필요하다는 홉스의 계약 이론을 떠올리게 되거나[Thomas Hobbes, *Leviathan*(1651) (Oxford: Clarendon Press, 1909)] 로크의 계약 이론[John Locke, *Two Treatises of Government*(1690); rev. edition, ed., Peter Laslett (Cambridge: Cambridge University Press, 1960)]을 떠올리게 된다. 그렇지만 계약 이론을 산출했던 기본적 문제, 즉 원자론적인 개별적 자아의 문제는 훨씬 더 현대적인 정치 이론의 핵심에 자리 잡고 있다. Rawls, *A Theory of Justice*, 또 Nozick, *Anarchy, State, and Utopia* 참조.

인의 도덕적 정체성―그를 도덕적 행위자로 만들어 주는―이 지속적인 행위와 의도들을 통해서, 대인관계를 통해서, 또 역사적·문화적으로 조건화된 경험을 통해서 잠정적으로 정립된다는 사실을 부인한다.

칸트적 합리주의는 행위와 목표들로부터 자아의 이러한 고립을 완벽하게 예증하고 있다. 칸트는 상식적인 도덕적 이해가 자아는 행위와 상관없이 그 자체로 도덕적 가치를 가질 수 있다는 사실을 정확히 인식하고 있다고 주장한다. 즉 자아는 그 행위를 통해서 산출할 수 있는 어떤 것 때문이 아니라 단지 스스로의 선의지에 근거해서 좋은 것이다.[7] 따라서 칸트주의는 한 사람의 도덕성을 가능하게 해 주는 것(즉 도덕적 행위자로서의 자아)을 그가 실현하는 목표, 행위, 행위 수행 방식, 또 그가 참여하는 개인적 관계들로부터 분리시키고 있다. 윌리엄스(B. Williams)는 이렇게 말한다.

칸트는 자신의 시각에서 합리적 행위자라고 생각되는 것으로부터 출발한다. 그는 도덕적 행위자가 어떤 의미에서 합리적 행위자 이상일 수 없다고 생각한다. 또한 그는 특수한 형이상학적 행위자 개념을 도덕성에 대한 그의 해명에 본질적인 것으로 제시하는데, 그 해명에 따르면 도덕적 주체로서 자아는 시간과 인과성을 벗어나 있다. 따라서 그것은 구체적이며, 또 경험적으로 결정된 개인―사람들은 보통 자신을 이렇게 생각한

---

7) 칸트는 무조건적으로 선하다고 생각되는 유일한 것은 선의지뿐이라고 주장하며(『윤리형이상학』, 393), 나아가 "의무로부터의 행위는 그것의 도덕적 가치를, 그 행위를 통해 달성해야 할 의도에서 갖는 것이 아니라, 그에 따라 그 행위가 결의되는 준칙에서 갖는 것으로, 의무로부터의 행위는 그러므로 행위 대상의 현실성에 의존해 있는 것이 아니라, 순전히 욕구능력의 모든 대상과는 무관하게 행위를 일어나게 한 의욕의 원리에 의존해 있는 것이다"(『윤리형이상학』, 399~400)라고 주장한다.

274

다―과는 구분되는 것으로 그가 '본체적 자아'(noumenal self)라고 부르는 것이다.[8]

칸트의 '본체적 자아'는 도덕적 주체로서의 자아를 개인의 경험적 정체성으로부터 분리시키는 방식에서 다소는 극단적이라고 할 수 있을 것이다. 그러나 그의 견해는 사회적·문화적 상호작용과 상관없이 그 자체로 자유와 합리성을 보유하는 것으로서 자아에 관한 객관주의적 계몽주의의 시각을 적절히 대변하고 있다.

2_객관주의적 자아는 무엇이 문제인가?

「도덕 법칙」 통속 이론이 가정하는 객관주의적 자아관에는 두 가지 일반적 유형의 문제가 있다.

1) 분열된 자아

도덕적 인격성에 관한 이분화된 견해의 가장 명백한 난점은 이성과 욕망이라는 두 가지 다른 능력이 어떻게 합리적 의지의 근거로서 통합될 수 있는지의 문제다. 능력 심리학은 서로 다르면서 기능적으로 독립적인 능력이나 잠재력을 가정한다. 만약 자아의 그 두 부분이 본성상 실제로 구분되며 또 다른 것이라면 우리의 열정적 자아가 본성상 비합리적인데, 욕망이 어떻게 이성의 명령에 귀 기울일 수

---

8) Bernard Williams, *Ethics and the Limits of Philosophy* (Cambridge, Mass.: Harvard University Press, 1985), p. 64.

있을까? 또한 이성은 열정과는 달리 신체적이지 않은데, 이성이 어떻게 욕망의 충동을 경험할 수 있을까?

계몽주의 도덕 이론은 이 물음에 대응하는 두 가지 기본적인 전략을 갖고 있다. 그 첫 번째 대응은 이성과 욕망이 결합할 수 없으며, 도덕성은 거의 전적으로 욕망과 느낌의 문제라고 보는 정서주의 (emotivism)다. 아래에서 내가 주장하려는 것처럼 정서주의는 이분화된 자아에 대한 진정한 해결책일 수 없다. 정서주의는 단지 분열된 자아를 가정하고, 도덕성을 느낌이라는 비합리적 영역 안에서 찾으려고 하기 때문이다. 그것은 도덕성을 통째로 이성의 영역으로부터 축출하는 것이며, 그렇게 함으로써 도덕성에 대한 합리적 비판을 불가능하게 만든다.

분열된 자아(split self)에 대한 또 하나의 대응은 이성이 진정으로 실천적인 이성을 산출할 수 있도록 어떻게든 욕망과 결합해야만 한다고 주장하는 것이다. 이것이 바로 칸트적 합리주의의 전략이다. 그것을 입증하지는 못했지만 칸트는 이성이 실천적이라고 주장했다. 그는 서구의 전반적인 도덕적 전통은 이성이 우리를 행위로 이끌어 갈 수 있다는 가정에 근거하고 있다는 것을 보여 주었다. 그러나 칸트는 분열된 자아의 형이상학적 본성은 이성이 어떻게 이런 방식으로 실천적일 수 있는지에 대한 설명을 불가능한 것으로 만들었다고 주장했다. 이 때문에 웅거는 칸트의 해결책이 애당초 해결책이 될 수 없다고 본다.

칸트는 하나의 해결책을 제시했는데, 그 장점은 그 문제를 구성하는 개념들이 재정의되지 않는 한 어떤 해결책도 가능하지 않다는 것을 보여 준다는 점이다. 칸트는 인간을 두 개의 왕국, 즉 인과적 결정이라는 자연적 왕국과 자유라는 도덕적 왕국의 시민인 것처럼 생각하라고 말한다. 우리는 세계를 설명하고 싶어 하기 때문에 인간을 전자로 간주하며, 행위를 정당화하고 싶어 하기 때문에 인간을 후자로 간주한다. 그러나 확정적 사실로서의 욕망과 자의적 선택으로서의 욕망이라는 두 가정의 관계는 영원히 신비로 남아 있다(Unger, 43).

결과적으로 이분화된 자아는 근세의 경제, 정치, 사회, 도덕 이론에서 핵심적 문제들의 주된 원천으로 남아 있다. 만약 당신이 자아에 관한 이분법적 견해와 함께 출발하게 되면 도덕적 행위자의 형이상학적으로 분열된 정체성을 결코 극복할 수 없을 것이다. 우리는 이성이 어떻게 욕망에 영향을 미칠 수 있는지 설명할 수 없을 것이며, 심지어 애당초 욕망을 이성에 합치시키려는 충동이 어떻게 존재할 수 있는지조차도 설명할 수 없을 것이다. 만약 그것들이 본성상 정말로 다른 것이라면 양심의 견인력은 도대체 어떻게 생겨나는 것일까? 이성은 단순히 스스로가 명령하는 것만을 명령할 것이고, 욕망은 단순히 스스로가 원하는 것만을 원할 것이며, 따라서 그것들은 결코 합치하지 못할 것이다.

　문제의 원천은 욕망이 항상 비합리적이고 자의적이며 주관적이라는 그릇된 가정에 있다. 만약 욕망이 정말로 비합리적이라면 도덕적 객관주의가 요구하는 것처럼 욕망을 합리화하는 것(즉 이성에 복종하게 하는 것)은 이성 쪽에서의 '힘'이나 '강제'의 작용 이상이 아닐 것이다.

　앞으로 보게 되겠지만 분열된 자아의 문제에 대응하는 유일한 길은 우선 그 분열 자체를 거부하는 것이다.

2) 원자론적 · 합리적 자아

두 번째 주된 문제는 객관주의가 자아를 고정적이고 무역사적이며 자립적인 본질—그것의 목표나 행위, 관계에 상관없는—로 간주한다는 점이다. 객관주의는 우리가 도덕적으로 옳은 의지의 원리를 결정하기 위해서 어떻게든 이 본질적 합리성을 분석할 수 있다고 가정한다. 나는 도덕적 인격성에 관한 이러한 그림이 자아가 지속적이고 시간적인 활동 과정과 사회적 상호작용 안에서 표출되며, 또 그것들에 의해 구성되는 방식을 간과하고 있다고 주장할 것이다. 바로 자아 자체이거나 또는 그것이어야만 하는 것으로서 어떤 고정된 '사물'—도덕적 행위자가 어떤 행위를 해야만 하는지를 결정해 주는—은 존재하지 않는다. 오히려 도덕적 행위자로서의 정체성(즉 도덕적 인격성)은 변화하며, 자신의 목표와 의도에 관해 숙고하고 그것들을 추구하는 방식에 의해 형성된다.

문제의 핵심은 객관주의가 요구하는 자아관이 실제 인간의 자기 정체성 전개에 관해 심리학이 알려 주는 것과 양립 불가능하다는 점이다. 도덕적 인격성을 보편적 합리성과 동일시하려는 시도는, 예를 들어 우리의 정체성의 대부분을 이루고 있는 관계, 믿음, 애정 등에서 드러나는 것과 같은 특수성의 역할을 배제한다. 그것은 우리의 정체성이 부분적으로는 사회적으로 구성되는 방식을 전혀 고려하지 않는다. 인간은 원자론적인 합리적 자아에 근거해서만 자신의 정체성을 갖는 것이 아니다. 오히려 우리의 정체성은 복합적인 사회적 상호작용과 관계들 속에서 시간에 따라 발생하고 변화한다.

플래너건(O. Flanagan)이 주장하는 것처럼 원자론적 자아관은 인간의 성장에 관하여 우리가 알고 있는 것과는 전적으로 양립 불가능하다.

그러나 정체성 형성의 심리학에 관해 전적으로 무지하지 않다는 점을 감안할 때, 우리 자신이 단순히 사회적으로 형성될 뿐만 아니라 어떤 측면에서는 동시대적인 사회적 관계, 역할, 실천, 활동은 물론 모종의 전래적 뿌리와 상관성에 따라 구성된다는 사실을 어떻게 이해할 것인가? 자신을 '방해받는 자아'(encumbered self)로 간주하는 것은 어떤 규범적 귀결을 갖게 될까?

한 가지 함축은 다음과 같은 것으로 생각된다. 만약 우리의 정체성이 순수한 자기 창조가 아니라 일차적으로 창발적이고 관계적인 산물이라면 정확하게 자기를 이해한다는 것은 스스로를 비원자론적으로 이해하는 일을 포함할 것이다.[9]

우리는 과정의 존재, 즉 그 정체성이 사회적 관계와 묶여 있으며, 역사적 우연성들의 영향을 받으며 진화하는 자아다. 나는 과정적 자아(self-in-process), 즉 스스로의 행위로부터 완전히 소외되지도 않으며, 또한 그것에 완전히 매몰되지도 않는, 그렇지만 시간 속에서 전개되면서 경험을 통해 드러나고, 경험에 의해 변형되는 자아 개념을 옹호하려고 한다. 도덕적 절대주의가 수용할 수 없는 것은 바로 이 시간적이고 변형적인 과정이다. 왜냐하면 그 과정은 객관주의가 도덕적 주체성의 소재로서 요구하는 고정된 본질을 거부할 것이기 때문이다.

우리는 자기 정체성의 해명 문제에서 객관주의의 실패의 중요성을 과소평가해서는 안 된다. 듀이(J. Dewey)가 지적하듯이 "도덕성

---

9) Owen Flanagan, *Varieties of Moral Personality: Ethics and Psychological Realism* (Cambridge, Mass.: Harvard University Press, 1991), p. 142.

에 관한 옳은 이론의 핵심이 되는 것은 **자아와 그 행위**―만약 도덕
적으로 어떤 의미라도 있다면―의 본질적 통합성을 인식하는 일이
라고 말하는 것은 결코 지나치지 않다. 반면에 이론의 오류들은 자
아와 행위(그리고 그 귀결)가 서로 분리되고, 도덕적 평가가 어느
한쪽으로 치우치는 순간 생겨난다."[10]

이 장의 남은 부분과 다음 장에서 나는 사회적 · 문화적 · 역사적
으로 구성되는 존재로서 우리의 본성을 올바르게 드러내는, 자기 정
체성에 관한 견해를 전개할 것이다. 그 견해에 따르면 사람들 스스
로 보유하는 합리적 속성에만 근거해서, 또 사회적 · 공동체적 관계
에만 근거해서가 아니라, 개인적 · 사회적 상호작용 안에서 창발하
고, 또 그것을 통해서 진화하는 정체성에 따라 정의된다.

3_ 객관주의적 자아의 현대적 표현

도덕적 자기 정체성의 구성적 해명에 앞서 나는 도덕적 절대주의
의 실패에 대한 나의 비판을 좀 더 구체화하려고 한다. 20세기에 자
아에 관한 객관주의적 통속 모형은 두 가지 중요 도덕철학, 즉 정서
주의와 칸트적 합리주의를 통해 가장 극적인 모습을 드러냈다. 이
두 견해가 모두 오늘날 도덕 이론에 심중한 영향을 미쳤기 때문에
그것들이 각각 어떻게 자아에 관해 경험적으로 부적절한 개념들을
제시하고 있는지를 살펴보는 것은 중요하다. 나는 각각의 이론이 제
시한 인간에 대한 나름대로의 모형이 어디에서 잘못되었는지 간략

---

10) Dewey, *Theory of Moral Life* (New York: Holt, Rinehart, and Winston, 1960), pp.
150~51.

280

하게 설명할 것이다.

정서주의

정서주의(emotivism)는 도덕적 판단과 평가가 이성에 근거하고 있는 것이 아니라 단지 정서나 태도의 표현일 뿐이라는 견해다. 매킨타이어(A. MacIntyre)는 경쟁적인 도덕적 주장들을 판정하는 보편적인 합리적 기준의 부재를 통해 드러나듯이, 정서주의가 오늘날 우리가 겪고 있는 도덕적 혼란의 주범이라고 주장한다. 그는 만약 모든 도덕적 판단이 "단지 선호의 표현, 태도나 느낌의 표현일 뿐"[11] 이라면 도덕 공동체의 공통적인 합리적 근거도, 비판과 평가의 합리적 근거도 존재하지 않을 것이라고 정확하게 지적한다.

1) 흄의 정서주의: 전통적 해석

정서주의의 철학적 가정은 아마도 흄의 저작을 통해 가장 세련되게 표현되었을 것이다. 도덕성은 이성이 아니라 느낌에 근거한 것이다. 그 논증은 단순하다. 흄은 객관주의의 이성/욕망 이분화를 가정한다. 이성은 진술의 참/거짓을 결정하는 문제에만 관련되어 있기 때문에 행위를 유발하는 추동력을 가질 수 없다. 대신에 그것은 관념들의 관계(수학이나 논리학에서처럼)를 탐색하거나 경험적 사실의 문제(관념과 진술이 경험의 양상에 근거하고 있으며, 또 그것에 합치하는지를 밝히기 위해)를 다룬다. 반면에 욕망은 열정과 취향에서 비롯되는데, 그것은 신체적이기 때문에 우리를 행위로 이끌어 갈 수 있다. 흄은 오직 느낌이나 열정만이 도덕성의 근거를 제공할

---

11) MacIntyre, *After Virtue*, p. 12.

수 있다고 결론짓는다.

따라서 도덕은 행위와 애정에 영향을 미치기 때문에 그것이 이성에서 비롯될 수 없다는 결론이 따라 나온다. 우리가 증명했던 것처럼 이성만으로는 그런 어떤 영향도 미칠 수 없기 때문이다. 도덕은 열정을 자극하며, 나아가 행위를 산출하거나 금지한다. 이성은 특히 이 점에서 그 자체로 전적으로 무기력하다. 따라서 도덕성의 규칙들은 이성의 귀결이 아니다.[12]

우리는 흄에게서 이성과 욕망의 계몽주의적 분리의 혼란스러운 귀결을 보게 된다. 이성은 계산과 기술로 환원된다. 도덕에서 그것은 행위의 개연적인 결과를 계산하는 데 기여한다. 여기에서 그것은 미리 주어진 목표에 대한 가장 효율적인 수단을 결정해 주는 일종의 기술적이고 '경제적인' 합리성이다. 그렇지만 일단 그것이 이러한 예비적인 기초 작업을 수행하면 주된 작용자, 즉 강렬한 느낌—우리가 숙고하고 있는 행위(들)을 지향하거나 또는 그것들로부터 거리를 두게 하는—에게 자리를 양보해야 한다. 이성은 통찰력이 있지만 무기력하며, 열정은 역동적이지만 맹목적이다. "대립적인 열정이 아니고서는 어떤 것도 열정의 충동을 거부하거나 저지할 수 없다. …… 이성은 다만 열정의 노예일 뿐이며, 열정에 기여하고 복종하는 것 외에 어떤 역할도 자임할 수 없다"(Hume, 2.3.3.415).

정서주의의 잘못은 그 분리 자체, 즉 이성과 욕망의 이분화를 주

---

12) Hume, *Treatise of Human Nature*, bk. 3, pt. 1, sec. 1, 457. 이하 이 책의 인용 전거는 3.1.1.457과 같은 형태로 본문에 제시한다.

장한 다음 도덕성을 이성의 밖에 놓는다는 점이다. 이러한 해명에 따르면 우리는 숙고된 행위에 대한 승인이나 비승인의 감정을 느끼거나 느끼지 않는다. 이성은 '실천적'이 아니다. 왜냐하면 이성은 그 자체로 우리를 행위로 이끌어 갈 수 없기 때문이다. 도덕성은 행위나 성격의 객관적 성질과는 아무런 상관도 없으며, 오직 우리가 그러한 행위나 특성의 상태를 숙고할 때 느낌의 반응(도덕적 감정)과 상관이 있을 뿐이다. 흄의 표현에 따르면 "어떤 행위나 특성이 악하다고 말할 때 당신은 다만 당신의 본성의 기질에 따라 그것에 대한 숙고로부터 비난의 느낌이나 감정을 갖고 있다는 것 이상을 의미하지 않는다"(Hume, 3.1.1.469).

흄은 도덕적 감정이 공유되고 계발될 수 있다고 주장함으로써 자신이 극단적 주관주의로부터 도덕성을 구제했다고 생각했다. 흄은 도덕성이 당신이 우연히 느낄지도 모르는 것에 대립되는 것으로서 단순히 내가 우연히 느끼는 것의 문제는 아니라고 주장했다. 대신에 그는 보편적 감정이 존재하며, 또 연민의 감정이 도덕의 근거라고 주장했다. 이 감정은 보편적인 것으로 간주되기 때문에 도덕성은 유아론과 주관적 상대주의로부터 벗어난다고 가정된다. 나아가 연민의 감정은 타자 배려적이기 때문에 도덕성은 이기주의로부터 벗어나는 것으로 가정된다.

흄과 정서주의의 주된 잘못은 이성을 욕망에서 완전히 분리하는 것이며, 그렇게 함으로써 지나치게 좁게 해석된 이성을 도덕성과 무관한 것으로 간주하는 데 있다. 그래서 흄은 다음과 같은 결론에 이를 수밖에 없다.

이성은 직접적으로 어떤 행위를 반박하거나 승인하는 방식으로 행위를 금지하거나 산출할 수 없기 때문에 그러한 영향력을 갖는 것으로 보이는 도덕적 선이나 악의 원천일 수 없다. …… 따라서 도덕적 구분은 이성의 산물이 아니다. 이성은 전적으로 무기력하며, 또 결코 양심이나 도덕감과 같은 적극적 원리의 원천일 수 없다(Hume, 3.1.1.458).

베이어(A. Baier)는 전형적인 정서주의자인 흄의 이 표준적 견해가 흄의 진정한 기획, 즉 열정적이고 사회적이며 확장적인 것으로서 훨씬 더 풍부한 이성 개념을 전개하려는 기획을 기형적으로 단순화하고 왜곡한다고 지적한다.[13] 베이어는 흄이 사회적으로 조건화되고 계발된 판단 능력으로서의 이성관을 전개하기 위해 어떻게 편협하고 계산적인 이성 모형을 비판했는지를 선명하게 보여 준다. "『인간오성론』은 반성을 통해 먼저 단일한 이성 개념을 무너뜨리고, 나아가 독자적인 도덕적 전망을 배태할 수 있는 유형의 관습, 습관, 능력, 그리고 열정을 설정했다. 그렇게 함으로써 그것은 변형되고, 적극적이며, 사회화된 이성을 지배적인 도덕적 감정과 '대등하지는 않더라도 유사한 지위'로 재확립했다."[14]

도덕적 추론에 관한 흄의 견해에 대한 베이어의 재구성은 흄을 환원적 정서주의자로 간주하는 전통적 시각을 무너뜨린다. 흄이 감정과 융합되어 있으면서 사회적 상호작용을 통해 계발된 이성관을 제시한다고 보는 베이어의 해석은 흄의 도덕 이론에 대한 미래의 모든 탐구의 지침이 되어야 할 것이다.

---

13) Annette C. Baier, *A Progress of Sentiments: Reflections on Hume's Treatise* (Cambridge, Mass.: Harvard University Press, 1991), 12장. 흄에 관한 나의 서술에 관해 베이어의 저작을 참조하도록 교정해 준 플래너건에게 감사드린다.
14) 같은 책, p. 288.

284

그럼에도 통상적으로 흄에 대한 전통적 해석이 정서주의에 대한 최근 버전들을 뒷받침하고 있다는 것은 여전히 사실이다. 오늘날까지 이어온 흄의 유산은 앞서 서술된 정서주의였다. 따라서 표준적 버전(그것이 진정한 흄의 이론이 아니라 하더라도)이 최소한 이성에 관한 몇몇 기본적 가정들―객관주의적 도덕 이론과 정서주의적 도덕 이론의 배후에 자리 잡고 있는―을 정확하게 제시한다는 것은 여전히 적절한 주장이다.

2) 20세기 정서주의

20세기 정서주의는 흄 이론의 전통적 해석에 비해 조금도 나아지지 않은 것으로 드러났으며, 대부분의 경우 그것은 훨씬 덜 세련된 방식으로 표현되었다. 그것들은 모두 모든 유의미한 발화를 기술적 진리 주장을 하는 발화와 태도나 정서를 표출하는 발화 두 가지 중 하나의 유형으로 구분하는, 언어에 대해 매우 잘못되고 부적절한 시각에 근거하고 있다. 기술적 진술은 다음과 같은 두 가지 기본적 유형으로 세분화되었다. 그 진리성이 형식적인 논리적 관계에만 의존하는 진술(논리 법칙 등)인 논리적 진리와 세계 내 사태를 기술하며, 따라서 세계 안의 실제 사실들을 정확하게 표상하는지에 따라 경험적으로 참/거짓이 되는 경험적 진술이 그것이다. 윤리적 발화는 논리적 참도 아니고 경험적으로 검증 가능한 진술도 아닌 것으로 간주되었기 때문에 자연스럽게 표현적 담론의 영역으로 축출되었다.

논리실증주의에 대한 에이어(A. J. Ayer)의 고전적 전범인 『언어, 진리, 논리』(*Language, Truth, and Logic*, 1936)는 자아와 언어의 기능에 관한 그러한 이분법적 견해에 전적으로 의지하고 있다. 에이어는 도덕적 판단을 다음과 같이 배척하고 있다.

우리는 기본적인 윤리적 개념들에 관해 그것들이 포함된 판단이, 타당성을 검증할 수 있는 기준이 존재하지 않는 한, 분석 불가능하다는 것을 인정하는 데서 시작한다. …… 우리는 그것들이 분석 불가능한 이유가 그것들이 단적으로 사이비 개념이기 때문이라고 주장한다. 한 명제 안에서 윤리적 상징의 현전은 사실적 내용에 아무것도 부가해 주지 않는다. 따라서 만약 내가 누군가에게 "당신이 돈을 훔친 것은 나쁜 행위입니다"라고 말했다면 나는 단지 "당신이 돈을 훔쳤습니다"라고 말하는 것 외에 어떤 것도 진술하고 있지 않다. 그 행위가 나쁜 것이라는 언표를 부가하면서 나는 그것에 대해서 어떤 추가적인 진술도 하고 있는 것이 아니다. 나는 단지 그 행위에 대한 도덕적 비승인을 표출하고 있을 뿐이다. 그것은 마치 내가 특이한 전율의 억양으로 "당신은 그 돈을 훔쳤습니다"라고 말하는 것과 같다.[15]

도덕적 이론화에서 최악이라고 할 수 있는 금세기 상황에서 도덕성은 비합리적인 느낌의 표현으로 전락했다. 마치 자아가 형이상학적으로 이성과 욕망으로 나누어졌던 것처럼 언어도 기술적 요소와 표현적 요소로 나누어졌으며, 의미 또한 인지적 요소와 정서적 요소로 나누어졌다. 따라서 에이어는 도덕적 승인/비승인 진술이 행위의 기술에 덧붙여지는 정서적 감탄일 뿐이라고 분석했다. 바꾸어 말하면 에이어에게 어떤 행위가 나쁘다거나 부도덕하다고 말하는 것은 당신의 목소리에 비승인의 어투를 덧붙여서 그 행위를 기술하는 것과 다르지 않다. '도덕적' 요소란 당신이 그 행위를 고찰할 때 당신이 갖고 있는 비승인의 느낌이다.

---

15) A. J. Ayer, *Language, Truth, and Logic*, 2nd ed. (초판 1946: New York: Dover, 1952), p. 107

에이어의 견해를 포함해서 모든 정서주의의 잘못은 자아에 관해 파편화된 시각을 드러낸다는 점인데, 거기에서 합리적 부분과 정서적 부분은 상호 아무런 연관성도 없다. 이성이 황폐화되고, 정서가 황폐화되며, 또 거기에는 상상력의 자리가 없다. 이러한 시각에서 도덕성에 대한 합리적 비판은 아무런 근거도 없다.[16] 결과적으로 도덕적 판단의 정서적 특성이 확립되면, 도덕철학은 더 이상 해야 할 일이 없다. 왜냐하면 윤리학에서 이성이 해야 할 아무런 건설적 작용도 없기 때문이다. 윤리학은 메타윤리학, 즉 도덕적 발화의 논리적 또는 의미론적 위상의 탐구로 축소된다.

3) 무어의 직관주의: 정서주의의 맥락

이분화된 자아라는 정서주의의 가정, 그리고 도덕성에서 이성의 모든 진지한 역할에 대한 부정은 결코 특이한 것이 아니다. 사실상 그것은 1903년 출간된 무어(G. E. Moore)의 『윤리학 원리』(*Principia Ethica*)가 불러온 귀결로서 20세기 윤리학을 지배하게 되었던 도덕성에 관한 시각의 측면에서 본다면 충분히 정당한 근거가 있다. 무어는 일관되게 순수한 메타윤리학으로서 도덕철학 개념을 수립했으며, 극단적으로 편협한 그의 윤리학 개념의 부정적 귀결은 오늘날까지도 여전히 철학을 오염시키고 있다.

무어의 견해를 상세하게 검토하지 않고서도 그의 작업이 어떻게 도덕에서 이성의 중요성을 부정하는지를 검토하는 것은 쓸모가 있을 것이다. 논리적 사고, 섬세한 분석, 엄격한 논증을 격정적으로 옹

---

16) 유일한 합리적 비판은 '경제적 합리성'이라는 관점에서 가능하다. 즉 어떤 행위를 어떤 목적을 위한 가장 효율적인 수단이 아니라고 비판하는 것을 말한다. 이 견해에 따르면 가치나 목적에 대한 어떤 합리적 비판도 불가능하다.

호했지만, 무어는 규범 윤리학으로부터 이성을 축출하는 데 사실상 성공했다. 나아가 합리적 논증이 규범적 논쟁에서 축출되면서 정서주의가 그 논리적 후계자로 등장한 것은 놀라운 일이 아니었다.

우리의 물음은 철학적 엄격성을 그처럼 강조하는 견해가 어떻게 윤리학에서 이성을 거부하는 데 이를 수 있었는가 하는 것이다. 『윤리학 원리』에서 무어는 적어도 정확한 물음을 묻는 법을 배우고, 잘못되거나 답이 없는 물음들에 대한 관심을 포기하기만 하면 우리는 결국 윤리학을 안전한 길로 이끌어 갈 수 있다고 대담하게 주장했다. 그래서 윤리학에 대한 적절한 물음은 다음과 같은 두 가지로 가정된다. 그 물음은 "어떤 종류의 사물이 그 자체로 존재해야만 하는가?"(바꾸어 말하면 좋음 자체란 무엇인가?),[17] 그리고 "우리는 어떤 종류의 행위를 행해야만 하는가?"(Moore, viii, 즉 어떤 행위가 옳은가?)이다.

그것은 이렇게 말하면 분명하고 쉬워진다. 우리는 좋음 자체가 무엇인지 발견(첫 번째 물음)하고, 이어서 '옳음'을 그 상황에서 가장 좋은 것을 산출하는 행위(두 번째 물음)로 정의하기만 하면 된다. 두 번째 물음, 즉 어떤 행위가 옳은가라는 물음은 답변될 수 있는 물음이다. 왜냐하면 그 물음은 어떤 행위가 어떤 결과를 산출할 가능성이 높은가에 대한 인과적 지식만을 요구하기 때문이다. 이것은 수단-목표 합리성이며, 그러한 지식은 경험적인 것으로 간주되었다. 좋음 자체란 무엇인가에 관한 첫 번째 물음은 "적절한 어떤 증거도 제시할 수 없는, 즉 그 자체로서가 아니고서는 그것이 참이거나 거

---

17) G. E. Moore, *Principia Ethica* (Cambridge: Cambridge University Press, 1903), p. viii. 이하 이 책의 인용 쪽수는 본문에 제시한다.

짓이라는 사실이 다른 어떤 진리로부터도 추론될 수 없는"(Moore, viii) 물음으로 간주되었다.

그러나 이러한 지식관은 심각한 난점을 불러왔다. 윤리학의 유일한 주제인 좋음은 그에 관한 어떤 논증도, 합리적 논의도, 또는 증거의 수합도 불가능한 주제로 드러났기 때문이다. 무어에 따르면 '좋음'은 정의 불가능한 개념이다.

> 만약 누군가 '좋음이란 무엇인가'라고 묻는다면 내 대답은 좋음은 좋음이라는 것이다. 그리고 그것이 끝이다. 또는 만약 누군가 '좋음은 어떻게 정의되는가'라고 묻는다면 내 대답은 그것이 정의될 수 없다는 것이다. 그것이 내가 그 물음에 대해 말할 수 있는 전부다"(Moore, 6).

무어는 좋음을 '비자연적 속성', 즉 특정한 대상의 지각 가능한('자연적인') 속성들과 상관없이 그 대상에 속한 속성이라고 부른다. 어떤 사물이나 상태는 본유적으로 좋으며, 어떤 것은 그렇지 않다. 그러나 우리는 문제시되는 사물이나 상태의 자연적 속성을 조사함으로써 어떤 것이 좋으며, 어떤 것은 좋지 않은지를 결정할 수 없다. 따라서 '좋음'은 정의 불가능한 것으로 간주된다. 왜냐하면 좋음은 어떤 대상이나 사태가 보유하는 자연적 속성들의 집합으로 분석될 수 없기 때문이다. 우리는 어떤 상태가 좋다는 것을 파악했거나(직관했거나) 그렇지 않았거나이다.

무어가 '자연주의적 오류'(naturalistic fallacy), 즉 '좋음'을 정의하려는 오류를 범하지 않는 한,[18) '좋음'을 정의 불가능한 것으로 가정한다고 해서 그것이 논리적으로나 실제적으로 무어가 좋음에 관해서 많은 이야기를 하는 것을 가로막는 것은 아니다. 무어는 적절히 교육받은 어떤 영국 사람이라도 이 물음을 신중하게 숙고한다면 좋음이 모종의 가치 있는 의식의 상태라는 것을 깨닫게 될 것이라고 결론짓는다.

> 그것은 대체로 인간적 교류의 기쁨과 아름다운 대상을 즐기는 것으로 기술될 수 있다. 그 물음을 묻는 사람이라면 아마 어느 누구도 예술이나 자연 안의 아름다운 것에 대한 개인적 감동이나 이해가 그 자체로 좋다는 것을 의심하지 않을 것이다(Moore, 188~89).

케인즈(J. M. Keynes)는 무어가 블룸스베리 '클럽'에 미쳤던 엄청난 영향에 관한 감동적 이야기를 통해 무어의 견해의 이 실질적인 규범적 부분을 그의 '종교'라고 칭한다.

> 마음―우리의 마음은 물론 타인의 마음을 말하지만 주로 우리 자신의 마음―의 상태 외에 어떤 것도 중요한 문제가 아니다. 이 마음의 상태는 행위나 성취 또는 귀결과 연관되어 있지 않다. 그것은 명상과 내성(內省)의 무시간적이고 열정적인 상태이며, 대부분 '이전' 또는 '이후'에 결부되어 있지 않다. …… 열정적 명상과 내성의 적절한 주제는 사랑하는 사

---

18) 자연주의적 오류가 존재하며, 또 만약 존재한다면 그것은 과연 무엇을 말하는가에 관해 많은 논란이 있다. 무어에 대한 대부분의 옹호자들은 비판자들과 마찬가지로 적어도 '좋음'을 정의하려는 모든 시도가 이 오류의 사례라는 무어의 주장에 동의하는 것으로 보인다. 이 문제에 관한 논쟁에 관해서는 William Frankena, "The Naturalistic Fallacy," in Philppa Foot, ed., *Theories of Ethics* (Oxford: Oxford University Press, 1967), pp. 50~63; Mary Warnock, *Ethics since 1900*, 2nd ed. (Oxford: Oxford University Press, 1966), pp. 11~38 참조. 내가 동조하는 무어에 대한 좀 더 냉소적이고 비판적인 견해는 Bernard Williams, *Ethics and the Limits of Philosophy*, pp. 121~22 참조.

람, 미와 진리이며, 우리 삶의 최고의 대상은 사랑, 미적 경험의 창조와 향유, 그리고 지식의 추구다.[19]

나는 그러한 의식 상태의 중요성이나 좋음을 부인하지는 않지만 사회심리적 관점에서 이 주장들을 비판해야 할 중요한 이유가 있다고 본다. 되돌아보면 무어는 사물의 본질적 본성에 근거해서 가치와 관심이 무시간적인 진리들이라고 주장하고 있는 동시에, 자신이 속한 특수한 사회적·경제적 계층(그의 국지적이고 역사적으로 조건화된 미적 견해)의 가치와 관심을 해명하고 있을 뿐이라는 사실은 거의 분명해 보인다.

이것은 테일러(C. Taylor)가 「좋음의 다양성」(Diversity of Goods)에서 지적하고 있는 것처럼 무비판적이고 무반성적인 자기긍정의 명백한 전형이다. 우리는 서구의 원리와 가치들을 이성 자체(무어의 경우에는 가치 자체의 본성)에서 비롯되는 것으로 받아들이며, 바로 서구의 이성 개념이 그 자체로 대안적 가치들 중 하나일 뿐이라는 사실을 잊어버린다. 나아가 무어가 속한 집단의 모든 사람은 유사한 가치들을 공유하고 있기 때문에 논증도 증거도 필요치 않으며, 또한 좋음이 정의 불가능한 비자연적 속성이라는 무어의 주장이 옳다면 그것은 처음부터 가능하지도 않다. 그래서 당신은 무어의 주장의 타당성을 경험했거나 아니면 경험하지 않았다. 당신은 특정한 의식 상태가 좋음이라는 비자연적 속성을 보유하고 있다는 사실을 이해했거나 아니면 이해하지 못했다. 케인즈는 노골적인 풍자를 통해 그 과정을 다음과 같이 기술한다.

19) J. M. Keynes, "My Early Beliefs," in his *Two Memoirs* (New York: Augustus Kelley, 1949), p. 83.

어떤 마음 상태가 좋은 것인지를 어떻게 아는가? 이것은 직접적 검증의 문제, 즉 직접적이고 분석 불가능한 직관—그것에 관해 논쟁하는 것이 무용하며 또 불가능한—의 문제다. 그 경우 견해 차이가 생길 때 누가 옳은 것일까? …… 실제에 있어서 승리는 외견상 가장 명료하고 확신에 찬 믿음과 함께 주장하는 동시에 무오류성의 억양을 가장 성공적으로 사용하는 사람의 편이었다. 무어는 여기에서 이 방법의 대가였다.[20]

되돌아보면 무어의 직관주의는 도덕 이론에서 하나의 불운한 삽화였다. 우리는 누구인가, 또 우리는 어떻게 살아가는가에 대한 경험적 증거는 단적으로 도덕철학의 기본적 문제들과는 무관하다고 주장함으로써 무어는 금세기에 윤리학(또 가치 이론 전반)의 심각한 후퇴—우리가 이제 그것으로부터 겨우 회복하기 시작한—를 불러왔다. 아주 간단히 말해 그는 이성을 황폐화시키고 주변화함으로써 윤리학에서 이성의 유일한 역할은 목표를 위한 효율적 수단을 결정하거나 개연적인 인과적 고리를 결정하는 일이 되었다. 워녹(G. J. Warnock)이 요약했던 것처럼 무어는 특수하며 정의 불가능한, 이성이 관여할 수 없는 도덕적 속성의 영역을 건설했다. 우리는 "세계에 관한 도덕적 사실들의 방대한 체계—알려져 있지만 그 방식을 알 수 없는, 세계의 다른 특성들과 연관되어 있지만 어떤 방식인지를 설명할 수 없는, 우리의 행위에서 매우 중요하지만 왜 그런지를 설명할 수 없는—에"[21] 직면하고 있다.

역설적이게도 도덕적 속성들의 무시간적 영역에 관한 모든 이야

---

20) 같은 논문, pp. 84~85.
21) G. J. Warnock, *Contemporary Moral Philosophy* (Oxford: Oxford University Press, 1967), p. 16.

기에도 불구하고 여기에서 드러나는 것은 도덕적 상대주의를 위한 무대 장치다. 무어는 엄밀한 분석을 강조했지만 만약 좋음에 관해 추론할 수 없다면, 우리는 각각 가치에 대해 우리 자신만의 의미, 기이할 수도 있는 의미로 후퇴하게 될 것이기 때문이다. 만약 당신이 어떤 사태가 좋다는 것을 받아들이지 않는다면 나의 어떤 추론도 논리적으로 당신의 동의를 강요할 수 없을 것이다. 왜냐하면 도덕성은 궁극적으로 이성의 문제가 아니기 때문이다. 따라서 매킨타이어가 금세기 초반 무어의 직관주의에서 출발해서, 이성과 욕망의 이분화를 가정하고 도덕성을 정서 문제로 전락시키는 최근의 정서주의에 이르는 상대주의의 연결고리를 찾는 것은 옳은 일이다.[22] 이러한 전개 과정에서 통합적인 고리는 그것들이 모두 우리의 도덕적 숙고와 평가에서 이성의 모든 역할(수단-목표 형태의 기술적 추론을 제외한)을 부정한다는 점이다. 이제 우리에게는 도덕적 문제들에서 불일치를 판정하는 어떤 공유된 합리적 척도도 남아 있지 않다. 이 모든 것은 이성과 욕망의 분리에서, 즉 이분화된, 깨어진 자아에서 비롯된다.[23]

---

22) MacIntyre, *After Virtue*, 3장 참조.

23) 자아의 이분화를 비판하면서 나는 능력 심리학의 상관성을 부인하려는 것은 아니다. 완고한 능력 심리학에 대한 적절한 대체물은 존재하지 않는 것으로 드러날 수도 있다. Robert McCauley, "The Role of Cognitive Explanations in Psychology," *Behaviorism* 15, no. 1 (1987): 27~40 참조. 오히려 내가 비판하고 있는 것은 근본적 분리를 다양한 능력들의 토대를 이루는 명확한 형이상학적 범주들로 가정하려는 모든 심리학이다.

칸트적 합리주의 윤리학

1) 칸트의 자아관

최근 윤리학에서 객관주의적 성향의 두 번째 주요 부류로서 칸트적 도덕 이론 모형 안에 느슨하게 속하는 것들 또한 마찬가지로 이성과 열정(또는 욕망)의 구분을 신봉한다.[24] 앞서 살펴보았던 것처럼 칸트주의는 순수한 도덕적 의지의 중요성에 초점을 맞추고 있다. 칸트는 그러한 의지, 즉 그 자체로 선한 의지는 자유로우며, 따라서 느낌이나 감각, 대상에 대한 욕망 등 그 경험적 존재성의 어떤 측면에 의해서도 인과적으로 결정되지 않는다. 인간 존재의 사실로서 그러한 선의지는 세계 안에 존재(우리가 신체화된 존재인 한)하지만 그것은 세계의 일부일 수 없다. 즉 그것은 몸의 속박적 구조에 복종하지 않는다. 신체적 욕망, 그리고 그것과 연관된 모든 것은 도덕적 자아에 외재적인(즉 타율적인) 것으로 간주된다. 도덕적 주체로서의 자아는 본질적으로 하나의 합리적 의지, 즉 실천이성으로 간주된다. 결과적으로 칸트는 신체적 경험에 뿌리를 두고 있는 모든 동기화나 욕망을 적절한 도덕적 자율성을 잠식하는 타율적 인과성의 원천으로 간주한다. 이 때 도덕적 자율성은 "의지가 그 자신에게 (의욕이 대상들의 모든 성질로부터 독립적으로) 법칙인 그런 의지의 성질"(『윤리형이상학』440)로 정의된다.

칸트는 자연적 인과성의 경험적 영역을 넘어서며, 그것에 지배되지 않는 형이상학적 영역을 설정함으로써만 의지의 자율성을 확보

---

24) 나는 롤스(J. Rawls), 노직(R. Nozick), 기위스(A. Gewirth), 도너건(A. Donagan), 헤어(R. M. Hare) 등 다양한 철학자들의 견해를 칸트적 접근에 포함시키는데, 이들은 모두 자신들이 칸트적인 주제, 개념, 도덕철학 개념에 빚지고 있다고 말한다.

294

할 수 있었다. 그러나 이것은 칸트에게 명백하게 이분화된 자아, 즉 근본적으로 구분되는 두 개의 형이상학적 영역—자연적인 인과적 필연성의 영역(몸이 거주하는)과 자유의 영역(이성이 거주하는)—에 거주하는 자아라는 문제를 불러온다. 칸트는 이처럼 전적으로 다른 두 개의 영역이 어떻게 상호작용할 수 있는지—만약 도덕성이 단순한 환상이 아니라면 그것들이 상호작용해야만 한다—를 설명할 수 없었다.[25) 우리의 몸, 우리의 경험적 자아가 다른 영역(자연의 영역)에 거주하는 한편, 칸트는 우리에게 또 다른 형이상학적 영역(자유의 영역)에 거주하는 이성을 물려주었다.

　욕망이 어떻게 이성의 명령에 따를 수 있는지, 또 이성이 어떻게 욕망의 동기화 능력을 가질 수 있는지에 대한 어떤 설명도 불가능하다. 칸트의『이성의 한계 내에서의 종교』(*Religion within the Bounds of Reason Alone*)에 대한 입문서에서 실버(J. Silber)는 욕망이 침투된 이성의 자리를 찾으려는 칸트의 시도를 추적하고 있다.『윤리형이상학』에서 칸트는 도덕적으로 행위함으로써 진정한 합리적 본성을 실현해야만 우리가 완전히 자유롭다는 생각에 도달했다. 그러나 이것은 비도덕적인 타율적 행위(그 경우 사람들이 자유롭게 행위하는 것이 아니기 때문에)에 대해 사람들에게 결코 책임을 물을 수 없다는 곤란한 귀결을 불러온다. 그래서 칸트는『실천이성비판』에서 의지를 두 측면(Wille와 Willkür)으로 구분하는 외견상의 진척을 이루고 있는데, 전자는 의지의 '합리적인' 법칙 산출적 측면을 구성하

---

25) 칸트는 정언명령이 어떻게 가능한가, 자유가 어떻게 가능한가를 보이는 것도, 도덕성이 공상이 아니라는 것을 보이는 것도 불가능하다는 점을 반복해서 언급한다. 사실상『윤리형이상학』2절의 거의 대부분이 이 문제를 다루고 있지만, 특히 460~62를 참조하라.

며, 후자는 선택을 하는 신체화된 능력을 구성한다. 이렇게 해서 의지는 합리적 측면과 함께 감각적 욕망과 연결된 측면을 동시에 갖게 된다.

의지에 대한 이러한 부가적인 구분은 이분화라는 문제를 단지 또 다른 차원에서 반복하는 것일 뿐이다. 그것은 다음과 같은 문제를 불러온다.

> 한 인격체는 법칙을 거부하는 경우라 하더라도 여전히 자유를 보유하는 인격체라는 당혹스러운 귀결을 불러온다. 따라서 법칙은 더 이상 그 존재성의 조건인 의지와 관련된 것으로 보이지 않는다. 정언명령은 스스로 하나의 가언적 명령으로 와해되는 것으로 보인다. 만약 우리가 도덕적이기를 원하면 우리는 도덕 법칙을 따라야만 한다.[26]

이러한 대응은 도덕 법칙이 단순히 합리적 존재로서 우리의 본성에 의해 강제성을 갖는 것이 아니라는 사실을 함축하게 될 것이다. 그러한 귀결은 합리적 존재가 된다는 것이 우리에게 정언적인 도덕적 책무를 부과한다는 칸트의 견해에 치명적이다.

2) 롤스의 탈초월적 칸트주의

오늘날 칸트주의자들은 다양한 방식으로 분열된 자아 문제를 다루고 있다. 도너건 같은 철학자들은 실천이성에 대한 칸트의 견해가 대체로 옳으며, 비록 칸트가 자연적 영역에 관해 지나치게 인과적으로 결정론적이기는 하지만 도덕적 주체 개념 안에서의 근원적인 형

---

26) John Silber, ed., *Kant, Religion within the Bounds of Reason Alone* (Chicago: University of Chicago Press, 1960), Introduction, p. lxxxv.

이상학적 긴장을 인식했다는 점에서 기본적으로 옳았다고 주장한다.[27]

롤스(J. Rawls)를 필두로 하는 다른 칸트주의자들은 칸트의 몇몇 형이상학적 · 인식론적 주장들이 방어 불가능하며, 따라서 최근의 철학적 진전에 비추어 수정되어야 한다는 사실을 인정한다. 롤스는 칸트의 본질주의는 물론 절대적이고 초월적인 합리적 토대에 대한 믿음을 거부한다. 따라서 칸트가 유대 기독교 도덕 전통을 탈신학화하고 합리화함으로써 그것을 재구성한 것으로 간주될 수 있는 반면, 롤스는 칸트주의를 탈초월화함으로써 칸트주의에서 가장 논란적인 형이상학적 가정들을 제거하고 있는 것으로 이해될 수 있다.[28]

그렇다면 롤스의 과제는 칸트적인 자유주의적 이론을 "경험적 이론의 한계 내에서"[29] 재구성하는 일이다. 롤스는 칸트의 궁극적인 형이상학적 · 인식론적 가정들의 자리에 형이상학적이라기보다는 논쟁과 합리적 합의의 산물이라고 정의될 수 있는, 이성과 도덕적 인격성 개념을 대체하려고 한다. 그 이론의 어떤 부분도 절대적 토

---

27) 그래서 도너건은 유대 기독교 도덕 전통이 사건 인과관계와 행위자 인과관계 사이의 구분을 가정한다는 점을 인정하고 다음과 같이 주장한다. "내 생각으로 이러한 행위 개념, 그리고 그 개념이 의존하고 있는 인과관계에 대한 가정 모두를 철학적으로 옹호할 수 있다." Donagan, *The Theory of Morality*, pp. 46~47. 나아가 그는 다음과 같이 주장함으로써 행위자 인과관계의 가능성을 옹호한다. "인간의 행위에 대한 결정론적인 해석도 순수하게 물리주의적인 해석도 현대과학의 산물은 아니다. 오히려 그것들은 그 산물이 무엇일까에 대한 기대들이며, 그 기대들은 연관된 과학 안에서 거부된 것들이다"(같은 책, p. 233).

28) 롤스의 가장 강력한 반본질주의적이고 반형이상학적인 논변은 Rawls, "Kantian Constructivism in Moral Theory," pp. 515~72, 또 "Justice as Fairness: Political, Not Metaphysical," *Philosophy and Public Affairs* 14, no. 3 (1985): 223~51 참조.

29) Rawls, "A Well-Ordered Society," in P. Laslett and J. Fishkin, eds., *Philosophy, Politics, and Society* (Oxford: Oxford University Press, 1979), p. 18.

대로 가정되지 않으며, 자명한 진리나 원리적 조건들에 의존하지도
않는다.

> 우리 자신에 대한 개념, 그리고 사회에 대한 우리의 관계에 뿌리를 두
> 고 있는 것으로서 합의에 도달하기 위한 이성적 근거에 대한 탐색은 도덕
> 적 진리―자연적이든 신적이든 대상과 관계들의 선험적이고 독립적인
> 질서, 우리가 우리 자신을 이해하는 방식과 분리되고 구별되는 질서에 의
> 해 고정되는 것으로서―에 대한 탐색을 대체한다. 그 과제는 특정한 방
> 식으로 자신들의 인격성과 사회적 관계를 중시하는 모든 사람들이 함께
> 살아가는 것으로서 정의라는 공적 개념을 전개하는 일이다.[30]

롤스는 인격체 개념, 질서 정연한 사회 개념, 이성관, 일련의 도
덕 원리, 또 특정한 상황을 반성적으로 숙고하여 내린 일련의 판단
등의 특정한 측면이 비판과 수정으로부터 면제되지 않고 균형을 이
루는 동시에 정합성을 갖는 이론을 제안한다. "정당화란 다양한 고
려들 사이의 상호적 지지 문제, 또 모든 것이 하나의 정합적인 견해
로 통합되는 문제다."[31]

나는 어떤 본질이나 자명한 진리, 분석명제, 선험적 원리 등에 의
존하지 않는, 도덕 이론의 반성적인 경험적 본성에 대한 롤스의 전
반적 시각을 받아들인다. 그러나 지금 우리에게 주어진 물음은 과연
그가 계몽주의 이래로 지배적이었던 도덕적 객관주의에 내재하는
문제들을 피할 수 있는, 자아와 도덕적 인격성에 대한 만족스러운

---

30) Rawls, "Kantian Constructivism in Moral Theory," p. 519.
31) Rawls, *A Theory of Justice*, p. 21.

개념을 제시하고 있는가이다. 롤스는 과연 반본질주의적이고 반형 이상학적인 동시에 자유주의적 이론을 산출하면서도 원자론적이고 이분화된 자아 개념 — 자유주의적 정치 이론이 근거하고 있는 계몽 주의를 규정하는 것으로 보이는 — 을 피할 수 있을까?

나는 롤스가 이 숙제를 푸는 데 매우 가깝게 다가가고 있지만 계몽주의로부터 물려받았던 객관주의적 자아 개념에서 완전히 벗어나지는 못했다고 지적하고 싶다. 롤스는 자신이 계몽주의의 형이상학적 가정들에 굴복하지 않고서도 우리의 자유주의적인 도덕적·정치적 전통의 기본적 통찰들을 유지할 수 있다고 생각한다. 과연 그런지 살펴보자.

롤스가 자신은 정의(justice) 이론을 제시하고 있으며, 도덕성 이론은 아마도 모종의 새로운 또는 부가적인 가정들을 요구할 것이라고 반복적으로 상기시키고 있다는 사실에 주목할 필요가 있다. 그렇지만 그는 또한 자신의 이론 구조를 도덕성 이론을 전개하는 데까지 확장시킬 수 있을 것이라고 명시하고 있다. 그래서 나는 자아 개념이 정의 이론과 대비되는 것으로서 도덕성 이론에서도 실질적으로 다르지 않을 것이라는 가정 위에서 논의를 진행할 것이다.

롤스에게 자아란 무엇인가? 샌들(M. Sandel)은 롤스가 계몽주의적 유산의 형이상학적 가정을 극복할 수 없을 것이라는 '강한' 읽기를 옹호한다. 샌들은 롤스를 '정의의 일차성'(primacy of justice)과 '자아의 우선성'(priority of the self)을 주장한다는 점에서 칸트주의자로 간주한다. 샌들은 롤스의 칸트적 개념에 따르면, "정의는 상황의 요구에 따라 측정되고 고려되어야 할, 수많은 가치들 중 중요한 하나가 아니라 가치들을 측정하고 평가하는 수단이다. 이러한 의미에서 정의는 '가치들의 가치', 말하자면 정의가 규제하는 가치들

과는 동일한 종류로 상호대체할 수 없는 가치다."[32] 정의의 이러한
일차성은 그와 상관된 개념인 '자아의 우선성'을 수반한다. 왜냐하
면 롤스가 말하는 것처럼 "모든 인격체는 정의에 토대를 둔, 심지어
사회 전체의 복지조차도 침해할 수 없는 권리를 갖기"[33] 때문이다.

  칸트주의에서 자아의 가정된 우선성을 정당화해 주는 것은 도덕
적 주체가 갖는 **자유롭고 합리적인** 존재로서의 형이상학적 위상이
다. 도덕적 자율성의 근거로서 자유는 도덕성의 필수 전제다. 따라
서 자아(자유로운 도덕적 주체로서)는 단지 수단으로서가 아니라
목적 자체로서 대우받아야 한다는 우선성을 얻게 된다.[34]

  그렇지만 롤스는 경험을 완전히 넘어서서, 자유롭고 합리적인 존
재로서 도덕적 가치의 원천인 (초월적 주체의) 본체적 영역을 설정
하는 칸트의 전략을 따를 수 없다. 그러한 존재론적 가정을 세우는
것은 롤스의 반형이상학적이고 반본질주의적인 믿음과 상충될 것이
다. 그럼에도 롤스는 우리 자신의 존재를 규정하는 것은 원리화된
방법으로 선택하는 능력이라는 칸트의 주장을 따른다. 결과적으로
'원초적 입장'(original position)—정의의 원리가 선택되는 지점
인—이라는 개념에 구현되어 있는 자아관은 선택된 특정한 목적들
을 강조하는 것이 아니라 목적의 **자유로운 선택**을 강조하는 견해다.

  이처럼 롤스는 먼저 '좋음'이 욕구된 목표의 관점에서 규정되고,
그 다음 '옳음'이 그 좋음을 최대화하는 것으로 정의되는 모든 유형

---

32) Michael Sandel, *Liberalism and the Limits of Justice* (Cambridge : Cambridge University Press, 1982), pp. 15~16.
33) Rawls, *A Theory of Justice*, p. 3.
34) 칸트의 논변에 대한 상세한 설명은 Thomas Hill, Jr., "Humanity as an End in Itself," *Ethics* 91, no. 1 (1980): 84~99 참조.

의 목적론적(teleological) 견해를 거부한다. 대신에 옳음은 좋음에 앞서서 독립적으로 정의된다. 옳은 행위를 결정하는 것은 어떤 합리적 원리들이 우리의 행위를 이끌어 갈 것인지를 선택하는 문제다. 이러한 의무론적 견해에 따르면 다음과 같은 결론이 나온다. "일차적으로 우리의 본성을 드러내 주는 것은 목표들이 아니라 이 목표들이 형성되는 배경 조건, 그리고 그것들이 추구되는 방법을 통제하기 위해 우리가 인정하게 될 원리들이다. 왜냐하면 자아는 자아에 의해 긍정되는 목표들에 선행하기 때문이다."[35]

일견 이 '목표에 선행하는 자아'는 바로 우리가 계몽주의 형이상학의 산물이라고 비판했던 원자론적 행위자인 것처럼 보인다. 그것은 샌들이 '주의론적인'(voluntarist) 도덕적 주체성 개념이라고 부르는 것인데, 여기에서는 도덕적 주체 또는 인격체로서의 자아를 구성하는 것은 그것이 무엇이든 간에 다양한 목표에 대한 경험 안에서, 또는 그 경험을 통해서 변화하지 않으며, 또 그럴 수도 없다. 그러한 견해는 도덕적 자기 지식에 대한 지속적 탐구 대상으로 주어질 수 있는 과정적 자아 개념을 배제하는 것처럼 보인다. 샌들은 주의론적 자아는 "나는 누구인가?" 대신에 "나는 어떤 목표를 선택해야 하는가?"라는 오직 하나의 물음만을 물을 수 있다고 설명한다. 왜냐하면 "나는 누구인가?"라는 물음은 자아의 정체성이 다양한 목표들에 대한 경험에 앞서서 주어지지 않는다는 것을 가정하기 때문이다.[36]

롤스는 샌들의 '강한' 해석이 인격체에 관한 『정의론』의 입장에

35) Rawls, *A Theory of Justice*, p. 560.
36) Sandel, *Liberalism and the Limits of Justice*, pp. 58~59.

서 반드시 따라 나오는 것은 아니라고 직접적으로 답한다.

> 당사자에 대한 기술은 인격체에 대한 모종의 형이상학적 개념을 전제
> 하는 것처럼 보일 수도 있다. 예를 들어 그 개념이란 인격체의 본질적 본
> 성은 그 우연적 속성들―최종적 목표나 집착, 그리고 사실상 그것들의
> 전체적 특성을 포함하는―과 독립적이며, 또 그에 앞서 있다는 것 등이
> 다. 그러나 이것은 표상의 도구로서 원초적 입장을 이해하지 못한 데서
> 비롯된 가상이다. 무지의 베일은 …… 자아의 본성에 관해서 어떤 형이
> 상학적 함축도 갖지 않는다. 즉 그것은 자아가 인격체에 관한 사실들―
> 당사자들에게는 가려져 있다는―에 존재론적으로 앞서 있다는 것을 함
> 축하지 않는다.[37]

만약 롤스의 답변이 옳다면, 그것은 형이상학적 가정들에 대한 철
저한 거부를 천명하는 동시에 고정되고 원자론적인 자아를 주장하
는 것과 같은 명백한 비일관성을 피할 수 있다.

플래너건은 롤스가 원자론적 자아를 받아들이고 있지 않으며, 개
인적 정체성에 관한 샌들의 공동체적 요구 사항들은 대부분 롤스적
프레임 안에서 충족될 수 있다고 섬세하게 주장한다.[38] 플래너건은
정체성의 사회적·공동체적·역사적 차원을 드러내는 다양한 방식
들로 롤스의 이론에 내재하는 다음과 같은 네 가지 원리를 열거한
다. (1) 자기 존중과 자긍심은 부분적으로 사람들이 존중하는 타인
에게 존중받는 것에 달려 있다는 원리, (2) 동시대인은 물론 미래

---

37) Rawls, "Justice as Fairness," p. 238.
38) Flanagan, *Varieties of Moral Personality*, pp. 105~32.

세대에 대한 동료 의식, (3) 개인적 번영은 몇몇 측면에서 공동체 안의 삶에 달려 있다는 사실, (4) 몇몇 기본적인 인간적 좋음(사랑, 우정, 자기 존중 등)은 사람들 사이에 사회적 통합의 형식들을 요구한다는 생각. 따라서 플래너건은 롤스의 이론에서 무엇이 요구되는지는 물론 무엇이 열려 있는 가능성인지를 섬세하게 분석함으로써 사실상 모든 공동체주의적 반론에 답하고 있다.

그렇지만 이것은 여전히 도덕 이론의 본성에 대한 롤스의 시각에 비추어 볼 때 그가 최소한의 형이상학적 믿음에 대한 의존에서 과연 벗어날 수 있는지에 관한 의문을 남겨 두고 있다. 특히 롤스의 이론 구조 자체가 목표들, 또는 그것이 개입할 수 있는 모든 관계들에 앞서 있는 자아를 필연적으로 요구하는가? 롤스가 모종의 인격체 개념에 의지해야만 한다는 사실 자체가 적어도 최소한의 형이상학적 가정을 수반한다는 것은 명백해 보인다. 이것은 왜 롤스가 형이상학적 믿음에 대한 거부로부터 즉시 물러서서, 비록 몇몇 형이상학적 전제들이 있을 수도 있지만 "아마도 그것들은 너무나 일반적이어서 철학이 전통적으로 다루어 왔던 …… 특유한 형이상학적 견해들과 구별되지 않을 것"[39]이라는 약한 주장을 제시하는지를 설명해 준다.

자아에 관한 롤스의 형이상학적 가정들은 정말 무해한가? 그의 가정들은 도덕적 주체에 대한 다음 사실들을 포함한다. (1) 도덕적 주체는 자유롭고 대등한 합리적 존재다. (2) 도덕적 주체는 '정의감'(즉 정의 개념을 구성하고 그것에 따라 행위하는 능력)을 갖는다. (3) 도덕적 주체는 합리적 이득에 대한 개념을 형성하고 그것을 좋은 것으로 추구하는 능력을 갖는다. 롤스의 평등 개념은 모든 형

---

39) Rawls, "Justice as Fairness," p. 240, n. 22.

이상학적 체계에 중립적인가? 롤스 자신이 당연히 인정하듯이 물론 아니다. 왜냐하면 힌두교와 같은 다양한 비서구적 윤리 체계들은 분명히 그것을 인정하지 않기 때문이다.

우리가 비록 도덕적 인격성의 이러한 기본적 속성들을 형이상학적으로 무해한 것으로 간주한다고 하더라도 샌들의 다음과 같은 지적은 아무튼 옳은 것으로 보인다. 즉 자유주의적 계몽주의 이론의 한 형태인 롤스의 이론은 도덕적 주체로서의 자아가 그것이 선택하는 목표들과는 독립적으로 정의된다는 견해를 이어받고 있다는 것이다. 이것이 롤스의 좋음에 대한 옳음의 우선성 개념의 핵심이다. 바꾸어 말하면 옳은 행위나 정의의 원리는 좋음에 대한 모든 특정한 개념, 우리가 선택하는 모든 목표, 우리가 가질 수 있는 모든 집착 등과 상관없이 명시될 수 있어야 한다.

이론 구성이라는 차원에서 롤스의 견해는 원리 선택자로서 (비교적) 고정된 합리적 주체를 요구한다. 나아가 그 이론에 근거한 행위 차원에서 롤스의 견해는 어떤 목표를 받아들이고 추구할 것인지를 결정하는 선택자를 필요로 한다. 그러나 샌들이 주장하는 것처럼 도덕적 인격성이 우리가 추구하는 목표들과 불가분하게 연결되어 있다면 어떻게 될까? 샌들은 이것을 도덕적 인격성에 대한 '인지주의적' 견해라고 부르는데, 여기에서 도덕적 주체로서 우리의 정체성은 우리의 숙고, 선택, 행위를 통해 시간 속에서 전개되는 것으로 정의된다.

그 정체성이 그것에 이미 앞서 있는 목표들의 관점에서 구성되는 자아에게서 행위주체성(agency)은 의지에 의존하는 데 있기보다는 자기 이해를 추구하는 데 있다. 중요한 것은 어떤 목표를 선택할 것인가라는 물음

304

이 아니라 …… 내가 누구이며, 가능한 목표들의 혼란 속에서 어떻게 내 자신인 것을 나의 것으로부터 구별할 것인가라는 물음이다. 여기에서 자아의 경계는 고착물이 아니라 가능성이며, 그 윤곽은 더 이상 자명하지 않으며 적어도 부분적으로는 미정형 상태다.[40]

4_과정적 자아: 자아와 그 행위의 통합

샌들이 말하는 역사적으로 조건화된 자아는 지속적 과정의 연속체로 기술된다. 우리는 전적으로 (심지어는 주로) 우리 자신의 산물이 아닌, 진화하는 상황들 속에 (현재와 같은 상태의) 우리 자신이 놓여 있음을 알며, 그 안에서 다양한 목표들을 추구한다. 그 목표들 중 어떤 것은 신체적 욕망에, 어떤 것은 개인적 애착과 제도적 관계에, 어떤 것은 사회·경제적 조건들에, 또 어떤 것은 우리가 '선택했다'고 생각하는 원리들에 묶여 있다. 그렇게 이해된 자아에게 도덕성은 결코 단순히 모종의 실천이성 개념에 정확히 부합하도록 의지(意志)하는 문제가 아니다. 오히려 우리는 사고와 행위에서 하나의 목표를 추구한다는 것이 무엇인지를 탐색하는 과정에서 특정한 행위 방식을 옳거나 그르며, 이롭거나 해로우며, 계몽적이거나 기만적인 것으로 간주하게 된다. 도덕성은 믿음, 반성, 가능한 행위들의 집중적인 탐색 영역을 규정해 주는데, 여기에서 자아는 스스로가 추구하는 수많은 목표들 안에서 정체성을 발견하고 형성하기 위해 지속적으로 노력한다.

---

40) Sandel, *Liberalism and the Limits of Justice*, p. 59.

좀 더 선명하게 말하자면 사람들은 가능한 좋음들 중에서 선택을 하는 데 근거가 되는, 미리 확립되고 고정된 정체성을 갖고 있지 않다. 대신에 진화적인 정체성은 우리가 추구하는 목표들, 우리가 구성하는 관계들, 그리고 타인들이 우리를 대하는 방식들 안에서 창발한다. 어떤 의미에서 우리는 우리의 정체성을 더듬거리며 찾아가는데, 그것은 결코 고정되거나 완결된 사물이 아니다. 그것은 과거의 정체성들과 어느 정도의 연속성을 유지하면서도 시간 속에서 변화한다. 이 때문에 우리는 흔히 우리가 누구인가, 우리는 왜 지금 이 일을 하는가, 또 다른 사람들은 우리를 어떻게 이해하는가에 관해 새로운 사실을 발견하고 놀라게 된다.

요약하면, 롤스가 과연 자아의 본성에 관해 실질적인 형이상학적 가정을 벗어났는지는 롤스 스스로 인정하듯이 적절하게 대응하지 못했던 까다로운 물음이다.[41] 그렇지만 의심할 나위 없이 분명한 것은 롤스의 견해가 출발점으로 삼고 있는 계몽주의의 (자유주의적) 정치적 전통이 실제로 원자론적이고 이분화된 자아를 설정하고 있다는 점이다. 결과적으로 롤스 비판에 대한 샌들 자신의 요약은 롤스의 의도를 간과한 것일 수도 있으며, 또 롤스의 개념들을 통해 답변 가능한 것일 수도 있다. 반면에 그 비판은 기본적으로 객관주의적 자아 개념의 난점이 무엇인지를 포착하고 있는 성공적인 작업이라고 할 수 있다.

롤스에게 우리가 가진 욕망에 대한 반성이 아니라 '우리와 같은 존재' 에 대한 반성은 가능하지 않다. 그 이유는 먼저 우리와 같은 존재는 선행

---

41) 롤스는 샌들의 지적에 대해 "나는 이 비판들을 상세하게 논의할 수 없다"라고 말한다. Rawls, "Justice as Fairness," p. 239, n. 21.

306

적으로 주어진 것이며, 반성의 관점 또는 다른 형태의 주체성의 관점에서
수정 가능한 것이 아니기 때문이다. 둘째, 롤스의 자아 개념은 구성적 특
성들을 결여하고 있으며, 항상 일정한 거리를 갖는 우연적 속성들만을 보
유하는 것으로 개념화되었기 때문에 그 안에는 반성이 탐색하거나 이해
해야 할 어떤 것도 존재하지 않는다. 롤스에게 주체의 정체성은 선택이나
숙고의 순간에 결코 개입할 수 없다. …… 왜냐하면 그것을 정의하는 경
계선들은 그 변형에 기여하게 될 행위주체성—주의론적이든 인지적이
든—의 한계를 넘어서 있기 때문이다.[42]

여기에서 핵심적 논점, 즉 모든 적절한 도덕적 인격성 이론에서
절대적으로 결정적인 논점은 자아(즉 도덕적 인격성을 구성하고 있
는 것)가 선택과 숙고의 순간에 개입한다는 것이다. 인간은 모종의
고정된 대상—독립적인 선험적 정체성을 지니고, 나아가 자신과 거
리를 갖는 선택들을 추구하는—이 아니다. 우리는 오히려 지속적인
반성과 행위의 과정 속에서 정체성이 창발하고, 또 그 정체성이 지
속적으로 변형되는, 과정 속의 존재다. 우리의 행위는 우리가 누구
인가를 표현하며, 그것은 또한 동시에 우리 자신을 변형시킬 수 있
다. 객관주의가 용납하지 못하는 것은 일차적으로 자아의 이 역사
적-시간적 차원이다. 왜냐하면 객관주의는 고정되고 보편적인 자
아—그 정체성이 전적으로 목표와 수단을 선택하는 능력에 달려 있
는—라는 급진적으로 이상화된 개념을 수용함으로써만 도덕성의
절대적 원리들을 발견할 수 있기 때문이다. 이와 관련해서, 이러한
객관주의는 이에 대응하는 고정된 이성—보편적으로 적용 가능한

42) 같은 논문, pp. 160~61.

외형을 가질 만큼 정적이고 일반적인 원리들을 제공할 수 있는—을
요구한다.

　나는 우리에게 필요한 것이 자기 이해, 비판적 자기반성, 그리고
자기 형성 활동으로서의 도덕적 숙고에 대한 이해라고 제안하고 싶
다. 샌들의 표현을 빌리면 "우리는 부분적으로 우리의 핵심적 열망
과 집착에 의해 구성된 주체들, 항상 수정된 자기 이해의 관점에서
성장과 변형을 향해 열려 있으며, 사실상 그것들에 민감한 주체들임
에 틀림없다."[43]

　이 장의 핵심적 주제는 자아의 본성에 대한 객관주의적 가정들을
공유하고 있으며, 오늘날 도덕 이론의 많은 부분을 지탱해 주고 있
는 정서주의와 마찬가지로 칸트주의도 도덕적 인격성과 자기 정체
성에 대한 적절한 개념을 제공해 주지 못한다는 것이다. 나는 공리
주의 또한 명백하게 이 빈곤한 자아관을 공유하고 있다고 보며, 따
라서 그것을 다루지 않았다. 공리주의는 도덕적 주체를 무엇이 최대
한의 좋음을 산출할 것인지를 계산하는, 원자론적이고, 자기중심적
인, 목표-수단 이성의 소유자라고 정의한다. 대신에 우리에게 필요
한 것은 목표들과 관련되어 있으면서도(그것들을 보유하는 방식으
로) 또한 그 목표들로부터 거리를 갖는(그 개별적 존재성을 유지할
수 있도록) 자아에 대한 해명이다. 자아는 그 목표일 수 없다. 그러
나 다시 그것은 그 목표들에 무관심하거나 그것들로부터 전적으로
구분될 수도 없다.

　듀이는 우리의 선택이 자기 정체성을 표현하는 동시에 재구성한
다고 보았다.

---

43) 같은 논문, p. 172.

308

이제 그런 모든 선택은 자아에 대한 이중적 관계를 유지한다. 그것은 현존하는 자아를 드러내며, 동시에 미래의 자아를 형성한다. 선택된 것은 이미 존재하는 것으로서의 자아의 욕망이나 습관에 부합하는 것이다. …… 그 결과로 이루어진 선택 또한 어느 정도 새로운 자아를 산출함으로써 자아를 형성한다. …… 특정한 방향에 충실함으로써 사람은 자신의 존재성에 안정적인 틀을 부여한다. 결과적으로 특정한 대상을 선택함으로써 우리는 사실상 어떤 유형의 인격체나 자아가 되려고 하는지를 선택한다. 피상적으로는 선택을 통해 종료되는 숙고는 특정한 목표의 가치를 측정하는 문제다. 표면 아래에서 그것은 한 인격체가 되고 싶어 하는 것에 가장 가까운 유형의 존재를 발견하는 과정이다.[44]

우리는 모두 과정적 자아이며, 그러한 자아는 지속적으로 그 정체성을 탐색하며(즉 목표, 행위, 느낌, 분위기, 태도 경험 안에서 스스로를 발견하려고 시도함으로써), 또 동시에 스스로 무엇이 될 것인지에 대한 상상적 이상들에 부합하게 자신을 형성하려고 하는 자아다. 도덕적 숙고는 일차적으로 우리의 상상적 이상들이 도덕적으로 불투명한 상황 안에서 행위의 가능성에 대한 탐색을 이끌어 가는 방식의 문제다. 따라서 도덕적 인격성의 본성을 이해하기 위해서 우리는 인간 행위의 본성, 행위와 자아 형성 사이의 연관성, 행위와 상상적인 도덕적 이상들 사이의 내면적 관계에 대해 좀 더 진지하게 고찰해야만 한다. 그것이 내가 이제 도덕적 주체로서의 자아가 전개되는 서사적 맥락에 대한 검토를 통해 수행하려고 하는 과제다.

---

44) Dewey, *Theory of Moral Life*, p. 149.

제 7 장
자아와 행위의 서사적 맥락

1_자아와 행위주체성의 서사적 특성

　앞장에서 우리는 현대 도덕 이론 대부분의 배후에 자리 잡고 있는
것으로서 계몽주의의 인격체(도덕적 주체로서) 개념의 문제가 무엇
인지를 검토했다. 그러한 객관주의적 견해에 따르면 도덕적 주체는
자유롭고 평등한 합리적 존재이며, 그 존재는 본성상 자각된 자기
이해에 부합하게 자신의 만족을 최대화하려는 존재다. 도덕적 주체
는 실천이성이라는 능력의 판단과 통제 아래 있는, 욕망이라는 별도
의 능력을 갖고 있다. 자아(이 자유로운 자율적 존재로서)는 그 목
표들에 앞서서, 또한 자아가 처하게 된 맥락과 독립적으로 정의된
다. 자유로운 존재로서 도덕적 주체는 어떤 맥락적 특성들이 자신의
숙고에 영향을 미치게 할 것인지를 선택할 수 있다. 따라서 도덕적
주체는 물리적·사회적·문화적 환경의 어떤 측면이 스스로의 행위
에 영향을 미치게 할 것인지를 자유롭게 선택하려고 한다.
　그러나 인간은 전혀 그렇지 않다. 우리는 객관주의가 생각하는 것
보다 훨씬 더 사회적으로 형성되며, 훨씬 더 역사적으로 조건화되

310

며, 훨씬 더 가변적이다. 자아는 물리적 유기체로서 생물학적 구조
뿐만 아니라 목표나 대인관계, 문화적 전통, 제도적 믿음, 역사적 맥
락에 의해 정의된다. 자아는 이처럼 진화적인 맥락 안에서 그 정체
성을 만들어 간다.

　매킨타이어(A. MacIntyre)가 지적하듯이 우리가 역사적으로 조
건화되어 있다는 사실은 우리가 무엇이 될 수 있는지에 대해 중요한
제약을 부과한다. "삶에서 …… 우리는 항상 제약 속에 있다. 우리
는 의도하지 않았던 상황에 직면하며, 우리 자신이 우리가 하지 않
았던 행위의 일부가 되어 있다는 사실을 알게 된다."[1] 예를 들어 한
아이가 특정한 가정에서 태어나고 양육된다고 가정해 보자. 그녀는
딸로서의 역할, 즉 자신이 만들지 않았으며, 아마도 바꿀 수도 없는
사회적 제약을 포함하는 역할이 자신에게 주어져 있음을 알게 된다.
그 특정한 역할, 또 특정한 역사에 저항하기 위해 아무리 노력한다
하더라도, 그녀의 저항 자체, 즉 원하지 않는 역할을 벗어나려는 시
도, 또 새로운 역할을 꾸며 내기 위한 시도 등은 모두 그 문화적 조
건 안에서 사회적으로 정의된 '딸'로서의 역할을 전제한다. 결과적
으로 그녀의 결정은 항상 고도로 복잡하고, 방사상으로 구조화된
'딸'이라는 범주 안에서 짜여지거나, 아니면 그것들에 반대하는 방
식으로 이루어진다. 그녀가 세속적 행위를 할 때, 대부분의 경우 그
녀가 딸이라는 사실은 거의 또는 아무런 실제적 귀결도 없는 비교적
사소한 것일 수도 있다. 그러나 딸로서의 그녀의 역할이 아무리 배
경으로 후퇴한다 하더라도 그것은 여전히 그녀가 행위하는 조건의
일부다.

1) Alasdair MacIntyre, *After Virtue*, 2nd ed. (Notre Dame, Ind.: University of Notre
　Dame Press, 1984), p. 213.

내가 아무리 '자유롭다' 하더라도 (남성으로서) 나는 현재의 가족을 갖고 있다는 사실을 부정할 수 없는 것과 마찬가지로 급진적인 동성애적 분리주의 여성의 역할을 수용할 수는 없다. 설혹 내가 내 가족을 '포기하고' 그들과의 의사소통을 단절하기로 결정한다 하더라도 현재 나의 정체성의 일부는 여전히 그들과 불가분하게 연결되어 있다. 내 정체성의 이 부분을 부정하거나 억압하는 것은 일종의 자기기만이 될 것이다. 나는 새로운 역할을 창조하거나 과거의 역할을 변형시키려고 시도할 수는 있지만 그것은 내 가족의 역사를 포함하며, 따라서 고도로 확정적인 방식으로 나의 가능성들을 제약하는 맥락 안에서만 가능하다.

그렇지만 그러한 제약이 결코 절대적인 것은 아니다. 정체성에 대한 이 제약들이 어느 정도 유연하다는 것은 결정적으로 중요한 사실이다. 우리는 모두 진행 중인 이야기로서의 삶―그것에 대해 우리가 아무리 미미한 것이라 하더라도 우리의 품성을 형성하고 통제할 수 있는―을 살아가고 있다. 예를 들어 **현재로서는** 내가 아버지라는 사실을 거부할 수 없는 반면, 내가 그 역할을 어떻게 수행하거나 어떻게 받아들일 것인지에 관해서는 상당히 큰 유연성이 있다. '아버지'라는 역할을 수행하는 가능성의 폭은 넓고도 다양하다. 가장, 유일한 부양자, 남편, 태만하고 무책임한 아버지, 가정을 버린 아버지 등이 그것이다. 급진적 사회 변화의 근거가 되는 것은 바로 우리 삶을 창조적으로 펼쳐 갈 수 있는 방식들의 이 유연성이다.[2] 만약 우리가 충분히 상상적이고, 충분히 충실하고, 또 충분히 용감하다면 우리의 역할, 사회적 실천, 문화적 가치들을 창조적 방식으로 변형

---

2) 비판과 도덕적 계발, 사회적 변화의 이 근거는 8장에서 다루어진다.

시킬 수 있다는 것을 실제로 인식할 수 있다. 이러한 급진적 변화는 드물기는 하지만 실제로 일어난다. 인도에서 간디의 비폭력 무저항 운동, 마틴 루터 킹 목사의 인종주의 비판, 또는 투표권을 위한 수잔 안소니(Susan Anthony)의 투쟁 등이 그것이다.

그렇게 해서 '자아'는 사회적으로 공유된 역할에 내재된 특성들을 수용함으로써, 또 이 역할들을 창조적으로 활용함으로써 스스로의 정체성 또는 심지어 새로운 정체성을 공동 산출하는 데까지 확장되어 간다. 내가 공동 산출을 강조하는 이유는 가능성들에 대한 이 모든 상상적 탐색이 복합적인 상호작용—그 안에서 관계의 실천과 형식이 공동체적으로 구성되는—을 통해서 이루어지기 때문이다. 그 결과 나는 비로소 내가 누구인지를 알게 되며, 내가 무엇이 될 수 있는지를 발견하게 된다. 그것은 내가 다양한 역할을 수행한다는 것, 다양한 품성을 갖게 된다는 것, 또는 내 생애 또는 그 이상을 통해서도 결코 완성되지 않는 지속적인 과정을 거쳐 새로운 품성들을 창조한다는 것이 무엇인지를 이해하는 데서 가능하다. 나는 내가 내면화하는 역할들로 환원되지도 않으며, 이 역할들과 전적으로 독립된 정체성을 갖는 것도 아니다.

이 장에서 나는 자아의 정체성과 그 행위들이 항상 상상적 프레임—'역할'은 이 프레임의 한 사례일 뿐이다—에 의존해 있는 방식을 전반적으로 검토할 것이다. 내가 주장하려는 것은, 우리가 시간을 통해 진화하기 때문에, 즉 자아의 정체성은 항상 시간 속에서 체험적 과정의 연속체이기 때문에 도덕적 주체성에 관한 적절한 이해를 위해서는 그 시간적 특성을 인식해야만 한다는 것이다.

인간은 상상적으로 종합하는 동물이다. 우리는 모두 지속적으로 삶의 날줄을 엮어 가는 중대한 일을 수행한다. 정합적인 경험을 갖기 위해서, 우리에게 생겨나는 일들을 최소한이라도 이해하기 위해서, 환경 안에서 생존하기 위해서, 또 삶의 질을 고양하기 위해서 우리는 매순간 경험을 조직화하고 재조직화해야만 한다. 앞장들에서 우리는 세계와 우리 자신에 대한 다양한 이해를 가능하게 해 주는 것으로서 이 기본적으로 종합적인 활동을 위한 상상적 원천의 일부를 살펴보았다. 이 원천은 영상도식, 범주의 원형적 구조, 의미론적 프레임, 개념적 은유와 환유 등을 포함한다. 이 상상적 기제들은 이해의 많은 부분을 구성하는데, 내가 말하는 상상적 기제들이란 우리의 믿음뿐만 아니라 신체적이고 상상적이며, 또 사회적으로 구성된, 세계 안에 존재하고 세계를 살아가는 방식들을 뜻한다.

나는 이제 시간을 삶의 구조 안으로 끌어들이는 상상적인 종합 활동의 또 다른 형식을 탐색하려고 한다. 나는 서사(narrative)가 도덕적 자아와 행위의 시간적 차원을 파악하는 가장 포괄적인 구조를 제공한다는 리쾨르(P. Ricoeur)의 제안을 따를 것이다. 서사적 조건들을 포함하는 것으로서 행위와 자아에 대한 나의 입장은 도덕성에 관한 모든 적절한 이론이 도덕적 숙고에 있어서 그러한 서사들과 여타의 상상적 구조들의 중심적 역할을 설명해야만 한다는 것을 함축한다.[3] 따라서 모든 도덕 이론의 핵심적 과제는 어떻게 삶을 서사적으로 구성하며, 또 도덕적 숙고가 어떻게 그 서사들에 의해 구조화되는지를 이해하는 일이다.

내가 사용하는 '서사'라는 말의 넓은 의미를 강조하는 것은 내 주장에서 매우 중요한 의미를 갖는다. 원형적 서사들은 사람들에게 들

---

3) 서사적 역사에 뿌리박은 것으로서 주체성과 자아에 대한 해명이 도덕적 숙고를 구체적 사례들을 보편적 도덕 규칙에 포섭시키는 문제로 간주하는 객관주의적 견해와 얼마나 크게 다른지를 염두에 두는 것이 중요하다.

려주거나 때로는 글로 쓰는 언어적 이야기들이다. 그것들이 구두 텍스트나 문자 텍스트를 구성한다. 나는 서사 개념을 명시적인 언어적 텍스트로부터 우리 경험 자체 안에서 넓은 의미의 (서사적인) 종합 구조의 층위까지 은유적으로 확장하는 것이 얼마나 정당하고 유용한가라는 물음을 제기하려고 한다. 나는 도덕적 자기 정체성과 우리 행위의 도덕적 층위를 이해하기 위해서는 개념의 그러한 은유적 확장이 정당할 뿐만 아니라 필수적이라고 주장할 것이다. 따라서 내가 사용하는 경험의 서사적 또는 선서사적(pre-narrative) 구조화라는 개념은 이처럼 은유적으로 확장된 것이다.

'서사'라는 말을 이렇게 사용함으로써 모든 경험이 언어적 실재라는 의미에서 하나의 '텍스트'라는 주장이 귀결되는 것은 결코 아니다. 우리는 이미 경험 안에 우리의 이해를 구성하는 비언어적·비명제적인 상상적 구조들(영상도식이나 개념적 은유들과 같은)이 존재한다는 사실을 살펴보았다. 그러므로 자아와 행위의 서사적 맥락이 모든 것을 언어적 텍스트로 만드는 것은 아니다. 그렇지만 내가 말하는 서사는 실제로 우리의 모든 행위에서 우리 자신이 기본적으로 해석적 동물이라는 사실을 함축한다.

매킨타이어는 자기 이해와 행위의 서사적 맥락을 다음과 같이 기술하고 있다.

인간은 상상은 물론 행위와 실천을 할 때도 기본적으로 이야기하는 동물이다. 인간은 본질적으로는 아니지만 자신의 역사를 통해 진리를 동경하는 이야기를 들려주는 자가 된다. 그러나 인간에게 핵심적 물음은 자신만의 저작권 문제가 아니다. 즉 나는 "나는 어떤 이야기의 부분을 이루고 있는가?"라는 선행적 물음에 답할 수 있을 때에만 "나는 무엇을 하려고 하는가?"라는 물음에 답할 수 있다. 우리는 말하자면 몇몇 부여된 특성들─우리에게 부과된 역할들─과 함께 인간 사회에 참여한다. 타인이 어떻게 반응하며, 그들에 대한 우리의 반응이 어떻게 해석될 것인지를 이해하기 위해서 우리는 그것들이 무엇인지를 배워야 한다.[4]

매킨타이어는 도덕적 주체를 발현된 체험적 서사의 등장인물이자 공저자로 간주한다. 한 주체는 서사의 그물망 안에 태어나며, 서사적 탐구를 통해서 자신만의 목표(telos)를 정의해야 한다. 매킨타이어는 궁극적인 인간의 목표를 서사적 통일성에 대해 탐구하는, 나아가 그렇게 함으로써 모종의 좋음 개념을 추구하는 활동이라고 본다. 행위는 다시 그처럼 사회적으로 구성된 서사적 복합체의 맥락 안에서만 정체성과 의미를 갖는다.

플래너건(O. Flanagan)이 지적했듯이, 모든 유의미한 인간 삶은 필연적으로 다양한 종류의 서사적 통일성을 추구해야 한다는 매킨타이어의 제안은 아무런 단서 없이 제시되기에는 지나치게 강한 것일 수 있다.[5] 어떤 삶은 포괄적인 서사적 통일성을 가로막는 불연속성을 포함하게 된다. 그렇지만 그것에 도덕적 의미가 없는 것은 아니며, 우리는 거기에 개입된 사람이 정체성을 결여한 것으로 보지도 않는다. 플래너건은 아우구스티누스의 개종 사례를 과거 삶이 유지해 왔던 통합성의 급진적인 단절로 간주한다. 그렇지만 앞으로 보게 될 것처럼 적어도 우리 경험의 느슨한 서사적 구조화에 대한 탐색 활동은 우리가 인간이라는 사실에 있어서 매우 기본적이다. 그래서

---

4) MacIntyre, *After Virtue*, p. 216.
5) Owen Flanagan, *Varieties of Moral Personality: Ethics and Psychological Realism* (Cambridge, Mass.: Harvard University Press, 1991) 참조.

나는 이제 매킨타이어의 강한 논제의 정당성을 자아와 행위의 서사적 특성과 관련해서 검토하려고 한다.

매킨타이어의 견해는 모든 적절한 도덕 이론이 서사(단순히 이야기하기가 아니라 경험의 구조로서)에 중심적 위상을 부여해야 한다는 것을 함축한다. 나는 그런 서사들이 행위의 의미에 대한 가장 폭넓고 적절한 기술을 제공하며, 따라서 그것들이 그 도덕적 중요성을 평가하는 데 결정적이라고 주장할 것이다. 그러나 서사는 다른 상상적 구조화 장치(원형적 구조, 개념적 은유와 같은)를 사용하는데, 그것은 종종 서사적 통합의 차원에 이르지 않고서도 한 상황에 대해 완벽하게 적절한 기술을 제공한다. 결과적으로 한 행위에 대해 명백히 서사라고 할 수 없는 적절한 기술이 있을 수 있다. 그렇지만 그러한 기술은 좀 더 포괄적인 프레임 안에 자리 잡게 될 것이며, 그 궁극적 도달점은 하나의 서사가 될 것이다. 나는 적절한 도덕 이론이 우리가 서사적 통일성 ─ 우리의 현재 상황을 비판하는 수단을 제공하고, 가능한 행위의 폭을 탐색하고, 그 과정에서 우리의 정체성을 변형시키는 ─ 을 구성하는 방식을 인식해야 한다고 주장할 것이다.

2_창녀 이야기

나는 인간이 자기 정체성의 소재로 간주하는 광범위한 서사적 맥락을 구성함으로써 스스로를 이해하고 정당화한다는 좀 더 완곡한 주장으로부터 출발할 것이다. 우리는 우리 자신의 삶은 물론 타인의 삶을 서사적으로 이해하려고 한다. 우리는 끊임없이 우리의 서사적 자기 이해를 재해석하고 수정한다. 내가 말하는 '서사적 자기 이해'

의 의미를 파악하기 위해 다음과 같은 실화를 살펴보자.

그녀는 자신이 어떻게 처음으로 돈을 벌기 위해 나쁜 일에 빠져들게 되었는지 설명하고 있는 창녀다. 그녀는 그저 이야기를 들려주는 것이 아니라 삶의 이야기의 일부를 현재의 맥락에 끌어들이고 있지만, 사실상 그녀의 실제 삶의 경험의 서사를 재구성하려 하고 있다.

열여섯 살이 되어 갈 무렵이었다. 마을의 커피숍에 앉아 있었는데 친구를 만나게 되었다. 친구는 이렇게 말했다. "택시가 기다리고 있어. 서둘러. 20분 안에 50달러를 벌 수 있어." 되돌아보면 나는 내가 왜 서둘러 커피숍을 나와 택시를 타고 그런 일을 하게 되었는지 모르겠다. 그것은 상처가 아니었다. 왜냐하면 결국 나는 창녀가 되는 훈련을 받았으니까.

나는 여자로서 내 주변 사회로부터 그것을 배웠다. 우리는 남자를 속이고, 유혹하고, 붙잡으며, 또 그 대가로 성적 호의를 제공하는 법을 배웠다. 우리가 항상 듣는 말들, "싸구려가 되지 말아라" "최선의 조건을 기다려라" "첫 데이트에서 작별 키스를 하는 것은 적절하니?" 등이 그런 것이다. 그것은 첫 데이트에서는 부적절하지만 그가 저녁을 사 주는 두 번째 데이트에서는 괜찮다는 뜻이다. 세 번째 데이트에서 그가 향수를 사 준다면 허리 위를 만지게 하는 것은 괜찮다. 그리고 이야기는 그렇게 계속된다. 그것은 시장 거래다.

나는 아주 어릴 때 어렴풋이 그것을 깨달을 수 있었다. 그래서 내 친구가 커피숍으로 들어와 "서둘러"라고 말했을 때 그것은 중대한 결단의 순간도 아니었다. 나는 25분 후에 되돌아 왔으며, 아무런 죄책감도 느끼지 않았다.[6]

6) Studs Terkel, *Working* (New York: Avon, 1972), p. 93.

여기에서 볼 수 있는 것은 사람들이 할 수 있는, 실존적으로 최대한 유의미한 합리적 이야기하기, 즉 자신의 삶에 대한 서사적 해명을 제시하기다. 이 여성은 자신이 누구인지, 왜 지금 현재와 같은 상황에 처하게 되었는지, 자신의 세계 안에서 무엇이 어떻게 돌아가는지를 타인에게 설명하려고 하며, 그렇게 함으로써 자신을 이해하려고 한다. 가장 중요한 것은 그녀가 자신이 속한 문화의 가치와 실천의 관점에서 자신을 도덕적으로 정당화하고 있다는 점이다. 그녀는 자신의 사회적·문화적 환경 안에서 도덕적으로 수용 가능한 서사적 설명을 구성하려고 한다.

나는 이 해명이 우리 자신이 매일같이 하고 있는 것의 한 모형이라고 생각한다. 즉 우리는 삶을 통해 서사들을 전개하며, 자기 이해를 위해 그것들을 재구성하며, 적어도 부분적으로 그것들의 관점에서 행위의 도덕성을 설명하며, 또 상상을 통해 그것들을 미래로 확장한다. 창녀 이야기에 대한 간단한 검토는 우리의 도덕적 이해와 숙고의 기본적으로 서사적이고 상상적인 특성을 예증해 준다.

강조해 두어야 할 첫 번째 주된 논점은 이 여성의 서사적 설명이 자신의 상황 안에서 어떤 문제, 즉 불확실성, 명료성의 상실, 정합성의 결여 등에 대한 대응이라는 점이다. 도덕적 추론은 의도적이다. 그것은 불확실한 상황을 해소하고, 어떻게 행위할 것인지의 문제를 해결하고, 그 행위를 타인에게 정당화하려고 한다. 도덕적 추론의 적절한 기준으로 간주되는 것은 그러한 의도들과의 관련 속에서 맥락 의존적인 방식으로 창발한다. 그 창녀는 그 이야기 안에서 자신의 행위를 정당화하고, 자신에게 어떻게 몇몇 일들이 일어났는지를 설명하고, 자긍심을 유지하고 싶어 한다. 따라서 그녀는 적절한 세부사항들을 선별하여, 그것들을 자신의 공동체나 문화가 허용하는 서사적 설명의 의도나 기준에 부합하게 정돈한다.

그러한 설명의 기본적 형식은 서사적이다. 이것은 우리가 도덕적 숙고를 할 때마다 이야기를 떠올리거나 스스로에게 이야기를 한다는 말이 아니다. 세속적인 도덕적 숙고의 경우, 우리는 전형적으로 명시적으로는 서사적이지 않은 방대한 소재들에 의존한다. 때로는 현재의 상황과 유사한 것으로서 우리가 적절하게 행위했거나 부적절하게 행위했던 과거의 상황을 떠올림으로써, 우리를 이끌어 가는 모형("지난번에 나는 지금과 같은 혼란에 빠졌는데, Y를 해야 할 상황에서 X를 했어. 그래서 이번에는 ~을 해야 해" 등)으로 그것을 사용하기도 한다. 때로는 우리가 모범적인 도덕적 인물로 간주하는 사람들이 이 상황에서 어떻게 행위할 것인지를 상상해 보기도 한다("만약 그녀가 내 입장이라면 이 상황에서 어떻게 행위할까?"). 때로는 관습화된 도덕적 계율이나 원리들("거짓말은 결코 최선의 결과를 불러오지 않는다")에 의존하기도 한다.

그러나 이 각각의 경우 그 배경에 더 넓은 서사적 프레임이 있으며, 그것이 우리에게 특정한 표본, 일화, 원리의 의미와 중요성, 관련성 등을 파악할 수 있게 해 준다. 이것이 우리가 기본적으로 서사를 통해서 도덕 원리들에 대해 구체적 의미를 부여하고, 또 그것들이 우리 자신의 상황과 어떻게 관련될 수 있는지를 이해하기 시작한다는 엘드리지(R. Eldridge)의 제안의 근거를 이루고 있다.[7] 그렇다

---

7) 서사는 "우리의 인격성과 그 도덕적 층위에 대한 자기반성의 수단으로서 중요한 가치가 있다. 왜냐하면 행위의 서사와 숙고의 서술, 동기화, 행위는 저자의 판단에 따라 (사실에 의해 설정된 약간의 제한 안에서) 다양하기 때문에 서사의 폭은 인간의 숙고와 행위 안에서 가능한 것의 한계를 검증하고 설정한다." Eldridge, *On Moral Personhood*, p. 33.

면 우리는 원리들을 사용하거나 다양한 도덕적 프레임이나 영상, 이상에 의지할 때 암시적이거나 묵시적인 서사와의 상관성 속에서 그렇게 한다.

이것은 두 번째 주된 논점, 즉 서사의 질서, 또 관련된 세부사항을 선택하는 원리는 모두 문화 안에서 수립된다는 논점으로 이어진다. 이것은 무엇을 도덕적 추론과 설명으로 간주할 것인지, 즉 삶에서 어떤 이야기를 펼쳐 갈 수 있으며, 또 그것을 어떻게 신빙성 있는 도덕적 정당화와 관련시킬 것인지에 대한 제약의 폭을 설정해 준다. 창녀의 서사에서 질서와 순서, 그리고 그녀가 자신의 이야기의 적절한 지점에서 적절한 설명적 고려들을 자신의 설명에 끌어들이는 방식을 고찰해 보자.

1) 시간

그녀는 그 일화를 자신의 전체적 삶과 연관성이 있는 시점에 설정함으로써 출발한다("열여섯 살이 되어갈 무렵이었다"). 그녀는 매우 어렸는데, 그것은 그녀의 판단과 행위에 대해 책임을 물을 수 있는 정도와 관련된 핵심적인 사실이다.

2) 장소

다음으로 그녀는 공간적 환경을 설정한다("마을의 커피숍에"). 그리니치빌리지의 카페는 그린스보로, 노스캐롤라이나, 울워스의 식당 카운터와는 전적으로 다르며, 그 식당 카운터들은 또 인디애나폴리스의 도넛 가게와는 전적으로 다르다. 이 어린 여자가 있는 장소는 다음 이야기에 대한 전반적인 분위기를 설정해 준다.

3) 참작할 만한 상황

다음으로 곧이어 시발적 행위가 있다(친구가 서둘러 들어오고, 그녀를 놀라게 하고, 50달러를 벌 기회를 제안한다. "택시가 기다리고 있어. 서둘러"). 그 함의들은 다음과 같다. 첫째, 숙고할 기회가 없이 빨리 결정하도록 요구받았으며, 둘째, '실제' 결정은 사건의 연쇄를 출발시키는 책임이 있는 다른 사람에 의해 이루어졌다.

4) 행위 순서

이어서 사건들의 연발적 연쇄가 커피숍, 택시, 일탈 행위, 택시, 커피숍 순서로 순차적으로 이루어진다. 그것은 불운한 행위에서 정점에 이르며, 처음 시작되었던 커피숍에서 끝나는 균형 잡힌 구조다. 그녀는 사건들의 상승 기류를 따라 밀려가고 있는데, 그것은 공간적인 의미에서는 그녀가 출발했던 지점으로 되돌려 놓지만 도덕적 공간 안에서는 사실상 그녀가 출발했던 곳에서 멀리 떨어진 곳으로 옮겨 놓는다.

5) 교훈

끝으로 교훈이 있다. "그것은 상처가 아니었다. 왜냐하면 결국 나는 창녀가 되는 훈련을 받았으니까." 또 다시 훈련과 습관화, 문화적 역할이 참작할 만한 상황으로 사용되고 있다. 그저 짧은 몇 줄의 서사 안에서 그녀와 마찬가지로 우리 또한 선량한 한 잔의 커피로부터 매춘의 삶으로 이어지는 설명을 따라 휩쓸려 간다.

이제 좀 더 일반적인 설명과 도덕적 정당화를 위한 무대가 설정되는데, 그것은 바로 그녀의 해명에서 첫 구절의 '논증'에 대한 서술

322

이다. 그녀는 또 다시 다양한 참작할 만한 상황들을 하나하나 들고
있다.

1) 사회심리학적 조건화

그녀는 미국에서 여성의 사회적·심리적 양육에 대한 좀 더 추상
적인 해명을 자신의 특수한 상황에 대한 설명으로 제시하고 있다.
그 '논리'는 매우 분명하다. 이 구체적인 경우(그 여성을 매춘으로
이끌어 간 첫 일탈 행위)는 단순히 모든 여성의 삶을 통제하는 일반
적 패턴의 한 사례로 간주된다. 즉 "우리는 남자를 끌어들이고, 유
혹하고, 붙잡으며, 또 그 대가로 성적 혜택을 제공하는 법을 배웠
다."

여기에서 기본적 패턴이나 모형은 은유적이다. 「섹스는 시장 거
래」라는 은유는 「사랑은 시장 거래」(Love Is a Market Transaction)
라는 좀 더 폭넓은 문화적 은유와 관련되어 있다. 그것을 은유적이
라고 부르지는 않지만, 머튼(T. Merton)은 이 은유적 프레임의 본
성, 서구 사회에서 그것의 편재성, 또 진실한 사랑의 가능성을 잠식
하는 방식들을 분석했다.[8] 「사랑은 시장 거래」라는 개념에 따르면
사람들은 인격체들이 아니라 '상품'이다. 우리는 모두 포장과 광고
를 필요로 하는, 우리 자신을 '팔기' 위한 시도에 참여한다. 우리는
우리 자신을 타인에게 주는 것이 아니다. 대신에 우리는 '거래를 한
다'. 어떤 '거래'도 최종적이지 않다. 왜냐하면 그것은 오직 '이득이
되는' 한에서만 존속하기 때문이다. 더욱이 더 많은, 더 나은 거래

---

8) Thomas Merton, *Love and Living* (New York: Farrar, Straus, and Giroux, 1965).
   머튼은 '사랑의 패키지 개념'에 관해서 이야기하는데, 이것은 내가 「사랑은 시장 거
   래」 은유라고 부르는 것과 동일한 것이다.

를 지속적으로 추구하는 것은 매우 온당한 일일 수밖에 없다. 사랑은 일종의 자기 초월이라기보다는 우리의 본능적 욕구를 충족하기 위한 기제가 된다. 궁극적으로 삶은 '시장'이며, 사랑은 '자유 기업'이다.

「사랑은 시장 거래」 은유와 「섹스는 시장 거래」 은유는 모두 서사적으로 표현된다는 점에서 그 안에 암시적인 서사적 구조를 갖는다. 우리는 고도로 경쟁적인 시장이라는 영역에 참여하는 주인공들이다. 우리는 모종의 충족을 추구하는데, 그 이유는 우리가 욕구를 가진 존재이기 때문이다. 우리는 부족한 자원과 가치 있는 상품을 얻기 위해 타인(경쟁자)을 상대로 투쟁해야만 한다. 우리는 목표를 달성하기 위해 기지와 솜씨를 사용해야만 한다. 우리는 그 과정에서 타인의 도움을 받는다. 우리는 자기 발견, 반전, 승리의 순간들을 맞게 될지도 모른다. 이렇게 해서 그 창녀는 「섹스는 시장 거래」 은유가 전제하는 서사적 프레임을 환기시키고 있다.

2) 성장

그 설명은 이어서 매우 자연스럽게 그 여성의 어린 시절로 옮겨간다. 이제 우리에게는 하나의 성장적 서사가 주어지는데, 그것은 문화적으로 수용된 또 다른 설명 양식이다. 매춘이라는 실천이 그녀에게 주입된 것은 성장의 초기 단계에서였다. 우리는 열다섯 살 때의 첫 일탈 행위가 사실상 그녀가 여성으로서 적절한 것이라고 배웠던 것의 또 다른 표현일 뿐이라는 것을 알게 된다. 나이가 변명이 될 수 있다는 것은 우리가 문화적으로 공유하는 가정들 중의 하나다. 우리는 어린이에게 완전한 책임을 물을 수 있다고 기대하지 않으며, 또 그들이 삶의 실천에서 최선의 선택을 할 수 있는 정교한 경험이

324

나 지혜를 가진 것으로 기대하지도 않는다.

3) 의외의 사건

여기에서 우리는 의외의 사건에 대한 기술로 옮겨 간다. 그 여성은 친구가 들어서고, 그녀의 미래를 급격히 변화시키는 사건으로 몰아갈 때 아무런 악의도 없고 준비도 없는 채로 커피를 마시고 있었다. 그 모든 것은 매우 갑작스럽게 일어났다("나는 25분 후에 되돌아 왔으며"). 도덕적 숙고를 할 만한 충분한 시간이 없었다면, 우리는 명석한 판단에 대한 책임을 물을 수 없다. 그녀가 좀 더 생각할 시간을 가졌더라면 상황은 달라질 수도 있었을 것이다.

4) 경제적 조건

그렇지만 그녀에게 더 많은 시간이 있었다 하더라도 달라지지 않았을 수도 있다는 것을 곧 알 수 있다. 왜냐하면 그녀에게 영향을 미치는 것으로서 나이나 우연보다도 더 강한 요인이 있었기 때문이다. 여성으로서 그녀는 불가항력적인 경제적 조건에 노출되어 있었다. 우리는 그녀가 매춘에 빠지면서 그처럼 폭넓고 장기적인 조건을 극복할 것이라고 기대할 수 없다. 여기에서 그녀는 널리 받아들여지는 행동주의적 모형 — 우리 자신을 우리에게 부과되는 조건화된 힘들의 특수한 복합체에 의해 결정되는 동물로 간주하는 — 을 끌어들이고 있다. 행동주의 모형은 대중문화에 침투해 있으면서 행위를 설명하는 통속 이론으로 작용하게 된 과학적·철학적 이론의 한 예다.

그녀는 모든 여성에게 가해지는 것으로 말해지는 다양한 조건화된 힘들을 열거함으로써("싸구려가 되지 말아라" "최선의 조건을 기다려라") 이 행동주의적 체계의 관점에서 자신에 대한 강력한 도덕적 방어를 하고 있다. 여기에 바로 이어서 사회가 용인하는 성적 기대에 대한 일반적인 절차에 대한 진술이 제시된다. "그 의미는 첫 데이트에서는 부적절하지만 그가 저녁을 사 주는 두 번째 데이트에서는 괜찮다는 것이다. 세 번째 데이트에서는 ~한다면 ~할 것이다." 첫 번째, 두 번째, 세 번째 데이트라는 절차는 일종의 압력, 좀더 정확하게는 당신이 성적 호의를 통해 갚아야 하는 일종의 빚을 늘리게 된다.

상호작용적 행동의 이러한 패턴은 사업상의 거래를 모형으로 삼고 있다. 그녀는 상품을 받으며, 다른 종류이기는 하지만 대등한 가치가 있는 상품으로 갚도록 요구받는다. 우리는 자본주의 원리에 근거한 사회에서 살고 있으며, 거기에서 사고파는 것은 경제적 관행이다. 힘, 명성, 지위, 종교, 정치적 권한, 이름, 명예 등 우리가 팔지 않는 것이 거의 없다. 그래서 그녀가 매춘이 자신에게는 단지 '시장 거래'일 뿐이라고 결론지을 때 그녀는 일탈 행위를 하면서도 어떻게 자긍심을 유지할 수 있는지를 부가적으로 설명하고 있다. 그것은 그녀에게 상처를 주지 않는다. 그녀는 단지 마사지, 이발, 매니큐어 등과 같은 서비스를 팔고 있는 것이다. 그녀가 데이트라는 경제적 거래(선물, 음식, 환대 등으로 보상받는)에서 매춘이라는 경제적 거래(현금, 음식, 환대 등으로 보상받는)로 옮겨 가는 데에는 매우 미미한 차이가 있을 뿐이다. 따라서 서사의 나머지 부분에서 자신이 시장 거래를 하는 것으로 간주함으로써 자긍심을 유지하는 방식을 설명하는 데 많은 신경을 쓰고 있다는 것은 놀라운 일이 아니다.

이 여성이 시도하는 해명의 도덕적 의미를 어떻게 보아야 하는가? 그것은 단지 심리학적 또는 사회학적 연구의 보기 자료로서 일종의 추후적인 합리화에 불과한 것인가? 아니면 그녀는 우리 모두가

326

그렇듯이, 자신의 문화에 강하게 제약을 받는, 그러면서도 그것을 자신만의 이야기로 만들 수 있는 여지를 주는, 지속적인 서사적 과정 안에서 자신의 삶을 구성하고 있는 것인가? 객관주의적 반론은 그녀의 이야기가 자신의 행위에 대한 도덕적 평가와 무관한 서사적 합리화일 뿐이라는 것이다. 적절한 평가는 그녀조차도 궁극적으로 인정하게 될 원리(즉 성적 서비스를 파는 것은 자신의 인격성 안의 인간성을 훼손한다)에 의해 자신의 행위를 측정하도록 요구할 것이다. 더욱이 그 창녀는 자신이 했던 일의 실상을 직면하지 않기 위해 약물에 의존했던 습관을 후회하게 된다. 그래서 객관주의자는 단지 자기 이해와 치유에 도움이 될 수 있는 것으로서만 그 창녀의 상황에 대한 완전한 서사의 중요성을 인정할 수 있다. 도덕 원리들은 그러한 서사적 맥락과 상관없이 의미와 힘을 갖는 것으로 주장된다. 그것들은 이런저런 유형에 속하는 것으로서의 행위, 따라서 모종의 명시적인 방식으로 이런저런 원리에 속하는 것으로서의 행위에 대한 기술에만 의존하고 있다.

우리가 종종 다양한 행위들을 평가하거나 정당화하기 위해서 일반적 원리를 상기한다는 사실 때문에 그렇게 하는 것이 바로 도덕적 추론의 본질인 것 같은 생각을 갖게 된다. 예를 들면 추후적으로 그 창녀가 왜 그렇게 행위하지 않았어야 하는가를 지적하는 것은 비교적 쉬운 일이다. 그래서 우리는 그녀의 행위가 비인간적이고 퇴폐적이며, 자신의 도덕적 통합성을 훼손했다고 말함으로써 우리의 추론을 요약하려고 할지도 모른다. 그러나 이러한 도덕적 추론 모형의 외견상 적절성은 하나의 가상이다. 적어도 나의 주장은 그렇다. 그것은 행위를 도덕적으로 적절하게 기술하는 것은 항상 서사적 맥락을 포함한다는 사실, 우리는 서사적 환경과 상관없이 품성을 평가할

수 없다는 사실, 또 우리가 상황에 대한 서사적 구성을 지속할 수 있
는 방식들에 대한 고려 없이 어떻게 행위할 것인지를 결코 (반성적
으로) 결정할 수 없다는 사실에 대한 망각이 키워 놓은 가상이다.

그렇다면 내 주장은 우리에게 도덕 원리들이 존재하지 않는다는
것이 아니라 그것들이 제공하는 것으로서의 의미, 상관성, 지침 등
이 궁극적으로(항상 직접적인 것은 아니지만) 그것들이 발생하고
또 그것들이 적용되는 서사적 환경에 의존하고 있다는 것이다. 나는
이처럼 더 완전한 서사적 맥락 안에서만 그 창녀(또는 모든 사람)가
무엇을 했는지, 그녀가 누구인지, 왜 그녀는 그처럼 행위했는지, 우
리가 그녀의 품성과 행동을 어떻게 평가할 것인지를 이해할 수 있다
고 제안할 것이다. 우리의 최종적 판단, 또 그녀의 자기 판단 또한
객관주의적 주장들과 잘 부합할 수 있다. 그러나 우리가 그 판단에
이르게 된 방식과 그녀의 행위의 특성을 평가하게 될 방식 사이에는
차이가 있다. 더욱이 우리가 거의 의식하지는 못하지만 일상적 인간
으로서 우리는 그러한 서사적 맥락 안에서 이해하고, 숙고하고, 평가
한다는 사실을 깨닫는 것이 결정적으로 중요하다. 나는 도덕적 자기
정체성과 행위의 본성이 어떻게 우리 삶을 통해서 실제로 살아가는
우리의 서사적 과정 안에 자리 잡고 있는지를 검토하려고 한다.

3 _ 체험주의적 자아

인간은 시간 속에 존재한다. 우리의 품성, 우리의 정체성은 시간
속에서 점진적으로 창발하며, 전형적으로 다양한 단계를 통해 발전
한다. 시간적 변화는 매우 중요하기 때문에 지속적 적응의 중단은

지적 · 미적 · 사회적 · 영적 · 도덕적 붕괴에 이를 수 있으며, 극단적인 경우에는 신체적 죽음에 이를 수도 있다. 도덕적 숙고는 이 복합적인 적응 과정에서 품성의 발달, 타인에 대한 관계의 본성, 또 우리의 독립적 삶에서 의미와 평안의 가능성을 실현해 주는 건설적 해결책을 식별하는 능력과 연관되어 있는 바로 그 차원을 가리킨다. 이처럼 도덕성은 경험의 모든 측면에 편재해 있으며, 따라서 그것은 독립적이고 자체적인 구성요소로서 격자화될 수 없다.

여기에서 전제된 자아와 도덕적 인격성 개념은 보편적 도덕 법칙을 산출하는, 본질적인 합리적 본성을 가진 개별적인 형이상학적 실재인 객관주의적 자아와는 공통점이 거의 없다. 객관주의는 자아가 시간적으로나 형이상학적으로나 그 행위에 앞서 존재하며 또 정체성을 갖는 것으로 간주한다. 객관주의는 자아가 수행하는 우연적 행위들이나 그것이 처한 역사적 상황과 상관없이 자아가 그 본질적 구조(합리적 의지로서)를 유지하는 것으로 간주한다.

그와는 뚜렷하게 대비적으로 비객관주의적 견해 또는 내가 '체험수의적'이라고 부르는 견해는 인격체를 과정적 자아(self-in-process)로 간주한다. 인격체는 결코 단순히 몸으로 이루어진 원초적인 물리적 유기체가 아니며, 또 몸으로부터 완전히 독립적이지만 몸 안에 갇힌, 형이상학적으로 구분되는 영적 실체도 아니다. 오히려 우리는 물리적 · 대인관계적 · 문화적 환경과 상호작용하는, 복합적이고 자기 변형적인 생물학적 유기체다. 비록 대부분의 상호작용이 자기의식 층위 아래에서 발생하지만 그것들은 동시에 물리적이고 사회적이며 문화적인 세계를 살아가는 근거가 된다. 우리는 퇴적된 문화적 실천, 제도, 의미에 의해 **구성되는** 존재로서 세계를 살아가지만, 또한 이 선재하며 전승되는 의미와 행위의 구조들의 층위들

을 점진적으로 변형시키는, **구성하는** 존재이기도 하다.[9]

자아에 대한 이러한 체험주의적 견해는 얼핏 생각되는 것처럼 심오하거나 난해한 것이 아니다. 그것은 단순히 우리의 정체성에 대한 다음과 같은 최소한의 성찰이 드러내 주는 것에 대한 하나의 해명일 뿐이다.

1) 우리는 자신이 신체화된 존재라는 것을 안다. 몸은 세계 안에서 우리의 구체적 조건화의 소재다. 몸은 상호작용, 지각, 관계, 계획의 장소다.

2) 그러나 우리는 단순히 몸으로 구성된 물질적 사물이 아니다. 왜냐하면 우리는 유기체, 즉 창발적 속성들—특정한 수준의 조직화가 이루어질 때 오직 특정한 생태적 환경 안에서만 가능한—을 갖는 엄청나게 복잡한 유기적 통합체이기 때문이다.

3) 우리는 상상적(따라서 자기 변형적인) 존재다. 왜냐하면 우리는 상황에 대한 반성과 새로운 조직을 발달시킴으로써 과거 경험의 '주어져 있음'(givenness)을 넘어설 수 있기 때문이다. 바꾸어 말하면 우리는 유기체-환경 상호작용 차원에서 창조적인데, 그것은 우리가 세계를 특징짓는 지속적 변화에 적응하기 위해서 그래야만 하기 때문이다.

4) 그렇지만 완화된 자기 초월은 자유 의지라고 알려진 영적 실체의 소위 근본적 자유에 근거한 것은 아니다. 대신에 우리의 자유는

---

9) Steven Winter, "*Bull Durham* and the Uses of Theory" *Stanford Law Review* 42 (1990): 639~93은 자아 형성의 이 이중성(말하자면 '구성된 것'인 동시에 '구성하는 것'으로서)을 메를로 퐁티의 '도래'(advent)와 '고난'(adversity) 개념의 관점에서 발전시킨다.

물리적·문화적으로 조건화된 자기의식의 제약된 자유다. 우리는 경험을 변형시킬 수 있지만 그것은 우리의 생물학적·문화적 존재성에 의해 특징지어지는 한계들 안에서만 가능하다. 우리 몸과 두뇌의 본성, 우리가 물려받은 상징체계, 또 역사의 특정한 시점에서 우리에게 주어진 행위의 우연적 가능성 등이 부과하는 일반적 제약들이 존재한다. 이 선택이 우리 모두를 중심으로 확산되어 있는 가능성들의 지평을 구성한다. 우리는 선별된 선택들을 추구하기 때문에 그렇게 해서 하게 되는 행위는 경험된 세계의 윤곽을 변화시키는 새로운 상황들을 불러온다. 결과적으로 우리는 우리 자신을 불변하는 정체성을 가진 고정된 형이상학적 실체로서가 아니라 '과정 속에' 있는 것으로 경험한다.

예를 들어 1950년대 미국 남부 흑인 여성의 상황을 생각해 보자. 한편으로 그녀가 근본적 자유를 갖고 있다는 생각은 황당한 것이다. 무엇인가 있다 하더라도 그녀는 물리적·문화적·역사적 정체성 속에 완전히 갇혀 있는 것으로 보인다. 그녀는 유전적으로 검은 피부를 가진 여성이다. 그녀는 자신의 상황을 물질적으로나 사회적으로 개선할 수 있는 여지를 완강하게 제약하는 사회·경제적 조건 속에서 태어났다. 그녀는 다만 특정한 종류의 구분, 범주화, 연관성들을 인식하는 개념체계를 전제하는 언어를 사용한다. 그녀는 자신이 원리적으로는 아니라 하더라도 실제적으로 투표할 권리를 박탈하며, 백인이나 다른 사회·경제적 계층의 구성원들에게 주어진 폭넓은 특권들로부터 자신을 배제하는 정치 체제의 권위 아래 놓여 있다는 것을 알게 된다. 그녀가 수행할 수 있는 역할은 명확히 규정되어 있으며, 대부분의 경우에 극도로 제한적이다. 그녀에게 있어서 근본적 자유라는 개념은 잔인한 농담이다.

반면에 그녀에게는 자신의 상황과 정체성을 완화된 자유를 실현하는 방식으로 변형시킬 수 있는 방법이 전혀 없는 것은 아니다. 그녀가 물려받았거나 받아들이는 모든 역할을 삶에서 실현하고 전개하는 방식에는 유연성이 있다. 그녀는 모종의 신체적 또는 지적 소양을 발전시킬 수 있으며, 그렇게 함으로써 그녀가 경험할 수 있는 것, 또 그녀가 무엇이 될 수 있는지에 관한 가능성의 폭을 열어 나갈 수 있다. 그녀에게는 자신에게 열려 있는 선택들 안에서 발전시킬 수 있는 정체성을 그려 볼 수 있는 상상적 능력이 있다. 그녀는 대인 관계에서 새로운 구조를 도입할 수 있다. 그녀는 어쩌면 '백인 전용' 버스의 앞자리에 앉거나 백인 전용으로 정해진 식탁에 앉을 용기를 낼 수 있을지도 모른다. 이러한 '자유로운' 행위는 유사한 타인과의 지속적인 협조적 유대를 통하여 종종 급진적인 사회·정치적 변혁을 불러올 수 있는데, 그것은 우리가 실제로 보유하고 있는 것보다도 더 많은 자유를 보유하고 있다는 생각에 빠져들게 하기도 한다.

요약하면, 이 여성은 힘, 제도, 통제 불가능한 역사적 상황에 의해 구성되며, 동시에 제한적으로 자유로운 행위를 통해 자신의 정체성을 구성한다. 그것이 바로 우리 모두가 보유하고 있는 제한적이고 조건화된 자유다.

만약 도덕적 주체가 그 존재성의 고정된 본질이나 절대적인 내재적 핵을 갖고 있지 않다면 자아는 도대체 어떻게 정체성을 얻게 되는 것일까? 그에 대한 답은 자아와 행위의 관계에 대한 설명을 요구한다. 왜냐하면 듀이(J. Dewey)의 요청을 상기하자면 "도덕성에 대한 올바른 이론의 핵심은 자아와 그 행위의 본질적 통합성에 관한 인식"[10]이기 때문이다. 이 핵심적 관계는 결코 단순하지도 분명하지도 않다. 자아는 그 행위와 관련되어 있지만(그 행위는 나의 행위다), 여전히 어느 정도 행위로부터 분리되어 있기 때문이다(나는 단순히 나의 행위만은 아니다).

체험주의적 견해는 자아와 그 행위가 하나의 기본적인 체험적 과정으로 짜여 있다고 보며, 따라서 자아의 정체성을 체험적 과정, 즉 물리적·대인관계적·문화적 상호작용 과정의 창발적 구조로 간주한다. 말하자면 자아는 단순히 어떤 대상이나 실체가 아니라 발전의 연쇄, 관련된 경험을 특징짓고 통합성을 부여하는 상호작용적 과정의 동일성이다.

나는 도덕적 주체로서 한 인격체의 정체성이 그 삶에서의 종합적 통합성 — 그것의 가장 포괄적인 형식이 바로 서사다 — 에 대한 추구와 불가분하게 묶여 있다는 가설을 탐색하려고 한다. 앞서 창녀 이야기에서 우리는 인격체의 정체성과 그 행위의 본성이 부분적으로 상상적 구조와 프레임에 의해 정의되는 몇몇 주된 방식들을 살펴보았는데, 그 중 중심적인 것이 바로 서사다.

종합의 양식으로서 서사적 구조에 대한 나의 이해를 밝히기에 앞서 나는 서사에 관한 내 견해의 중요한 두 가지 한계를 강조해 두고 싶다. 먼저 나는 '서사'를 단순히 이미 완료된 경험을 조직화하는 방식으로서 들려주는 하나의 이야기라고 생각하지 않는다. 또한 나는 그것을 단순히 허구적 표현의 언어적 형식이라고 생각하지도 않는다. 내가 말하는 서사는 단순히 언어적이면서 텍스트적인 것은 아니다. 오히려 나는 서사가 우리의 경험 자체의 종합적 특성을 특징지

---

10) Dewey, *Theory of Moral Life*, pp. 150~51.

으며, 또한 그것은 일상적인 활동과 계획을 통해서 미리 그려진다고 주장할 것이다. 우리의 이야기들은 경험의 서사적 구조로부터 창발하며, 나아가 그것을 재구성할 수 있다. 결과적으로 경험을 이해하고 표현하고 소통하는 방식은 삶의 그 선행적인 서사적 구조에서 비롯되며, 또한 그것에 의존적이다. 그렇지만 우리가 상상적인 서사적 존재이기 때문에 우리는 새로운 방식으로 삶을 정돈할 수도 있다.

둘째, 행위에 대한 특정한 기술은 흔히 명시적인 서사를 포함하지 않을 수도 있지만 사건들의 시간적 연쇄를 관통하는 정합성과 종합적 통합성을 갖기 위해 다양한 상상적 수단(영상도식, 개념적 은유, 환유 등)을 사용한다. 그렇지만 나는 그러한 행위 연쇄와 상황들에 대한 우리의 이해가 전형적으로 대부분 묵시적인 서사적 배경을 전제한다고 주장할 것이다. 경험, 정체성, 행위에는 서사적(또는 최소한 준서사적) 구조가 존재하며, 그것은 우리가 사용하는 합리적 설명의 가장 편재적인 양식을 구성하는 언어적 서사들에 대한 우리 관심의 근거가 된다.

요약하면, 경험은 일관되게 **종합적**이며, 서사는 종합적 이해의 가장 포괄적인 형식이다. 나의 가설은 우리가 도덕적 추론을 적절한 서사적 맥락 안에 설정하고, 또 그 서사적 차원을 인식하지 않고서는 도덕적 추론을 이해할 수 없다는 것이다. 도덕적 절대주의(객관주의의 한 형태로서)는 우리가 맥락과 독립적인 도덕 법칙에 포섭될 수 있는 개념들의 관점에서 행위와 행위자에 대한 확정적 기술에 도달할 수 있다고 가정한다. 나는 이러한 해명이 서사적 구조에 의해 최고의 수준에서 조직화되는 경험의 시간적, 역사적 특성을 간과하고 있다고 주장할 것이다. 어떤 의도나 행위, 품성의 도덕성에 대한 판단은 먼저 그 상황을 구조화하는 서사들에 대한 이해를 요구한

다. 요컨대 우리는 오직 서사적 맥락 안에서만 도덕적 인격성(자아)과
그의 행위를 완전히 이해할 수 있다. 자아와 그 행위의 통합성은 넓은
맥락에서 하나의 서사적 통일성이다.

4 _ 서사적 의미 구성의 인지적 근거

커피 잔을 드는 것에서부터 신문을 읽는 것, 또 아이들과 놀이를
하는 것에 이르기까지 우리가 매일 하는 무수한 행위들은 대부분 어
떤 의도를 갖고 이루어진다. 대개의 경우 우리는 거의 또는 아무런
의식적 반성이나 인식 없이 이 의도들을 추구한다. 우리의 행위들이
대부분 관행적이기 때문이다. 그럼에도 의도적 요소들은 거의 항상
현존하는데, 그 이유는 우리가 지속적으로 생존과 번영이라는 좀 더
포괄적인 목표들의 수단이 되는 목표들을 실현하는 데 우리의 에너
지를 사용하기 때문이다. 따라서 사실상 우리의 모든 행위는 삶의
패턴과 방향을 연합적으로 구성하는 더 큰 계획들 안에서 조건화된
다. 이 계획들은 개별적이거나 공동체적인 역사로부터 창발하며, 그
것들은 주어진 순간에 우리에게 유의미하며 이용 가능한 활동의 폭
을 설정해 준다.

우리는 현재의 행위를 역사 안에 자리매김하고, 우리 자신을 미
래―이런저런 방식으로 다중적인 이해, 가치, 의도 등을 부분적으
로 혼합해 주는―에 투사함으로써 삶의 통합성을 추구한다. 우리는
엄청난 시간과 에너지를 삶의 유의미한 통합성을 구성하는 데 사용
하며, 그렇게 함으로써 우리 실존의 파편적이고, 고립적이며, 사소
한 삽화들을 최소화한다. 이러한 발전적 과정을 통해 현재처럼 형성

된 우리 자신을 표현하고, 또 미래를 향해 확장해 나아가는 존재로
서 우리 자신을 변형한다.

　일단 가장 기본적인 생존 문제를 해결하고 나면 우리는 즉시 삶의
질을 고양시키는 것으로 보이는 좋음들을 추구한다. 이 모든 추구의
바탕에는 삶에서의 의미에 대한 탐색―그것을 어떻게 정의하든, 또
무엇이 진정으로 삶에 의미와 가치를 줄 것인지에 관해 우리가 종종
얼마나 잘못되었든 간에―이 자리 잡고 있다. 신체적 쾌락, 성적 만
족, 부, 직업적 성공, 명성, 존경, 도덕적·영적 순결 등에 대한 탐색
은 모두 유의미하고 가치 있는 삶에 대한 탐색에 보조적이거나 또는
그 탐색을 부분적으로 구성한다.

　고립되고, 무관하며, 삽화적인 사건들의 무작위적 연쇄와 유의미
한 행위를 구분해 주는 것은 무엇일까? 그 답은 인지 모형, 은유, 프
레임, 서사 등이 제공하는 종합적 통일성, 즉 원자적 사건들을 의미
와 도덕적 중요성을 갖는 유의미한 인간적 행위와 계획으로 변형시
켜 주는 통합적 정돈이다. 우리는 모두 유의미한 삶의 이야기로 간
주하는 것 안에서 우리 자신을 주요 인물로 형성하려고 시도함으로
써 의식적이든 무의식적이든 우리 삶을 기획한다.[11]

　그렇지만 플래너건은 우리가 항상 이렇게 하는 것은 아니며, 또
우리 삶의 일부는 통합적이기보다는 지리멸렬하다고 지적한다.[12]

---

11) 윈터가 나에게 지적해 주었던 것처럼 의미 있는 삶의 이야기에 대한 우려는 중요하게
　는 상대적인 부와 그것이 제공하는 여유에서 비롯된, 일차적으로 서구적인 관심사일
　수 있다. 나는 모든 사람이 서사적 통일성을 추구한다는 보편적 주장을 지지하는 데
　필요한 충분한 지지 증거를 제시할 수 있는 입장이 아니다. 내 주장은 사람들이 최악
　의 빈약한 삶을 보장받는 순간 삶에서의 의미, 가치, 목적 등에 관해 신경 쓰기 시작
　한다는 것이다. 우리의 삶이 직접적으로 위협받지 않는 순간 의미와 통합성이 문화에
　따라 아무리 다르게 정의된다 하더라도 우리는 삶에서의 의미 있는 서사적 통일성의
　추구자로 다시 태어난다.

그럼에도 우리는 적어도 최소한 넓은 서사에 부합하는 역할 안에서 우리 자신을 이해하며, 또한 삶에서 모종의 통합성을 발견함으로써 삶의 의미를 이해하려고 한다. 심지어 '이해한다는 것'이 일차적인 관심사가 아닌 경우에도 목표를 추구하는 행위를 통해 종합적 통합의 수단을 추구하게 된다. 그 결과 우리는 잡다하고 다양한 경험에 부분적 종합을 가능하게 해 주는 상상적 모형과 프레임의 맥락 안에서 품성, 의도, 행위의 도덕성을 이해하고 평가하게 된다. 문화적 · 개별적 서사들은 삶의 이해를 위한 가장 폭넓은 종합적 구조들이다.

나는 우리 삶에서 서사적 구조의 기원과 본성에 관해 탐색하려고 한다. 나의 가정은 서사적 통일성이 다양한 종류의 상상적 종합 활동을 통해 창발하며, 우리는 그것을 통해 사건들의 시간적 연쇄 안에서 정합성을 얻게 된다는 것이다. 우리가 펼쳐 가는, 또 우리 자신과 타인에게 들려주는 삶의 이야기들은 그것들이 상상적인 인지 과정과 모형들―우리가 정합적이고 통합된 경험을 가질 수 있게 해 주는―을 사용하는 바로 그 방식 때문에 유의미한 것일 수 있다.

이 장과 앞장들에서 이미 제시되고 있는 내 주장은 다음과 같은 형태를 갖는다.

1) 우리는 기본적으로 과정적 존재, 종합하는 존재이며, 그 몸들은 동시에 물리적 · 사회적 · 도덕적 · 정치적으로 짜여진 세계 안에 우리의 자리를 마련해 준다.

2) 우리는 일련의 역할과 스크립트, 프레임, 모형, 은유―우리가 세계를 살아가고, 이해하고, 그것에 관해 추론하는 방식인―를 제

---

12) Flanagan, *Varieties of Moral Personality*, pp. 148~58.

공해 주는 전통과 문화 안에 조건화되어 있다.

3) 도덕적 판단은 이 생물학적-문화적 배경 안에서 생겨나며, 또 이 상상적 도구들을 사용한다(창녀가 자신의 경험을 구조화하면서 「섹스는 시장 거래」 은유를 사용하는 것처럼).

4) 가장 포괄적인 종합 과정으로서 서사는 우리의 장기적 정체성을 조직화하거나 도덕적 선택을 하면서 우리의 각본을 시험하는 데에 중요한 역할을 한다.

서사가 어떻게 그러한 구성적 역할을 하는지 살펴보기 위해서 서사적 구조가 경험 안에서 상상적 기제들을 사용하는 몇몇 방식을 간략하게 고찰해 보자. 법적 추론에서 서사적 의미의 역할을 탐색하면서 윈터(S. Winter)는 원형적 서사들의 바탕을 이루고 있는 몇몇 인지 구조를 개관하고 있다.[13] 윈터는 리쾨르를 따라서 사건들에 대한 해명이 하나의 이야기가 되기 위해서는 그저 연쇄적 순서에 따른 단순한 사건들의 나열을 넘어서서 하나의 '배열'(configuration)이 되어야 한다고 지적한다.[14] 여기에서 요구되는 것은 모종의 구조를 갖는 하나의 통합적 전체가 되기 위해 부분들이 종합되어야 한다는 점이다. 아리스토텔레스가 최초로 언급했던 것처럼 그것은 "시작과 중간, 그리고 끝이 있는"(『시학』 50b) 어떤 것이 되어야 한다.

이러한 시작-중간-끝 구조는 더 기본적인 것으로서 반복적인 상

---

13) Winter, "The Cognitive Dimension of the *Agon* between Legal Power and Narrative Meaning," *Michigan Law Review* 87, no. 8 (1989): 2225~79 참조. 서사적 구조에 대한 나의 간략한 분석은 기본적으로 윈터의 논의를 수정하여 요약한 것이다.

14) Paul Ricoeur, *Time and Narrative 1*, trans. K. McLaughlin and D. Pellauer (Chicago: University of Chicago Press, 1984), p. 65.

상적 패턴인 「원천-경로-목표」 도식의 한 사례인데,[15] 그것은 대부분 신체적 운동과 지각을 구조화하며, 또 (「시간은 움직이는 대상」 은유를 통해)[16] 시간적 과정들에 대한 이해 안에 현전한다. 「원천-경로-목표」 도식은 구조적으로 출발점, 매개적 지점들의 인접한 연쇄, 종료 지점 등으로 구성된다. 이 영상도식은 전형적으로 시간 속의 어떤 지점에서 시작해서, 이런저런 방식으로 연결된 매개적 사건들의 연쇄를 지나, 어떤 정점의 사건에서 끝난다. 널리 퍼져 있는 「원천-경로-목표」 도식은 원형적 이야기 구조에 대한 리쾨르의 기술에서 분명하게 드러난다.

어떤 이야기를 따라가는 것은 그 이야기의 '결론' 안에서 완결을 찾으려는 기대가 안내하는 대로 우연과 격변 속에서 앞으로 나아가는 것이다. …… 그것은 그 이야기에 '종료 지점'을 설정해 주며, 그것은 다시 그 이야기가 하나의 전체를 형성하는 것으로 인식될 수 있는 관점을 제공한다. 그 이야기를 이해한다는 것은 그 연쇄적인 삽화들이 어떻게, 또 왜 그 결론에 이르게 되는지를 이해하는 일이다.[17]

「원천-경로-목표」 도식은 이야기 안에서 적어도 세 가지 차원에서 작동한다. 먼저 이야기들은 흔히 출발 지점에서 경로를 따라서

---

15) '영상도식' 개념은 Johnson, *The Body in the Mind*; Lakoff, *Women, Fire, and Dangerous Things*에 상술되어 있다. 이 두 책은 「원천-경로-목표」 등 경험의 상상적 패턴들을 다루고 있는데, 그것들은 추상적 영역에 대한 우리의 이해의 은유적·환유적 확장의 근거가 된다.

16) 시간 은유에 관한 논의는 Lakoff and Johnson, *Metaphors We Live By* (Chicago: University of Chicago Press, 1980) 참조.

17) Ricoeur, *Time and Narrative 1*, 3장 참조.

목적지에 이르는, 사람들의 실제적인 물리적 여행을 포함한다. 둘째, 우리는 그 이야기가 출발점에서 종착점으로 진행하는 동안 은유적으로 그 경로를 통해 이야기를 따라간다. 셋째, 「의도는 목적지」(Purposes Are Destinations) 은유를 통해 우리는 모든 의도적 활동을 은유적으로 하나의 목표(물리적이든 추상적이든)를 향한 운동(신체적이든 정신적이든)으로 이해할 수 있다. 이 때의 사상은 다음과 같다.

「의도는 목적지」 은유

공간 안의 운동		의도적 행위
물리적 출발점	→	최초의 상태
경로를 따르는 운동	→	매개적 상태들
종료 지점(물리적)	→	최종적 상태/목표

　「의도는 목적지」 은유의 구체적인 사례로 「장기적인 의도적 활동은 여행」과 「인생은 여행」 은유가 있다. 앞서 2장에서 「사건 구조」 은유의 「위치」 부분이 어떻게 「원천-경로-목표」 도식에 근거하고 있는지를 살펴보았다. 모든 시간적 과정은 경로를 따르는 운동으로 은유적으로 이해될 수 있는데, 여기에서 과정의 단계들은 경로를 따르는 점들에 대응한다. 만약 「의도는 목적지」(따라서 의도적 활동은 일종의 여행)라면 「장기적인 의도적 활동은 여행」은 일반적인 「사건 구조」 은유의 한 구체적 사례가 된다. 삶을 살아가는 것 또한 장기적인 의도적 활동이기 때문에 삶은 은유적으로 최종적 목적지를 향한 추상적인 은유적 경로를 따르는 여행으로 이해될 수 있다. 이 세 가지 형태의 의도적 활동이 공유하는 것은 그것들이 모두 다음과 같

은 계층적 구조를 따르는, 「원천-경로-목표」 도식의 은유적 확장이
라는 점이다.

A 지점에서 B 지점으로의 공간적 운동

↓

의도적 행위(물리적이든 비물리적이든)

↓

장기적인 의도적 활동

↓

삶을 살아가는 것

따라서 여기에는 물려받기의 계층구조가 존재하는데,[18] 그것은
각각의 '높은' 수준의 은유적 체계(「삶은 여행」과 같은)가 그 아래
수준의 영상도식적 구조(「장기적인 의도적 행위는 여행」)를 물려받
고 있다.

우리는 이제 왜 서사가 인간 행위에 대한 설명에서 더없이 적절한
양식인지 한 가지 이유를 제시할 수 있다. 모든 형태의 행위(세속적
인 일과에서부터 장기적인 계획, 나아가 삶의 계획까지)는 은유적
으로 여행으로 이해될 수 있다. 이 영역들 각각의 동형성(isomor-
phism)의 근거는 「원천-경로-목표」 도식이다. 따라서 한편으로 의
도적 활동의 다양한 형태와 다른 한편으로 여행으로서의 서사 사이
에는 구조적 동형성이 존재하며, 그것들은 모두 시간적 과정의 모든

---

18) 은유 체계 상속의 계층구조의 본성에 관한 설명은 George Lakoff, "The Contem-
   porary Theory of Metaphor," in Andrew Ortony, ed., *Metaphor and Thought*, 2nd
   ed. (Cambridge: Cambridge University Press, 1993) 참조.

형태를 포괄할 수 있도록 은유적으로 정교화된 「원천-경로-목표」 도식을 포함하고 있다. 「원천-경로-목표」 도식은 다양한 은유적 사상을 통해 물리적 여행, 장기적인 의도적 활동, 삽화들의 연결을 따라가기, 그 사람의 의도적인 상태나 행위를 파악하기 등 다양한 경험 영역들 안에서 패턴들을 관련시킨다.

더욱이 「원천-경로-목표」 도식만큼 단순하기는 하지만 그것은 원형적 이야기들의 구조를 결정하기에 충분한 내적 구조를 갖고 있다. 출발 지점, 중간 경로, 종료 지점 등과 같은 도식의 부분들을 감안할 때 우리는 우리의 서사 모형을 채워 넣기 위해 우리가 여행에 관해서 알고 있는 것들을 사용할 수 있다.

1) 경로에 따르는 운동이 있는 곳에는 운동하는 어떤 것이 있다. 전형적인 이야기들에서 그것은 물리적 여행을 통해서 또는 지적 · 영적 추구(은유적 여행)를 통해서 어떤 목표를 추구하는 사람이다. 이 문자적이거나 은유적인 여행자가 흔히 이야기의 주인공이 된다.

2) 여행자는 타당한 조건들이 충족되지 않으면 여행을 할 수 없다. 이 조건들은 물질적인 것(차량의 이용, 충분한 연료, 돈 등)일 수도 있으며, 또는 사회적인 것(타인과의 협력, 특정한 경로에 대한 허가)일 수도 있다. 따라서 은유적 여행자(또는 주인공)는 자신만의 자원(물질적, 심리적, 또는 지적인)을 갖고 있어야 하며, 다양한 타당한 조건들(심리적, 사회적, 제도적, 또는 정치적 종류의)에 묶여 있다.

3) 여행자는 여행을 진척시키기 위해서 극복해야 할 장애물에 부딪힐 수 있다. 그는 그 장애물 때문에 물러서거나, 우회하거나, 아니면 힘으로 그것을 극복할 것이다. 그러한 장애물들은 실제적인 물리

342

적 대상이나 사람일 수도 있으며, 또 (은유적으로 이해된) 특성들의
상태 또는 사회적·법적 제약일 수도 있다.

4) 따라서 서사의 중심을 이루는 에이곤(*agon*), 즉 투쟁이나 갈등
이 발생한다. 이야기는 이 에이곤이 모종의 해결책으로 이어지거나
우리가 기대했던 해결책에 이르지 못하는 방식을 통해 완결에 이르
게 된다.

내가 서술했던 것은 공간적 운동, 여행하기, 이야기 구조라는 세
가지 영역들 사이에 존재하는 기본적 사상인데, 그것은 다음과 같은
기저적인 「원천-경로-목표」 도식에 근거하고 있다.

「이야기는 여행」 은유

공간적 운동		여행		이야기
움직이는 대상	→	여행자	→	주인공
최초의 조건	→	정당한 조건	→	무대
출발 지점	→	출발지	→	시작
종료 지점	→	목적지	→	결말
장애물	→	난관	→	적대자/난관
상호작용적 힘	→	갈등	→	에이곤

따라서 「원천-경로-목표」 도식은 문자적인 동시에 비유적인 여행
으로서 이야기를 이해하기 위한 근거가 된다. 나아가 서사가 도덕적
숙고와 관련되면서 핵심적인 것은 장애물이나 난관(여행 모형에서)
사이의 동형성이다. 왜냐하면 우리의 도덕적 딜레마는 전형적으로
경험과의 갈등이라는 형태로 발생하기 때문이다.

서사에서 에이곤의 역할은 또한 전형적으로 「균형」 도식을 포함한다. 이야기는 흔히 주인공의 심리 상태, 가족의 조화, 또는 균형적인 사회적·정치적 질서 등 균형 있고 조화로운 상태로 특징지어지는 최초의 상황에서 출발한다. 그러나 이 균형은 심각한 긴장을 초래하면서 곧 무너진다. 정서적으로, 낭만적으로, 직업적으로, 정치적으로, 또는 종교적으로 무엇인가 부족한 것이다. 또는 어떤 힘들(자연적, 심리적, 정치적)이 균형을 잃을 수도 있다. 투쟁, 긴장, 의미 상실, 제도의 붕괴, 영적 침체 등이 따라올 수 있다. 이야기는 최초의 조화를 회복하거나 규범적 「균형」을 복구해 주는 새로운 조화를 창출하는 시도를 중심으로 전개된다.

「원천–경로–목표」 도식과 「균형」 도식은 결합을 통해 원형적 서사의 기본적 구조를 제공한다. 비원형적 서사들은 대부분 이 기저적인 영상도식적 구조의 은유적 변이들이다. 예를 들어 심리적 투쟁의 서사들에서 주인공의 심리적 건강이나 평안, 성취를 잠식하는 특정한 성격적 특징들은 (은유적인) '적대자'일 수 있다.

우리는 갈등을 해결할 수 없거나 줄거리를 '종잡을 수 없는' 비원형적 이야기들 또한 설명할 수 있다. 해결 불가능한 이야기들은 우리를 좌절시키거나 불만족스럽게 만드는데, 그것은 우리가 해결 가능한 원형적인 경우들에 근거해 확립된 이야기의 기대감에 의지하기 때문이다. 미해결의 이야기는 은유적으로 해석된 「원천–경로–목표」 도식에서 종료 지점이 결여된 이야기다. '종잡을 수 없는' 이야기는 모든 경로가 결여된 이야기다. 그러한 이야기들은 좌절적인 것으로 경험되는데, 그 이유는 그것들이 서사적 전개나 행위 일반에서 「원천–경로–목표」 도식에 대한 우리의 기대와 상충하기 때문이다.

나는 원형적 이야기들의 구조에 대한 이상화된 모형만을 개관했다. 그것은 「원천-경로-목표」 도식이나 「균형」 도식과 같은 몇몇 단순한 영상도식적 구조들로부터 구성된다. 나는 이 두 가지만을 언급했지만 「강제적 힘」 「끌어당김/밀어냄」 「중심/주변」 「주기적 활동」처럼 다른 도식들도 있다. 그것들은 원형적 이야기 구조에 변이를 불러오는 은유적·환유적 사상의 근거가 된다.

이 절의 핵심적 관심사는 원형적 서사를 구성하는 일부 상상적 요소들(영상도식과 은유들)을 검토함으로써 서사가 어떻게, 또 왜 삶의 경험에 대한 가장 포괄적인 종합화의 구조를 제공하는지를 살펴보려는 것이었다. 이것은 물론 우리가 명시적으로 어떤 서사적 프레임에 의존하지 않고서는 상황들을 이해하거나 추론할 수 없다는 것을 뜻하지는 않는다. 앞서 지적했던 것처럼 경험을 이해하는 데 서사적 통일성의 일반성에 미치지 못하는 수많은 종류의 상상적인 구조화 방식들(이상화된 인지 모형, 은유, 환유, 스크립트 등)이 있다. 그렇지만 전형적으로 이 상상적 도구들은 그 자체로 통합적 서사들의 맥락 안에 조건화되어 있는데, 그것들은 세속적인 생존의 삽화들이 고립되고 무관한 사건늘이 되는 것을 막아 준다. 삶은 의미 산출에 필요한 정합성을 잃어버린, 단순히 단절되고 원자적인 일련의 사건들이 아니다. 따라서 적어도 유의미한 종합 안에서 삶의 사건들을 한데 묶어 주는 어떤 것이 있어야만 한다.

내 주장은 이 종합화라는 활동의 대부분이 상상적 구조를 통해 이루어진다는 것이며, 또한 서사적 구조가 우리에게 가능한 가장 포괄적인 종합적 통일성을 제공해 준다는 것이다. 이것은 우리의 삶이 괴리, 단절, 역전, 분열, 파편화 등―리쾨르가 인간 삶의 '불화'(discordance)라고 부르는 것을 구성하는―으로 가득 차 있다는 사실을 부인하는 것이 아니다. 그렇지만 비록 결코 완전히 도달할 수 없다 하더라도 우리는 여전히 의미, 정합성, 서사적 통일성을 얻기 위해 분투한다. 리쾨르의 용어를 빌리면 서사와 인간 삶에는 모두 완전한 통일성과 조화를 위한 우리의 노력을 가로막는, '불화하는 화합'(discordant concordance), 즉 제거 불가능한 긴장이 존재한다.

서사적 통일성을 향한 우리의 노력은 도덕적 영역을 구성하는데, 그 안에서 품성이나 사고, 행위는 도덕적 의미를 얻게 된다. 서사를 도덕적 추론에서 그처럼 독특하고 불가결한 것으로 만들어 주는 것은, 그것만이 인간 삶의 다음과 같은 두 가지 결정적인 차원의 충만한 의미를 포착할 수 있다는 점이다.

1) 서사는 우리들에게 일련의 주제들을 제공하고 보여 준다. 그 주제들을 통해 우리는 우리 삶의 시간적 · 역사적 차원을 통합하려고 한다. 그리고 그것들이 없으면, 우리 삶은 단절된 사건들의 무의미한 혼란이 될 것이다.

2) 서사는 삶이 우리에게 방향, 동기, 의미 등을 가질 수 있도록 해 주는 형식들인 의도나 계획, 목표를 설명해 준다.

인간 삶의 이 두 가지 기본적 측면을 융합해 주는 또 다른 인지적-체험적 구조는 존재하지 않는다. 결과적으로 우리는 개념이나 모형, 명제, 은유, 패러다임 등을 통해 경험의 특정한 측면들을 파악할 수 있는 반면, 오직 서사만이 시간성과 의도적 조직화 모두를 일반적 수준―우리는 이 수준에서 포괄적인 통합성과 삶의 의미를 추구한다―에서 포괄한다.

예를 들어 우리의 행위를 특정한 시나리오에 명시된 적절한 행동과의 상관성 속에서 평가함으로써 우리가 특정한 상황을 '식당' 스크립트를 통해서만 이해한다고 가정할지도 모른다. 우리는 "자신을 단순한 만족을 위한 수단으로 사용함으로써 자신의 인간성을 타락시키지 말라"와 같은 도덕적 계율의 관점에서만 그 창녀의 행위를 평가한다고 가정할지도 모른다. 우리는 기본적 은유(「섹스는 시장 거래」 등)를 발견하는 것이 특정한 상황의 도덕적 차원을 이해하는 데 충분하다고 가정할지도 모른다. 그러나 그러한 가정들은 잘못된 것이다.

반대로 이 각각의 경우에 그 스크립트나 원리, 은유의 의미나 적절성은 궁극적으로 좀 더 큰 서사적 배경에 달려 있다. 예를 들면 「섹스는 시장 거래」 은유는 마치 그릇의 내용물처럼 그 안에 도덕적 중요성을 담고 있는 것이 아니다. 그 도덕적 의미는 모종의 서사적 통일성이나 정합성을 추구하는 삶의 궤적 안에서 그것의 역할에 달려 있다. 우리는 그 창녀의 삶을 그녀의 노력이라는 서사의 맥락 밖에서는 이해할 수도 판단할 수도 없다. 마찬가지로 어떤 목적을 위한 수단으로 자신을 사용하는 것을 금지하는 원리는 특정한 상황 안에서 의미와 힘을 갖게 된다. 그 이유는 그것이 우리가 특정한 가치들을 실현하고 특정한 형태의 공동체를 유지하는 성공적인 삶에 관해서 갖고 있는 이상에 대한 일종의 요약으로서 역할을 하기 때문이다. 그래서 삶을 이해하기 위해 사용하는 다양한 상상적 도구들의 배후에, 바탕에, 또 주변에는 서사적 프레임 또는 일련의 진화하는 서사들이 자리 잡고 있다. 서사는 삶을 정돈하는 수단이며, 그것은 종종 개인적이거나 공동체적 활동을 통해 다양한 변형들[19] 또는 재정돈의 과정을 거친다.

5 _ 인간 행위의 서사적 구조

서사는 도덕적 개념들을 구체화할 수 있으며, 삶의 도덕적 구조를 구성하는 구체적인 일상적 상황 안에서 가능한 행위들을 탐색하는 수단을 제공해 줄 수 있다. 설명에 대한 최초의 경험은 부모들이 들려주는 이야기 형태로 주어진다. 처음부터 우리는 우리 행동과 관련된 부모의 질문에 대한 답으로서 어떻게 우리 나름대로의 이야기를 구성할 것인지를 배워야 한다. 금붕어가 젖은 카펫 위에서 퍼덕이면서 아버지가 "어떻게 된 일이야?"라고 소리치면, 네 살짜리 아이는 퍼덕이는 금붕어로 마무리되면서도 자신이 개입되지 않은 이야기를 황급히 찾아내려고 한다.『캘빈과 홉스』만화에서 캘빈은 엄마에게 자기 몸이 갑자기 지구보다 더 커졌다가 금방 회복되었기 때문에 자신의 방을 청소할 수가 없었다고 변명한다. 그러나 이것은 엄마의 '왜'라는 물음("왜 방 청소를 하지 않았지?")에 대한 대답이 되지 않을 것이다. 왜냐하면 그것은 엄마 아빠가 적절하다고 생각하는 엄밀한(캘빈의 사고방식으로는 지나치게 엄밀한) 형태의 서사에 부합하지 않기 때문이다.

우리는 그처럼 어린 시절부터 어른이 되기까지 우리를 사로잡는, 누가, 무엇을, 언제, 어디에서, 왜, 어떻게라는 반복적 물음들에 답

---

19) 포괄적인 서사가 어떻게 역사에 따라 변화할 수 있는지에 관한 사례로 로마의 몰락에 관한 계몽주의적 역사와 현대 역사의 차이를 살펴보라. 계몽주의적 역사는 그 이야기를 통해서 '진보'를 탐색하는데, 진보라는 계몽주의의 기준에 따라 로마 역사의 사건들을 판단한다. 대부분의 현대 역사는 '진보'를 역사적 설명에서 어떤 역할도 하지 않는 환상적인 개념으로 간주할 것이다. 이 때 역사적 설명은 말하자면 물리적인 경제적 조건, 계급투쟁, 또는 심지어 경제를 변화시킨 기후적 변화에 좀 더 밀착된 초점을 맞출 것이다. 사건의 의미와 도덕적 중요성은 이 상이한 서사적 지향성에 따라 변화한다.

348

하기 위해 혼란스러운 경험으로부터 서사적 통일성을 구성함으로써 합리적 설명을 하려는 힘겹고도 어색한 시도를 한다.

리쾨르가 주장하는 것처럼 그러한 설명적 이야기들은 인간 행위 자체의 서사적 특성에 의해 도출되는 동시에 지탱된다.[20] 리쾨르는 단순한 물리적 사건과 인간 행위를 구별해 주는 것이 무엇인지를 묻는다. 그의 대답은 우리가 전형적으로 행위로 간주하는 것은 다음과 같은 특성들로 구성된 개념적 네트워크를 개입시킨다는 점에서 그저 단순한 사건들과 구분된다는 것이다.

1) 목표

행위는 일상적으로 우리가 실현하려고 하는 사건이나 상태들로 구성되는 목표를 지향한다. 이 목표는 종종 행위에 앞서 그것에 관해 우리가 의식적으로 개념을 구성할 수 있는, 고정되고 확정적인 상황들이다. 그렇지만 목표는 불분명하게 정의되며, 완전히 의식적이지도 않으며, 행위를 통해서만 확정되는 경우가 더 많다. 말하자면 목표를 인식하게 되는 대부분의 경우, 우리는 목표에 관해서 점진적으로 생겨나는 의식 —성향과 행위가 우리를 특정한 방향으로 이끌어 가며, 또 일련의 행위 과정을 통해 천천히, 부분적으로 생겨나는 특정한 목적을 향해 이끌어 간다는— 을 통해서 그것을 선명하게 인식하게 된다.

목표들은 우리에게 가치이다. 목표는 그것을 실현하려는 수단을 끌어 모으려고 노력하는 만큼 중요성을 갖는다. 그것은 의식적이든 무의식적이든 우리의 관심에 달려 있다. 그것들은 우리와 주변 사람

---

20) Ricoeur, *Time and Narrative 1*, 3장 참조.

들의 삶에서 도덕적 함축을 갖는다.

2) 동기

행위에는 동기가 있다. 그것은 우리가 왜 그 행위를 했는지 이유를 제시함으로써 부분적으로 그것을 설명할 수 있다는 것을 의미한다. 동기는 행위를 하기 위해서 의식적으로, 또는 반성적으로 현전해야 하는 것은 아니지만 그것에 관해 언급하지 않고서는 행위도, 행위에 대한 설명도 있을 수 없다. 행위라는 개념 자체는 묵시적으로 우리가 무엇을 했는지, 또 왜 그것을 했는지에 대한 '해명하기'라는 가능성을 포함하고 있다. 그렇지만 그렇다고 해서 우리가 항상, 또는 단 한 번이라도 동기화의 심연을 완전히 이해할 수 있다는 것은 아니다. 무의식 안에서 일어나는 일은 항상 너무나 복잡하거나 신비하거나 파편적이거나, 또는 억압되어 있어서 그것을 반성적으로 파악할 수 있는 가능성은 거의 없다.[21]

3) 주체

어떤 행위에서 드러나는 동기와 목표는 모두 그 행위 주체의 것이다. 행위는 그 행위자의 것이며, 따라서 그 주체는 그 행위, 그리고 다른 행위자들에게 미치는 영향에 대한 책임이 있다. 행위자의 정체성은 그의 행위를 통해 드러나지만, 그 행위자가 자신의 행위와 동일한 것은 아니다. 그것은 오히려 그 행위들에 통합성의 척도와 그녀의 것, 그의 것, 나의 것, 또는 우리의 것이라는 정체성을 부여하는

---

21) 어떤 사람들은 그것이 무의식적인 것이라는 바로 그 점 때문에 결코 의식에 직접적으로 주어질 수 없다고 말할 것이다. 그러나 우리는 꿈이나 언어, 느낌, 행위 등에 대한 반성을 통해 그것을 간접적으로 감지한다.

350

어떤 것이다. 여기에서 다시 주의가 요구된다. 왜냐하면 우리는 개별적 주체를 넘어서는 주체성 개념("여기에 우리 둘이 감당할 수 없는 어떤 것이 있다"에서처럼)을 도외시할 수 없기 때문이다. 아무튼 우리가 인간을 원형적인 행위자로 간주하기 때문에 인간외적 주체성이라는 개념은 원형적인 인간의 주체성에서 비롯된 은유적 확장물이 될 것이다.

4) 맥락적 상황

행위는 그 특성을 결정해 주는 도덕적으로 의미 있는 맥락 안에 담겨 있다. 도덕적으로 중립적인 원자론적 행동 단위로서의 '기초 행위'[22]라는 개념은 매우 의심스러운 개념이다. 물론 신체적 운동에는 기본적인 어떤 것이 있다. 왜냐하면 신체적 운동은 세계 안에서 행위의 핵심적 장이기 때문이다. 우리는 그 운동들을 '전등 스위치 켜기' 등과 같은 물리적 기술을 통해 식별할 수 있다. 이 때문에 우리는 수많은 일상적 행위들을 단순한 구절들―이야기되고 있는 것이 무엇인지를 충분히 잘 이해할 수 있게 해 주는―로 기술한다.

아무튼 신체적 운동을 그 자체로 행위라고 보기는 힘들다. 그것은 전형적으로 구체적인 특성을 부여하는 어떤 맥락 안에서만 행위로 구분될 수 있다. 아주 작고 사소한 기계적 행위조차도 그것이 담겨

---

22) '기초 행위'라는 개념은 단토가 Arthur Danto, "What We Can Do," *Journal of Philosophy* 55 (1963): 435~45: "Basic Actions," *American Philosophical Quarterly* 2 (1965): 141~48에서 제시한 것이다. 이후의 논문에서 단토는 기초 행위를 다음과 같이 정의한다. A는 (1) A가 행위이며, (2) S가 A를 행할 때마다 S가 행하는 다른 행위 A'(A'가 A의 원인이 되는 방식으로)가 없을 때, 오직 그 때에만 기초 행위다. 여기에서 기본적 발상은 그 기초 행위를 하면서 수행되는 다른 의도적 행위들의 토대적 근거가 될 수 있는 물리적 운동을 발견하려는 것이다.

있는 더 큰 프레임을 통해 적절한 의미와 기술이 주어진다. 그처럼 더 큰 맥락은 다시 단순한 물리적 행위들을 특징짓는 도덕적 차원을 갖는다. 따라서 '전등 스위치 커기'는 직접적 행동의 환원 불가능한 최소 단위가 아니다. 그것은 근육 수축이나 신경 점화 등의 구성 요소들로 더 세분화될 수 있다는 사실에 주목하라. 행위의 '기초성'은 우리가 무엇을 지각할 수 있으며, 몸이 어떻게 작동하며, 어떻게 사물들과 상호작용하며, 관심과 의도가 무엇인지에 달려 있다. 우리가 이 가정된 단순 행위들을 이해할 수 있는 것은 그것들에 관심사, 의도, 의미를 부여하는 훨씬 더 큰 맥락을 가정하기 때문이다.

따라서 우리가 전등 스위치를 켜는 행위에 관해서는 이야기할 수 있다 하더라도 스위치를 켜는 행위는 오직 적절한 인간적 기술을 제공해 주는 더 큰 프레임 안에서만 가능하다. '간통하는 배우자를 놀라게 하려고 전등을 켜는 것' '스케이트보드를 수리하기 위해 작업대에 더 밝은 빛을 비추는 것' '행위 이론에 관한 세미나에서 빛나는 사례를 제시하는 것', 또는 '심심해서 스위치를 켜며, 그것은 무엇인가를 하는 것' 등이 그런 프레임이다. 더욱이 우리는 이 더 긴 기술들을 점차 더 큰 구체적 맥락들 안에서 이해한다. 이렇게 해서 거의 대부분의 행위는 사회적인 것이 된다. 왜냐하면 모든 행위의 의미에는 사회적으로 구성된 프레임, 상징적 매개, 공동체적 실천 등이 개입되어 있기 때문이다.

5) 타인과의 상호작용

행위에는 흔히 타인이 개입되어 있으며, 우리는 그들과 협력하거나 투쟁한다. 타인은 행위 과정에서 동맹자가 되거나 적대자가 되며, 그것은 중요한 도덕적 귀결을 불러온다.

352

6) 유의미한 실존

한 행위가 아무리 기계적이고 사소한 것처럼 보일지라도 그것은 항상 더 큰 기획, 즉 의미 있고 성취적인 삶을 살아가려는 행위자의 노력의 일부다. 다만 생존을 위해 겪게 되는 괴로움이나 극단적 노역 행위조차도 삶—살아갈 가치가 있거나 또는 현재의 투쟁에서 이겨 낸다면 가치 있는 것이라고 기대되는—이라는 배경적 이상 안에서 행해진다. 따라서 모든 행위는 불운이나 행운, 행복, 고통, 완성을 담고 있는 삶의 과정의 일부다.

7) 책임

행위는 행위자의 것이기 때문에 행위자는 행위의 다양한 결과들에 대해 책임을 갖는다. 따라서 행위자는 자신의 행위에 대해 **책임질 수 있다고** 가정된다. 우리는 행위의 도덕적 귀결을 인식하기 때문에, 또 행위를 하면서 상호 관련성과 상호 의존성을 느끼기 때문에 타인과 우리 자신에게 책임을 묻는다.[23]

행위의 개념적 네트워크를 형성하는 이 일곱 가지 구조적 특성은 그 자체가 본래적으로 서사적인 것은 아니다. 그것들은 서사적 구조의 원천이 되는 경험의 종합적 근거를 형성한다. 리쾨르는 이것을 인간 행위의 '선서사적'(prenarrative) 특성이라고 부르는데, 그것은 아마도 좀 더 적절하게는 경험의 원형서사적(*protonarrative*) 차원이라고 부를 수 있을 것이다.

---

23) 리쾨르는 이렇게 말한다. "아무리 작은 정도라 하더라도 좋음과 나쁨이 극이 되는 가치들의 계층 구조의 한 기능으로서 승인과 반대를 불러오지 않는 행위는 없다." Ricoeur, *Time and Narrative 1*, p. 59.

리쾨르는 서사적 질서를 요구하는 것이 인간 경험의 시간적 특성이라고 주장한다. 경험의 흐름에서 추출된 구체적 행위는 필연적으로 서사적 구조를 수반하지는 않는, 분리되고 고립적인 단위처럼 보일 수도 있다. 그러나 대부분의 경우 행위는 순간적인 사건으로 존립하는 원자론적인 개별 현상이 아니다. 오히려 행위들은 서로 얽혀서 시간 속에서 전개되는 체험적 그물이다. 서사는 우리의 과거, 현재, 미래를 어느 정도 유의미한 패턴으로 묶어 주는 시간적 종합을 이루기 위한 가장 포괄적인 수단이다. 리쾨르의 기본적 논제는 "시간은 서사적 양식을 통해 정교화되는 정도만큼 인간적인 것이 되며, 서사는 시간적 실존의 조건이 될 때 충만한 의미를 얻는다."[24] 서사의 역할은 단절된 단순한 사건들의 연쇄로 남을 수도 있었던 것들로부터 통합된 전체를 구성하는 일이다. 이 전체는 우리의 시간적 실존의 구조들로서 시간 속에서 생겨난다. 그러한 통합이 가능한 이유는 우리 경험이 (서사가 가장 포괄적인 종합의 형식이라는 사실과 함께) 바로 그 구조에 있어서 이미 종합적이기 때문이다.

매킨타이어 또한 행위에 대한 가장 완전한 설명을 위한 기본적 형식으로 서사의 핵심적 중요성을 강조한다. 그는 행위가 무대를 전제하며, 무대는 역사를 갖고 있으며, 역사는 근본적으로 서사적이라고 주장한다.

> 우리는 의도와 상관없이 행동을 규정할 수 없으며, 의도들을 행위자 자신과 타인에게 이해 가능한 것으로 만들어 주는 무대와 상관없이 그 의도들을 규정할 수 없다.

---

24) 같은 책, p. 52.

354

　　…… 사회적 무대는 하나의 제도일 수 있거나 내가 '실천'이라고 부르는 것일 수도 있으며, 또는 어떤 다른 인간의 환경일 수도 있다. 그러나 무대가 역사, 즉 그 안에서 개별적 행위자들의 역사가 조건화되어 있을 뿐만 아니라 조건화되어 있어야만 하는 역사를 갖고 있다는 점이 …… 무대라는 개념에 핵심적이다. 왜냐하면 무대, 그리고 시간 속에서 그것의 변화가 없이는 개별적 행위자의 역사와 시간적 변화는 이해 불가능한 것이 될 것이기 때문이다.[25]

　　이 논증에서 핵심적인 것은 이해 가능성이라는 개념이다. 서사는 행위, 동기, 또는 사고를 이해 가능한 것으로 만들어 준다는 차원에서 기본적이다. 특히 행위의 역사적 성격과 그 행위의 무대는 서사적 설명을 요구한다. 우리의 행위를 이해하고 타인에게 우리 자신에 대한 해명을 제시하기 위해서 우리는 다음과 같은 두 가지 역사적 해명을 제시해야 한다. 적절한 인과적 연쇄를 추적하는 해명과 우리의 행위를 그 무대의 역사 속에 정위시키는 해명이 그것이다. 매킨다이어가 결론짓듯이 "모종의 서사적 역사만이 인간 행위를 특징짓는 기본적이고 본질적인 장르인 것으로 드러난다."[26]

　　내가 서사에 부여하는 중심적 역할에 대한 가장 강력한 반론은 다음과 같은 형태를 띠고 있다.[27] 서사는 우리에게 행위에 대한 가장 포괄적이고 치밀하고 상세한 이해를 제공할 수 있지만 그것은 전형적으로 행위에 대한 도덕적으로 적절한 차원을 파악하기 위한 전제조건은 아니다. 그 이해가 이상화된 인지 모형, 은유, 프레임, 스크

---

25) MacIntyre, *After Virtue*, pp. 206~207.
26) 같은 책, p. 208.
27) 이 원리적 반론의 이러한 정형화는 윈터에게서 온 것이다.

립트 등 다양한 상상적 도구를 사용한다는 점을 받아들인다면, 어떤 시점에서든 우리는 (우리의 목적에 필요한 것으로서) 상황에 대한 일종의 공시적 이해에 도달할 수 있다. 시간 속에서 사건들을 연결해 주는 통시적 이해는 바로 그것이 역사적이라는 점 때문에 서사를 요구하게 될 것이다. 이 견해에 따르면 "나는 1972년 9월 16일에 결혼했다"라는 행위 기술을 이해하기 위해 진정으로 필요한 것은 사회적 제도로서의 결혼이라는 서구 문화의 이상화된 인지 모형, 그리고 책력 체계의 모형뿐일 것이다. 이 제도의 역사, 나와 내 아내의 역사, 그리고 나의 가족 등에 관해서 안다는 것은 아마도 흥미로운 일일 것이며, 그것은 나에게 더 상세한 해명을 제공하겠지만 그 행위를 이해하기 위해 필수적인 것은 아니다. 따라서 서사는 행위를 이해하는 기본적 형식이 아니다.

이 기본적 반론에 대한 나의 대응은 가장 기본적인 이상화된 인지 모형(결혼 등의 인지 모형)조차도 서사를 전제하며, 서사 안에 담겨 있다는 사실에 주목하라는 것이다. 소위 '공시적' 이해는 경험의 더 기본적인 통시적 발전의 일부일 뿐이다. 나는 우리 이해의 대부분이 명시적으로 서사적이지는 않은 상상적 수단들을 사용한다는 사실을 부인하는 것이 아니다. 그렇지만 그것들은 서사적 구조 안에 개입되어 있으며, 또한 그 자체로도 서사적 구조를 개입시킨다. 나의 결혼식을 떠올릴 때 나는 내 자신을 '신랑'으로 이해한다. 그런데 '신랑'은 서사 안에서의 한 역할이다.

결혼의 의미에 대한 아주 단순한 이해조차도 상태의 변화에 대한 이해를 포함하며, 그래서 삶의 역사에 대한 더 넓은 시각을 개입시킨다. 결혼은 사람들이 자연적으로 벗어나 있는 상태이며, 제도적 행위를 통해 의도적으로 들어서는 상태이며, 또 사람들이 쉽게 벗어날 수 없는 상태다. 기혼자가 되는 과정은 전형적인 삶의 이야기라는 맥락 안에 깊숙이 뿌리 박혀 있다. 남자는 성적 관계가 가능하며, 다양한 형태의 관계들에 개방되어 있는 총각에서 시작한다. 결혼은 지금은 배우자가 된 여성과의 관계는 물론 그가 관계를 유지해 왔던 다른 사람들과의 관계의 본성을 변화시킨다. 그는 더 이상 타인들에게 동일한 방식으로 열려 있지 않으며, 그들에 대한 그의 관계 또한 그에 따라 변화한다. 그는 가족 관계에 들어서게 되는데, 그것은 흔히 자녀의 양육을 포함한다. 요약하면, 결혼은 전형적으로 더 넓은 서사적 프레임으로 짜여져 가는 각본들의 연결된 연쇄를 포함한다.

더욱이, 내가 몇 년도에 어디에서, 어떤 문화 안에서 결혼했는지에 관해 언급할 때, 결혼이라는 제도 또한 배경 안에, 지평 위에 자리 잡고 있는 하나의 역사를 갖는다. 오늘날 미국에서 결혼은 1930년대의 결혼이 아니며, 15세기 영국에서의 결혼도 아니다. 심지어 그것은 1972년의 결혼도 아니다.

끝으로 내가 20년 전의 결혼에 관해 회고적으로 이야기하고 있으며, 당신이 내가 지금도 결혼 상태라는 것을 알고 있다는 사실은 1972년 그 사건의 의미와 관련된 역사적 차원을 끌어들인다. "우리의 모든 현재가 나만의 현재 안에 현전함"에 관한 메를로 퐁티(M. Merleau-Ponty)의 생각은 아주 적절한 것이다. 그러나 이것이 나의 현재에 대한 이해가 이런저런 방식으로 사물의 역사적·서사적 차원을 삭제—마치 공시적 이해가 실제로 시간으로부터 스스로를 추상할 수 있는 것처럼—한다는 것을 의미하지는 않는다. 반대로 인간 경험의 서사적 차원은 비록 내가 거의 의식하지 못한다 하더라도 나만의 현재 안에 (지평, 배경 등으로서) 현전한다.[28]

내가 제시하는 것은 인간 행위가 성격상 근원적으로 서사적이며,

그 결과 도덕 이론은 경험의 서사적 구조, 그리고 도덕적 숙고와 설명의 서사적 형식에 중심적 역할을 부여해야 한다는 강한 주장이다. 우리는 서사적 무대를 제거하면서 행위의 도덕적 성격을 적절하게 평가할 수 있을 것이라고 기대해서는 안 된다. 매킨타이어는 이렇게 말한다.

> 이제 우리가 타인의 행위를 이런 방식으로 이해 가능하게 만든다는 것이 분명해진다. 왜냐하면 행위는 그 자체가 기본적으로 역사적 성격을 띠고 있기 때문이다. 그것은 우리 모두가 삶을 통해 서사들을 전개하며, 우리가 전개하는 서사의 관점에서 우리 삶을 이해하며, 또한 서사라는 형식이 타인의 행위를 이해하는 데 적절하기 때문이다. 이야기들은 말해지기 전에 살아진다―허구의 경우를 제외하고는.[29]

이야기들은 말해지기 전에 살아진다. 왜냐하면 우리 경험은 (언어적이고 텍스트적인 사례들을 넘어서는 서사라는 넓은 의미에서) 서사적으로 구조화되기 때문이다. 비록 일상적 경험 안에는 종합화 전략을 벗어나는 다수의 무작위적이고 단절된 행위들이 항상 존재하겠지만 우리는 삶을 서사적으로 펼쳐 간다.

---

28) 이 때문에 의미에 대한 몇몇 화행 이론적 해명과 의미, 예술, 도덕성에 대한 수많은 제도적 해명이 만족스럽지 못한 것으로 드러난다. 그들의 잘못은 예를 들어 어떤 제도를 마치 규칙, 조건, 제약들의 집합에 의해 정의될 수 있는 정체적 사물처럼 다루고 있다는 점이다.

29) MacIntyre, *After Virtue*, p. 212(고딕은 존슨의 강조).

6 _ 경험의 서사적 특성

이제 과연 서사적 이해가 단순히 그 자체로 단절되고, 비정합적이 며, 불합리한 인간 경험에 대해 인위적이고 강제적으로 이야기를 부 과하는 문제인지를 고찰할 지점에 이르렀다. 과연 경험은 실제로 서 사적 이해를 요구하는 원형서사적 구조를 갖고 있는가?

이 물음에 답하면서 나는 삶이 궁극적으로 불합리하거나 무의미 하지 않다고 증명하는 일이 불가능하다는 사실을 명백한 것으로 받 아들인다. 우리가 잔인성, 비정합성, 명백한 무의미 등을 통해 온통 부조리하게 느껴지는 사건들의 연쇄를 벗어날 수 없다는 것이 삶의 현실이다. 그렇지만 동시에 우리 인간은 본능적으로 삶에서 의미를 추구하는 존재다. 우리는 바로 생존과 번영을 위한 노력을 통해 의 미와 성취를 향한 삶을 살아간다. 매일 매일을 살아가기 위해 우리 는 삶의 줄거리를 구상해야 한다. 말하자면 우리는 미래의 사건들을 예측하고, 현재의 상황을 비판하고, 실제적인 문제들을 (적어도 잠 정적으로) 해결하고, 현재 상태의 불확정성을 해소하고, 성공적인 행위 가능성을 탐색하고, 우리의 정체성을 변형시킬 수 있게 해 주 는 서사적 통일성을 구성해야 한다.[30] 이런 일들을 행하는 것이 흔 히 우리에게 어느 정도 성공적으로 삶을 정돈하고, 목표를 추구하거 나 성취하기 위한 제한적 수단을 찾을 수 있게 해 준다는 사실은 우 리가 단순히 환상 속에 사는 것이 아니라 실재를 창조한다는 것을

---

30) 우리는 이 사실을 명백하고 정직한 부조리주의자인 카뮈와 같은 사람을 통해서도 볼 수 있다. 카뮈는 스스로 명백히 인정하듯이 『프라하』의 의사와 같은 인물을 창조하는 데, 그 의사는 진정으로 자신의(우리의) 숙명을 벗어날 수 없다고 믿으면서도 여전히 마치 그것이 결국 실제로 중요한 것처럼 자신을 자비의 행위로 이끌어 간다.

의미한다.

극단적인 회의주의는 그 자체로 결코 반박되지 않는다. 경험의 유의미한 질서는 입증도 반증도 되지 않지만, 우리는 다른 가정에 의거해서 살아갈 수는 없다. 네이글(T. Nagel)이 지적하듯이 우리는 삶을 진지하게 받아들일 수밖에 없다. 우리가 지속적으로 존재한다는 사실은 믿음과 관심을 필요로 하는 계획들로 우리를 끌어들인다. 그러나 동시에 우리는 또한 우리가 하고 있는 모든 것의 의미와 궁극적 정당화를 의심하거나 의문을 제기하게 되는 가능성으로부터 벗어날 수 없다. 네이글은 이렇게 요약한다.

> 우리는 에너지나 관심이 없이 인간적 삶을 살아갈 수 없으며, 또 우리가 어떤 것들을 다른 것보다 더 진지하게 받아들인다고 표현하지 않고서도 살아갈 수 없다. 그렇지만 우리에게는 항상 삶의 특정한 형태 밖의 관점이 주어지며, 그 관점에서 그 진지함은 근거 없는 것처럼 보인다. 이 두 가지 불가피한 관점은 우리 안에서 충돌하며, 그것이 바로 삶을 부조리하게 만드는 어떤 것이다.[31]

따라서 우리는 종종 우리가 살아 있는 한 진지하게 생각할 수밖에 없는 계획들에 대한 반성적 회의와 무비판적 믿음 사이에 사로잡혀 있다는 것을 알게 된다. 우리를 지속적 서사 한가운데로 떠미는 것은 바로 이 후자 형태의 믿음이다. 실천적 문제로서, 우리 자신을 미래에 투사하고, 우리의 이야기를 펼쳐 나가는 일을 지속하기에 충분

---

31) Thomas Nagel, "The Absurd," in Steven Saunders and David Cheney, eds., *The Meaning of Life* (Englewood Cliffs, N. J.: Prentice-Hall, 1980), pp. 155~65.

360

한 정도로 우리 삶에서 어떤 것인가를 진지하게 여기는 한, 우리는 서사적 삶을 살게 된다.

삶의 이야기가 단순히 전해지는 이야기 또는 단순히 언어적인 실재가 아니라 구체적 상황에서 살아지는 어떤 것이라고 생각해 보자. 삶의 이야기는 우리가 인간으로서 직면하는 기본적 상황들, 즉 우리로 하여금 "나는 누구인가?" "나는 왜 여기에 있는가?" "이 상황에서 나는 무엇을 해야만 하는가?" 등의 질문들을 하도록 요구하는 상황들에 대한 반응으로서 생겨난다. 그래서 삶의 이야기는 우리가 삶을 구성하면서 수행하는 과제들이며, 또 그것들은 이런 종류의 긴박한 실천적·도덕적 고려들에 의해 동기가 주어지는데, 그것들에 대한 부분적 해결이 현재의 정체성을 형성한다. 결과적으로 서사적 추구와 함께 살아가는 것은 우리가 삶을 이해하려고 하는 한 단순히 선택적인 것이 아니다. 우리 삶을 최소한이라도 이해하는 것은 우리가 다양한 정도로, 또 다양한 성패와 함께 우리 모두가 행하려고 하는 어떤 것이다. 우리가 자기 이해에 관해 언어화하든 그렇지 않든 우리는 여전히 아무리 미미하더라도 우리 삶을 서사적으로 구성하려고 한다.[32]

---

[32] 아마도 카뮈의 『이방인』에서 뫼르소 같은 인물이 내 주장에 대한 확고한 도전이 될 것이다. 그는 마치 자신 스스로의 것이든 문화가 승인해 주는 것이든 아무런 해야 할 이야기도 없는 것처럼 살아가는 것으로 보이기 때문이다. 그렇지만 뫼르소조차도 재판 중에는 물론 그 이후에도 과거를 떠올리고, 그것을 스스로에게 이야기한다. 그는 자신이 무엇을 좋아했으며, 무엇이 자신의 과거를 한데 묶어 주며, 또 무엇이 자신을 감동시킬 만큼(태양의 따뜻함, 마리의 부드러운 피부, 또 재판에서 자신을 변호하려는 셀레스트의 노력 등) 자신에게 중요했는지를 떠올린다. 이처럼 황량한 심리적 상황에서도 최소한의 서사적 구조는 드러난다.

7_서사적 탐색으로서의 도덕적 추론

나는 어린아이가 맨 치음 합리적 설명을 서사적 형태로 경험하게 된다고 제안했다. 어린아이들에게 설명을 한다는 것은 그 상황에 맞는 정확한 이야기, 즉 그들에게 제기될 수 있는 물음들, 말하자면 누가, 무엇을, 언제, 왜라는 물음들에 대해 대답할 수 있는 가능성을 제시하는 이야기를 들려주는 것이다. 합리성에 대한 기본적인 접근은 문화적으로 고착된 이야기 구성 과정—제한적으로 허용된 유형의 서사들에 의해서만 답해질 수 있는 표준적인 물음들에 대한 반응으로서—에서 생겨난다. 우리는 점차적으로 일화들을 짜 맞추고, 적절한 세부사항들을 선별하고, 수용 가능한 사건들의 연쇄를 구성하고, 또 서사 안의 적절한 지점에서 연결들의 적절한 폭을 확립하는 법을 배운다. 이처럼 어린 시절에 우리는 허용된 서사들이 문화나 패러다임, 훈련, 실천에 따라 다양하다는 것을 거의 의식하지 못한다. 우리는 우리가 세계를 짜 맞추는 유일한 방식을 배운다고 생각하기 쉽다.

나이가 들면서 하게 되는 이야기들은 서구 문화의 설명 형식들에 익숙해지면서 더 상세하고, 더 정확하며, 더 복잡한 것이 될 수도 있다. 우리는 전건긍정식(*modus ponens*), 후건부정식(*modus tollens*), 또는 모순율 등 논리적 패턴에 관해 추상적으로는 아무것도 모를 수 있다. 그렇지만 우리는 어떤 종류의 구조와 연결들이 주어진 설명의 맥락에서 허용되는지를 배우면서 매우 구체적이고 특수화된 다양한 방식으로 그 패턴들에 접하게 된다. 무엇보다도 우리는 '사물을 이해하는 것', 세계를 연결되고 유의미한 장소로 받아들이는 것이 무엇인지를 배운다. 우리 경험의 대부분에 패턴과 형식을 부여하는 서사적 구조를 발견하면서 우리의 세계는 이런저런 방식으로 인식 가능한 모습을 갖추게 된다.

물론 모든 것이 정교하게 짜 맞추어지지는 않을 것이다. 그러나 물리적으로, 사회적으로, 또 문화적으로 활동하기 위해서는 어떤 수준의 유의미한 서사적 질서를 찾아내야만 한다. 그러한 질서의 가능성은 주로 상상적인 종합화 수단들(영상도식, 은유, 프레임 등)에 달려 있는데, 그것들은 서구의 전통으로부터 물려받은 서사적 구조들로 둘러싸여 있다.

삶의 이야기와 합리성의 구조 사이에는 밀접한 연관성이 있다.[33] 삶의 이야기들은 합리적 설명과의 가장 기본적인 접촉점이다. 나의 정체성과 의도에 관해 내가 제기할 수 있는 가장 기본적인 물음들은 합리적인 삶의 이야기를 통해 제기된다. 살아가면서 그러한 이야기를 하는 것은 "무엇이 현재의 나를 만드는가?" "당신이 나를 알기 위해서 무엇을 알아야만 하는가?" "나는 왜 그렇게 행위했는가?" "나는 무엇을 원하는가?", 또 "나는 무엇을 해야 하는가?"와 같은 물음들에 대해 부분적으로 답하는 것이다. 우리는 삶의 이야기를 하면서 맨 처음 합리적 설명의 의미를 배운다. 대부분의 경우 이것은 하나의 게임으로, 또는 추상적인 합리적 또는 논리적 연습으로 행해지기보다는 우리가 누구인지를 알고, 어떻게 행위할 것인지를 결정하며, 도덕적 문제들을 해결하고, 타인에게 우리 자신을 설명해야 하는 긴박한 인간적 필요성에 대한 대응으로서 행해진다. 이것이 가장

---

33) '삶의 이야기'의 본성, 그리고 자기 이해에서 그것의 구조와 역할에 관한 해명은 Charlotte Linde, "Explanatory Systems in Oral Life Stories," in D. Holland and N. Quinn, eds., *Cultural Models in Language and Thought* (Cambridge: Cambridge University Press, 1987), pp. 343~56.

기본적인 의미에서 도덕적 숙고이며, 도덕적 평가이며, 또 도덕적 탐색이다. 도덕적 추론은 우리의 서사적 이해 안에 조건화되어 있다.

그렇다면 인간의 삶은 하나의 서사적 기획이다. 우리 모두는 복잡한 서사적 과정에 개입되어 있으며, 그것을 통해 삶에 있어서 최소한의 의미와 만족을 찾으려고 한다. 우리는 그저 생존하려고만 하는 것이 아니라 삶의 질을 고양하고 성취를 추구한다. 이것은 전형적으로 우리의 개별적 서사를 공동 창조하는 과정에서의 풍부한 상상력을 요구한다. 인간적 번영이라는 개념을 따라 성공적인 삶을 살아가는 것은 우리가 해결하려고 하는 주된 문제들 중의 하나다. 우리는 모두 개별적 삶의 이야기가 흥미롭고, 유의미하며, 우리가 존중하는 가치들의 전형이 되기를 강하게 열망한다. 그러므로 도덕성은 우리가 얼마나 성공적으로 또는 얼마나 빈곤하게 서사─의미 있는 삶을 살아가는 문제를 해결해 주는─를 건설하는지(즉 펼쳐 가는지)의 문제다.

다분히 아리스토텔레스적인 시각에서 도덕성의 본성에 대한 이러한 견해를 가장 적절하게 이해하고 있는 철학자는 듀이다.

더 나쁜 것과 더 좋은 것에 대한 고려가 문제시될 때마다 도덕이 관련되어 있다는 사실을 감안할 때 우리는 도덕성이 고정된 성취가 아니라 지속적인 과정이라는 사실에 주목하게 된다. 도덕은 유의미한 행위의 성장을 의미한다. 그것은 적어도 행위의 조건과 결과에 대한 관찰에 수반되는 의미에서의 확장을 의미한다. 그것은 성장과 다르지 않다. …… 가장 넓은 의미에서 도덕은 교육이다. 그것은 우리가 관심을 갖는 것에 대한 의미를 배우는 것이며, 행위에 그 의미를 사용하는 것이다.[34]

이 견해에 따르면 도덕적 숙고는 현재 상황 안에서 건설적 행위의 가능성에 대한 상상적 탐색이다. 우리에게는 지금 여기에서 해결해야 할 문제들이 있으며("무엇을 할 것인가?" "나는 무엇이 될 것인가?" "타인을 어떻게 대해야 하는가?" 등), 현재 상황의 불확정성을 해소하는 데 최선으로 보이는 것을 탐색하기 위해 서사의 다양한 확장을 시도해야 한다.

우리는 당면한 현재 안에서 우리의 상황을 좀 더 의미 있고 통제 가능한 것으로 만들기 위해, 당면한 혼란과 불투명성을 제거하려고 한다. 이를 위해서 우리는 다양한 수단을 사용한다. 이상, 도덕적으로 모범적인 사람들, 문화적 신화, 도덕적 갈등과 해소에 관한 이야기, 원리, 역사의식 등이 그것이다. 우리는 단지 우리의 삶을 '의미 있게' 만들기 위해 노력하는 것은 아니다. 왜냐하면 '순수한' 인간을 양성하려고 했던 나치조차도 그 말을 할 수 있기 때문이다. 대신에 우리는 주어진 상황에서 가능한 최선의 것을 행하려고 한다. 우리가 의도하는 어떤 행위는 실제로 더 나쁜 것이거나 덜 만족스러운 것이 될 것이다. 더 나은 것이 무엇인지를 추론하는 것은 전형적으로 그 사례들에 고정되고 맥락 중립적인 규칙들을 적용하는 과정이 아니다. 대부분의 경우 우리는 그보다 더 민감하고 섬세하며 반성적이어야 한다.

듀이는 기본적으로 우리가 해야 할 일이 의미 있고 조화로운 경험과 공동체 안에서의 성공적인 인간적 상호작용 가능성을 확장시키는 데 기여하는 행위, 태도, 공동체적 연대, 제도적 신뢰에 대한 이

---

34) John Dewey, *Human Nature and Conduct: The Middle Works* 1899~1924, ed. Jo Ann Boydston (Carbondale: Southern Illinois University Press, 1988), p. 194(고딕은 존슨의 강조).

해에 접근하는 것이라고 보았다.

> 한 날 괴로움은 그 날로 족하다. 치유적 행위를 고무하고, 또 투쟁을
> 조화로, 단조로움을 다양한 상황으로, 한계를 확장으로 전환시키려는 노
> 력을 고무하는 것으로 충분하다. 그러한 전환은 진보, 즉 인간에게 상상
> 가능하고 획득 가능한 유일한 진보다. …… 우리는 방향의 실마리를 모
> 호한 기대에서가 아니라 확정적으로 경험된 좋음들에 대해 투사된 회상
> 안에서 찾는다. 비록 우리가 그 모호성을 완성, 즉 이상이라고 부르고, 건
> 조한 변증법적 논리로 그 정의를 조작하려고 할 때조차도.[35]

그처럼 확장적이고 탐색적인 도덕적 숙고가 무엇을 포함할 수 있
는지에 관한 구체적인 사례를 고찰해 보자. 열다섯 살 된 소녀가 임
신했다는 것을 알게 된다. 그녀는 어떻게 할 것인가? 그녀는 지금
도덕적 문제에 직면하고 있으며, 파괴적으로 그녀를 압박하는 당면
한 문제 상황을 해결해야만 한다. 그녀의 상황에 대해 무엇이라고
말하든, 그것은 단순히 그녀의 특수한 경우에 적용될, 올바르고 보
편적인 단일한 개념과 원리를 찾는 문제일 수 없다.

그녀에게 필요한 것은 현재 상황에서 그녀에게 열려 있는 몇몇 가
능성을 상상해 보는 일이다. 즉 상상 안에서 다양한 서사적 확장을
실행해 봄으로써 어떤 행위를 택하는지에 따라 그녀의 이야기가 어
떻게 확장될 수 있는지를 살펴보아야 한다. 우리는 모두 지속적으로
이런 종류의 상상적 투사를 한다. 우리는 이 특정한 사람과 결혼하
는 것이, 이 특정한 직업을 택하는 것이, 또는 친구의 비판에 대해

---

35) 같은 책, pp. 195~96.

이런 특정한 대답을 하는 것이 무엇을 의미할 것인지를 이해하려고 한다. 그래서 이 열다섯 살짜리 소녀는 자신이 대안적인 이야기들을 투사하고 있으며, 이 모든 가능성들 중 어떤 것이 자신의 상황을 가장 성공적으로 정돈해 주며, 더 큰 의미를 주며, 자신에 대한 이해나, 자신이 되고 싶어 하는 이상을 가장 잘 표현해 주는 방식으로 재현해 줄 것인지 결정하려 한다는 것도 스스로 알게 된다.

이 소녀에게 한 가지 가능한 서사적 확장은 낙태와 관련되어 있다. 그 선택이 어떻게 그녀의 전반적인 삶의 이야기와 짜여질 수 있는지는 무수히 많은 고려들에 달려 있을 것이다. 그녀가 도덕성의 의미를 습득하게 된 도덕적 전통, 가족과 친구들의 태도, 낙태의 실상에 대한 지식이나 과거 경험, 신체적·정서적 평안, 그녀가 속해 있는 법적 맥락과 사회·경제적 위상, 그리고 수많은 다른 복합적이며 상호 관련된 고려들이 그것이다.

그녀가 직접적으로 느끼는 것은 좌절, 불안, 공포, 불확실성, 외로움, 무기력 등이다. 그녀가 낙태를 고려할 때 그녀는 그것이 어떻게 현재의 느낌을 바꿀 수 있을지, 어떤 문제가 해결될 수 있을지, 어떤 새로운 느낌이나 난점들이 새롭게 그녀를 억누를지, 다른 사람들이 자신을 어떻게 생각할지 등을 상상하려고 한다.

아마도 그녀는 아이를 낳게 될지도 모른다. 그러나 그 경우 그녀는 적어도 다음과 같은 네 가지 가능한 서사를 탐색해야 한다. 생부와 결혼하거나, 혼자서 아이를 기르거나, 가족들에게 책임을 지우거나, 입양을 선택하는 것이 그것이다.

1) 생부가 원하는 경우라 하더라도 그와 결혼해야만 하는가? 원하지 않은 임신이 결혼의 정당한 이유인가(그것은 물론 결혼의 본

성에 관한 기본적인 물음을 제기한다)? 두 청소년 사이에서 의미 있는 혼인 관계 가능성은 어느 정도인가? 아이의 양육 책임은 일차적으로 누구에게 있는가? 그들은 자신의 생계를 어떻게 해결할 것인가? 그러한 상황에서 아이에 대한 심리적 영향은 어떤 것일까?

이 혼란스러운 물음들이 모두 "나는 무엇을 해야 하는가?"(또는 "무엇이 도덕적으로 옳은 행위인가?")라는 핵심적 물음과 관련되어 있다. 대답해야 할 하나의 물음이 있는 것이 아니라 이 상황에서 무엇이 최선인지와 관련된 복잡하게 얽힌 물음들이 있다. 그 물음들은 심리적, 사회적, 경제적, 정치적, 종교적인 동시에 도덕적이다.

2) 그녀는 그 아이를 혼자서 키울 수도 있다. 그러나 그 경우 그녀의 삶, 그 아이의 삶, 또 그녀의 가족의 삶은 어떻게 될까? 그녀는 학교를 마치게 될까? 만약 그렇지 않다면 그녀 자신과 아이의 미래가 의미 있게 될 가능성은 어느 정도일까? 그녀는 자신과 아이를 어떻게 부양할까? 이제는 과거가 되어 버린 세계 안에서 그녀의 동료들과 유지해 왔던 관계는 어떻게 될까? 그녀는 자신의 아이를 양육할 수 있는 정서적, 재정적, 심리적 수단을 갖고 있을까?

3) 만약 그녀의 가족이 아이를 부양할 의향이 있다면 어떻게 될까? 그것은 정서적으로, 재정적으로, 또 자신들의 인생 계획과 관련해서 가족들의 삶에 어떤 짐을 지우게 될까? 그것은 그들의 가족 관계의 구조에 어떤 변화를 불러올까? 그것은 그들의 자유에 어떤 제약을 가져올까? 이 모든 것은 그 아이에게 건전한 상황이 될까?

4) 입양은 어떤가? 그것이 이 생모와 이 아이에게 최선의 길일

까? 이 어린 소녀는 아이와 헤어질 만한 충분한 정서적·심리적 강인함을 갖고 있을까? 그것은 그녀의 가족 관계에 어떠한 영향을 줄까? 그들이 그 행위에 대해 협조적이고 애정이 있는지, 아니면 부정적으로 생각하는지의 여부가 핵심적이다. 아마도 그 생모가 입양아에 관해 조금이라도 경험을 갖고 있는지의 여부가 문제시될 것이다.

그래서 서사적 탐색이라는 고민스러운 과정은 각각의 상황에 자신을 투사할 때 그녀가 어떻게 느끼고 있는지를 상상 속에서 반복적으로 조망하는 동안 지루하게 계속된다. 물론 이 모든 과정에서 어떤 역할을 하는 '도덕 원리들'이 존재한다. 그러나 그것들은 그녀가 서사적 전체에 융합시켜야 하는 고려들의 일부일 뿐이다.

여기에서 그녀가 정말로 필요로 하는 것은 젊은 사람이 거의 가지고 있지 않을 듯한 어떤 것, 즉 성숙한 도덕적 상상력이다. 자신들의 삶을 그리는 젊은 예술가로서 그들은 전형적으로 자신들이 누구인지 이해하고, 자신들이 무엇이 될 것인지를 상상하고, 의미 있는 행위의 가능성을 탐색하고, 또 자신들의 삶을 타인의 삶과 조화시키기에 충분한 폭넓은 경험을 갖고 있지 않다.

그렇다면 이 어린 소녀에게 필요한 것은 임신에 관해 무엇을 할 것인지를 말해 주는 일련의 규칙들이 아니다. 그녀에게는 현재의 어려움을 더 폭넓은 시각에서 검토하고, 다양한 행위들이 어떻게 자신과 타인의 삶에 영향을 미칠 수 있는지를 탐색하고, 자신의 가치와 태도를 비판하고, 의미 있는 행위의 가능성을 일별할 수 있게 해 주는 고양된 도덕적 상상력이 필요하다. 그녀의 삶의 서사를 건설적이고 삶을 고양시키는 방식으로 지속시킬 수 있는 이 능력은 고정된 도덕 규칙들이 아니라 성숙하고, 체험적인 토대를 갖는 도덕적 상상

력에 근거하고 있음에 틀림없다. 도덕 규칙들은 흔히 사람들의 축적
된 ‘지혜’다. 그것들은 우리의 도덕적 숙고에서 중요하고 유용하기
는 하지만 그 자체로 충분한 것은 아니다. 그것들이 그 자체로 유용
한 것이 되기 위해서는 상상력이 필요하다. 그러나 그것들은 도덕적
추론이라는 더 큰 구도의 일부일 뿐이며, 그 구도는 대부분 도덕성
의 규칙 이론들에 의해 대부분 무시되어 왔다.

8 _도덕 이론의 본성에 관한 주석

  도덕성 이론은 다른 모든 이론들과 마찬가지로 이상화를 다루어
야 한다. 이 때문에 도덕성 이론이 상황의 섬세한 세부사항, 가능한
모든 귀결, 그리고 모든 상상 가능한 사례들을 해명할 것으로 기대
되지는 않는다. 이 모든 것을 요구하는 것은 지나친 일이다. 이론은
일반화를 추구하며, 일반화는 필연적으로 수많은 구체적 특수성을
추상한다.
  나는 이론의 필요성이나 이상화의 필수성, 일반화의 핵심적 중요
성에 관해 어떤 논변도 갖고 있지 않다. 내가 시도하는 것은 도덕 이
론에 관한 새로운 견해다. 인간 행위를 탈시간화하려는(즉 항구적
관점을 제시하려는) 어떤 도덕성 이론도 인간적 도덕성에 관한 적절
한 이론이 될 수 없다. 인간은 시간적 존재이며, 또 궁극적으로 서사
적 존재다. 도덕 이론이 흡수해야 하는 것은 바로 이 차원이다. 비록
가능한 한 섬세하고, 유연하며, 참신한 것으로 유지하면서도 우리는
모든 종류의 이상화와 상상적 모형들을 사용해야만 한다. 내 주장은
이상화가 유용한 것이 되려면 인간 경험의 구조 안에서 서사의 핵심

적 역할을 해명해야만 한다는 것이다.

그러한 견해는 소위 규범적 이론과 기술적 이론 사이의 가상적 구분을 거부한다. 모든 기술은 적절한 기술에서 무엇이 적절하며 중요한지에 관한 기준과 같은 일종의 규범을 포함한다. 더욱이 그것은 평가에서 무시간적이고 항구적인 관점에 대한 희망을 무너뜨린다. 우리에게 남는 것은 이상화들이며, 우리는 그것들이 잠정적인 가설이나 모형, 원리라는 사실을 잊어서는 안 된다. 우리는 그것들을 불확정적인 상황을 해소하는 데 도움이 되는, 또 전통을 유지하면서도 그것을 비판하고 변형하는 수단을 제시하는 하나의 서사로 짜 맞추기 위해 애쓴다.

제 8 장
도덕적 상상력

1_도덕적 상상력의 필요성

1970년에 나는 대학 4학년이었으며 내 징집 번호는 37이었다. 베트남 전쟁 중이던 그 해에 260번까지 모든 번호가 징집에 해당되었다. 그래서 내가 인생에서 가장 중요한 도덕적 결단을 내려야만 한다는 것은 두말할 나위도 없었다. 나는 두 가지 대립적인 방향에 강하게 끌리고 있었다. 나는 조국에 봉사해야 할 책무를 느꼈으며, 동시에 우리가 베트남에서 심각한 도덕적 실수를 저지르고 있다고 생각했다.

나는 이 어려운 문제에 대한 양측의 논변들을 아주 잘 알고 있었다. 2차대전 당시에 해군 조종사였으며, 예비군으로 남았던 내 아버지는 나에게 자유가 값진 만큼 깨어지기 쉬운 것이며, 그것은 흔히 유혈 폭력을 통해서만 유지될 수 있다고 가르쳤다. 그는 나에게 현재와 같은 권리와 특혜를 누리는 시민을 만들어 준 국가 체제에 대한 강한 책무 의식을 심어 주었다.

이러한 이상과 믿음들을 뒷받침하기 위해서 나는 유서 깊은 철학

372

적 논변들을 끌어올 수 있었다. 우리를 물질적 · 정치적 · 도덕적으로 양육하고, 교육하고, 보호하고, 후원하는 국가(*polis*)에 복종해야 하는 의무에 대한 플라톤의 완고한 주장, 국가를 수호해야 하는 책무에 대한 홉스와 로크의 해명, 그리고 정당하게 구성된 정부는 합리적으로 우리의 봉사를 기대할 수 있다는 근세 칸트의 논변이 그것이다.

다른 한편 대립적 시각에서 나는 루터주의적 양육을 통해 복수라는 사악한 논리를 무너뜨리고, 잔인성을 호의로 대처하고, 죄악을 치유와 희생적 사랑으로 대처하는, 일종의 기독교적 자비에 대한 새로운 비전을 담은 풍부한 성서적 전통의 영향을 받고 있었다. 이러한 맥락에서 나는 『서부 전선 이상 없다』(*All Quiet on the Western Front*)나 서순(S. Sassoon), 하디(T. Hardy), 오언(W. Owen) 등의 시에 생생하게 묘사된 전쟁의 공포와 광기를 접했다.[1] 여기에서도 나는 또한 신학적인 동시에 인도주의적인 논변들을 알고 있었다. 나는 간디, 톨스토이, 머튼(T. Merton) 등을 읽었는데, 이들은 지배와 억압, 인노적 자유의 퇴보를 향해 가는 세계를 변화시킬 수 있는 사랑의 비전을 제시해 주었다. 나에게는 합리적 존재가 존중해야 할 일반적인 인도주의적 논변의 다양한 비신학적 형태들도 익숙한 것이었는데, 그것들은 무엇보다도 타인을 항상 단순한 수단이나 도구가 아닌, 목적 자체로 대우할 것을 요구한다.

이 모든 양육, 도덕 교육, 철학적 훈련은 나의 개인적 역사와 삶

---

1) 물론 우리가 전쟁의 실상을 상상하기 위해 반드시 허구나 시가(詩歌)에 의존해야만 하는 것은 아니다. 그것은 저녁 뉴스를 통해 매일 밤 시각적으로 우리 가정에 전달된다. 그 영상들은 너무나 잔혹해서 우리는 그러한 행위를 수행하는 동시에 겪게 되는 사람들의 경험을 상상하는 것조차도 두려워한다.

의 경험이나, 문화적으로 물려받은 가치, 제도, 실천에 따라 규정되는 맥락 안에서 구조화된다. 예를 들어 나는 두 달 동안 베트남에서 갓 돌아온 구축함 호위 업무를 포함해서 해군 예비장교 훈련단에서 일년 동안 복무했던 경험이 있었다. 동시에 나는 시위, 행진, 농성, 철야, 동맹, 초월적 명상, 자유연애 등의 경험에서 얻은 '평화와 사랑'에 둘러싸여 있었다.

　이 모든 경험. 이 모든 교육. 이 모든 지식. 그럼에도 나는 도대체 어떻게 해야 할지 알 수 없었다! 비록 1970년대 말 우리가 베트남에서 무엇을 해 왔는지, 그 때 무엇을 하고 있었는지, 그 귀결이 무엇이 될 것인지가 여전히 선명하지 않았지만 나는 우리가 관심을 가질 만한 모든 정보를 갖고 있었다. 나는 철학적이든 신학적이든 우리가 상상할 수 있는 모든 논변들을 알고 있었다. 나는 내가 감당할 수 있는 모든 도덕 교육을 받았다. 나는 풍부한 도덕적 이상들을 갖고 있었다. 나는 내가 사용할 수 있는 모든 도덕 원리들에 관해 알고 있었다. 그런데도 나는 무엇이 '옳은지'를 결정할 수 없었다.

　내 문제는 이 문제에 관해 너무나 많은 생각을 함으로써 "사고라는 창백한 틀 때문에 병약하게"(sicklied o'er with the pale cast of thought)[옮긴이 주─셰익스피어, 『햄릿』의 한 구절] 되었다는 것이 아니었다. 또 내 문제는 (비록 누구도 자신의 심층적 동기에 관해 확신할 수는 없겠지만) 비겁함이나 결정에 대한 우려도 아니었다. 내 문제는 내가 너무나 많은 이상이나 좋음, 믿음, 법칙, 논변, 동기들을 갖고 있다는 것이었으며, 그것들 중 어떤 것은 전적으로 양립 불가능한 것이었다. 모든 선택지들은 각각의 좋음을 제시하고 있었으며, 나에게 강한 의무감을 부과하고 있었다. 그때 나는 지금과 마찬가지로 이 이상, 원리, 논변들의 대부분이 각각의 방식으로 아주 정당한 논변들이라고 생각했다. 사실 정당화 가능한 하나의 이성적 견해라는 것이 있다면 사람들이 바라는 것으로서, 그것에 관한 진지하고 정직하며 합리적인 모든 논변을 찾는 데 아무런 어려움도 없을 것이다.

요약하면, 나는 상충적인 좋음, 가치, 이상들의 근원적인 다양성에 직면하고 있었으며, 그것들은 각각 심각한 도덕적 힘과 함께 나를 압박하고 있었다. 나는 스스로 선택을 하거나 아니면 나를 넘어서는 힘들에 의해 선택되어야만 했다.

20여 년 전에 내가 처한 상황은 우리 모두에게 전형적인 형태의 것으로 일상적 삶이 불확실할 때 종종 처하게 되는 그런 상황이다. 우리는 상충하는 가치, 믿음, 도덕 법칙, 동기, 목표들이 뒤섞인 상황들을 마주치게 된다. 우리는 '좋음의 다양성'에 직면하며, 그것들을 서열화할 수 있는 어떤 궁극적 원리도 없다. 우리 자신을 속이지 않는 한 우리는 어떤 확정적인 '옳은 행위'도 존재하지 않는다는 것을 알고 있다. 유일하게 옳은 답은 없으며, 어떻게 행위할 것인지를 결정하는 단순한 방법도 없다.

그 경우 무엇보다도 필요한 것은 지식과 비판의 수단으로서 다양하게 표출되는 도덕적 상상력이다. 우리는 그 가치, 한계, 맹점 등을 포함하는 것으로서 도덕적 이해의 상상적 구조에 대한 자기 지식을 필요로 한다. 우리는 서구의 도덕 전통을 공유하는 사람들은 물론 다른 전통을 받아들이는 사람들에 대한 유사한 지식을 필요로 한다. 우리는 우리에게 열려 있는 다양한 행위들이 어떻게 자기 정체성을 변화시키며, 믿음을 조정하며, 관계들을 변화시키고, 타인의 삶에 영향을 미치는지를 상상해야 할 필요가 있다. 우리는 고양된 의미와 관계 가능성의 관점에서 이런저런 행위를 하는 것이 무엇을 의미하는지를 상상적으로 탐색해야 한다. 우리는 상상하는 능력, 그리고 도덕적 이해와 품성, 행동을 변형하는 능력을 필요로 한다. 요약하면, 우리는 통찰력 있고, 비판적이며, 설명적이며, 변형적인 상상적 합리성을 필요로 한다.

이 책에서 나의 핵심적인 구성적 논제는 이런 종류의 비판적인 도덕적 상상력이 도덕적 숙고와 자기 이해의 근거가 되어야 한다는 것이다. 이상적으로 도덕적 상상력은 (자아, 타인, 제도, 문화에 대한) 이해와 반성적 비판, 적절한 변형의 수단을 제공할 것이며, 그것들이 한데 묶여 도덕적 성장의 근거가 된다.

2_도덕성 이론은 어떤 것이 되어야 하며, 그것은 우리에게 무엇을 해 주는가?

이제 지금까지 검토해 왔던 도덕적 상상력의 다양한 요소들을 한데 짜 맞추고, 그것들이 왜, 그리고 어떻게 우리의 도덕성 개념을 변화시키는지에 관해 선명하게 이야기할 때가 되었다. 그런데 우리에게 진정으로 필요한 것이 어떻게 삶을 살아갈 것인지에 관한 지침이라고 할 때 도대체 도덕적 상상력은 왜 좋은가? 도덕적 상상력이 어떻게 특정한 상황에서 올바른 행위가 무엇인지를 말해줄 수 있을까?

이제 도덕적 상상력이 특정한 상황에서 '옳은 행위'를 규정해 주지 않는다는 것이 분명해졌을 것이다. 우리는 주어진 상황에서 유일한 옳은 행위가 존재해야 한다는 「도덕 법칙」 견해가 왜 대부분 그릇된 것인지를 살펴보았다. 이제 우리가 깨닫게 된 것은 사실상 「도덕 법칙」 이론이 유일한 옳은 행위를 제시하지도 않았다는 것이다. 기껏해야 그것이 할 수 있었던 것은 원형적이고 확정적인 경우들에 적용될 수 있는 것처럼 보이는 도덕 법칙들을 정형화하는 일이었다. 우리가 '도덕 법칙'이라고 간주하는 것은 원형적인 경우들에 관해서 어떤 도덕적 전통의 집합적 경험과 지혜를 요약해 주는 유용한 경험칙들로 이해되어야 한다. 서구의 도덕 전통에서 논란의 여지가 없는 경우들에 관한 규칙들을 정형화할 수 있다는 사실은 일상적 삶에서 직면하는 현실적인 도덕적 문제들, 즉 이미 수립된 확정적 규칙들이 존재하지 않는 수많은 경우들, 또는 우리가 상충적인 책무들을 경험하는 경우들에 대처하는 데 도움이 되지 않는다.

그렇지만 「도덕 법칙」이론들이 스스로 약속하는 유용한 지침을 제시할 수 없다고 하더라도 도덕 이론이 어떻게 행위할 것인지에 관해 지침을 제시해야만 한다는 생각을 극복하는 것은 결코 쉬운 일이 아니다. 무엇을 해야 할 것인지를 말해 주지 않는 도덕성 이론은 어떤 정당성을 갖는가?

이 물음에 답하기 위해 과학 이론을 고찰해 보자. 물리학 이론들이 어떻게 물리학을 할 것인지를 말해 주는가? 그것들이 진리에 도달하는 방법들을 제시하는가? 과거의 몇몇 철학자들이 그럴 수도 있다고 생각하기는 했지만, 그것은 물론 사실이 아니다. 그렇지만 물리학 이론들은 물리학을 수행하기 위한 접근방식을 알려 주며, 따라서 그것들은 우리의 실천에 영향을 미친다.

심리학 이론들이 어떻게 더 나은 사람, 더 성공적인 사람, 또는 더 큰 의미가 있는 삶을 살아가는 사람들이 될 것인지를 말해 주는가? 직접적으로 그렇지는 않다. 그렇지만 인지, 동기, 발달, 학습 등의 본성에 관한 지식은 우리가 어떤 삶을 살아갈 것인지의 문제와 다소간의 연관성을 갖는다. 그렇지만 그러한 지식이 삶의 규칙들을 제시해 주지는 않을 것이다.

사회학 이론들이 사람들을 어떻게 대할 것인지를 말해 주는가? 직접적인 방식으로는 아니다. 말하자면 그것들은 집단 안에서 어떻게 상호작용할 것인지에 관해 어떤 일반적 법칙도 제시하지 않는다. 그렇지만 우리가 사회학적으로 더 많은 지식을 갖게 될수록 전반적으로 집단 역학의 섬세한 부분들을 이해하고 사회적으로 민감하게 될 가능성이 더 커진다.

도덕 이론들은 이처럼 다른 이론들과 유사하다. 도덕 이론의 목적은 상이한 상황에서의 '옳은 행위'를 말해 주는 것이 아니며, 또 그럴 수도 없다. 오히려 그것들은 도덕적 문제, 도덕적 추론, 그리고 도덕적 이해의 본성에 관해 알려 준다. 그것들은 우리의 도덕적 전통에 대한 탐구를 도와줌으로써 그것들이 어떻게 발생했으며, 그 정당화의 기준이 무엇이며, 그 한계는 무엇인지를 이해할 수 있게 해 준다. 그것들은 세계적으로, 또 역사적으로 도덕적 전통들 사이에 공통점과 차이점이 무엇인지 말해 준다. 그것들은 도덕적 개념들의 상상적 구조, 그리고 그것들을 사용하는 우리의 추론에 관한 지식을 제공해 준다.

그렇다면 도덕성 이론은 도덕적 이해의 이론이 되어야 한다. 그것은 인간의 도덕적 이해의 본성에 대한 통찰을 제공해야 하며, 그렇게 함으로써 우리 자신의 도덕적 이해를 확장시켜야 한다. 이러한 관점에서 도덕 이론은 다른 유형의 이론들과 다르지 않다. 왜냐하면 특정한 경험 영역에 관해 더 많은 지식을 갖게 될수록 그 영역과 관련해서 지성적으로 행위할 가능성이 더 커지기 때문이다.

따라서 도덕 이론이 도덕적 이해에 관한 이론이라는 생각은 이중적 의미를 갖는다. 그것은 일반적으로 도덕적 이해의 본성에 관해 탐구하며, 또한 우리 자신의 도덕적 이해를 확장시키는 방식을 제공한다. 유사한 이중성은 '도덕적 상상력'이라는 개념에도 적용된다. 앞장들은 거의 전적으로 첫 번째 의미에서의 도덕적 이해, 즉 인간의 도덕적 이해의 본성에 관해서 다루었다. 나의 핵심적 논제는 우리의 도덕적 이해가 그 성격상 기본적으로 상상적이라는 것이다.

이제 도덕적 이해의 상상적 방식들에 대한 상세한 검토가 우리가 행위해야 하는 방식에 관해 함축을 갖는다는 것을 알 수 있다. 물리학, 심리학, 사회학 등의 이론들이 실천에 대해 함축을 갖는 것과 마찬가지로, 도덕적 이해의 상상적 구조에 관한 이론은 우리에게 어떻게 살아야 할 것인지에 관해 매우 일반적인 지침을 줄 수 있다. 그것이 이러한 실천적 가치를 가질 수 있는 것은 행위에 대해 법칙이나 규칙을 제공하기(사실상 그렇지 않지만) 때문이 아니라 나 자신에 대한 지식, 그리고 인간이 어떻게 활동하는지에 대한 지식이 상황을 이해하고, 문제들을 검토하고, 건설적인 해결책을 마련하는 데 도움이 되기 때문이다.

3_도덕적 상상력이란 무엇이며, 그것은 어떻게 행위에 영향을 미치는가?

도덕적 이해의 상상적 특성에 대한 지식이 어떻게 도덕적 이해와 성공적인 행위 능력에 관련되는지에 초점을 맞추고, 이제 그것들이 어떻게 사고와 행위에 영향을 미치는지를 밝히기 위해 도덕적 추론에 기본적인 상상적 요소들을 재검토해 보자.

개념의 원형적 구조

가장 기본적인 개념들 중 다수가 개념에 관한 고전적 이론―필요충분조건에 의해 정의되는 것으로서―을 통해 해명할 수 없는 중요한 내적 구조를 갖고 있다. 나는 「거짓말」을 원형적 구조의 대표적 사례로 선택했는데, 여기에서 그 범주의 몇몇 구성원들은 체험적·인지적으로 중심적이며, 다른 비중심적 구성원들은 다양한 확장의 원리들을 따라 더 중심적인 사례들과 관련되어 있다.

나는 상당수의 기본적인 도덕 개념들(인격, 권리, 해악, 정의, 사랑 등), 그리고 행위의 다양한 유형을 정의하는 많은 개념들(살인, 거짓말, 교육, 자연, 성 등)이 내적인 원형적 구조를 갖고 있다면 「도덕 법칙」 이론들은 거부되어야 한다고 주장했다. 그것들은 기본적으로 개념에 관한 견해에 있어서, 또 그것에 수반되는 도덕적 판단에 관한 보조적 견해에 있어서 잘못된 것이다. 도덕적 판단은 단순히 주어진 상황의 필요충분적인 정의적 속성에 의해 사례들을 법칙들에 귀속시키는 문제가 아니다. 대부분의 개념들은 「도덕 법칙」 이론들이 요구하는 방식으로 세계에 직접적으로 사상되는 것이 아니다.

우리는 또한 「도덕 법칙」 이론들이 종종 적절해 보이는 이유를 원형 효과가 어떻게 설명하는지 살펴보았다. 그것들은 원형적 사례들, 즉 확정적 사례들―도덕적 전통들 안에서 그것에 관해 광범위한 합의가 이루어진―에 '적용된다'. 우리가 받아들이는 도덕 법칙들은 바로 원형적 사례들, 즉 그 범주의 중심적 구성원들에 합치하도록 정형화된 것들이다.

대신에 반성적인 도덕적 추론은 대부분 비원형적 사례들과 관련되어 있다. 그러나 이것들은 기존의 도덕 법칙들이 적용되지 않는

380

바로 그러한 사례들이다. 만약 우리가 비원형적 사례들을 포괄하는 방식으로 규칙들을 확장하려고 한다면 그것은 그 규칙들을 사용하는 것만으로는 불가능하다. 왜냐하면 그것들은 상상적 확장을 위한 내적 수단을 갖고 있지 않기 때문이다. 도덕적 숙고에서 우리가 가장 필요로 하는 것은 그 규칙들이 제시할 수 없는 바로 그것이다.

다행히도 원형에 관한 우리의 지식은 지성적인 도덕적 결단을 하는 데 필요한 것을 제공해 줄 수 있다. 한 범주 안에서 중심적 구성원들로부터 비중심적 구성원들로 확장하기 위한 원리들(예를 들면 은유 등)이 존재한다. 곧 보게 되겠지만 흔히 이 확장들은 마치 하나의 회사나 전체 사회를 은유적으로 하나의 인격으로 이해할 때 드러나는 것처럼 은유에 근거하고 있다. 인지과학은 원형적 구조의 본성, 그리고 비중심적 사례들로의 다양한 방식의 상상적 확장을 경험적으로 탐구할 수 있다.

도덕적 숙고에서 원형들이 얼마나 중요한지를 보여 주는 주된 방식들을 살펴보자.

1) 원형들은 체험적으로 기본적인 종류의 상황을 드러내 준다. 즉 현재와 같은 몸을 가진 우리의 조건을 감안할 때 인지의 본성과 우리가 개입하는 물리적·대인관계적·문화적 상호작용의 종류들, 특정한 유형의 상황들은 물리적·사회적 환경 안에서 성공적으로 활동하려는 우리의 시도에서 특별한 중요성을 갖게 될 것이다.

처칠랜드(P. Churchland)는 몇몇 도덕적·사회적 도식들이 사실상 우리의 신경 결집 안에서 '숨겨진' 단위의 층위들로서 존재하는 복합적인 원형들이라고 제안했다.

어린이들은 사회적 상황의 몇몇 원형적 유형을 인식하는 법을 배우며, 그 각각의 상황에서 원형적으로 요구되거나 금지되는 행동들을 수행하거나 억제하는 법을 배운다. 어린이들은 쿠키나 캔디처럼 제한된 자원의 분배가 공정하거나 불공정하다는 것을 인식하는 법을 배운다. 그들은 후자의 경우에는 불평의 목소리를 내고 전자의 경우에는 불평을 자제하는 법을 배운다. 그들은 습득물이 누군가의 재산일 수도 있다는 사실을 인식하고, 따라서 그 결과 소유가 제한된다는 것을 인식하는 법을 배운다. 그들은 부당한 잔인성을 식별하고, 침범자에 대한 벌을, 또는 피해자에 대한 위안을 요구하거나 기대하는 법을 배운다. 그들은 약속 불이행을 인식하고 큰 소리로 항의하는 법을 배운다. 그들은 그 외에도 수많은 원형적인 사회적/도덕적 상황들, 그리고 소속된 사회가 그 상황들에 대해 일반적으로 반응하고, 또 그들에게 반응하도록 기대하는 방식들을 인식하는 법을 배운다.[2]

이런 종류의 사회적 · 도덕적 원형들은 도덕적 경험과 도덕적 발달의 핵심을 제공한다. 우리는 정의를 하나의 추상적인 개념으로서 배우는 것이 아니라 공정하거나 불공정한 분배에 대한 경험의 원형적 상황들을 통해 배운다. 우리는 어떤 재화의 공정한 분배는 마치 쿠키를 쪼개는 것처럼 양적으로 결정될 수 있으며, 어떤 것들은 마치 자전거 타는 시간을 균등하게 나누는 것처럼 시간적 결정을 요구한다는 것을 배운다.

2) 이러한 기본적인 원형들은 그것들이 발생하는 구체적 상황의

---

2) Paul Churchland, *A Neurocomputational Perspective: The Nature of the Mind and the Structure of Science* (Cambridge, Mass.: MIT Press, 1989), p. 299.

감정적 측면을 수반한다.[3] 따라서 그것들은 정서, 분위기, 성적 욕망, 공감을 비롯한 수많은 전형적인 감정 상태들을 자극하는데, 그것들은 우리 행위의 동기가 된다. 그것들은 신체화되고, 정서 의존적인 경험 안에 뿌리를 두고 있다. 이처럼 우리의 기본적인 도덕적 개념들은 결코 순수한 추상물들이 아니며, 항상 우리를 행위로 이끌어 가는 열정과 정서가 침투되어 있다.

3) 원형들은 가소성이 있으며 유연하다. 공정/불공정 분배에 관한 나의 어릴 적 경험은 내 정의 개념의 핵심에 자리 잡고 있다. 그러나 그것이 롤스가 말하는 공직에 나설 기회와 권리의 공정한 분배 문제에 이르면 쿠키 분배 모형으로는 충분치 않을 것이다. 정의에 관한 그처럼 복합적인 정치적 문제들은 공정한 분배의 원초적 모형들의 방대한 확장을 요구할 것이다. 악당, 선한 사마리아 인, 공정한 분배, 약속 파기 등의 원형들은 시간 속에서 그 원형들의 의미를 변화시키는 일련의 상상적 확장을 거쳐야만 한다.

4) 특정한 원형의 의미나 핵심, 힘은 부분적으로 그 원형을 포괄하는 다양한 서사적 맥락에 의존하게 될 것이다. 이것은 개인의 경험 안에서 원형이 비롯되는 방식에 관해서도, 또 현재의 상황에서 그것이 전개되고 적용되는 방식에 관해서도 마찬가지로 성립한다. 따라서 상이한 서사적 맥락들은 구체적 원형들의 상이한 실현으로

---

3) Thomasz Krzezowski, "The Axiological Parameter in Preconceptual Image Schema," in R. Geiger and B. Rudrka-Ostyn, eds., *Conceptualization and Mental Processing in Language* (Berlin and New York: Mouton de Gruyter, 1991), pp. 315~38은 가장 기본적인 영상도식에, 따라서 그 도식을 사용하는 모든 개념에조차도 감정적이고 평가적인 층위가 존재한다는 것을 보여 준다.

나타날 것이다. 약속 파기는 혼외정사에 관해 배우자에게 거짓말하기라는 서사적 프레임 안에서 특정한 방식으로 평가되겠지만 그것은 독재적인 경찰국가 관리와의 약속을 파기하는 맥락에서는 매우 다른 의미를 갖게 된다. 이것은 부분적으로는 도덕적 발달, 그리고 특정한 종류의 상황에서 어떻게 행동해야 하는지에 대한 지식에서 우화, 이야기, 또 다른 서사적 형식들의 중요성을 해명해 준다.

5) 원형은 우리에게 주어진 모든 도덕 원리의 근거가 될 것이다. 도덕 법칙은 전형적으로 문화적 원형들에 근거한 추상이다. 그러한 추상화된 규칙들은 오직 원형과의 상관성 속에서만 그 의미와 적절한 적용이 가능하다. 그것들은 스스로 존립하지 못한다.

6) 도덕적 발달의 핵심적 부분을 차지하는 것은 삶을 건설하는 데에 특정한 원형들을 상상적으로 사용하는 것이다. 원형들은 각각 확정적인 구조를 갖지만 그 구조는 새로운 상황이 발생하면서 점진적인 상상적 변형을 거쳐야만 한다. 따라서 그것은 역동적 성격을 가지며, 그것이 바로 우리의 도덕적 발달과 성장을 가능하게 해 준다.

상황의 구조화

우리가 직면해 있으며, 또 어떻게 행위할 것인지를 결정해야 하는 상황들은 거기에 부가되는 것으로서 유일하게 적절한 기술을 수반하는 것은 아니다. 우리는 도식, 은유, 원형 등 다양한 종류의 상상적 구조들이 우리가 상황들에 적용하는 이상화된 인지 모형들—그 구조들을 이해하는 수단이 되는—을 정의하는 데 결정적이라는 사실을 살펴보았다. 우리가 그 상황들을 어떻게 구조화할 것인지가 이 세계의 모든 차이를 만드는 것은 분명하다. 예를 들어 경찰이 집에 침입하여 집주인이 비밀리에 작성한 문서를 압수하는 경우를 고려해 보자. 어떤 행위가 사생활 침해로 구조화되면 우리는 그 행위에 대해 특정한 하나의 판단을 하는 것이지만, 그것을 국가적 비상 상황에서 선동적인 자료의 압수로 구조화하면 근본적으로 다른 판단을 정당화할 수도 있을 것이다.

의미론적 프레임은 흔히 영상도식, 다양한 유형의 원형적 구조, 환유, 은유 등 광범위한 상상적 구조들을 포함한다. 그 결과 그것들은 단순히 어떤 객관적 실재나 범주를 반영하는 것이 아니다. 오히려 그것들은 상상적 구조를 통해 그 실재를 정의한다.

프레임 일반의 상상적 구조에 관한 지식은 도덕적 이해에 핵심적이다. 서구의 도덕적 전통으로부터 물려받아서 상황에 적용하는 특정한 프레임의 정확한 본성을 안다는 것은 상황에 개입된 선판단을 인식하는 데 절대적으로 본질적이다. 만약 우리가 도덕적 이해의 비절대적인 특성을 이해하려고 한다면 모든 상황에 대해 다수의 구조화가 항상 가능하다는 사실을 아는 것 또한 필수적이다. 우리 자신에 관해 이것들을 간과하는 것은 도덕적으로 무책임한 일이다.

은유

도덕적 이해의 주된 상상적 차원을 이루고 있는 것은 은유라고 생각된다. 우리는 거의 모든 기본적 도덕 개념, 즉 원인, 행위, 평안, 목적, 상태, 의무, 권리, 자유 등이 흔히 두 가지 이상의 은유에 의해 정의된다는 사실을 보여 주는 증거들을 검토했다. 따라서 도덕적 숙고의 문제에 관한 한 우리가 문자적이고 일의적인 개념들을 직접적으로 세계 사태에 적용하는 경우는 거의 없다. 우리는 문자적 개념들이 세계의 객관적 속성들에 의거해서 상황들에 합치될 수 있을 것이라는 「도덕 법칙」 이론의 핵심적 원리를 포기해야만 한다. 대부분의 도덕적 추론은 은유들에 근거한 추론이다.[4)]

도덕성의 은유적 성격은 도덕적 이해에 대해 급진적인 함의들을 갖는다. 전에는 제기되지도 않았던 일련의 새로운 물음들이 생겨난다. 이 물음들은 도덕적 지식이 갖는 은유적 구조의 본성에 관한 것이다. 개념적 은유는 전통적인 「도덕 법칙」 이론에서는 인지되지도 않았기 때문에 그것은 그러한 기본적 물음들에 관해 생각할 수도 없었다. 이처럼 이러한 접근은 도덕적 이해의 새로운 차원들을 드러내 주며, 도덕적 추론이 과연 무엇인지 다시 생각할 것을 요구한다.

다음은 도덕적 추론의 은유적 구조를 인식함으로써 가능하게 된 몇몇 통찰들이다.

1) 우리는 기본적인 도덕 개념을 정의하는 은유들이 무엇인지를 상세하게 이해할 수 있는 방식을 갖고 있다. 우리는 "은유에 상이한 층위들이 존재하는가?" "은유들은 계층적으로 조직화되는가?" 등과 같은 물음을 물을 수 있다. 만약 그렇다면 한 층위는 다른 층위에 어떻게 의존하는가? 어떻게 특정한 도덕적 문제나 물음이 기본적인 은유들로부터 생성되는가?

따라서 은유적으로 구조화된 우리의 도덕적 이해에 관해 상세하게 아는 것은 우리의 자기 이해에 핵심적이다. 그것은 무엇이 우리

---

4) 대부분의 도덕적 추론이 은유에 근거하고 있다는 주장은 모든 도덕적 추론이 은유적이라는 것을 의미하지는 않는다. 내 주장은 오히려 도덕적 추론에 관한 어떠한 해명도 은유를 비롯한 여타의 상상적 장치들 없이 적절하게 진전될 수 없다는 것이다. 결과적으로 도덕적 추론에 대해 비유에 의존하지 않는 해명을 제시한다는 명분은 단지 철회되어야 할 과장일 뿐이다.

의 가치이며, 그 가치는 무엇을 전제하며, 또 우리의 행위에 무엇을 함축하는지를 아는 데 핵심적인 방식들 중의 하나다.

2) 은유 분석은 도덕적 이해의 어떤 부분이 도덕적 보편자들의 후보가 될 수 있는지에 관한 실마리를 제공한다. 특정한 원천 영역들은 보편적인 신체적 경험에 근거하고 있는가? 만약 그렇다면 원천 영역들은 모든 문화(공동체 등)에 나타나는 표적 영역을 이해하는 데 사용될 때 체험적으로 근거지어진 인지적 보편자들을 드러낼 수도 있을 것이다. 예를 들어 「사건 구조」 은유가 모든 문화에 걸쳐 나타날 만큼 인간 경험에서 기본적인지를 결정할 수 있을 것이다. 이것은 경험적으로 검증 가능한 주장이며,[5] 우리의 이론은 그것을 어떻게 검증할 것인지를 말해 준다.

3) 우리는 은유적 구조의 특정 층위 어느 부분에서 문화적 변이가 개입할 가능성이 가장 큰지를 밝힐 수 있다. 우리는 원천 영역이 보편적인 신체적 · 체험적 구조들에 근거하고 있지 않은 개념적 은유들에서 이러한 현상이 일어날 것이라고 예상할 수 있다. 그렇지만 그러한 보편적 근거들이 존재하는 경우라 하더라도 그것들은 흔히 문화에 따라 은유적으로 상이한 방식으로 정교화된다. 정의는 두 가지 다른 문화 안에서 「균형」이라는 영상도식에 근거할 수 있지만 무엇이 균형을 이루며, 무엇을 균형으로 간주할 것인지의 문제는 두 문

---

5) 무엇이 기본적인 개념적 은유인지를 결정하는 우리의 표준적 방식은 언어적 분석에 의존한 것이다. 그렇지만 깁스는 비언어적 증거를 사용해서 모종의 심층적인 개념적 은유의 존재를 확인하고 그 본성을 결정하는 일련의 심리학적 탐구를 시작했다. Raymond Gibbs, Jr., "Psycholinguistic Studies on the Conceptual Basis of Idiomaticity," *Cognitive Linguistics* 1, no. 4 (1990): 417~51 참조.

화에서 상당히 다를 수 있다.

4) 결과적으로 개념체계 일반의 은유적 특성에 관한 지식, 또 특히 사람들의 도덕성을 정의하는 구체적 은유에 관한 지식은 아마도 강한 의미에서의 도덕적 절대는 존재하지 않을 것이라는 사실에 설득력을 실어 줄 것이다. 보편적인 것은 추상적인 편이어서 그 자체로는 행위에 대해 매우 일반적인 제약만을 부과한다. 그렇지만 그 일반적 원리가 문화적 모형이나 서사 안에 주어지게 되면 그것은 올바른 행동의 매우 구체적 양식을 결정하는 데 어떤 역할을 할 수도 있을 것이다.

5) 우리는 은유의 변화(따라서 상이한 도덕적 이해)가 어떤 층위에서 가능하게 되는지를 결정하는 방법을 알고 있다. 이것은 어떤 은유 체계가 인지적으로 얼마나 성공적으로 고착되었는지의 문제가 될 것이다.[6] 개념적 은유가 더 기본적일수록 그것은 더 체계적으로 다른 은유들과 연결되어 있을 것이며, 도덕적 추론에 더 많은 함축을 갖게 될 것이다. 서구의 뿌리 깊은 은유들이 변화할 가능성은 거의 없다. 왜냐하면 그 결과로 나타나는 인지적 괴리가 심각할 것이기 때문이다. 이것은 종종 개인들, 또는 심지어 문화들이 급진적 변형을 겪는다는 사실을 부인하는 것이 아니며, 다만 그러한 대규모적 변화의 정서적·사회적·문화적 대가가 크다는 것을 지적하려는 것일 뿐이다. 아마도 서구적 경험 양식을 비서구적인 사람들에게 부과

---

6) 나는 '발생적 고착'(generative entrenchment)이라는 말을 Mark Turner, *Reading Minds: The Study of English in the Age of Cognitive Science* (Princeton: Princeton University Press, 1991), pp. 138~42에서 제시되었던 의미로 사용한다.

하는 것은 그러한 파괴적 변화의 명백한 사례가 될 것이다.

한 문화 안에서, 또는 한 개인의 삶에서 새로운 경제적, 사회적, 정치적, 종교적 상황이 도래하여 좀 더 온건한 변화가 요구되는 경우, 우리는 특정한 층위의 은유를 변화시킬 때 무엇이 변화될 것인지를 이해하기 위해 은유들의 체계를 검토할 수 있다. 나는 아래에서 도덕적 추론의 한 모형으로서 법적 추론에서 나타나는 변화를 다루면서 이런 종류의 사례를 제시할 것이다.

6) 기본적인 도덕 개념들이 원형적 구조를 가질 때 우리는 그 원형들을 넘어서는 확장을 필요로 하는 수많은 비원형적 사례나 새로운 사례에 직면하게 될 것이다. 많은 경우에 우리는 은유를 통해 이 확장을 수행한다. 예를 들어 우리는 「인격」이라는 범주의 원형적 사례(흔히 성인인 백인 이성애자 남성)를 가지며, 또 그런 의미에서의 인격이 어떻게 대우받아야 할 것인지에 관해 모종의 인식을 갖고 있다. 수많은 도덕적 문제들은 원형으로부터 비중심적 구성원들, 또는 전통적으로 그 범주 밖에 있는 것으로 간주될 수 있었던 것으로 은유적 확장이 가능한지에 관한 물음들에서 비롯된다. 우리의 도덕적 숙고는 예를 들어 어떤 '상위의' 포유류가 은유적으로 인격으로 이해되며, 따라서 특정한 권리가 주어져야 할 것인지의 문제와 관련될 것이다.

우리 경험은 결코 정체적이지 않으며, 진화와 기술적 변화는 우리 삶에 새로운 실재들을 끌어들이기 때문에 우리는 특정한 도덕 개념에 대한 현재의 이해의 시발점이 되는 역사적 시기에는 상상할 수 없었던 새로운 상황들에 직면하게 된다. 은유는 원형들로부터 새로운 사례들로 확장해 가는 데 필요한 주된 수단이다.

7) 따라서 우리가 '삶의 교훈'이라고 부르는 것은 은유적으로 추론할 수 있는 능력 때문에 가능하다. 흔히 우리는 경험을 통해서 배우는데, 그 경험이란 구체적인 경험으로부터 현재 상황—그 구체적 경험과는 정확히 동일하지 않은—으로의 은유적 확장을 통해 구성된다. 우리는 과거 상황의 은유적 구조를 파악하고, 또 그것을 현재 직면한 것들에 적용한다. 이것을 가능하게 해 주는 것은 은유적 유연성이다.

8) 은유가 개념들의 부분적 구조화이며, 또 흔히 단일한 복합 개념을 정의하는 다중적 은유가 존재한다는 사실을 깨닫게 되면, 우리는 모든 은유적 개념들이 은폐하는 것만큼이나 부각도 시킨다는 사실을 알게 된다. 흔히 은폐된 것은 강조된 것만큼, 또는 그보다 더 중요한 것으로 드러난다. 예를 들어 자아에 관한 몇몇 객관주의적 은유들을 살펴보면 우리는 그것들이 한 사람의 도덕적 정체성에서 중요한 많은 부분, 특히 자아의 역동적이고 상상적인 특성을 포착할 수 없다는 사실을 알게 된다. 자기 지식은 물론 대안적인 가능성에 대한 지식은 은유들에 대한 자기비판적 반성에 의존하고 있다.

요약하면, 인간 이해의 은유적 본성, 그리고 도덕적 이해를 구조화해 주는 은유들에 대한 심오하고 반성적인 지식은 도덕적 지식에 필수적이다. 우리의 삶을 규정해 주는 은유들, 또 다른 사람들의 삶을 규정해 주는 은유들에 대한 그러한 지식은 우리의 도덕적 주장에 대한 겸양과 도덕적으로 가능한 삶의 방식의 다양성에 대한 인식을 산출한다. 도덕적 절대 없이 살아가는 것은 재앙이 아니라, 오히려 삶의 사실이다. 그 일부를 이루고 있는 것은 은유들이 자의적인 것

390

이 아니며, 동기가 없는 것도 아니라는 사실이다. 은유에 근거한 추론에는 제약이 존재하며, 따라서 우리는 극단적인 주관주의나 상대주의에 직면하지 않는다. 극단적 주관주의를 피할 수 있는 것은 한 문화 안에, 심지어 문화들 사이에도 은유들의 공유된 근거가 존재하기 때문이다. 극단적 상대주의를 피할 수 있는 것은 몇몇 은유들이 보편적인 신체적 경험에 근거하고 있는 것으로 보이기 때문이다.

서사

로티(R. Rorty)는 도덕적 자기 발달을 중시하는 사람들이 도덕 이론에 관한 철학적 텍스트가 아니라 소설, 단편, 희곡에 관심을 돌린다고 지적했다.[7] 이것은 도덕 이론에 관한 책들이 어떻게 행위해야 할 것인지를 말해 준다고 많은 철학자들이 설득한다는 사실을 감안하지 않는다면 새삼스럽게 언급할 나위도 없이 분명한 것으로 보일지도 모른다. 우리는 왜 도덕 교육을 위해 문학적 텍스트에 기울게 되는 것일까? 우리는 왜 인간적으로 된다는 것이 무엇인지에 관해서, 삶의 우연성에 관해서, 우리가 가장 강하게 원하는 종류의 삶에 관해서, 그러한 삶을 살아가는 데 무엇이 관련되는지에 관해서 학술적인 도덕철학보다는 서사들로부터 더 많은 것을 배우는 것일까?

그 답의 핵심은 우리 삶이 궁극적으로 서사적 구조를 갖는다는 것이다. 따라서 우리는 지속적인 서사를 통해서 실제 경험되고 살아지는 것으로서 삶의 현실을 관찰하고 또 거기에 참여하는 데 가장 가

---

7) Richard Rorty, *Contingency, Irony, and Solidarity* (Cambridge: Cambridge University Press, 1989) 참조.

깝게 근접한다. 품성을 섬세하게 구분하고, 특수한 상황에서 무엇이
도덕적으로 훌륭한 것인지를 결정하는 데 상상적으로 개입하는 만
큼 우리는 그러한 서사들을 통해 배우며, 또 그것들의 영향을 받아
변화된다. 우리는 실제로 주인공들의 삶에 뛰어들며, 지각, 결정, 또
는 비판이라는 행위를 수행한다. 우리는 주인공이 X를 행하지 않았
어야 한다고 판단하거나, 그가 실제로 했던 것과는 다른 방식으로
특정한 상황을 이해했어야 한다고 우리 자신이 바라고 있음을 알게
된다. 우리는 그 주인공들을 말리고 "그렇게 해서는 안 돼" 또는 "그
녀의 의도는 그것이 아니야"라고 말하려고 한다. 마치 실제 삶에서
처럼 우리는 일어난 일에 대해 놀라거나 어떤 것에 대해 앞서 이해
하지 못했던 데 대해 실망하고 있는 우리 자신을 발견한다. 우리는
탐색하고 배우며, 삶을 창조적으로 모방하는 허구에 참여함으로써
변화한다.

두 권의 주저에서 누스바움(M. Nussbaum)은 도덕적 발달에서
문학의 중심적 역할에 관해 폭넓고도 매우 감동적인 논변을 제시했
다.[8] 도덕철학의 근거로서 확장된 서사의 중요성을 옹호하면서 누
스바움은 다음과 같이 주장한다.

유사한 이야기를 사용하는 도식적인 철학적 사례와는 달리 모든 비극
은 삶의 방식 안에서 그 뿌리를 보여 주고, 그 삶에서 그 귀결을 예기하는
방식으로 숙고의 복합적인 패턴의 역사를 추적할 수 있다. 이 모든 것을
통해 비극은 실제 인간의 숙고의 복합성, 불확정성, 철저한 곤경을 눈앞

---

8) Martha Nussbaum, *The Fragility of Goodness: Luck and Ethics in Greek Tragedy and
Philosophy* (Cambridge: Cambridge University Press, 1986); *Love's Knowledge:
Essays on Philosophy and Literature* (Oxford: Oxford University Press, 1990) 참조.

에 드러내 준다. …… 비극은 등장인물들의 딜레마를 미리 결정된 것으로 표현하지 않는다. 비극은 그들이 도덕적으로 훌륭한 것을 추구하는 모습을 보여 주며, 나아가 해석자로서 우리 자신 또한 유사하게 행위하도록 강요한다.[9]

서사는 결단과 믿음의 장기적인 귀결을 탐색할 수 있게 해 줄 뿐만 아니라 실제적인 도덕적 경험의 섬세한 구조를 구성하는 구체적인 특수성을 성찰할 수 있게 해 준다. 그것은 품성, 주어진 상황에서 중요한 것, 또 도덕적 분규의 미묘하게 짜여진 줄거리에 대한 지각을 함양하도록 이끌어 간다.

이야기들은 개별자들에 관해 법칙의 대리물로서가 아니라 그 자체로서 이해하고 배려하는 우리의 능력을 배양시켜 주기 때문이다. 즉 새로운 것에 대해 지각과 감정을 통해 적극적으로 대응하고, 세계 안의 우연한 사건들로부터 우리 자신을 방어하기보다는 그것들에 깊은 관심을 가지며, 결과를 기다리고 당혹스러워하는 것, 즉 기다리고 흔들리며 적극적으로 수동적이 되는 것이 그것이다.[10]

따라서 다양한 도덕적 숙고의 귀결들에 대한 장기간에 걸친 추적은 우리의 도덕적 지식에 핵심적이며, 그것은 또한 도덕 교육에 필수적이다. 우리가 이 기본적인 반성과 도덕적 탐구를 수행할 수 있는 것은 지속적인 삶의 서사를 통해서다. 즉 우리가 살아가고 건설

---

9) Nussbaum, *The Fragility of Goodness*, p. 14.
10) Nussbaum, "Perceptive Equilibrium: Literary Theory and Ethical Theory," in *Love's Knowledge* (Oxford: Oxford University Press, 1990), p. 184.

하는 서사, 그리고 우리가 상상적으로 경험하는 허구적 서사를 통해
서다.

가드너(J. Gardner)는 허구가 사람들의 품성과 선택이 갖는 가능
한 함축들을 상상 속에서 탐색할 수 있는 실험실이라고 주장했다.
그는 자신이 '도덕적 허구'라고 부르는 것을 '철학적 방법'이라고
서술하는데, 여기에서 예술은 "논증을 통제하고 엄밀성을 부여하
며, 작가에게 강렬하면서도 공평무사한 주의를 요구하며, 또한 그를
(추상적 논리가 감당할 수 없는 방식으로) 이례적인 발견들로, 또
흔히 그렇듯이 마음의 변화로 이끌어 간다."[11] 가드너의 논지는, 허
구적 무대를 통해서 우리가 '특정한 품성을 갖고 특정한 상황에 처
한 사람이 자신의 삶을 살아가는 방식'을 탐색할 수 있다는 것이다.
우리는 그 사람의 자기 지식, 또는 그 결여가 어떻게 그의 행위를 결
정해 주며, 또 그것이 어떻게 타인에게 영향을 미치는지를 알 수 있
다. 우리는 그 사람의 배려, 또는 그 결여가 어떻게 그의 관계들의
성격과 행위의 도덕성을 결정해 주는지를 알 수 있다.

따라서 도덕적 감수성을 발달시켜 주는 허구적 서사의 힘, 섬세한
구별 능력, 또 타인에 대한 공감 등은 우리 삶의 서사적 구조의 산물
이다. 심지어 도덕 법칙들이 존재하는 경우에도 우리는 사람들, 즉
우리 자신과 타인을 관찰함으로써 그것들이 무엇을 의미하며, 또 그
것들이 어떻게 적용되는지를 배우며, 장기간에 걸쳐 그 법칙들에 따
라 살아가려고 애쓴다.[12] 특정한 덕들이 무엇을 포함하는지, 한 사

---

11) John Gardner, "Moral Fiction," in *Moral Fiction* (New York: Basic Books, 1978),
p. 108.
12) 우리가 허구적인 서사 안에서 작동하는 방식을 관찰함으로써 어떻게 주요한 도덕적
개념이나 원리의 의미와 힘을 이해하게 되는지에 관한 몇몇 탁월한 사례는 Eldridge,
On Moral Personhood 참조.

394

람의 품성이 어떻게 드러나는지를 이해하기 위해 우리는 인간 삶의 서사적 구조 안에서 그것들이 어떻게 구체화되는지를 이해해야 한다. 특정한 덕들을 받아들이는 것이 무엇을 함축하는지를 이해하기 위해 우리는 장기간에 걸쳐, 상이한 맥락들 안에서 그 함축을 추적해야 한다. 이런 종류의 서사적 탐색이 사실상 도덕적 추론의 전부다.

요약하면, 우리는 삶의 서사적 차원들, 즉 서구 문화로부터 물려받은 서사들은 물론 우리 당대에 구성하는 서사들의 구체적 사례들을 인식해야 한다. 모든 적절한 도덕철학은 경험의 서사적 구조, 또 상이한 도덕적 전통을 구성하는 특수한 서사들의 본성에 핵심적 역할을 부여해야 한다. 허구적 서사들은 우리가 나름대로 도덕적 탐색을 수행하는, 풍부하며, 또 인간적으로 현실적인 실험적 조건을 제공한다. 내 생각에 이것이 바로 다음과 같은 엘드리지(R. Eldridge)의 말이 의미하는 것이다.

이 텍스트들, 이 읽기들, 그리고 그것들이 발달시켜 주는, 세계 안에서 우리 자신의 도덕적 인격성에 대한 이해는 알려진 방법이나 기준이 그렇게 말해 주기 때문이 아니라 우리가 그것들을 선택하고, 그것들에 따라 살아가며, 또 그것들의 관점에서 우리 삶을 이해하고 평가하는 한에서만 참이거나 성공적인 것이 될 것이다.[13]

---

13) 같은 책, p. 14.

4 _ 도덕적 상상력은 무엇을 바꾸는가?

어떻게 살아가야 할 것인지의 문제에서 도덕적 상상력이 불러올 차이에 관해 지금까지 내가 주장했던 것들을 요약해 보자. 도덕성 이론은 도덕적 이해의 이론이 되어야 한다. 도덕적 이해는 대부분 상상적으로 구조화된다. 도덕적 상상력의 일차적 형태는 원형적 구조, 의미론적 프레임, 개념적 은유, 서사 등을 수반하는 개념들이다. 따라서 도덕적으로 통찰력 있고 감수성 있게 된다는 것은 다음과 같은 두 가지를 요구한다. (1) 인간의 개념체계와 추론의 상상적 구조에 관한 지식을 가져야 한다. 이것은 우리가 그 상상적 구조가 무엇이며, 어떻게 작용하며, 또 그것이 도덕적 이해의 본성과 관련해서 무엇을 함축하는지를 알아야 한다는 것을 뜻한다. (2) 식별력을 정교화하고, 새로운 가능성에 대한 상상력을 기르고, 은유, 원형, 서사의 함축들을 상상적으로 추적함으로써 도덕적 상상력을 함양해야 한다.

도덕적 이해에 관한 지식을 습득해야 한다는 첫 번째 요구는 절대적인 도덕적 가치와 급진적인 도덕적 주관주의라는 허상을 모두 포기한다는 것을 함축한다. 그것은 도덕적 추론이 확정된 규칙을 발견하고 그것을 상황에 적용하는 것이라는 생각을 포기하도록 요구한다. 그것은 도덕성의 은유적 구조가 무엇을 부각시키고 은폐하는가를 물음으로써 그것에 관해 상세하게 탐구할 것을 요구한다. 끝으로 그것은 우리의 이해에서 무엇이 변화될 수 있는지, 또 그러한 변화가 우리는 누구인가에 대해, 우리가 타인들에게 어떻게 영향을 미치는가에 대해 무엇을 함축하는지를 결정해 주는 방식을 제공한다.

도덕적 상상력을 계발해야 한다는 두 번째 요구는 도덕적 발달에 대한 우리의 개념을 변화시킨다. 그것은 우리의 일차적 과제가 도덕 법칙을 적용하는 방식을 배우는 일이라기보다는 품성과 상황에 대한 인식을 정교화하고 타인의 입장을 이해할 수 있는 감정이입적 상상력을 계발하는 문제라고 본다.

그렇다면 이것들이 체험주의적 견해가 우리가 도덕 이론에서 기대하는 지침을 제공할 수 있을 것이라는 주장의 내용이다. 체험주의적 견해는 주어진 상황에서 무엇을 해야 할 것인지를 말해 주지 않는다. 그렇지만 그것은 전통적인 「도덕 법칙」 이론들에서도 마찬가지다. 체험주의적 견해는 오히려 고양된 도덕적 이해와 자기 지식으로부터 비롯되는 일종의 일반적 지침을 제공한다.

5_ 감정이입적 상상력

전통적인 도덕 이론들은 우리의 가장 중요한 도덕적 능력, 즉 감정이입(empathy) 능력을 대부분 무시해 왔다. 흄이 '공감'(sympathy) 또는 '동료 의식'(fellow-feeling)이라고 부르는 것에 관한 논의는 이 문제를 다루고 있지만,[14] 그것은 타인의 경험으로의 상상적인 감정이입적 투사의 핵심에 이르지는 못하고 있다.[15] 극단적 사례로

---

14) David Hume, *An Enquiry concerning the Principles of Morals*, ed. L. A. Selby-Bigge (1777; Oxford University Press, 1902), sec. 5, pt. 2, 181~83, 221~22 참조.

15) 나는 여기에서 가다머가 '지평 융합'(horizon fusion)이라고 불렀던 것을 염두에 두고 있다. 타자와의 변증법적 상호작용을 통해서 드러나는 것으로서 자신의 선판단을 비판과 가능한 변형에 개방하는 방식으로 자신의 세계의 지평을 타인의 것과 융합하는 것을 말한다. Hans-Georg Gadamer, *Truth and Method* (New York: Crossroad Publishing, 1975) 참조.

서 그것은 과거와 미래의 상이한 상황과 조건 안에서 우리 자신을 상상하는 능력을 요구한다. 타인의 입장에 서 보는 능력이나, 타인의 경험과의 상상적인 대면을 통해 우리의 시각을 확장하는 능력을 갖지 않는 한, 또한 우리의 가치와 이상을 다양한 관점에서 의심하는 능력을 갖지 않는 한, 우리는 도덕적 감수성을 가질 수 없다.

따라서 흄은 공감을 도덕성의 근거로 인식했다는 점에서 적어도 부분적으로는 옳았다.

유용성은 특정한 목적을 향한 성향이다. 만약 그 목적이 전적으로 우리와 무관한 것이라면 우리는 그 수단에 대해서도 동일한 무관심을 느끼게 될 것이다. 여기에서 유해한 성향을 제치고 유용한 것을 선호하기 위해서는 감정(sentiment)이 스스로를 드러내는 것이 필수적이다. 이 감정은 다름 아닌 인간의 행복을 지향하는 느낌이며, 인간의 불행에 대한 분노다.[16]

여기에서 흄이 간과하고 있는 것은 우리가 타인의 평안을 향한 느낌을 넘어서서 그들의 경험을 상상적으로 취해야 할 필요가 있다는 점이다. 흄의 도덕 이론에 대한 전통적 해석에 따르면 흄이 이 측면을 간과하게 된 것은 이성과 느낌의 엄격한 구분 때문인데, 그것은 도덕성에서 이성의 중심적 역할을 부인하게 만들었다. 그러나 베이어(A. Baier)는 흄이 사실상 이성과 느낌의 이 엄격한 분리를 비판하고 있다고 주장했다. 그녀는 흄의 전반적 기획이 점차적으로 타인의 입장을 상상적으로 취해 보는 능력의 토대로서 합리적 감정에 대

16) Hume, *Principles of Morals*, appendix 1 참조.

398

한 풍부하고 섬세한 해명을 구성해 가고 있다고 제안한다.[17] 아무튼 타인의 복지를 향한 감정에 대한 흄의 견해를 가장 우호적으로 해석하는 길은 감정을 느낌, 상상력, 이성의 혼성으로 보는 것이다.

이 '타인의 입장을 취해 보는 것'은 상상적 경험의 작용이며, 동시에 누스바움과 엘드리지의 서사적인 도덕적 탐색을 해명하면서 묘사했던 종류의 행위에 대한 극적인 연습이라고 할 수 있다. 그것은 아마도 우리가 할 수 있는 가장 중요한 상상적 탐색일 것이다. 타인의 상황에 대해 단순히 냉철하고 고립된 '객관적' 이성을 조작하는 것만으로는 충분해 보이지 않는다. 대신에 우리는 단순히 합리적 계산으로써만이 아니라 상상, 느낌, 표현 안에서 적극적으로 그들에게 다가감으로써 그들의 세계를 공유할 수 있다.

이런 방식의 성찰은 상상적 합리성을 포함하는데, 우리는 그것을 통해 고난과 고통, 굴욕, 좌절은 물론 기쁨, 성취, 계획, 희망과 같은 타인의 경험에 감정이입적으로 참여한다. 도덕적 감수성을 가진 사람들은 그러한 체험적 상상력 안에서, 그리고 그것을 통해 그들과 상호작용하거나 그들의 행위가 영향을 미칠 수 있는 타인의 현실을 살아갈 능력을 갖고 있다.

나는 이러한 상상적 합리성을 열정적(passionate)이라고 표현하는데, 이 말은 주관주의적 함의를 담고 있지는 않다. 웅거(R. Unger)는 "사람들이 서로를 서로의 목적을 위한 수단으로 대우하지 않는 모든 범위의 대인관계적 경험"[18]을 열정적인 것으로 기술한다. 열정

---

17) 나는 Annette C. Baier, *A Progress of Sentiments: Reflections on Hume's Treatise* (Cambridge, Mass.: Harvard University Press, 1991)에서 서술된 흄이 내가 기술하려는 형태의 감정이입적 상상력을 인식하지 못하는 것으로 보인다는 앞서의 지적을 반복하고 싶다.

은 타인과의 비도구적 관계의 토대이며, 그것은 우리로 하여금 고착된 품성, 사회적 역할, 또 제도적 장치들을 넘어서게 해 준다.

칸트의 정언명령이 상상적(은유적) 해석을 필요로 한다는 내 앞서의 주장을 확장함으로써 우리는 이제 항상 타인(과 자신)을 목적 자체로 대우해야 한다는 칸트적 명령이 상상적으로 타인의 입장에서 보는 것과는 독립적으로 어떤 실천적 의미도 가질 수 없다는 것을 알 수 있다. 칸트의 명시적 주장과는 반대로 우리에게 타인의 경험이나 느낌, 계획, 희망을 상상할 능력이 없이는 누구인가를 목적 자체로 대우한다는 것이 무엇을 뜻하는지 어떤 구체적인 방식으로도 알 수 없다. 우리는 또한 타인의 세계에 대한 경험에 상상적으로 참여하지 않는 한 타인에 대한 존중이 우리에게 무엇을 요구하는지 알 수 없다.

직접적인 필요나 욕망, 변덕에 따라 움직이는 존재의 차원을 넘어서려고 한다면 우리는 우리 자신에 대한 이러한 동일한 반성적 태도와 상상적 지식을 필요로 한다. 왜냐하면 다양한 가정적 상황에서 어떻게 느끼고 생각하며 행위할 것인지에 관해 상상할 수 있어야 하기 때문이다.

여기에서 다루어지는 감정이입적인 상상적 이해가 단순히 개인적이거나 주관적이지 않다는 사실을 이해하는 일은 매우 중요하다. 강한 동료의식에 자신을 양보함으로써 일종의 '타인 안으로 흘러들어가기'로서의 공감에 대한 그러한 낭만적 견해는 이성, 상상력, 느낌의 그릇된 분리의 산물이다. 그렇지만 낭만주의 시인들조차도 상상력과 느낌의 공유되고 공통적인 특성을 알고 있었다. 예를 들어 위

---

18) Roberto Unger, *Passion: An Essay of Personality* (New York: Free Press, 1984), pp. 105~106.

즈워스(W. Wordsworth)나 콜리지(S. Coleridge)의 시는 빈번히 강렬한 인간적 느낌들에 생기를 주는 명상들을 표현하는데, 그것은 우리를 하나의 공동체로 묶어 준다. 『서정 민담시집』(*Lyrical Ballads*)과 『문학평전』(*Biographia Literaria*)은 우리로 하여금 서로를 이해하고 세계를 공유하며, 배려적 방식으로 타인에게 접근할 수 있게 해 주는, 상상력의 공동체적이고 변형적인 성격을 탐색하고 있다.

상상력의 사회적이고 공적이며 구성적인 차원들(개념적 구조, 은유, 영상도식, 서사 등)에 대한 검토를 통해 이제 상상력에 대한 주관주의적 읽기를 인지적으로나 체험적으로 그릇된 것으로 거부할 수 있다. 우리는 감정이입적 상상력이 사적이고 개별적이거나 전적으로 주관적 활동이라고 우려할 필요가 없다. 오히려 그것은 어느 정도 공통적인 세계 ― 공유된 운동, 행위, 지각, 경험, 의미, 상징, 서사 등의 세계 ― 를 경험할 수 있는 통로가 되는 주된 활동이다.

도덕적 상상력은 공적이며 공유된다.[19] 그것은 우리의 사회적 관계나 실천, 제도와 동일한 공적 특성을 갖는다. 왜냐하면 이 모든 것들이 은유, 그리고 다른 상상적 구조들에 의해 정의되기 때문이다. 내가 서술했던 것처럼 상상력은 사회적 관계를 구성하는 일차적 수단이다. 예를 들어 실제로 사회적 차원을 갖는 성적 관계의 상상적 차원을 검토해 보자. 성적 행위는 자극에 대한 일련의 수동적 반응일 때에만 의미가 있다. 모든 사람은 자신의 의도와 행위에 대한 반응으로서 상대방의 행위를 상상적으로 파악해야만 한다. 나는 당신의 접촉을 당신의 욕망의 표현인 동시에 나 자신과 나의 욕망을 향

---

19) 공유된 실재의 구성에서 상상력의 역할에 대한 사례는 Johnson, *The Body in the Mind* 참조.

한 행위로 경험해야 한다. 나는 당신에 대한 적극적인 반응을 통해 당신의 욕망을 받아들이고 진전시켜야 한다. 우호적인 경우에 그 결과는 파트너 사이의 호혜적인 유희, 즉 서로의 경험 안에서 공유하는 일종의 성적인 변증법이 된다. 쿠퍼(J. Kupfer)는 이 호혜성을 다음과 같이 설명한다.

> [호혜성은] 서로 동시에 동일한 것들에 관해서, 또 서로와 관련해서 모험을 하면서 서로의 목적들 안에서 공유하는 것이다. …… 성적 호혜성은 또한 서로의 신체적 반응에 응답하는 것이다. 상대방의 움직임에 따라 움직이며, 애무하는 손길을 어루만지며, 껴안는 사람을 껴안는 것이다. 그것은 상대방이 갖고 있는 것으로 느껴지는 욕구와 욕망에 반응하는 것을 포함한다. 동시에 상대방은 유사한 방식으로 내게 반응한다. 나아가 호혜성은 우리의 개인적인 입장과는 독립적으로 우리 자신을 위해서 반응하는 동시에 타인을 위해서 반응하는 것을 포함한다.[20]

이처럼 의미 있는 성적 관계는 사회적이며 철저히 상상적이다. 그렇기 때문에 성적 관계는 일반적인 인간관계의 표본이며, 그것은 타인의 입장에 처해 보고 자신의 지속적인 상호작용과 관계를 다른 사람의 경험과 의도에 대한 상상적 이해에 따라 이끌어 가는 능력에 의존하고 있다. 단순한 규칙 따르기를 넘어서는 모든 도덕성의 가능성의 토대를 이루는 것은 바로 이런 종류의 감정이입적 이해다.

---

20) Joseph Kupfer, *Experience as Art: Aesthetics in Everyday Life* (Albany: SUNY Press, 1983), pp. 103~104.

6 _ 행위 가능성에 대한 상상적 조망

자신과 타인의 인지적이고 도덕적인 능력과 관점에 대한 우리의 지식이나 구속력 있는 동료 의식을 넘어서서, 또한 타인의 세계를 상상적으로 경험하는 능력을 넘어서서 여전히 더 많은 어떤 것이 요구된다. 그 '더 많은 어떤 것' 은 주어진 상황에서 다양한 행위 가능성을 상상적으로 식별하고 주어진 행위가 초래할 수 있는 잠재적인 도움과 해악을 조망하는 능력이다.

배려, 관심, 그리고 선한 의도가 전부는 아니다. 우리는 공동체 안에서 살아가는 사회적 존재이며, 물질적이고 정서적인 평안은 사회적 관계와 상호작용을 요구하며, 개인적이고 협동적인 기획은 우리의 물리적 · 대인관계적 · 문화적 필요를 충족시키는 것처럼 목표를 향한 행위를 요구한다. 우리는 단순히 순수하게 의지해야 할 뿐만 아니라 우리 자신과 타인의 평안을 증진시키는 방식으로 행위해야 할 필요가 있다.

칸트는 의도적 활동이 의지의 도덕성에 결정적이거나, 결정적일 수 있다는 사실을 부인한 것으로 유명하다. 그는 성취하거나 성취할 수 없는 목적과 상관없이 선의지가 그 자체로 도덕적으로 훌륭하다는 사실을 환기시키려고 했다.

비록 특별히 호의적이지 않은 운명이나 계모 같은 자연의 인색한 자원으로 인해 이 의지가 자기의 의도를 관철시킬 능력을 전적으로 갖고 있지 못한다고 하더라도, 그리고 그 의지의 최대의 노력에도 불구하고 그에 의해서는 아무것도 성취되지 못한 채, 오직 선의지(물론 가령 한낱 소망이 아니라, 우리의 힘이 미치는 범위 내의 모든 수단의 투입으로서)만이 남는다 할지라도, 선의지는 보석과 같이 그 자체만으로도, 그 자신의 안에 온전한 가치를 가진 어떤 것으로서 빛날 터이다(『윤리형이상학』, 394).

통제 불가능한 우연성이 선한 의지의 가치로부터 벗어나지 않아야 한다는 칸트의 지적은 옳다. 그렇지만 도덕적 행위는 순간적이든(사고 피해자를 돕는 것 등) 장기적이든(어린이를 교육하는 것 등), 또 좁든(피난처를 제공하는 것 등) 포괄적이든(사회적 관계의 큰 패턴을 실현하는 것 등) 목표의 실현을 요구한다. 선의지는 내적인 정신 공간 안에 묶여 있거나 행위와 고립되어 그 자체로 존재하는 것이 아니다. 의지는 다양한 목표나 의도, 계획의 실현―그 대부분이 협력적 행위와 기획을 요구하는―을 향한 지향성으로부터 분리된 실재가 아니다. 따라서 우리의 의지는 삶의 활동으로 환원되지는 않지만 그 안에 확산되어 있다.

성공적이고 유의미하며 건설적인 행위 가능성에 대한 조망은 도덕적 상상력을 요구한다. 도덕적 시각에 대한 비판 능력은 특정한 도덕적 문제들에 관한 대안적인 시각과 그 해결책을 상상하는 능력에 달려 있다. 적응하고 성장하기 위해서 우리는 현재의 조망점을 넘어서 볼 수 있어야 하며, 또 현재의 자아를 넘어서서 성장하는 능력을 가져야 한다. 우리는 우리의 품성에 대한 새로운 차원, 타인과 맺는 관계에서 새로운 방향, 나아가 심지어 사회적 조직의 새로운 형태를 상상할 수 있어야만 한다. 웅거는 이런 종류의 상상적 변형 가능성의 필요성과 조건을 다음과 같이 상술했다.

그래서 조건화된 세계 안에서 살아가는 것이 당신의 숙명이기는 하지만 당신은 또한 그것을 넘어서는 능력을 갖고 있다는 사실을 …… 알고 있다. 그렇지만 당신이 그렇게 할 때 무조건적인 것, 즉 제한적인 방법과 언어를 넘어서는 사고, 제한적인 실천적 · 상상적 구조를 넘어선 사회, 제한적인 품성을 넘어선 개성 등에 이르는 것은 아니다. 그렇지만 당신은 그 한계들을 넘어서는 능력을 활성화시켜 주는 상황에 이르기 위해 노력할 수 있다. 즉 이성과 담론의 주어진 원리들을 무너뜨리는 사고를 하고, 기성의 실천적 · 상상적 사회 질서에서 배제되거나 폄하된 집단적 삶의 형태를 실험하며, 그 품성을 넘어서는 인간을 지향하는 것이 그것이다.[21)]

우리가 현재의 정체성과 맥락을 넘어서서 우리 자신을 확장하는 일의 지속적인 필요성에 주목하는 것은 바로 은유나 도식, 서사들의 본래적인 부분성을 인식하기 때문이다. 자신의 확신이나 믿음의 한계들을 이해하고 변형하는 수단으로서 대안적인 관점들을 상상할 수 없는 어떤 사람도 적절하게 반성적인 차원에서 도덕적일 수 없다. 이것이 도덕적 상상력의 작용이다.

7 _ 상상적인 도덕적 추론

우리로 하여금 우리 자신의 조건화된 상태와 대안적 관점의 필요성을 의식하게 해 주는 은유나 여타의 상상적 구조들은 도덕적 상상력의 작용에 필수적인 수단을 제공해 주는 것으로 드러난다. 절대주의적 구실들을 무너뜨리는 은유적 이해의 성격 자체―상대적 비결정성과 의미의 다중성―가 또한 우리에게 과거에 간과해 왔을 수도

---

21) Unger, *Passion*, pp. 262~63.

있는 의미와 방향의 폭을 보여 준다. 한편으로 상상적 이해는 몇 가지 문제를 불러오는데, 그것은 상상적 이해가 우리의 이해와 추론에 다면성과 개방성을 끌어들이기 때문이다. 다른 한편으로 그것은 경험의 비결정성에 대처하는 수단을 완전히 제거하는 것은 아니다. 그것은 문제를 해결하거나 일반적인 목표를 달성하는 데 필요한 어느 정도의 제약된 대안들을 가능하게 해 준다.

우리의 도덕적 이해에 대한 이런 종류의 상상적 변형이 개방적이면서도 여전히 고도로 제약된 방식으로 작용하는 방식의 한 사례로서, 법적 추론의 전형적 사례가 갖고 있는 상상적 근거에 대한 윈터(S. Winter)의 분석을 고찰하려고 한다.[22] 윈터가 검토했던 사례는 법적인 것이지만 그의 분석이 개념화와 추론 일반에 현전하는 상상적 구조에 초점을 맞춘 것이기 때문에, 도덕적 상상력의 창조적 활용에서도 전형적으로 나타나는 것의 사례가 될 수 있다.

국가노동관계위원회(NLRB) 대 '존스 앤드 롤린 철강회사' 사건[옮긴이 주—1937년 노동관계법에 대한 미국 대법원 판례]은 과연 연방정부가 제조업에서 노동관계를 규제하는 권한을 가져야 하는지의 문제와 관련된 것이다. 그 결과는 이 분야는 물론 다른 분야에서도 확대된 정부 규제의 중요한 선례가 되었다. 그 철강회사는 노조 활동을 제한하는 권한을 유지하려고 했다. 철강 제조업자들은 19세기에 정립된 선례를 따라 제조와 통상이 구분되어야 한다고 주장했다. 제조는 국지적이며, 따라서 여기에는 그 상품이 생산되는 주의 법률만 적용된다. 통상은 주 경계를 넘어서는 범위에서 연방 규정의 적

22) Steven Winter, "Transcendental Nonsense, Metaphoric Reasoning, and the Cognitive Stakes for Law," *University of Pennsylvania Law Review* 137, no. 4 (1989): 1105~1237 참조.

용을 받는다. 이렇게 해석되면 연방정부는 제조 차원에서 발생하는 노동 문제에 대처하는 철강회사의 방식에 대한 사법권을 상실하게 될 것이다.

국가노동관계법 입안자들은 「통상의 흐름」(Stream of Commerce) 은유에 근거한 논변을 구성함으로써 다른 주장을 폈다. 그들은 그 은유를 기본적인 것으로 받아들임으로써 다음과 같이 추론한다. 노동자들의 단체교섭에 대한 기업의 개입은 "다음과 같은 방식으로 통상에 장애를 주거나 방해하는 필연적 영향을 미친다. (a) 통상 수단의 효율성, 안정성 또는 작동을 저하시키며, (b) 통상의 흐름 안에서 발생하며, (c) 원자재 또는 제조되거나 처리된 상품의 통상 경로로부터의, 또는 통상 경로로의 흐름에 대해 물리적으로 영향을 미치거나 또는 그것을 제한하거나 통제하며, …… 또는 (d) 통상 경로로부터, 또는 통상 경로로 이동하는 상품 시장을 실질적으로 훼손하거나 붕괴시키는 정도로 고용과 임금을 감소시킨다."[23]

여기에서 휴즈(J. Hughes) 판사가 식별하고 있는 것은 「통상의 흐름」뿐만 아니라 그 토대를 이루고 있는 「원천-경로-목표」(Source-Path-Goal) 도식이다. 그는 이 도식을 기업에 대한 정부의 강화된 통제를 정당화해 주는 대안적인 은유적 이해의 근거로 사용하고 있다. 「통상의 흐름」 은유가 제한된 범위의 사례들에만 적용된다고 주장함으로써 휴즈는 다음과 같은 대안적인 은유적 프레임을 정교화하고 있다.

주간(州間) 통상을 장애물이나 방해물로부터 보호하려는 의회적 권위

---

23) *United States Code* 29 (1982): 151 (congressional findings in sec. 1 of the act). 고딕은 윈터의 강조(Winter, "Transcendental Nonsense," p. 1200).

는 주간 또는 해외 통상의 '흐름'에 필수적인 부분으로 간주될 수 있는
거래에 국한되지 않는다. 장애물이나 방해물은 다른 원인에서 비롯되는 부
정한 행위 때문일 수도 있다. 기본 원리는 통상을 규제하는 권한이 그것
의 '보호와 증진'을 위해 '모든 적절한 입법'을 시행할 권한이라는 것이며
…… 나아가 위험성의 사실을 고려하고 결정하며, 또 그에 대처하는 것은
일차적으로 의회의 일이다.[24]

휴즈는 여기에서 통상의 자유로운 흐름(「통상의 흐름」 은유)의
방해물을 제거하려는 논변에서 통상의 증진을 제약할 수 있는 잠재
적인 위험성에 적극적으로 대처하려는 논변으로 논증의 논리를 바
꾸고 있다. 여기에서 정부의 더 공격적인 역할이 인정된다. 이 확장
된 역할의 근거는 「여행으로서의 통상」(Commerce As Journey)이라
는 새로운 은유적 개념의 출현이다. 휴즈의 말처럼 만약 우리가 통
상을 "정립된 경로를 따르는 철광석, 석탄과 석회암의 거대한 이동"[25]
으로 간주한다면 어떻게 될까? 그렇다면 여행자로 의인화된 통상은
그 여정(「원천-경로-목표」 도식을 따르는)을 따라 이동하는 동안 지
원을 받고 보호되어야만 한다. 보호자로서 훨씬 더 적극적인 연방정
부의 역할이 정당화되며, 여기에서 예기되는 위험과 장애는 직접적
으로 대처되어야 한다. 그것은 그 정부가 심지어 제조 공장 안에 설
정된 여행의 '출발점'에서부터 통상 여행의 모든 시점에 개입할 수
있다는 것을 의미한다.

---

24) *NLRB v. Jones and Laughlin Steel Corp.*, in *United States Reports* 301:
36~37(quoting *The Daniel Ball, United States Reports* 77 (1870): 557, 564 and
Stafford v. Wallace, United States Reports 258 (1922): 495, 521). Winter, "Tran-
scendental Nonsense"에서 재인용(고딕은 윈터의 강조).
25) *Jones and Laughlin*, 42(고딕은 윈터의 강조).

408

윈터는 기저 은유와 그 기초적인 영상도식에 대한 휴즈의 상상적
변형을 다음과 같이 요약한다.

> 과거의 모형은 매우 제한적인 의회의 역할을 함축하는 「흐름」 은유를
> 전제한다. 즉 통상이 하나의 흐름이라면 의회의 임무는 그 흐름을 규제하
> 고, 장애물로부터 그것을 보호하는 일이다. 훨씬 더 풍부한 「여행」 은유를
> 전제하는 휴즈의 모형은 더 큰 폭의 함축을 불러온다. 통상이 여행에서의
> 여행자라면 잠재적인 개입의 수단은 훨씬 더 폭넓은 것이 된다. 이제 그
> 초점은 단순히 장애물이 아니라 억압, 위험, 또 다른 원인을 갖는 부정한 행
> 위 등과 같은 다양한 종류의 해악들이 된다. 관련된 의회의 권한은 규제
> 에서 **보호와 증진**으로 전환된다. 의회는 이제 상시적으로 취약한 여행자
> 를 보호하고 그녀의 여행을 진척시키는 연방경찰이다.[26]

휴즈는 계속해서 새로운 은유의 함축들을 탐색하는데, 여기에는
"노동 분쟁 때문에 일어난 그 [제조] 작업의 중단은 주간 통상에 가
장 심각한 영향을 미치게 될 것"[27]이라는 핵심적 개념이 포함되며,
그래서 연방정부는 노동관계가 통상의 여행 능력에 위협이 될 수 있
다면 거기에 개입하는 것이 불가피하다는 것을 알게 될 것이다.
앞서 살펴보았던 것처럼 결정적인 변화, 즉 기저적으로 공유된
「원천-경로-목표」 도식을 식별함으로써 가능한 은유의 전환은 이미
이루어졌다. 이것은 내가 말하는 행위 가능성에 대한 상상적 탐
색―도덕적 추론의 핵심을 이루는―의 중요한 일부다. 그 추론의

---

26) Winter, "Transcendental Nonsense," p. 1204.
27) *Jones and Laughlin*, 41(고딕은 윈터의 강조).

경우에 결정적인 것은 우리가 은유적인 수단은 물론 여타의 상상적 수단들을 사용할 수 있다는 점이다. 그것들은 이미 상황에 대한 현재 우리의 이해 안에서 작동하고 있기 때문에 평가와 행위의 새로운 대안을 발견함으로써 그 상황을 변형시키는 수단들이다.

　존스 앤드 롤린 사건에서 휴즈 판사의 추론은 서구 문화의 모든 구성원에게 주어진 은유적 자원을 사용한다는 점에서 상상적이다. 또한 그 추론은 기저적인 영상도식을 통해 통상에 대한 체계적 은유로부터 산업에서 정부 통제의 범위와 관련된 매우 다른 함의들을 갖는 새로운 은유로 이행해 간다. 우리가 살펴본 것은 휴즈의 도덕적 상상력의 실행이 기존의 프레임과 가치에 의해 고도로 제약되고 있지만 그것들에 의해 완전히 결정되지는 않는다는 점이었다. 그는 두 은유적 사상들이 공유하고 있는 영상도식의 상상적 정교화를 통한 은유적 개념에서 다른 은유적 개념으로 창조적으로 추론하는 능력을 보여 준다.

　이 법적 사례에서 휴즈의 추론은 도덕적 상상력의 본성을 드러내는 전형적인 모형이다. 도덕적 추론에서 우리는 서구 문화를 통해 주어지며, 개인적 경험을 통해 의미, 관계, 사회 조직, 실천의 형태 등의 새로운 가능성을 상상적으로 탐색하는 근거로서 정교화된 상상적 구조와 내용을 사용한다.

　결정적으로 중요한 것은 우리의 도덕적 추론이 서구 문화와 도덕적 전통 안에서 공유된 은유적 구조나 다른 상상적 구조들의 제약을 받을 수 있지만, 여전히 도덕적 이해나 정체성, 삶의 방향을 변형시키는 데 **창조적**일 수 있다는 점이다. 이런 종류의 상상적 추론이 없다면 우리는 참으로 빈곤한 삶을 유지하게 될 것이다. 우리는 습관적 행위를 반복하는 삶에 빠져들게 될 것이며, 우리의 통제를 넘어서는 힘과 우연성에 끌려가게 될 것이다. 우리에게 온건하지만 절대 적으로 필수적인 자유—우리가 도덕적이고 사회적으로 확장하고 발전시켜야 할—를 제공하는 것은 도덕적 상상력이다.

상황에 대한 경험에 어느 정도 근본적인 비결정성이 존재하며, 인간의 도덕성이 이 비결정성을 벗어날 수 없다는 사실을 인식하는 것은 어떤 사람들에게는 혼란스러운 일일 것이다. 그러나 모든 상황에 대해 항상 다중적인 구조화가 가능하다는 사실이 좌절이나 냉소주의를 초래해서는 안 된다. 오히려 우리는 상황들을 창조적이고 건설적으로 대처할 수 있게 해 주는 다면성을 축복해야 한다. 왜냐하면 이것은 우리가 행동과 반응에 있어서 낡고 고착된 패턴에 묶이지 않는다는 것을 의미하기 때문이다. 우리는 경험을 변형시킬 수 있으며, 새로운 아이디어들을 시도할 수 있으며, 또 성장할 수 있다.

8 _ 도덕적 상상력과 경험의 미학적 차원

나는 많은 사람들이 '도덕적 상상력'을 일종의 모순어법, 즉 모순적 개념들을 병치시키는 것으로 생각하기 쉽다는 사실을 지적하면서 이 책을 시작했다. 사람들이 이러한 그릇된 견해를 받아들이는 이유는 그들이 도덕성에 관한 「도덕 법칙」 개념을 오직 순수이성을 통해서만 도출되는 도덕 법칙들의 체계로 받아들이는 반면, 상상력을 예술, 창조성, 또는 규칙을 깨뜨리고 현재의 개념들을 초월하는 일반적 능력과 연관시키기 때문이다.

우리는 상상력을 계몽주의 유산의 일부로서 '미학적' 능력—그 일차적 기능이 예술과 과학에서의 창조성인—으로 간주하는 경향이 있다. 이제 상상력이 미학적 능력이기 때문에 도덕적 추론에서 아무런 역할도 할 수 없다는 그릇된 가정을 검토해 보기로 하자.

도덕적인 것과 미학적인 것 사이의 엄격한 구분은 우리가 물려받은, 인지에 관한 다음과 같은 계몽주의적 시각에 뿌리를 두고 있다. 「능력 심리학」이라는 계몽주의의 통속 이론은 우리의 정신적 활동이 분리되고 구분되는 판단 형식들로 분석될 수 있다는 견해를 유지하는 데 사용되었다. 인식론의 핵심적 과제의 하나는 과학이나 도덕성, 예술을 특징짓는 판단 유형들 각각의 역할을 설명하는 일이었다. 전형적으로 '이론적'이고 '과학적'인 판단(세계에 대한 확정적인 객관적 지식을 제공해 주는 판단)은 감각적 지각을 개념들에 통합시키고, 나아가 그 개념들을 세계에 관한 지식을 표현하는 명제들로 결합시키는 행위로 분석되었다. 앞서 살펴보았던 것처럼 '도덕적' 판단은 특정한 사례들을 특정한 도덕적 개념에 포섭되는 것으로, 따라서 구체적인 도덕 규칙의 지배를 받는 것으로 판단하는 작용을 포함한다고 가정되어 왔다. 바꾸어 말하면 도덕적 추론(판단)은 공유된 도덕 개념들에 근거해서 도덕 법칙을 구체적 사례들에 적용하는 문제다.

이와는 대조적으로 '미학적' 판단은 어떤 개념도 포함하지 않는 것으로 간주되었으며, 따라서 이성의 산물이 아니었다. 대신에 미학적 판단은 느낌이나 상상력에 근거하고 있어서 자연적이거나 인위적인 대상의 지각 가능한 형식들에 대한 정서적 반응을 표출한다. 그래서 도덕적 판단과 미학적 판단을 혼동하지 않는 것이 중요한 문제로 간주되었다. 미학적 판단도 예술적 창조 행위도 규칙을 따라 수행될 수 없다. 왜냐하면 거기에는 규칙("만약 대상 X가 A, B, C라는 속성을 갖는다면 그것은 아름답다"라는 형식의)을 산출하는 어떤

412

개념도 관련되어 있지 않기 때문이다. 대조적으로 도덕적 판단은 확정적인 도덕 개념들로부터 확정적인 행위 규칙을 도출할 수 있는 것으로 가정되었다.

이처럼 미학적 판단과 도덕적 판단이 본질적으로 다른 것으로 간주되는 한, 상상력이 도덕적 판단에 중심적이라는 생각은 완전히 잘못된 것으로 간주될 것이다. 만약 우리가 상상력을 무제약적이고 주관적인 영상이나 표상의 놀이로 받아들이게 되면, 상상력을 도덕적 판단의 핵심으로 설정하는 것은 확정적인 도덕 법칙의 가능성을 무너뜨리는 일로 보이게 된다.

계몽주의의 「능력 심리학」, 판단 유형의 구분, 또 경험 영역들(즉 이론적, 도덕적, 미학적 영역 등) 사이의 관련된 구분에 근거한 그러한 통속 이론들은 대부분 인지과학에 따르면 잘못된 것으로 드러났다. 나는 이 일련의 그릇된 가정들에 근거한 견해들 중 특히 다음과 같은 두 가지를 비판하려고 한다. 그것은 먼저 미학적 판단이 오직 미적 대상이나 예술작품에만 관련된다(따라서 도덕성의 일부가 아니다)는 견해이며, 둘째, 도덕성은 오직 도덕 법칙들로부터 합리적으로 도출되는 행위를 이끌어 가는 삶의 층위에만 적용된다는 견해다.

이와는 뚜렷하게 대비되는 것으로, 이 전반적 연구의 토대적 가정은 '미학적'인 것이 우리 삶의 모든 측면에 확산되어 있다는 것이다. 나는 '미학적'인 것을 우리가 이해할 수 있는 정합적 경험을 가능하게 해 주는 수단으로서 상상적 구조와 활동, 지향성, 변형을 포함하는 넓은 의미로 해석한다. 모든 경험에 미학적 차원이 존재한다는 것을 가장 분명하게 이해했던 철학자는 듀이(J. Dewey)다. 인간은 일정 수준의 성취를 이루는 경험을 추구하는 경향이 있다. 미학적인 것이야말로 비교적 통합적이고, 정합적이며, 완료된(consummated) 경험을 가능하게 해 주는 어떤 것이다. 따라서 미학적인 것은 우리가 '과학적' '이론적' 또는 '도덕적'이라고 생각하는 것 안에 현전하며, 또 그것들과 뒤섞여 있다. 우리는 어떤 경험의 기술적, 설명적, 확증 지향적 차원의 중요성을 강조하기 위해 그 경험을 '이론적'이라고 부른다. 우리는 어떤 경험의 실천적, 규범적, 행위 지향적 층위를 강조하기 위해 그 경험을 '도덕적'이라고 부른다. 듀이는 미학적인 것의 이러한 확장된 개념을 다음과 같이 설명한다.

> 나는 …… 미학적인 것이 나태한 사치이든 초월적인 이상성이든 경험에 대한 밖으로부터의 침입자가 아니며, 오히려 정상적으로 완결된 모든 경험에 속하는 특성들의 명료화되고 강화된 발전이라는 점을 드러내려고 시도했다. ……
>
> 생동하는 경험 안에서 실천적인 것, 경제적인 것, 지적인 것을 서로 구분하고, 그 한 경험의 속성들을 다른 경험들의 특성들보다 더 높게 설정하는 것은 불가능하다. 정서적 측면은 부분들을 하나의 전체로 묶어 준다. 즉 '지적'이라는 말은 단순히 경험이 의미를 갖는다는 사실을 가리키며, '실천적'이라는 말은 유기체가 그것을 둘러싸고 있는 사건이나 대상과 상호작용하고 있다는 것을 가리킨다. 정교한 철학적 또는 과학적 탐구와 야심적인 산업적 또는 정치적 기획은 그것의 상이한 요소들이 하나의 통합적 경험을 구성할 때 미학적 성질을 띠게 된다.[28]

우리는 미학적인 것을 실천적인 것 또는 도덕적인 것으로부터 탈

---

28) John Dewey, *Art as Experience* (1934; New York: G. P. Putnam's Sons, 1958), pp. 46, 55.

주하는 것, 즉 도덕적 책임으로부터 예술적 취향의 함양이라는 영역
으로 후퇴하는 것으로 생각하는 잘못을 그쳐야 한다. 이것은 모든
경험의 미학적 층위가 유의미한 질서, 정합성, 완성을 향한 가능성
에 기여하는 층위라는 사실을 인정하도록 요구한다. 대부분의 경우,
이것은 상상적 구조화의 문제다. 이러한 관점에서 보면 도덕성은 우
리 삶을 이끌어 가는 도덕 법칙들에 대한 탐구가 아니라 우리의 문
제에 대처하기 위한, 공동체적 관계의 질을 향상시키기 위한, 또 의
미 있게 성장하는 개인적 애착을 형성하기 위한 가능성들에 대한 지
속적인 상상적 탐색이다.

따라서 도덕성을 기본적으로 도덕적 상상력의 문제, 또한 미학적
발달을 포함하는 문제로 간주하는 것은 결코 수치스러운 일도 위협
적인 일도 아니다. 경험의 미학적 차원—상상력, 감정, 개념을 포함
하는—은 의미와 질적 고양(또는 반대로 경험의 분열과 황폐화)을
가능하게 해 주는 어떤 것이다.

상상력은 더 이상 소위 주관적인 미학적 경험 영역으로 추방되지
않는다. 대신에 상상력은 현재의 상황을 의미 있는 것으로 경험하고
평안을 추구한다는 관점에서 그것을 변형시킬 수 있게 해 주는 바로
그 능력이다. 상상력은 현재와 같이 형성된 우리 자신을 넘어서게
해 주며, 우리가 무엇이 될 수 있는지, 타인과 어떻게 관계를 유지할
수 있는지, 또 문제 상황에 어떻게 대처할 수 있는지에 관한 상상된
이상들을 향해 변형적으로 이행해 가는 수단이다.[29] 도덕적 상상력
은 현실적이거나 숙고된 경험 안에서 경험의 질을 고양시키는 가능
성을 조망하고 실현하는 능력이다. 그것은 우리 자신, 그리고 우리
가 속한 공동체, 현재와 미래 세대 모두를 위한 것이며, 현존하는 실
천과 제도는 물론 잠재적으로 실현 가능하다고 상상할 수 있는 실천

과 제도를 위한 것이다.[30] 이것은 우리가 예술작품을 경험하고 판단
하든지 삶의 행로를 결정해 주는 긴박한 도덕적 숙고에 직면해 있든
지 간에 여전히 사실이다.

9 _ 「예술로서의 도덕성」 은유에 관하여

도덕적 경험과 이해, 추론의 구조에 미학적 차원들이 얽혀 있다고
말하는 것은 어느 정도 도덕성이 예술이라고 말하는 것처럼 들린다.
나는 도덕적 추론이 일종의 정교한 상상적 활동이라고 생각하지만
「예술로서의 도덕성」(Morality as Art) 은유를 무조건적인 참으로
받아들일 것을 제안하고 있는 것은 아니다. 원형적인 예술 활동에는
도덕적 추론의 일부가 아닌 다양한 측면들이 존재하며, 그 역도 마
찬가지다.

내가 제안하는 것은 전통적인 「도덕 법칙」 해명을 탐구하는 것보
다는 도덕성이 얼마나 미학적 식견이나 예술적 창조와 유사한 것인
지를 검토함으로써 훨씬 더 많은 것을 배우게 되리라는 것이다. 나
는 「예술로서의 도덕성」 은유가 도덕적 추론의 본성을 드러낸다는

---

29) 상상력은 추상적인 도식적 능력이 아니며, 환상이나 상상의 능력은 더더욱 아니다.
    그것은 상황적 사건들을 지속적으로 조직화하고 재구성함으로써 경험의 흐름을 의미
    있는 연속성으로 직조하는 활동이다. 그래서 상상력은 완료적 통합의 시간적 가능성
    을 드러내 주는 지평과 초점을 열어 준다. 상상력은 행위를 통한 의미의 성장으로서
    경험을 파악한다. Thomas Alexander, *John Dewey's Theory of Art, Experience, and
    Nature* (Albany: SUNY Press, 1987), p. 261.
30) 그래서 알렉산더는 상상력을 "가능한 상황―그 이상적 가능성이 상황을 매개하고 행
    위를 이끌어 가는 데 사용되었기 때문에 실현될 수도 있는―의 관점에서 현재의 의
    미를 파악하는 능력"(같은 책, p. 262)이라고 말한다.

416

생각을 어디까지 밀고 나아가려고 하는지를 제안할 것이다. 도덕적 숙고와 관련되는 것으로서 예술적 활동의 다음과 같은 특징들을 고찰해 보자.

1) 식별력

특정한 조건들 안에서 어떻게 행위할 것인지를 결정하는 것은 우리가 그 상황을 어떻게 구조화하는가에 달려 있다. 이것은 그 상황에서 무엇이 중요한지에 관한 섬세한 식별력과 판별력의 문제다. 그것은 대부분 상황, 품성, 의도 등을 이해하는 문제다. 이런 종류의 섬세한 지각이 없다면 도덕 법칙들은 무용하며 공허하다. 이것이 누스바움(M. Nussbaum)의 다음과 같은 논변의 근거를 이룬다.

> 도덕적 지식은 …… 명제들에 대한 지적 이해가 아니다. 그것은 구체적인 사실들에 대한 지적 이해는 더더욱 아니다. 그것은 지각이다. 그것은 복합적이고 구체적인 현실을 고도로 명료하고 풍부하게 반응적인 방식으로 이해하는 것이다. 그것은 상상력과 느낌을 통해 현전하는 것들에 참여하는 것이다.[31]

도덕성이라는 작용은 도덕 법칙이나 도덕 원리를 파악함으로써 이루어지는 것이 아니라 우리가 직면하는 상황 안에서 일어나는 일들을 식별함으로써 이루어진다. 즉 그것은 우리는 누구이며, 우리가 원하는 것은 무엇이며, 다른 사람들이 원하거나 필요로 하는 것은

---

31) Nussbaum, "Finely Aware and Richly Responsible: Literature and Moral Imagination," in *Love's Knowledge: Essays on Philosophy and Literature* (Oxford: Oxford University Press, 1990), p. 152. 이하 이 글의 인용 쪽수는 본문에 제시한다.

무엇이며, 우리는 그들과 어떤 관계를 가지며, 우리의 행위는 어떤 형태를 취할 수 있으며, 다양하게 조망된 행위 방향에서 어떤 결과가 비롯될 수 있는지를 식별하는 문제다.

도덕적으로 민감해지는 데 절대적으로 기본적인 섬세한 판별력은 우리가 예술가들에 관해 가장 높이 평가하는 것들 중의 하나다. 우리는 우리가 보지 못하는 것들을 인지하며, 우리가 상상하지 못했던 가능성들을 상상하며, 또 우리가 현재로서는 아니지만 느낄 수도 있는 방식으로 느끼는 예술가들의 능력을 존중한다. 우리는 우리가 놓치기 쉬운 방식으로 상황이나 경험에 대처함으로써 세계의 새로운 차원을 우리에게 열어 주는 그들의 능력을 존중한다.

미학적 지각에서와 마찬가지로 도덕적 식별력에서도 사물에 대한 상상적 시각에는 제약들이 존재한다. 누스바움은 다음과 같은 사실을 환기시켜 준다.

> 만약 우리가 지각을 하나의 창조된 예술작품으로 생각한다면 우리는 동시에 예술가들이 마치 제임스가 보았던 것처럼 그들이 원하는 어떤 것이든 창조할 수 있도록 그저 자유롭지만은 않다는 사실을 기억해야만 한다. 그들의 책무는 정확하고 진지하게 실재를 드러내는 일이다. 이러한 과제 앞에서 그들은 일반적 원리들이나 자신들 안에서 내면화된 습관과 애착들의 주된 도움을 받는다(Nussbaum, 155).

도덕적 지각이나 예술적 지각은 다음과 같은 측면에서 유사하다. 그것들은 상상력과 느낌의 작용이며, 거기에 선결된 방법(또는 알고리즘적 절차)은 존재하지 않는다. 그렇지만 그것들은 일반적 원리의 '도움을 받으며', 우리의 신체적·대인관계적·문화적 상호작

418

용의 본성의 제약을 받는다. 미학적 식견의 결여가 예술적 결함인 것처럼 도덕적 지각의 결여는 도덕적 결함이다. 누스바움은 이렇게 결론짓는다.

> 무감각은 도덕적 실패를 의미한다. 그 대립물은 함양될 수 있다. 현존의 규범들[일반 원리나 규칙들]은, 스스로 받아들여진 것으로서, 그 자체로 무감각에 대한 처방이다. "적정한 시기에, 적정한 대상과 관련해서, 적정한 사람들에 대해, 적정한 목표와 함께 적정한 방식으로 대응하는 것이 적절한 최선이며, 이것이 바로 탁월함의 특징이다"[32](Nussbaum, 156).

2) 표현

적어도 낭만주의 시대 이래로 우리는 전형적인 예술작품을 예술가들의 표현 행위로 간주해 왔다. 『예술의 원리』(*The Principles of Art*)에서 콜링우드(R. G. Collingwood)는 예술작품이 예술가들의 표현 행위와 사실상 동일한 것이라고 주장한다.[33] 예술가는 표현적 활동을 통해 정서, 영상, 욕구 등에 정의나 개성, 명료성을 부여한다. 이렇게 해서 예술은 자기 표출이나 자기 지식의 한 형태가 된다.

나는 모든 예술이 이렇다고 주장하는 것도 아니며, 또한 콜링우드의 이론이 모든 형태의 표현에 적용된다고 주장하는 것도 아니다. 그러나 예술에서 그런 것처럼 우리는 도덕적 숙고와 행위 안에서 품성이나 자기 정체성을 표현한다. 더욱 중요한 것은 우리가 도덕적 추론을 통해 지속적인 방식으로 우리 자신을 구성하거나 재구성한

---

32) Aristotle, *Nicomachean Ethics*, 1106b21~23.
33) R. G. Colingwood, *The Principles of Art* (Oxford: Oxford University Press, 1935).

다는 것이다. 우리는 사고와 행위를 통해 우리 자신을 발견하는 동
시에 변형시킨다.

사람들은 도덕성이 자기표현과 중요하게 관련되어 있다는 생각을
받아들이지 않으려는 경향이 있지만 그것은 명백한 사실이다. 우리
는 사고와 행위를 통해 현재와 같은 우리 자신이 되었기 때문에 도
덕성은 자기표현과 자기 정의의 일차적인 형식들 중의 하나다. 그것
은 우리 자신을 투사하고, 또 우리가 되려고 하는 것에 대한 의미를
추구하는 주된 장(場)이다.

3) 탐구

예술은 항상 사물의 본성에 대한 탐구로서 존중되어 왔다. 미메시
스(mimesis) 또는 창조적 모방으로서의 예술, 따라서 지식의 한 형
태로서 예술은 서구적 전통에서 최초로 발생한 이론이다. 나아가 전
적으로 모방적이거나 자연주의적인 예술론은 오늘날 선호되지 않는
것이 사실이지만 우리는 여전히 예술을 형식, 질료, 언어, 제도, 관
계 등의 가능성에 대한 탐구로 간주한다.

따라서 도덕적 숙고를 도덕적 탐구의 한 형태로 생각하는 것은 도
덕성의 탐구적 측면을 부각시킨다는 점에서 교훈적이다. 가능한 최
선의 방식으로 행위하기 위해서 우리는 상황에 대한 다양한 구조화
를 시도하고, 타인의 동기와 의도를 검토하고, 상황에 잠재해 있는
것으로서 건설적인 상호작용의 가능성들을 탐색해야 한다. 도덕 법
칙을 발견하는 것은 그러한 탐구의 매우 작은 일부일 뿐이다. 우리
가 해야 할 일은 대부분 상황에 대한 우리의 이해, 우리의 관계, 투
사된 다양한 행위 방향의 함축들을 파악하기 위해 집중적으로 검증
하고 실험하는 것이다.

4) 창조성

우리는 예술을 통해 사물들, 즉 물리적 대상, 텍스트, 선율, 사건, 심지어 개념적 실재 등을 만든다. 우리는 틀을 만들고, 모양을 만들고, 형태를 부여하고, 구성하고, 조화시키고, 균형을 잡고, 파괴하고, 조직화하고, 재구성하고, 건설하고, 윤곽을 그리고, 묘사하고, 또 다른 상상적 만들기의 형식들을 사용한다.

아주 직설적으로 말하자면 이것이 바로 우리가 도덕성과 관련해서 하는 것이기도 하다. 우리는 상황을 묘사하고, 성격의 윤곽을 파악하고, 문제들을 정형화하고, 사건들을 프레임에 넣는다. 행위를 할 때 우리는 다양한 형태의 창조적 만들기에 참여한다. 즉 상황을 구성하고, 관계를 건설하고, 다양한 관심사들을 조화시키고, 경쟁적 가치나 좋음들의 균형을 잡고, 제도적 실천을 고안하고, 대인관계적 관계들을 통합한다. 이것은 그저 우리가 하는 것을 기술하는 선택적 방식이 아니라 도덕적으로 민감하고 수용적인 사람이 해야만 하는 것에 대한 정확한 설명이다.

우리는 모두 상상력이 이러한 예술적 행위의 핵심이며, 그것에 의해 새로운 사물이 생겨나고, 낡은 것이 재구성되고, 보고, 듣고, 느끼고, 생각하는 우리의 방식이 변형된다는 것을 알고 있다. 나아가 우리는 앞서 상상력이 도덕적 행위에서도 마찬가지로 핵심이 되며, 그것을 통해 낡은 개념과 가치가 재구성되고, 상황과 사람들을 인식하고 대응하는 우리의 방식이 변형되며, 새로운 실재들이 생겨나게 된다는 것을 살펴보았다.

인간 경험의 역사적이고 진화적인 특성은 새로운 유형의 문제나 상황이 시간 속에서 발생하리라는 것을 함축하며, 따라서 우리는 지속적으로 우리 삶을 수정하고 적응하고 조정해야만 한다. 이것은 이처럼 새롭게 생겨나는 조건들에 대응하는 새로운 가능성에 대한 지속적인 실험을 요구한다. 대부분의 실험적 활동은 예술적 실험이 흔히 그렇듯이 부적절하거나, 그릇되거나, 심지어 비생산적일 수 있다. 그러나 우리는 종종 상상적인 형태의 새로운 개인적 · 제도적 관계를 찾아내는데, 그것은 개인적 삶이라는 소박한 수준은 물론 공동체 또는 전체 문화라는 좀 더 방대한 폭(노예제도의 폐지나 평등선거 등)에서 이루어진다.

어떤 사람들은 이런 유형의 상상적 탐색이나 창조에 특별한 재능이 있다. 그들은 우리의 이해, 즉 세계를 경험하고, 우리 자신을 이해하며, 타인에 대한 애착을 형성할 가능성에 대한 이해를 확장시켜 준다. 그것들은 우리에게 원리적 형식과 실천을 넘어서서 생각하고, 관계를 맺고, 행위하는 새로운 방식들을 보여 줌으로써 기존의 도덕성 규칙, 법칙, 예절 등을 무너뜨리는 것으로 보인다.

좁게 해석된 예술 영역에서 예를 들어 반 고흐(V. van Gogh)의 『파시앙스 에스칼리에의 초상』(*Portrait of Patience Escalier*, 1888)은 눈을 붉은 홍채를 띠게 그리거나 수염과 머리를 푸르스름한 녹색 색조를 띠게 그림으로써 사실주의적 색채 사용의 표준적 규칙들을 어긴 것일 수 있다. 그렇지만 그의 작업은 우리 경험에 진실을 환기시켜 주고, 그 경험을 재구성하고 있으며, 나아가 지금까지 표준적인 미학적 원리들에 의해 포착되지 않고 은폐되어 왔던 차원을 드러내 준다. 지속적인 작업을 통해 그는 모든 표준적인 색채 표현을 무너뜨림으로써(자화상의 녹색 얼굴, 올리브 숲의 푸른 나무줄기 등) 우리를 사로잡는 색상의 강렬함을 창조하고, 그가 보고 행했던 것의 진실성을 전달해 주었다. 그것은 예술 창작의 어떤 규칙에 따른 것이 아니라 사물에 대한 우리의 상상적 이해의 유연한 논리에 따른

422

것이다.

도덕성에도 유사성이 있다. 마틴 루터 킹(Martin Luther King, Jr.)은 『버밍엄 감옥에서 온 편지』(Letter from a Birmingham Jail)에서 시민불복종을 포기하고, '필연적으로' 도래하게 될 시민권의 변혁을 시간에 맡기도록 촉구하는 그의 친구들과 지지자들에게 감동적인 답을 하고 있다. 그들은 비폭력적 대립이 단지 승리를 필요로 하는 바로 그 사람들을 오히려 소외시킬 뿐이라고 주장했다. 변화는 사람들이 새로운 이념과 제도에 적응해 가면서 점진적으로 이루어져야 한다는 것이다. 무엇 때문에 점진적으로 전개되어야 할 과정을 촉진시키려는 목적만으로 양편 사람들을 모두 고통, 수난, 소외, 심지어 죽음으로 내몰아야 하는가?

킹은 수많은 사람들이 볼 수 없었던 것을 보았다. 그는 변화가 정상적인 과정을 통해서 오지 않으리라는 것을 알았다. 그는 양편 사람들의 특성과 의도, 의지를 읽어 냈다. 그는 사람들에게 희생적 행위를 고무할 수 있는 인도주의적 관계들의 가능성을 그리고 있었다. 그는 다른 사람들이 간과했던 인간적 평등이라는 이상을 실현하는 방식들을 상상했다. 오늘날 우리는 그가 정의와 연민, 겸손, 용기, 통찰을 갖고 행동했다는 것을 아주 분명히 이해한다. 1960년대 초반에는 이 사실이 결코 선명하지 않았다. 그가 했던 것처럼 시민적 권리들을 통합시키려면 지각과 상상력, 그리고 뛰어난 창조성이 필요했다. 그것은 우리 모두가 열망할 수 있는 예술이다.

5) 기술

도덕성에는 숙련의 차원이 존재한다. 왜냐하면 도덕성은 타인과 삶의 우연성에 대한 '숙련된 대처'(skillful coping)를 요구하기 때문이다.[34] 내가 말하는 '기술'(skill)은 누스바움이 서술했던 것으로서 그리스어의 '테크네'(technē) 개념을 뜻한다.

그렇다면 테크네는 투케(tuchē: 기회 또는 우연)에 대한 모종의 통제를 산출하는, 세계의 일부에 대한 인간 지성의 의도적인 응용이다. 즉 그것은 필요성에 대한 대처, 그리고 미래의 우연성과 관련된 예측이나 통제와 관련되어 있다. 테크네에 의존해서 살아가는 사람은 예견과 수단이 없이 새로운 경험에 직면하지 않는다. 그는 모종의 체계적 이해 능력, 즉 주어진 문제를 정돈하는 방식을 갖고 있으며, 그것을 통해 그는 일어난 일에 대한 맹목적 의존으로부터 벗어나서 잘 준비된 새로운 상황으로 나아갈 것이다.[35]

훈련이 필요한 예술적 기술이 있다. 즉 그것은 연습을 통해 습득할 수 있다. 그러나 기술은 단지 어떤 주어진, 확정적인 목표에 대한 효과적인 수단에 대한 지식으로 받아들여져서는 안 된다. 예술가는 자신이 창조하려고 하는 것의 정확한 개념을 구조화한 다음, 그 목표를 실현하기 위해 기술을 적용하는 방식으로 시작하지 않는다. 그 기술은 오히려 재료나 형태, 개념들과의 상호작용 속에 있으며, 그 안에서 예술 재료에 대한 작업의 과정을 통해 확정적인 어떤 것이 모습을 드러낸다. 예술가의 관념은 진흙이든, 섬유든, 물감이든, 음색이든, 단어든 기술을 통한 작업을 통해 진화하고 성장한다. 누스

---

34) 이 '숙련된 대처'라는 말을 드레이퍼스(H. Dreyfus)가 '세계 내 존재'로서의 그러한 차원, 즉 의식적 반성과 이론적 분석에 앞선 차원에 대한 하이데거의 이해를 서술하기 위해 사용했던 것을 받아들인 것이다.

35) Nussbaum, *The Fragility of Goodness*, p. 94.

바움에 따르면 이런 종류의 테크네는 "질적이고, 다원적인 목표를 가지며, 나아가 그 안에서 예술 활동은 그 자체로 목표를 구성한다."[36]

예술에서처럼 도덕성에도 기술의 차원이 존재한다. 연습과 훈련이 필요한 도덕성의 측면들이 있다. 그런 연습은 (특히 어린아이의 경우) 교육의 소지는 있지만 그것은 언어적 규칙을 따르는 것과는 매우 다르다. 여기에서 요구되는 기술적 대처란 사람들에게 상황들─대처하는 과정에서 변화하는─을 통해 창조적이고 건설적으로 자신의 방식을 모색할 수 있게 해 주는 이해를 말한다. 그렇다면 이런 종류의 기술은 결코 단순히 사람들이 기계적으로 상황에 적용하는 확정된 절차가 아니다. 대신에 그것은 우연성과 예측 불가능한 상황 안에서 어떻게 평안을 실현할 것인지에 관한 유동적인 지식이다. 내가 관계들을 '통합한다' 또는 상황들을 '구성한다'고 했을 때 염두에 두고 있었던 것은 바로 이런 종류의 창조적 만들기다.

예술과 도덕성 사이의 이러한 유사성들은 도덕적 추론에서 간과되어 왔던 상상적 차원을 열어 주는 방식으로서 내가 「예술로서의 도덕성」 은유를 진지하게 받아들이는 근거를 이룬다. 그렇다고 해서 내가 도덕성을 예술(예술작품을 만드는 것으로 좁게 해석된) 속으로 와해시키려는 것은 아니다. 오히려 나는 예술작품을 창조하고, 경험하고, 평가하는 데 적합한 것으로 널리 인식된 상상적 판단이 많은 측면에서 편재적으로 상상적이라는 점에서 도덕적 판단의 한 모형으로 작용할 수 있다고 주장했다.

그렇다고 해서 내가 삶과 도덕성의 '미학화'(aestheticization)─

---

36) 같은 책, p. 99.

서구의 유일한 도덕적 프레임으로 간주되어 왔던 것의 와해에 대해 냉소적이고 자포자기적인 반응으로서 지난 세기 동안 반복적으로 나타났던―를 받아들이는 것은 아니다. 키르케고르(S. Kierkegaard)가 결정적으로 보여 주었던 것처럼 A(심미주의자)의 삶은 도덕적 책임으로부터의 탈주인 동시에 의미 있는 인간적 실존과 행위 가능성의 파괴다.[37) 만약 우리가 앞서 서술되었던 의미에서 미학적인 것을 이해한다면 삶의 미학화라는 생각은 미학적인 것에 대한 지나치게 협소하고 주관적인 정의, 또 미학적인 것과 도덕적인 것의 그릇된 분리에 근거한, 개념의 오용에 불과하다.

10 _ 도덕적 상상력은 왜 좋은가?

이 장에서 내가 주장했던 것들은 모두 이 물음에 대한 답변을 이루고 있다. 나는 도덕적 개념들, 상황의 구조화, 또 무엇을 할 것인지에 관한 추론 등이 전형적으로 다양한 상상적 구조에 근거하고 있는 여러 가지 방식들을 개관했다. 나는 도덕적 이해의 상상적 특성이 우리에게 특정한 책무들을 부과한다고 주장했다. 그것은 (1) 인간의 인지가 대부분 상상적이라는 사실이 도덕성에 대해서 갖는 함축들에 관해서 알아야 한다는 책무, (2) 우리 자신과 타인들이 도덕적 상상력을 함양해야 한다는 책무다.

이것은 사람들에게 삶에 대한 빈약한 지침처럼 보일 것이다. 이제 이것만이 우리가 가진 모든 것이며, 또한 이것이 우리를 무기력하게

---

37) 『이것이야 저것이냐』와 『불안과 공포』에서 드러나는 키르케고르를 말한다.

426

만들지는 않는다는 사실을 깨달아야 한다. 도덕적 이해에 관한 이론으로 이해된 도덕성 이론은 우리에게 도덕 법칙을 제시해 주지 않지만 우리 삶에 모종의 지침을 제시해 준다. 그 지침은 우리 자신과 타인에 대한 도덕적 지식을 통해 주어진다. 우리는 각각 다르게 성찰하고 행위할 것이다. 왜냐하면 우리는 인간적 번영에 기여하는 다양한 방식으로 도덕적 지각과 식별력, 상상적으로 타인의 입장이 되어 보는 것, 또 상황을 구성하는 대안적 가능성에 대한 조망 등의 중요성을 이해하기 때문이다.

규칙과 법칙으로 회귀하려는 사람은 삶의 비결정성이나 우연성을 두려워하는 사람이거나 도덕적으로 무감각한 사람, 아니면 그 두 가지 모두에 해당되는 사람이다. 규칙에 사로잡히는 것은 도덕적 실패의 징후이며, 그렇게 되면 규칙은 스스로 약속했던 것, 즉 모든 상황에서 어떻게 행위할 것인지를 말해 주는 일을 할 수 없다.

이렇게 해서 우리는 이 장을 시작했던 이야기로 되돌아간다. 1971년 초에 나는 결정을 해야만 했으며, 또 결정을 했다. 나는 징집위원회에 양심적 거부자 지위를 신청했다. 나는 아버지의 마음을 아프게 했다. 나는 징병검사에 소환되었으며, 조만간 육군에 입대 통보를 받게 될 것이라는 말을 들었다. 내가 속했던 징집위원회는 누구에게도 양심적 거부자 지위를 부여하지 않는 것으로 알려져 있었다. 나는 나라를 버리는 것이 내게 부적절한 것이라고 결정하면서 투옥이라는 두려운 망령에 관해 숙고하고 있었다.

그러다가 완전히 우리의 통제 밖에 있는, 예측 불가능한 우연이 종종 우리의 삶을 바꾸는 경우에 전형적으로 나타나는 그런 일이 일어났다. 징집 통보 대신에 나는 고등학교 시절 농구 때문에 생겼던 왼쪽 무릎의 관절 변형 때문에 현역 복무에서 탈락되었다는 통보를 받았다. 나는 1-Y로 분류되었는데, 그것은 국가 비상사태 시 복무에 동원되는 경우를 의미했다. 그래서 나는 베트남에 가지 않았으며, 감옥에 가지도 않았으며, 또 대체 복무를 하지도 않았다.

완전한 우연이 내 삶을 바꾸어 놓았다는 사실은 내가 앞에서 제기했던 딜레마의 도덕적 중요성에 변화를 주는 것은 아니다. 내가 직면했던 상황은 전적으로 우리 삶에서 부딪히는 모든 난감한 도덕적 딜레마의 전형이었다. 그것들은 도덕 법칙을 통해서 해결되지 않는다. 그것들은 이미 수립된 도덕적 추론의 어떤 방법으로 해결되는 것이 아니다. 그것들은 '유일한 옳은 행위'를 발견하는 문제가 아니다. 오히려 그것들은 식별, 균형 잡기, 구성하기, 조망하기, 투사하기, 탐색하기 등을 요구하는 문제, 즉 상상적 지각과 상상적 조망, 상상적 행위의 문제다.

제 9 장

절대 없이 살아가기: 객관성과 비판의 조건

도덕적 이해가 본성상 기본적으로 상상적이라면 도덕적 객관성은 어디에 있는가? 그것은 극단적 상대주의자들이 주장하는 것처럼 단순한 환상일까? 또 만약 그것이 환상이 아니라면 도덕적 개념의 상상적 구조, 그리고 그것을 통한 추론과 양립하는 객관성은 어떻게 해명될 수 있을까? 나는 그러한 해명의 윤곽을 제시하려고 한다.

우리가 필요로 하는 것은 상상적 합리성에 근거한, 이성적인 동시에 경험적으로 적절한 '객관성'과 '공평성'(impartiality) 개념이다. 중요한 것은 도덕적 판단이 절대적 관점에 대한 주장을 포기하더라도 단순히 사람이나 집단이 기준을 설정하는 문제로 그치지 않는, 실제적인 객관성 개념이 존재하는지의 문제다. 우리는 상상력의 구조들 안에 우리 대부분의 기본적 신념과 가치의 일부를 비판하고 변형시킬 수 있게 해 주는 근거가 존재하는지를 밝혀야만 한다.

특히 앞장에서 내가 주장해 왔던 것처럼 이 결정적인 문제에 답하는 데 핵심을 이루는 것은 상상력의 공적·사회적 성격에 초점을 맞추는 일이다. 우리는 영상도식들과 개념적 은유들이 전형적으로 신체적 경험에 근거하고 있다는 사실을 살펴보았다. 따라서 상상력은 단순히 사적이거나, 주관적이거나, 또는 특이한 과정이 아니다. 그것은 절대주의가 지지하는 의미에서는 아니지만 개인적인 시각을 넘어서는 개념과 프레임, 관점들의 근거가 될 수 있다.

더욱이 상상력은 대안적인 관점들을 생각하고, 행위, 관계, 공동체적 복지 등에 관해 그것들이 갖는 함의들을 탐색할 수 있게 해 주는 수단이다. 따라서 특정한 관점에 대해 비판적 태도를 취할 수 있는 가능성 자체는 다른 관점들을 포괄할 수 있는 상상적 능력에 달려 있다.

도덕적 비판을 기본적으로 상상적이라고 보는 이 견해의 핵심은 도덕적 객관성이 절대적인 '신적(神的) 관점'을 갖는 데 있는 것이 아니라 공동체적 대화와 실천을 통해 수행되는 특수한 유형의 반성적이고 설명적이며 비판적인 평가의 과정에 있다는 것이다.

우리가 객관성 개념을 재구성해야 하는 것처럼 주관성과 상상력에 대한 우리의 감각을 재구성해야만 한다는 사실에 주목하라. 앞장들에서 나는 주관성(즉 인격으로서 우리의 정체성)이나 상상력이 단순히 개별적이고 사적이지 않다고 주장했다. 그것들은 공유되고, 공동체적이고 문화적이며, 심지어 보편적인 차원들을 포함한다. 따라서 객관성과 주관성은 경험의 상호작용적 과정의 상관된 부분들로서 서로 근접해 간다. 객관성은 많은 사람들이 생각하는 것보다 덜 초월적이고 절대적인 반면, 주관성은 대부분의 사람들이 생각하는 것보다 덜 주관적이다.

1_절대주의와 상대주의의 바탕에 있는 객관성 개념

역설적이게도 도덕적 절대주의와 극단적인 도덕적 상대주의가 공유하는 객관성의 기준은 「도덕 법칙」(Moral Laws) 통속 이론에 근거해 우리에게 떠넘겨진 그릇된 기준이다. 절대주의적 해석에 따르면 객관성은 보편적으로 구속력 있는 도덕 법칙들이 존재해야만 확보될 수 있다. 이러한 절대적이고 객관적인 도덕 법칙들은 모든 도덕적 행위자들이 공유하는 것으로 가정된 「보편 이성」(Universal Reason)의 본질적 구조에서 비롯되는 것이어야 한다. 도덕적 객관성은 우리의 구체적 신체화―열망, 관심, 정서, 타인에 대한 특정한 애착 등―를 넘어서서 모든 사람이 공유하는 초월적인 「보편 이성」의 관점을 가정함으로써 존립한다. 편견과 편향은 다른 사람과 우리를 갈라놓고 보편 이성의 빛을 가리는 것으로 가정된다. 우리의 생래적인 근본적 자유는 이러한 편견들을 극복하고, 신체적 욕구를 넘어서며, 도덕적 숙고와 평가에서 보편적으로 타당한 관점을 취할 수 있게 해 준다.

「도덕 법칙」 해명은 개개인의 성격이 시간에 따라 변할 수 있다는 것을 인정하지만 우리를 도덕적 행위자로 만들어 주는 것, 즉 우리의 보편적(실천적) 이성의 본질은 변할 수 없다고 주장한다. 따라서 도덕적 절대주의에는 인간의 합리성이나 도덕성을 정초하는 개념들을 상상적으로 변형시키거나 발전시킬 여지가 없다.

절대주의에 대립되는 것으로 간주되는 극단적인 상대주의도 도덕적 판단의 객관성에 관해 마찬가지로 그릇된 견해를 공유하는 것으로 드러난다. 두 견해 사이에 유일한 차이점은 이것이다. 즉 절대주의는 우리가 객관성의 이러한 기준을 충족시킬 수 있다고 본다. 왜냐하면 절대주의는 사람들을 정확히 「도덕 법칙」통속 이론이 기술하는 것과 같은 존재로 보기 때문이다(즉 사람들은 보편적인 도덕 원리들을 부과하는 본질적인 인간 이성을 지니고 있다). 상대주의자들은 객관성이, 만약 존재한다면, 보편적인 도덕 법칙에 따라 확보되어야 한다는 점에는 동의하지만, 모든 문화와 시대를 거쳐 보편적으로 공유되는 것 ― 그러한 강한 객관성 개념이 근거가 될 수 있는 ― 은 없다고 본다. 결과적으로 상대주의자들은 절대적 의미에서의 객관성을 부정한다.

도덕적 행위자로서 우리 자신의 정체성에 대한 이러한 정적이고 비발생적이며 비진화적인 견해와는 대조적으로 나는 인간적인 모든 것의 시간적 특성을 강조해 왔다. 우리의 정체성은 물리적 · 대인관계적 · 문화적 환경 속의 지속적인 상호작용 과정을 통해 생겨나고 전개된다. 이러한 변화하는 환경 안에서 성공적으로 활동하기 위해서 우리의 이성은 확장적이고 탐험적이며 탄력적이어야 한다. 그러므로 도덕적 이해의 장(場)은 우리의 상상적 합리성(보편적이 아니라 인간적인 이성)이며, 그것은 도덕적으로 불확실한 상황에 대한 다양한 해결책을 우리의 상상력 안에서 그려 보고 시험할 수 있게 해 준다. 그것은 우리에게 대안적 관점들을 제공함으로써 계획된 방향과 그 방향이 가정하는 가치들을 비판하고 평가하는 수단을 제공한다.

객관성이 보편적으로 타당한 도덕 법칙에 근거하고 있다고 간주하는 사람들은 전형적으로 모든 형태의 상상력이 주관적이고 무제약적이며, 따라서 객관성의 가능성 자체를 침식하는 것으로 본다. 객관주의자가 상상력에 대해 이러한 그릇된 견해를 가정하게 되면 그것이 도덕적 추론에서 아무런 중요한 역할도 할 수 없다고 결론지을 수밖에 없다. 왜냐하면 오직 절대적이고 고정된 본질적 이성만이 도덕 법칙들을 제공할 수 있다고 주장되기 때문이다.

극단적 상대주의의 두 유형 모두 상상력에 관해 이처럼 동일하게 그릇된 입장을 가정한다. 첫 번째 유형은 도덕성이 합리적으로 추론된 법칙들의 집합이라는 절대주의적 이론에 동의하지만, 우리의 개념, 합리성, 가치들이 특정한 문화적 맥락에 상대적으로 규정된다고 주장한다. 따라서 그것은 이성의 보편성과 함께 구체적인 경우들에 도덕 법칙을 적용하는 데 상상력의 역할 또한 부정한다.

두 번째 유형의 상대주의는 우리의 개념화와 추론에서 상상력의 역할을 인정한다는 점에서 구별된다. 그렇지만 상상력이 어떤 종류의 규칙에도 지배받지 않는 하나의 비합리적 절차로 간주되기 때문에 이러한 두 번째 유형의 상대주의자들은 도덕성에서 어떠한 보편적 합리성이나 객관성도 찾을 수 없다. 그들은 상이한 도덕성들을 인간의 신체화나 경험에 아무런 근거도 갖지 않는, 상이하고 공약 불가능한 상상적 프레임들로 본다. 그들은 도덕성의 체계들 안에서 일어나는 변화를, 법칙이나 가치의 집합이 우연적 상황에 따라 맹목적으로 다른 집합으로 대체되어 가는 것으로 기술한다. 그들은 상이한 도덕성들을 평가하는 토대적 합리성이 존재한다는 것을 부정한다.[1]

상대주의와 비합리주의의 그러한 극단적 유형들에 짓눌리게 될 때 많은 사람들은 모종의 도덕적 절대주의만이 무정부 상태와 혼란에 대한 유일한 이성적 대안이라고 생각해 왔다. 그러나 우리는 왜

---

[1] 도덕적 상상력에 관한 이러한 견해는 Richard Rorty, "Freud and Moral Reflection," in *Essays on Heidegger and Others* (Cambridge: Cambridge University Press, 1991), pp. 143~63에서 가장 선명하게 드러난다.

이것이 개념적 구조와 이성, 도덕적 인격, 도덕적 상상력에 대한 부정확한 이해 — 절대주의와 상대주의가 함께 공유하고 있는 — 에 근거한, 그릇되고 위태로운 결론인지를 살펴보았다. 객관성에 관한 이 절대주의적 견해가 왜 부적절한지를 좀 더 상세히 이해하기 위해 사람들이 그처럼 자연스럽게 도덕적 절대의 필요성을 느끼는 이유가 무엇인지를 묻는 데에서 시작해 보자.

2 _ 객관성에 대한 도덕적 절대주의의 동기는 무엇인가?

도덕적 절대주의는 계몽주의 도덕철학을 통해 가장 명료하고 고양된 표현을 이루게 되었다. 그것은 도덕성을 절대적으로 확고한 합리적 토대 위에 항구적으로 건설할 것을 약속하는 거창하고도 중요한 계획이었다. 우리의 가장 기본적인 도덕적 이념들의 대부분, 즉 자율성, 보편적인 도덕적 인격성, 존중, 이성의 보편 법칙 등은 이러한 맥락을 갖고 고전적인 정교화를 시도했다.

이러한 이념들이 더 이상 방어 불가능한 철학적 구도 안에서 생겨났다는 사실을 근거로 그것들을 모두 한꺼번에 포기할 수 있다거나 포기해야 한다고 생각하는 것은 심각한 잘못이다. 이 이념들을 한꺼번에 포기하는 것은 서구의 전통, 역사, 공동체, 나아가 서구의 정체성 자체를 부정하고 거부하는 일이 될 것이다. 그렇지만 우리는 이 이념들을 아무런 수정 없이 유지할 수는 없다. 왜냐하면 현재 상태에서 그것들은 우리의 도덕적 경험, 사회적 요구, 또 인지와 지식에 관한 최근의 이해 등과 심각한 마찰을 빚고 있기 때문이다. 대신에 우리는 우리가 의미, 인지, 추론에 관해 알게 된 것의 관점에서, 또 우리의 현재 상황이 요청하는 것들의 관점에서 이 핵심적 이념들을 변형시켜야 한다.

이러한 도덕적 이상들이 어떻게 수정될 수 있는지 살펴보기 위해 왜 도덕적 절대주의가 서구 문화에서 그처럼 뿌리 깊고 광범위한 호소력을 갖고 있는지 이해할 필요가 있다. 도덕적 절대에 대한 집착은 인간 존재의 불안하고 위협적인 측면들에 대처하기 위한 한 방법으로 간주될 수 있다. 우리는 욕구, 갈등, 적대감, 해악으로 가득 찬 세계에 태어났다. 친절이나 사랑이 존재한다는 사실을 부정하지 않더라도 "세계는 현실적이고 답답하고 어둡다"[2]는 것, 또 홉스가 지적했던 것처럼 "인간의 삶은 외롭고 하찮고 더럽고 야비하다"[3]는 것은 여전히 옳은 말일 것이다.

환경 안에서 생존하고 번영하기 위해 우리에게는 충족시켜야 할 욕구(음식, 주거, 사랑, 해악으로부터의 보호 등)가 있다. 그렇지만 이 욕구를 충족시키기 위한 자원은 매우 제한되어 있어서 차지하기 힘들며, 그것은 가혹한 경쟁을 불러온다. 더 나쁜 것은 이렇게 발생하는 충돌이 단지 부족한 자원의 분배에 관한 이해할 만한 긴장 정도로 국한되지 않는다는 점이다. 세상에는 그것을 훨씬 더 넘어서는 악―기본적 욕구가 적절히 충족되었을 때조차도 타인은 물론 우리 자신에게 괴로움을 주는, 외견상 제거 불가능한 공격적 본능―이 존재하기 때문이다.[4] 이 억제되지 않는 공격성은 인류사의 모든 페

2) Roberto Unger, *Passion: An Essay of Personality* (New York: Free Press, 1984), p. 95.

3) Thomas Hobbes, *Leviathan* (1651: Oxford: Clarendon Press, 1909), pt. 1, chap. 13, p. 96.

4) Sigmund Freud, *Civilization and Its Discontents*, trans. James Strachey (New York:: W. W. Norton, 1961) 참조.

이지에서, 우리가 알고 있는 모든 시대에, 모든 곳에서 나타난다.

그래서 우리는 우리에게 영향을 미치는 타인의 행위와 타인과 우리 자신에게 해악을 끼치는 우리 자신의 행위에 대한 제약을 요구한다. 우리는 개인적 삶, 사회적 상호작용, 또 공적 제도에서 적정한 정도의 안정성을 필요로 하며, 그러한 안정적인 사회적 조정이 가능하기 위해서는 특수한 제한들이 지켜져야 한다는 것을 알고 있다. 결과적으로 우리는 적절한 행동에 대한 고정된 기준—우리를 해악으로부터 보호해 주고, 자신의 고유한 목표를 추구할 수 있는 타인의 자유와 양립 가능한 방식으로 우리의 개인적 자유를 이상적으로 최대화해 주는—을 열망한다. 나아가 우리는 사회적으로 상대적인 기준들은 궁극적으로 우리의 문제를 해결해 주지 못한다는 사실을 깨닫게 된다. 왜냐하면 다양한 공동체들(「개인으로서의 사회」은유를 통해 이해된)이 그 자체로 부족한 자원에 대한 경쟁 상태에 있으며, 그 공동체들은 도덕적 기준에 관해 충돌과 불일치를 경험하기 때문이다. 다양한 문화와 도덕 공동체들이 서로 분리되어 고립적으로 존립할 것이라고 가정하는 것은 더 이상 가능하지 않다. 우리는 인간적 번영에 관해 경쟁적 실천을 수반하는 경쟁적 문화들에 직면할 수밖에 없다.

이렇게 해서 우리는 질서와 안정, 제약의 필요성으로부터 보편적인 도덕 법칙이나 원리의 형태를 띠는 절대적인 도덕적 제약에 대한 요청을 향해 운명적인 걸음을 옮기려는 강렬한 유혹에 빠지게 된다. 여기에서 도덕적 제약의 총체적 붕괴—개인이나 사회집단들 사이의 통제 불가능한 경쟁 상태에까지 이르는—는 절대적인 것에 대한 대안으로서 결코 받아들일 수 없는 것으로 간주된다. 이 때 사람들이 가장 두려워하는 것은 구체적이고 역사적으로 조건화된 도덕 공

동체를 넘어서서 우리의 도덕 원리나 제도를 정당화할 수 있는 가능성을 부인하는 극단적 상대주의다.[5]

상대주의에 대응하기 위해 절대주의가 요구하는 절대적인 것에는 다음과 같은 두 종류가 있다는 사실을 상기하자. 그것은 (1) 기본적인 도덕 개념들과 그것들에 근거하는 도덕 법칙, 그리고 (2) 그 도덕 원리들을 이끌어 내는 원천으로 가정되는 이성의 본질적 구조다. 절대주의는 확정적이고 고정적이며 단일한 내용을 갖는 개념들을 요구한다. 그 개념들은 구체적인 상황의 명료하게 인식된 특성들에 근거해서 직접적으로 그 상황에 적용될 수 있다. 그 주장에 따르면 그러한 개념이나 원리가 없다면 우리는 혼돈—하나의 기본적 개념을 당신은 특정한 방식으로 이해하는 반면, 나는 그것을 완전히 다르게 이해하며, 또 누가 옳은지를 결정해 주는 어떤 합의된 기준이나 절차도 존재하지 않는—에 가까운 도덕적 비결정성에 직면하게 될 것이다.

이렇게 인식된 도덕적 절대의 필요성에 대한 한 예시로 낙태를 금지하는 고전적 논증을 고려해 보자.

① 무고한 인간을 살해하는 것은 도덕적으로 금지된다. 왜냐하면 그것은 그의 인간성(또는 신의 형상을 따라 창조된, 또는 그 스스로 목적인 그의 위상)을 존중하지 않는 것이기 때문이다.
② 태아(fetus)는 무고한 인간이다.
③ 낙태는 태아에 대한 의도적 살인이다.

---

5) 이 문제에 관한 더 확장된 논의는 MacIntyre, *Whose Justice? Which Rationality?* 참조.

④ 따라서 낙태는 무고한 인간에 대한 의도적 살인이다.

⑤ 낙태는 도덕적으로 허용되지 않는다(그 태아의 인간성 또는 인격성을 존중하지 않는 행위로서).

전제 ①과 ②는 물론 논란의 소지가 있으며, 방대한 도덕적 논쟁은 태아를 인간으로 정의하는 전제 ②에 초점이 맞추어져 있다. 이 낙태 반대 논증이 정당한 것이 되려면 인간 개념에 대한 어떤 견해가 필요한지가 문제가 된다. 먼저 인간이라는 개념은 절대적으로 확정되고 적절하게 정의되어야 한다. 둘째, 그것은 가치중립적이거나 그 자체로 절대적인 가치에 근거하고 있어야 한다.

인간이라는 개념은 확정적이고, 적절하게 정의되며, 맥락 중립적이어야만 한다. 그렇지 않을 경우에 그 개념은 상이한 맥락에서 사용될 때마다 상이한 의미를 가질 수 있기 때문이다. 그러나 만약 그 개념의 모든 적용이 각자의 의미를 갖게 된다면 (1) 다양한 경우들에 그 개념을 적용하기 위한 규칙이 필요하거나(이것은 '인간'의 의미가 고정적이라고 말하는 것과 같다), 또는 (2) 상이한 사람들이 그 개념을 상이한 방식으로 적용할 수도 있다는 우려를 떠안게 될 것이다.

그 개념의 가치중립성 요구는 어떤가? 이 요구는 만약 우리가 인간이라는 개념을 적용하는 방식이 우리의 가치에 달려 있다면 우리는 자연스럽게 그 개념이 무엇에 적용되는지, 언제 적용되는지에 관해 다양한 판단을 하게 될 것이라는 우려에서 비롯된다. 이러한 변이 가능성을 다음 두 가지 중 하나의 방식으로 피할 수 있다. 첫 번째는 인간이라는 개념이 가치중립적이며, 그 적용은 우리의 어떤 가치에도 의존하고 있지 않다고 주장하는 길이다. 두 번째는 모든 사람을 강제하는 절대적이거나 궁극적인 가치―우리 모두가 그 개념을 동일한 방식으로 적용할 수 있게 해 주는―가 주어질 수 있다고 주장하는 길이다.

우리는 앞장들에서 대부분의 기본적 개념들이 확정된 내용이나 고전적인 범주 구조(필요충분조건을 명시하는)를 갖고 있지 않다는 사실을 살펴보았다. 우리는 또한 몇몇 기본적인 도덕 개념이 오직 특정한 가치(예를 들어 거짓말 사례)를 전제하는 맥락 안에서만 적용될 수 있다는 사실도 살펴보았다. 그러나 만약 맥락이 가치중립적이지 않다면 우리는 무엇을 인간으로 간주할 것인지의 문제처럼 한 개념을 적용하는 데 가치판단을 하지 않을 수 없다.

우리는 이제 도덕적 절대주의의 궁극적 동기 문제에 관해 언급해야 할 지점에 이르렀다. 우리의 도덕 개념이 확정적이거나 절대적인지 않다는 사실이 왜 그처럼 두려운 일로 여겨지는 것일까? 나는 다음과 같이 대답했다. 그처럼 절대적인 확정적 기점들(개념이나 법칙 형태의)이 없으면 우리는 오류 가능하고, 허약한 존재―전형적으로 매우 애매한 가치 의존적 맥락 안에서 공동체들의 최선의 시각에 따라 결정해야만 하는 존재로서, 진화하는 공동체 안에서 살아가는―의 판단에 의존해야만 한다는 것을 알고 있다. 이러한 전망이 우리에게 불러오는 우려의 정도는 우리 동료들에 대한 신뢰에 달려 있을 가능성이 크다. 나아가 회의주의 또는 우려에는 물론 정당한 근거가 있다. 왜냐하면 우리는 우리 자신이 흔히 불완전하거나 잘못된 정보에 근거해서, 스트레스 때문에, 스스로 인식하는 자기 이익의 영향 때문에, 심지어 단순한 공격성 때문에 결정을 내린다는 것을 알고 있기 때문이다.

요약하면, 도덕적 절대주의의 동기가 되는 것은 끊임없는 변화,

440

불투명성, 의심, 우연성, 공격성 등을 겪어야 하는 세계 안에서 갖게 되는 명료성, 확실성, 질서, 제약 등에 대한 매우 광범위한 인간적 열망이다. 우리는 이처럼 매우 평범한 열망을 받아들이고 우리 자신의 한계에 대한 답을 제시하기 위해, 절대적인 것을 의미, 진리, 도덕성, 그리고 사회 구조의 근거에 투사함으로써, 그 열망을 충족시키려고 노력하는 정도만큼 절대주의자가 된다. 유한성을 극복하려는 강렬한 욕망에 사로잡혀서 우리는 인간 행위의 궁극적 제약으로서 절대적인 도덕 법칙을 추구한다.

도덕적 절대주의는 스스로를 모든 형태의 상대주의에 대한 유일한 확정적 반박이라고 자처한다. 왜냐하면 그것은 절대적인 도덕 원리들을 발견하려는 의도를 갖고 있기 때문이다. 만약 절대주의가 인간의 인지에 관해 알려진 것들과 합치하는 방식으로 스스로 약속하는 것을 제시할 수 있다면 아마도 그것은 명료성, 확실성, 그리고 안정성에 대한 우리의 열망을 충족시킬 수 있을 것이다. 그러나 우리는 자아, 행위, 개념 구조와 이성 등에 관한 견해에서 드러나듯이 절대주의의 부적절한 몇 가지 측면들을 살펴보았다. 도덕적 절대주의의 핵심에는 객관성에 관한 그릇된 견해가 자리 잡고 있다. 이제 그 견해의 문제가 무엇인지에 관해 이야기하고 비절대주의적 해명 안에서 무엇이 그것을 대체할 수 있는지를 결정해야 할 때다.

3 _ 잘못된 객관성

간단히 말해서 객관성은 '신적 관점'에 의존할 수 없다. 즉 객관성은 모든 관점을 포괄하는 하나의 관점을 취하는 것일 수 없다. 객관성은 궁극적 맥락일 수 없다. 객관성은 이것들 중 어떤 것일 수 없다. 왜냐하면 그것들은 모두 유한하고, 역사적으로 조건화된 인간에게는 불가능한, 가공의 이상들이기 때문이다.

우리는 인간적 개념들이 대부분 그러한 절대적이고 비맥락적인 특성을 갖지 않는다는 사실을 살펴보았다. 예를 들어 원인, 권리, 또는 거짓말 등에 대한 단일한 일의적 개념은 존재하지 않는다. 개념들이 원형적 구조를 갖는 경우, 그 적절한 적용은 대부분 이상화된 인지 모형, 그리고 다른 맥락적 틀과 가치에 달려 있다. 개념들이 은유적으로 정의되는 경우, 그 정의는 항상 부분적이며, 따라서 그 개념에 대한 하나의 '정확한' 이해는 존재하지 않는다. 개념들이 영상 도식들을 포함하는 경우, 그 구조는 흔히 은유를 통해 다양한 방식으로 정교화된다.

객관성에 관한 이러한 견해의 문제가 무엇인지를 정확히 밝히기 위해 우리는 그 바탕이 되고 있는 절대주의적 시각을 검토할 필요가 있다. 그 틀은 부분적으로 레이코프(G. Lakoff)와 내가 「이해는 보는 것」 은유라고 부르는 것에 따라 구성되는데, 그 은유는 지식과 인지에 관한 우리 개념의 대부분을 구조화한다.[6] 스위처(E. Sweetser)가 보여 주는 것처럼 지식에 관한 우리 언어는 대부분 다양한 인식적 행위들에 대한 시각 은유에 의해 구조화된다.[7] 또한 로티(R. Rorty)는 지식에 대한 철학적 작업이 「마음의 눈」(Mind's Eye) 은유에 의해 (심대한 회의주의적 영향을 수반하면서) 얼마나

6) Lakoff and Johnson, *Metaphors We Live By* 참조.
7) Eve Sweetser, *From Etymology to Pragmatics: The Mind-as-Body Metaphor in Semantic Structure and Semantic Change* (Cambridge: Cambridge University Press, 1990) 참조.

강력하게 지배되어 왔는지를 탐구했다.[8] 원천 영역(시각)으로부터
표적 영역(앎)으로의 은유적 사상은 다음과 같다.

「이해는 보는 것」 은유

시각적 영역		이해/앎
눈(시각 기관)	→	마음의 눈(앎의 기관)
보이는 물리적 대상	→	관념(정신적 대상)
빛	→	이성(의 빛)
시각 장(場)	→	지식의 영역
시각적 정확성	→	정신적 정확성

　「이해는 보는 것」 은유는 객관성의 절대주의적 통속 모형을 형성
하기 위해 두 가지 기본적인 영상도식을 결합하고 있다. 첫 번째는
「그릇」(Container) 도식인데, 그것은 그릇으로서, 그리고 다양한 경
계지어진 공간과 질량(예: 방) 안에 포함된 대상으로서 우리 자신을
신체적으로 경험하는 데 기본이 된다. 예를 들어 우리는 "내 간은
내 안에 있다"(My liver is *in* me)에서처럼 우리 자신을 실제 물리적
그릇으로 이해할 뿐만 아니라 추상적인 은유적 그릇["그녀는 감정
이 풍부하다"(She was *filled* with emotion), "그는 매우 용감하다"
(He's got a lot of courage *in* him)]으로 이해한다. 마음은 관념과
사고를 위한 그릇이다["그 생각을 염두에 두어라"(Keep that idea *in*
mind), "그는 완고하다 ― 어떤 말도 먹혀들지 않는다(His mind is

---

8) Rorty, *Philosophy and the Mirror of Nature* (Princeton: Princeton University Press,
　1979) 참조.

airtight — nothing gets *out* or *in*)]. 우리는 또한 시야를 그릇으로, 즉 경계지어진 공간으로 경험한다["배가 시야에 들어왔다"(The ship came *into* view), "그것은 이제 시야에서 사라졌다"(It has gone *out of* sight now)].

만약 「이해는 보는 것」은유를 받아들이고 원천 영역인 시각을 「시야는 그릇」은유를 통해 이해한다면, 우리는 '관념-대상을 경계지어진 공간(지식의 장 또는 영역) 안에서 보는 것'으로서 이해나 앎의 개념을 받아들이게 된다. 따라서 우리는 지적 분과를 지역들 (areas)로 구획되는 '장'(場)으로 생각한다. 지식을 얻기 위해 우리는 적절한 '관점'을 취해야 하며, 그 관점에서 관념-대상의 속성들, 그리고 그것들의 상호관계를 '명료하게 본다'. 객관성 문제는 타인과 공유할 수 있으며, 관념-대상을 그 자체로 완전히 보여 줄 수 있는 적절한 관점을 발견하는 문제다. 객관적 관점을 취할 수 있는 모든 사람은 아마도 그 관점에서 다른 사람들이 보는 것을 보게 될 것이다. 이상적으로 말하자면, 가능한 모든 시각들을 포괄하며, 따라서 대상을 그 자체로 드러내는 하나의 관점이 요구된다. 우리는 그러한 포괄적 관점을 '신적 관점'이라고 부른다.

이러한 은유적 객관성 개념 안에서, 편견이란 명료하게 보는 당신의 능력을 '가로막는' 믿음 또는 관념이다. 그것은 당신의 지적 시각을 가린다. 그것은 심지어 당신을 사실에 대한 '소경'으로 만든다. 편견은 당신이 관점을 제한함으로써 당신이 사물을 그 본래의 모습으로 볼 수 없게 만드는 믿음-대상이다.

편견은 두 가지 의미에서 장애가 된다. 먼저, 그것은 당신의 지적 시각을 가로막는다. 이 경우 우리에게 필요한 것은 편견을 '제치는' 또는 '넘어서는' 일이다. 둘째, 편파적인 믿음-대상은 「믿음은 위치」["나는 사랑이 고통이라는 믿음에 이르게 되었다" (I've *come to the belief that love is pain*), "사울은 신에 대한 믿음으로 되돌아왔 다" (Saul *returned to* a belief in God)]라는 은유 안에서 당신이 하나 의 믿음에 '이르는 것을' 가로막는다. 그러므로 편견을 '극복하는 것' 또는 '넘어서는 것'은 장애를 극복하고 믿음-위치로 이동하는 것이다.

객관적 관점은 편견으로부터 멀어지게 해 줌으로써 우리로 하여 금 그것들이 다른 관념-대상과의 관계 속에서는 어떻게 될 것인지 를 볼 수 있게 해 준다. 편견으로부터 적절한 거리를 유지하는 것은 그것을 넘어서서 우리 자신을 고양시킴으로써 이루어질 수 있다. 여 기에서 두 번째 영상도식, 즉 「수직성」(또는 「위-아래」) 도식이 작용 한다. 우리는 지식의 대상에 대한 적절한 관점에 도달하기 위해 편 견을 '극복' 하거나 '초월' 해야 한다.

객관적 지식은 우리 자신이 주관적 태도 '로부터' 벗어난 결과이 며, 주관적 선호, 욕구, 관심 등에 따라 주어진 제한들을 '극복한' 결과다. 엄격하게 말해서 유일하게 참으로 적절한 초월적 관점은 신 적 관점—즉 모든 것, 그리고 모든 가능한 관점을 한꺼번에 포괄하 는—일 것이다! 여기에 미치지 못하는 모든 것은 단지 또 다른 제 한되고 부분적인 관점일 뿐이다.

실천적-도덕적 객관성은 이론적 객관성을 따라 모형화된다. 도덕 적 관점의 문제는 개별적인 관심사나 편견을 '넘어서서' 보편적으 로 타당한 관점을 취하는 문제다. 「도덕 법칙」 이론에 따르면 몸은 개별성과 차이의 원천이다. 몸은 느낌과 감각, 정서, 욕망의 소재이 며, 그것은 우리에게 개인적인 자기중심적 만족을 추구하도록 이끌 어 간다. 도덕적으로 된다는 것은 우리의 신체화를 넘어서서 자유로운 합리적 의지로서, 이해관계를 떠난 보편적 이성의 관점에서 행위할 것을 요구한다.

이 견해에 따르면 객관성은 우리의 '판단 행위'의 특성이다. 이러한 이상에 따르면 도덕성은 합리적이며, 이성은 보편적 본질을 가지며, 따라서 보편적인 도덕 원리에 근거해서 객관적 판단을 하는 것이 가능하다. 모든 도덕적 판단을 평가할 수 있는 이러한 원리들과 순수 실천이성이 주어지면 도덕성에 관한 논쟁을 해결할 수 있는 '합리적 방법'이 가능하게 된다. 객관적 판단은 온전하게 합리적인 모든 행위자가 유사한 상황에서 하게 될 그런 판단이다. 온전하게 합리적이라는 것은 각각의 개별자에게 특수하거나 상이한 것으로 간주되는 주관성을 넘어선다는 것이다. 판단이 도덕적으로 객관적일 때 우리는 개별적인 신체적 감각이나 욕망보다 우월한 것으로서 순수하게 합리적인 본성을 실현하게 된다. 주관적 관점과 가치, 관심, 목표 등을 넘어섬으로써 우리는 다른 모든 합리적 존재들―우리 자신과 마찬가지로 '순수한 합리적 의지'가 되기 위해 특수성과 차이를 벗어난―과 공유할 수 있는 초월적 관점에 도달한다.

물론 이러한 견해의 잘못은 신체화가 실제로 우리가 공통적으로 공유하는 어떤 것이라는 사실을 간과하고 있다는 점이다. 비록 다양한 방식으로 상상적으로 정교화될 수 있기는 하지만 신체적 경험의 보편적 구조가 존재한다. 우리의 지각 구조는 보편적으로 공유되어 있으며, 우리의 운동 프로그램도 마찬가지다. 이해의 상상적 구조 또한 공유되어 있다. 더욱이 느낌이나 감각, 정서는 공적 특성을 갖고 있다. 나는 당신이 느끼는 느낌을 느낄 수 없지만 우리의 '주관적' 경험에는 소통 가능한 차원이 존재한다. 나는 당신의 고통을 알지는 못하지만 고통이 무엇인지를 안다. 나는 당신의 슬픔을 경험할

446

수 없지만 당신과 그것을 공유할 수는 있다. 따라서 우리의 신체화
는 사적인 것과는 거리가 있다. 즉 신체화는 세계에 대한 공유된 경
험의 근거다.

객관성에 관한 절대주의적 견해는 존재하지도 않는 순수하고 맥
락 중립적인 합리성을 가정한다. 인간은 항상 유한하고, 관점적 존
재인데 반해 절대주의는 신적 관점을 가정한다. 절대적 토대, 순수
이성, 선험적 방법, 그리고 궁극적 맥락의 가능성에 반하는 잘 알려
진 수많은 논변들이 있다. 이것들은 인식론에서,[9] 과학철학에서,[10]
도덕 이론에서[11] 찾아볼 수 있다.

앞장들에서 나는 다음과 같은 노선을 따라 맥락 중립적이고 절대
적인 이성의 가능성을 반박하는 주장을 폈다. 즉 우리의 가장 기본
적인 몇몇 도덕 개념의 의미는 그 자체로 결정되는 것이 아니라 문
화적으로 공유된 통속 모형, 체계적 은유, 복합적인 가치들을 포함
하는 좀 더 넓은 맥락과의 상관성 속에서 결정된다. 그러나 만약 이
의미들이 맥락 의존적이고 가치 의존적이라면 그것들에 대한 추론
은 다양한 가치나 이상들과 얽혀 있을 것이다. 만약 가장 기본적인
도덕 개념들이 은유적으로, 또 종종 다중적인 은유적 프레임에 의해
정의된다면 우리는 항상 모든 개념에 관해 다음과 같이 물어야 한
다. 그것은 어떤 은유적 프레임과의 상관성 속에서 정의되는가?

9) Rorty, *Philosophy and the Mirror of Nature*; Hilary Putnam, *Reason, Truth and History* (Cambridge: Cambridge University Press, 1981) 참조.
10) Paul Churchland, *Scientific Realism and the Plasticity of Mind* (Cambridge: Cambridge University Press, 1979); Thomas Kuhn, *The Structure of Scientific Revolutions* (Chicago: University of Chicago Press, 1962); Paul Feyerabend, *Against Method*, 2nd ed. (1975; London: Verso, 1978) 참조.
11) MacIntyre, *Whose Justice? Which Rationality?*; Bernard Williams, *Ethics and the Limits of Philosophy* 참조.

더욱이 인지 모형과 은유에 덧붙여서 도덕적 추론은 마음과 세계, 사회에 관한 다양한 통속 이론들에 의존하고 있다. 「도덕 법칙」 이론이 근거하고 있는 형이상학적, 인식론적, 심리학적 프레임을 정의하기 위해서는 「능력 심리학」 통속 이론, 또는 그와 매우 유사한 것들이 필요하다. 또한 나는 인지가 어떻게 작동하는지에 관한 최근의 과학적 이해에 익숙한 어느 누구도 사실상 「능력 심리학」을 액면 그대로 받아들이지는 않을 것이라고 생각한다.

나는 5장에서 우리의 가장 기본적인 도덕 원리들이 어떻게든 인간 이성의 본질을 구성해야만 한다는 믿음이 우리가 유지해 온 문화적 가치들을 도덕적 절대의 수준으로 끌어올린 데에서 비롯된 결과라고 주장했다. 그러나 우리는 다양한 합리성이나 자아 개념을 포함해서 수많은 경쟁적 가치들과 경쟁적 좋음들이 존재한다는 사실을 살펴보았다. 우리는 왜 그것들을 절대적인 것으로 간주하는 것이 잘못이며, 왜 이것이 우리로 하여금 도덕적으로 감수성 있고 건설적인 방식으로 행위하는 것을 더 어렵게 만드는지 살펴보았다.

우리의 합리성 개념은 철저하게 평가적이다. 그것은 특정한 가치나 관심, 의도에 상대적으로 정의되기 때문이다. 매킨타이어(A. MacIntyre)는 대응하는 이성관과 상관없이 정의관을 전개할 수 없다고 주장한다.

개별적 정의관은 각각 그 대응물로서 모종의 특정한 실천적 합리성 개념을 요구하며 그 반대도 마찬가지다. …… 정의 개념과 실천적 합리성 개념은 일반적이고 특징적으로 인간 삶과 자연 안에서 인간의 위치에 대한 좀 더 크고 다소간 정교화된, 총체적 견해의 밀접하게 관련된 양상들을 제시한다. 그러한 총체적 견해들은 스스로가 우리의 합리적 신뢰를 얻 있다고 자처하는 한 합리적 탐구의 전통들―특정한 유형의 사회적 관계 안에 동시적으로 구체화된 전통들인 ― 을 표현하고 있다.[12]

정의와 합리성 개념의 상호 의존성은 이성과 도덕적 평안 개념 사이의 밀접한 연관성에도 마찬가지로 적용된다. 합리적 정당화의 상이한 기준들은 상이한 인간적 번영 개념들과 함께 진화한다.[13] 도덕적 논증에서 '정당한 이성'으로 간주되는 것은 삶이 무엇이며, 또 어떻게 살아야 할 것인지에 대한 우리의 이해를 정의하는 일련의 가치들에 달려 있을 것이다.

공리주의적 프레임 안의 '정당한 근거'와 '정당한 논증'은 칸트적 프레임 안의 '정당한 근거'와는 매우 다를 것이다. 실제로 우리는 그들의 이성 개념이 다르다는 것을 살펴보았다. 공리주의적 이성은 그 자체로는 동기 유발적이거나 실천적인 힘을 갖지 않는 경제적(수단-목표) 합리성이다. 칸트적 합리성은 이성이 우리를 행위로 이끌 수 있으며, 따라서 그것은 결코 수단-목표 합리성일 수 없다는 생각에 근거하고 있다. 만약 그러한 큰 차이가 계몽주의 전통 안에 존재한다면 우리는 이 좁은 전통 밖의 다른 문화들에서 근본적으로 다른 개념들이 생길 것이라고 예상할 수 있다. 따라서 맥락 중립적 합리성이라는 그릇된 이념은 인간의 의미와 지식, 이성의 역사적 차원을 충분히 이해하지 못하는 데에서 비롯된다. 그것은 우리가 어떻게든 항구적이고 불변하는 것들에 접근함으로써 시간의 밖에서 또는 시간을 넘어서 사고할 수도 있다는 가상에 근거하고 있다.

---

12) MacIntyre, *Whose Justice? Which Rationality?* p. 389.
13) Putnam, "Fact and Value," in his *Reason, Truth and History* (Cambridge: Cambridge University Press, 1981), pp. 127~49.

그러나 가다머(H.-G. Gadamer)가 주장했듯이 비록 항구적인 관점에 도달하는 것이 가능하다(사실은 아니지만)고 하더라도 그것은 우리가 무엇인가를 이해할 수 있게 해 주는 바로 그 조건들 자체를 완전히 파괴하게 될 것이다.[14] 왜냐하면 우리가 경험하는 것을 이해하는 수단을 제공하는 것은 바로 우리의 전통—언어, 제도, 의식, 축적된 경험, 상징, 실천 등을 통한—이기 때문이다. 우리 자신을 전통과 공동체 안의 삶으로부터 가상적으로 추상화하는 것은 어떤 것을 유의미하게 경험하는 원천을 박탈하게 될 것이다.

도덕적 상대주의자는 이 지점에서 절대적인 도덕적 프레임, 개념, 또는 가치가 없을 때 주어지는 것은 외재적 비판이 불가능한, 전통에 묶인 도덕성뿐이라는 주장과 함께 등장하기 십상이다. 그들은 우리가 결코 모든 편견을 완전히 벗어날 수는 없다는 가다머의 주장을 모든 가치의 문화적 상대성에 대한 증거로 간주할 것이다. 극단적 상대주의자는 절대적인 것들이 무너지기만 하면 경쟁적인 도덕적 전통들 사이의 대화, 그리고 그것들에 대한 비판 또한 무너질 것이라고 주장한다.

우리가 왜 극단적 상대주의에 빠지지 않는지를 살펴보기 위해 가다머의 편견 개념, 전통의 본성, 그리고 전통 안의, 또 전통들 사이의 비판 가능성을 좀 더 면밀히 고찰해야 한다.

---

14) Hans-Georg Gadamer, *Truth and Method* (New York: Crossroad Publishing, 1975) 참조.

4 _ 절대주의적 객관성 개념은 왜 해로운가?

우리가 검토했던 도덕적 객관성에 대한 절대주의적 견해는 단순히 그릇된 것만이 아니다. 훨씬 더 나쁜 것은 그것이 도덕적 삶을 이끌어 가려는 시도에 큰 장애가 된다는 점이다. 객관성에 관한 이 견해는 계몽주의라는 정형화를 통해 우리에게 다음과 같은 극단적으로 해로운 세 가지 이념을 물려주었다. 먼저, 맥락 중립적 합리성이라는 이상이 있다. 둘째, 도덕적 추론의 단일한 방법에 대한 꿈이 있다. 셋째, 도덕적 계율의 단일한 참된 집합을 식별해 주는 하나의 궁극적 관점에 대한 환상이 있다. 이 나쁜 이념들은 다음과 같은 세 가지 중요한 측면에서 해로우며 도덕적으로 무책임하다.

1) 그것은 우리가 도달할 수 없는 것, 즉 절대적인 도덕적 진리들을 기대하고 요구하도록 이끌어 간다. 그것은 존재하지 않는 어떤 것을 추구하게 만든다. 그것은 어떻게 살아가야 할 것인지를 고민하는 과정에서 잘못된 종류의 물음들("어떤 규칙이 여기에 적용되는가?" "여기에서 유일하게 옳은 행위는 무엇인가?" "내가 옳다는 것을 어떻게 확신할 수 있는가?"와 같은)을 묻도록 만든다. 충돌이나 문제 해결 가능성의 폭을 탐색하는 대신에 우리는 모든 사람이 준수해야 할 옳은 규칙들, 확정적 제약들을 찾는 데 더 큰 관심을 갖게 된다.

우리는 도덕적 절대주의가 스스로 약속하는 절대적인 도덕 법칙을 제시할 수 없다는 사실을 분명하게 인식해야만 한다. 우리는 비록 그러한 법칙들이 존재한다 하더라도, 그것들은 우리와 같은 인간의 삶에서 사용할 수 있는 종류의 법칙들이 아니라는 것을 살펴보았다. 왜냐하면 그것들은 개념과 이성에 대한 그릇된 견해를 가정하고 있기 때문이다.

따라서 절대주의적 객관성 개념을 포기한다고 해도 우리의 삶에서 필수적인 어떤 것을 잃는 것은 아니다. 오히려 우리는 인간적 평안이나 공동체에 비생산적인 가상적 이상의 영향으로부터 우리 자신을 해방시키게 될 것이다.

2) 이 그릇된 이상들은 우리를 일종의 자기기만과 오만으로 이끌어 간다. 우리는 도덕성이 옳은 규칙들을 발견하고 그것들에 복종하는 문제라는 생각에 빠지도록 우리 자신을 속인다. 우리는 구체적 상황들이 고정된 개념이나 명령에 깔끔하게 포섭될 수 있을 것이라는 생각에 빠지도록 우리 자신을 속인다. 나아가 우리는 우리 스스로가 어떻게든 절대적 진리에 접속될 수 있다는 믿음을 통해 오만해지기 쉽다. 그러한 오만은 전형적으로 대안적 좋음이나 가치, 이상에 대한 불관용을 수반한다.

자신들만이 도덕적 가치의 유일한 절대적 체계를 갖고 있다는 생각으로 무장하고, 다른 지식의 존재 자체를 철저히 부정하는 개인이나 집단은 어디에서든 볼 수 있다. 우리 모두가 **우리만이** 도덕적 진리를 보유하고 있다고 믿는다는 그 단순한 사실만으로도 이성과 인간적 평안 개념의 다원성이 존재한다는 것을 깨닫기에 충분할 것이다. 앞서 주장했던 것처럼 우리는 매우 다른 합리성 개념이나 도덕성에 대한 다른 정의들을 찾기 위해 우리의 도덕적 전통 밖으로 나가야 할 필요조차도 없다. 길리건(C. Gilligan)의 두 가지 윤리학―권리, 의무, 법칙의 윤리학 대 보살핌과 타인에 대한 책임의 윤리학―은 상이한 도덕적 추론 개념을 함축하며, 도덕성의 영역을 두

452

가지 다른 방식으로 경계짓는다.

  3) 절대주의적 객관성 견해의 세 번째 해로운 귀결은 그것이 궁극적 가치에 대한 신앙을 부추긴다는 점이다. 그러한 신앙은 가능한 가치와 대안적인 삶의 양식의 다원성에 대한 우리의 눈을 가린다. 사실상 그것들의 일부는 우리가 서로를 이해하고 함께 살아가며, 우리 자신을 알고 비판하며, 또 좀 더 만족스러운 방식으로 삶을 이끌어 가는 더 나은 길을 제공해 준다. 우리는 도덕적 추론의 유일한 옳은 방법이라는 파시스트적 이념에서 해방되어야 한다. 어떤 신적 관점도, 어떤 궁극적 맥락도, 모든 관점을 포괄하는 어떤 단일한 관점도 존재할 수 없다는 사실을 이해하게 되면 우리는 덜 거창하면서도 훨씬 더 현실적인 이상을 추구할 자유를 누리게 된다.

  도덕적 숙고에서 우리가 경험할 수 있는 최악의 사태는 누군가 자신만이 진리에 대한 독점권을 갖고 있다고 믿는 경우이다. 과학의 역사와 철학은 과학적 진보에 있어서 유일한 방법이나 궁극적 진리라는 그릇된 이념을 소멸시켰다. 그렇지만 도덕 이론에서 이 망령들은 여전히 살아 있다.

  만약 절대적이고 최종적인 진리가 존재하지 않는다면, 또 진리에 도달하는 단일한 방법이 존재하지 않는다면 그 대신에 우리는 무엇을 추구해야 하는 것일까? 그 답은 우리의 지속적인 대화 안에서 수많은 경쟁적인 방법과 견해, 이상, 프로그램, 실천들을 기대해야 한다는 것이다. 우리는 이 경쟁적 견해들이 상호적 대립을 통해, 또 다양한 제도, 공동체, 문화의 경험을 통해 검증되기를 원한다.

  쿤(T. S. Kuhn)이 과학에 관해 말하는 것은 도덕성에 대해서도 성립한다. 즉 우리는 과학에서 통일성을 원하기보다는 수많은 다양한 프로그램과 견해들에 대한 진화하는 지속적 탐구를 원한다.

　　모든 구성원이 대안적 이론들 중에서 선택하려는 믿음, 또 선택을 하
는 데 정확성, 단순성, 범위 등의 가치를 고려하려는 믿음을 가진 집단의
경우라면 그 구체적 사례들에서 개별적 구성원의 결정들은 무한히 다양
할 것이다. …… 내 비판자들 대부분에게 이 다양성은 내 입장의 취약점
처럼 보일 것이다. 그렇지만 위기 문제와 이론 선택 문제를 고려할 때 나
는 그것이 오히려 강점이라고 주장하고 싶다. 만약 매우 정교하고 숙고된
판단조차도 잘못된 것일 수 있는 상황에서 어떤 결정이 이루어져야 한다
면, 상이한 개인들이 상이한 방식으로 결정한다는 사실은 결정적으로 중
요할 수 있다. 하나의 총체로서 그 집단이 다른 어떤 방법으로 위험을 막
을 수 있을까?[15]

　도덕성을 위한 최선의 프로그램은 진화적 생존과 번영 가능성을
통해 실험하는 방식으로서 사회집단의 다양성을 수용하는 집단 전
략일 것이다. '가장 성공적인' 것은 어떤 단일하게 고정된 방법, 상
태, 또는 사회적 구조 자체가 아니라는 사실을 이해하는 것이 중요
하다. 일련의 역사적 조건 안의 어떤 부분에서 한 때 성공적이었던
것은 다른 조건 안에서는 성공적이지 않을 수 있다. 역사는 반복적
으로 성공적이지 않은 사례들을 제공한다. 이 실패한 견해들은 아마
도 나쁜 도덕적 전략일 것이다. 그렇다고 해서 우리의 현재 견해가
단지 현재로서는 우리에게 적절해 보인다는 이유만으로 그것이 어

---

15) Thomas Kuhn, "Reflections on My Critics," in Imre Lakatos and Alan Musgrave,
　　eds., *Criticism and the Growth of Knowledge* (Cambridge: Cambridge University
　　Press, 1970), p. 241.

떻게든 절대적이라는 것을 의미하지는 않는다. 대신에 우리는 변화하는 물리적, 경제적, 사회적, 정치적 조건들에 대처하는 방식들을 실험해야 할 필요가 있다.

또한 '최선의 프로그램'이 단지 임시적이기는 하지만 우연히 권력을 갖게 된 사람들의 욕망을 충족시키는 체계도 아니다. 필요한 것은 오히려 지속적인 비판, 자기반성, 그리고 경쟁적 견해들과의 대화를 고취시키는 전략이다. 만약 객관성이 의미 있는 어떤 것일 수 있다면 그것은 지속적인 반성과 비판의 과정일 뿐이다. 이 비판의 수단은 물론 다양한 역사적 전통들 안에서 생겨날 것이다. 그러나 그것이 우리가 아무런 변화나 성장의 희망도 없이 단지 우리가 수용하는 가치들로 서로를 공격하는 숙명을 안고 있다는 것을 의미하지는 않는다. 왜냐하면 우리는 조건화된 자아의 도덕적 상상력의 작동방식이 사실상 변형과 자기비판으로 이어진다는 사실을 살펴보았기 때문이다. 이 비판적 과정을 좀 더 상세히 검토해 보자.

5 _ 객관성을 어떻게 이해할 것인가?

항구적 진리의 추구는 기본적으로 인간 존재의 역사적 특성을 은폐한다. 여기에서 중요한 것은 우리가 사고하고 행위하는 모든 것이 항상 역사적으로, 문화적으로, 공동체적으로 조건화되어 있다는 자명한 논점이 아니다. 그것은 사실이기는 하지만 우리의 경험을 이해하고 우리 삶을 고양하기 위해서 그것을 변형시키는 가능성 자체가 우리 전통에 대한 축적된 이해와 경험에 근거하고 있다는 더 중요한 통찰을 놓치고 있다. 우리는 우리 자신이 전통 안에 조건화되어 있다는 사실을 문제시하는 시각을 거두고 그것을 바로 우리의 도덕적 이해와 도덕적 성장의 수단으로 보려는 노력을 시작해야 한다. 우리는 객관성을 우리의 모든 선판단(또는 '편견')을 벗어버리는 일이나 우리의 전통을 던져버리는 일로 간주하는 것을 멈추어야 한다.

　여기에 '편견'(Vorurteilungen＝선판단)에 대한 가다머의 해명이 관련되어 있다. 선판단은 사물을 이해하기 위한 조건이다. 선판단이 없이 우리는 아무것도 이해할 수 없다. 만약 우리가 이런저런 방식으로 선판단을 모두 포기한다면 어떤 상황에 대한 이해는 더 이상 우리의 이해가 아닐 것이다. 모든 선판단을 무너뜨리는 대신에, 우리는 우리와 대립적일 수도 있는 선판단을 지닌 타자와의 접촉을 통해 그것을 변형할 수 있도록 열어 둘 필요가 있다.

　　우리의 존재성을 구성하는 데에는 판단들보다도 편견들이 더 큰 비중을 차지한다. 이것은 도발적인 주장이다. 왜냐하면 나는 프랑스와 영국의 계몽주의에 근거해 언어적 사용으로부터 축출되었던 긍정적인 편견 개념을 제자리에 되돌려 놓기 위해 이 말을 사용하기 때문이다. …… 편견이 불가피하게 진리를 왜곡하는 것으로서 반드시 부당하고 잘못된 것이어야 할 이유는 없다. 사실상 우리 존재의 역사성은 편견이 문자적 의미에서 우리의 전반적 경험 능력의 시발적 방향성을 구성한다는 사실을 함축한다. 편견은 세계에 대한 우리의 개방성의 편향들이다. 편견은 단순히 우리가 무엇인가를 경험하기 위한 조건들, 즉 우리가 마주치는 것들이 우리에게 무엇인가를 말해 주기 위한 조건들이다.[16]

---

16) Gadamer, "The Universality of the Hermeneutical Problem," in his *Philosophical Hermeneutics*, trans. David Linge (Berkeley: University of California Press, 1976), p. 9.

456

계몽주의는 합리적 원리, 합리적 의사소통, 합리적 논증, 또 합리적 제도들에 근거한 보편 공동체에 대한 비전을 통해 생명을 얻는다. 비록 계몽주의적 제국주의와 통치의 실제적인 정치적·사회적 현실은 참으로 추악한 것이기는 했지만, 합리적 존재들의 보편 공동체라는 이상은 고귀하고 이상주의적인 것이다. 보편적으로 공유된 합리성은 보편적 가치와 평가에서 비판적 기준의 근거라고 가정되었다. 경쟁적 견해들이 충돌할 때마다 각각의 견해의 장점들을 평가할 수 있는 궁극적인 합리적 관점이 존재할 것이다. 많은 사람들은 객관적인 합리적 관점을 취하기 위해 우리의 주관적 관심, 성향, 집착, 또 습관 등을 넘어선다는 이념이 모든 비판 개념 또는 객관성 개념의 유일한 근거라고 보았다.

그러나 만약 우리가 우리 자신은 물론 무엇인가를 이해하고 경험하는 능력을 상실하지 않고서는 모든 편견에서 벗어날 수는 없다고 주장한 가다머가 옳다면 어떻게 될까? 만약 우리가 객관성이라는 계몽주의의 이상을 포기해야만 한다면 우리 자신이 문화적으로 형성된 편견들에 묶이는 것을 어떻게 피할 수 있을까?

바꾸어 말하면 만약 모든 합리성 개념이 특정한 역사적 전통에 상대적으로만 정의될 수 있는 것으로 드러난다면, 객관성은 어디에 존재하는 것일까? 매킨타이어는 비록 우리가 항상 전통에 의존하지만, 그럼에도 우리의 전통 안에는 초월과 개선을 위한 수단이 존재한다고 주장했다.

계몽주의가 대체로 우리의 눈을 멀게 했으며, 우리가 이제 회복해야 할 것은 …… 전통 안에 구체화된 것으로서의 합리적 탐구 개념이다. 그 개념에 따르면 합리적 정당화 기준들 자체가 역사로부터 창발하며, 또 역사의 일부다. 그 안에서 그것들은 동일한 전통의 역사 안에서 앞선 사람들의 결함을 넘어서고 그에 대한 치유법을 제공하는 방식으로 옹호된다.[17]

그러나 이제 우리는 심각한 문제를 안게 된다. 매킨타이어는 경쟁적인 도덕적 전통들 사이에 정당화를 위한 일련의 합리적 기준들이 다른 것보다 우월하다는 것을 드러내 주는 대화가 가능하다고 주장한다. 만약 이 비판, 그리고 다양한 견해나 가치, 믿음의 합리적 평가 과정이 항상 이런저런 특정한 도덕적 전통 안에 조건화되어 있다면 도덕성에 관해 경쟁적 견해를 갖고 있는 사람들과의 논쟁에서 어떻게 진전이 가능할까? 우리의 고유한 도덕적 전통의 명백한 우월성에 대해 우리 자신을 격려하는 것 외에 무엇인가를 한다는 것이 어떻게 가능할까? 만약 합리적 정당화와 평가의 기준들이 맥락과 전통에 의존적이라면 어떻게 경쟁적 견해들 사이에서 문제시된 바로 그 기준들에 근거해 스스로의 진보를 판단해야 하는 난점에서 벗어날 수 있을까?

매킨타이어는 이 고질적인 문제에 대해 주어진 도덕철학이 다른 무엇인가를 한다고 하더라도 그것은 항상 "특정한 사회적·문화적 관점을 표현하게 될 것"[18]이라고 답한다. 내가 사용하는 개념들을 빌리면 이것은 모든 도덕 이론은, 그 이론이 발생하는 문화의 다양한 통속 이론들을 세련화하고, 정교화하고, 정합적으로 만드는 시도라고 말하는 것과 다르지 않다.

그렇지만 도덕적 전통과 통속 이론들에 뿌리박고 있으며, 또 그것

---

17) MacIntyre, *Whose Justice? Which Rationality?* p. 7.
18) MacIntyre, *After Virtue*, p. 268.

들을 표현하고 있는 경쟁적인 도덕철학들 사이의 대립은 때로 현재의 경쟁적 견해들에 대한 어떤 견해의 우월성을 드러내 주는 변증법적 과정으로 이어진다. 무엇보다도 맥락 중립적 기준들이 존재하지 않으며, 경쟁적인 도덕철학들의 대립 속에서 맥락이나 전통 자체가 위기에 처한 상황에서, 이것이 어떻게 가능한가? 매킨타이어의 답은 하나의 철학이 실제로 다른 견해의 한계들을 드러내고, 설명하고, 극복할 수 있다는 것이다.

> 자연과학의 경우와 마찬가지로 일반적인 무시간적 기준은 존재하지 않는다. 경쟁 이론(들)의 한계를 확인하고 극복하는 것은 '특정한 도덕성에 대한 주장을 표현하는 특정한 도덕철학' 안에서의 가능성일 뿐이다. 그 한계는 그 경쟁적 도덕성의 옹호자들이 충실하게 지지하는 합리적 기준—즉 그 특정한 도덕철학과 그 특정한 도덕성의 합리적 우월성이 창발한다는—을 통해 확인될 수(사실상 그렇지 않았을 수 있지만) 있다.[19]

그러나 하나의 철학이 경쟁 이론의 지지자들에게 인정받고 수용되는 방식으로 그 경쟁 이론들의 한계를 '극복한다'는 것은 무엇을 의미하는가? 매킨타이어는 한 견해의 우월성 개념에 대해 다음과 같은 세 가지 기준을 제시함으로써 이 물음에 답한다.[20] (1) 새로운('우월한') 이론이나 견해는 덜 적절한 견해를 지탱해 주는 전통 안에서 인정된 위기를 확인해야 하며, 나아가 그 선행 이론 안에서 해결될 수 없는 핵심적 문제들에 대한 해결책을 제시할 수 있어야 한

---

19) 같은 책, pp. 268~69.
20) MacIntyre, *Whose Justice? Which Rationality?* p. 362.

다. (2) 우월한 견해는 열등한 견해가 왜 이 문제들을 해결하기 위한 수단을 결여하고 있는지 설명할 수 있어야 한다. (3) 우월한 이론은 몇몇 중요한 측면에서 그것이 극복한 이론과 연속성이 있어야 한다. 그렇지 않으면 새로운 이론이 낡은 이론의 문제들을 실제로 해결한 것으로 간주할 수 없다. 이 연속성이 없이는 용어나 개념, 법칙, 논증들 사이에 근본적인 공약 불가능성만이 존재하게 될 것이다. 만약 이런 경우에 처하면 우리는 새로운 이론을 전적으로 낯선 것으로 경험하게 될 것이다. 왜냐하면 그것은 우리의 문제, 즉 우리의 도덕적 전통에서 발생하고 의미를 얻는 문제들을 다루고 있지 않는 것으로 보이게 될 것이기 때문이다.

극단적인 상대주의적 주장과는 달리 도덕성은 근본적으로 공약 불가능한 삶의 형식들이 아니다. 신체화라는 사실이 적어도 이 정도를 보장해 준다. 우리 모두에게는 최소한 보편적 욕구와 욕망의 핵심적 다발을 공유하는 몸이 있다. 그 작은 핵을 넘어서면 문화에 따라 폭넓은 변이가 있을 수 있다. 그렇지만 우리는 여전히 사랑과 주거, 음식, 해악으로부터의 보호를 필요로 한다. 우리는 모두 고통과 기쁨, 공포, 분노를 느낀다. 우리 모두가 공유하는, 신체화와 인간 생존의 물질적·사회적 조건들에 근거한 모종의 기본 층위 경험—해악과 도움의 경험—이 존재한다. 이 때문에 상이한 전통에 따라 다양하게 정교화될 수 있기는 하지만 기본적인 인간 경험으로서 악당, 약속을 어기는 것, 선한 사마리아인, 집단에서의 축출 등의 원형들이 존재한다. 따라서 우리의 공통적인 신체화(그리고 그것이 우리의 이성과 욕망의 토대를 이루는 데에서 갖는 역할)[21]는 경쟁적인 도덕성들 사이에 공유되는 최소한의 부분적 프레임이 존재한다는 것을 확신할 수 있게 해 준다.

460

따라서 절대주의적 견해와는 반대로 경쟁적인 도덕 이론들 사이에 완전한 공약 가능성은 존재하지 않는다. 그렇지만 극단적인 상대주의적 견해와는 반대로 전적인 공약 불가능성도 존재하지 않는다. 대신에 항상 정도의 문제라고 할 수 있는 부분적 공약 불가능성이 존재한다.

매킨타이어는 도덕적 진보에 대한 자신의 해명을 다음과 같이 요약한다.

> 합리성의 진보는 어떤 관점 안에서만 이루어진다. 나아가 그것은 그 관점의 옹호자들이 중요한 정도로 자신들의 입장을 좀 더 포괄적이고 적절한 진술로 표현하는 데 성공했을 때 이루어진다. 그것은 그 입장에 대한 앞서의 진술에서 비정합성이나 생략, 설명의 실패, 또는 다른 유형의 결함과 한계를 드러내는 반론을 제기하고, 그 반론을 지지하는 데 사용된 가장 강력한 논변들을 발견하고, 나아가 구체적인 반론과 논변들에 더 이상 취약한 것이 되지 않도록 그 입장을 재진술하려고 시도하는 변증법적 과정을 통해 이루어진다.[22]

매킨타이어가 서술한 경쟁적인 견해나 전통들의 변증법적 작용은 우리가 실제로 역사를 통해 경험하는 경쟁적 견해나 전통들의 지속적인 비판적 상호작용의 중요한 차원들을 포착하고 있다. 예를 들어 노예제도를 살펴보자. 우리는 노예제도를 인정하는 견해들과 그것

---

21) 신체화가 이성과 욕망을 근거짓는 방식은 George Lakoff, *Women, Fire, and Dangerous Things*; Mark Johnson, *The Body in the Mind*; Eleanor Rosch, F. Varela, and E Thompson, *Embodied Mind* (Cambridge, Mass.: MIT Press, 1991)에서 탐색되고 있다.

22) MacIntyre, *Whose Justice? Which Rationality?* p. 362.

이 절대적으로 인간에 대한 적절한 존중을 거스르는 것이라는 견해들 사이의 역사적 갈등의 말미에 서 있는 것으로 보인다. 사실상 완전한 것은 아닐지라도 공식적으로 노예제도는 인간의 자율성을 거스르며, 인간의 존엄성을 파괴하는 것으로 간주된다. 우리는 이제 왜 노예제도를 지지하는 견해들이 스스로 해결할 수 없는 문제들이나 스스로의 신빙성 자체를 무너뜨리는 내재적 모순을 불러오는지 설명할 수 있다. 우리는 노예제도가 없는 삶의 전망, 즉 그것을 접하는 대부분 사람들의 상상력을 사로잡는 삶의 전망을 제시할 수 있다. 나아가 우리는 우리의 더 나은 견해가 과거의 덜 적절한 도덕성이 제시했던 중요한 가치들을 보존하는 방식을 설명할 수 있다. 예를 들어 미국 헌법의 일부 입안자들과 같은 노예 소유자들은 인간의 존엄성과 자율성에 관한 계몽주의적 가치를 유지하고 있었다. 단지 그들은 인격성의 그 위상을 노예들에게 부여하지 않았을 뿐이다. 노예제 반대 주장들은 직접적이든 간접적이든 인간의 자율성 개념, 그리고 노예는 인간적 인격성의 본질적 특성을 갖고 있다는 논변에 근거하고 있었다.

이러한 변증법적 시각 교차의 소재나 매체는 단순히 '지적' 논쟁이 아니라 전쟁, 투쟁, 고통, 경제적 변화, 정치적 충돌 등으로 이루어진 역사적 과정 자체라는 사실에 주목하라. 바꾸어 말하면, 이 변증법은 토론장이 아니라 구체적인 경제적, 정치적, 사회적, 종교적 전통들의 투쟁 안에서 진행되었다.

또한 베를린 장벽의 붕괴를 생각해 보자. 베를린 장벽은 대부분 사람들의 기준에서 볼 때 도덕성과 정치 조직에 관한 부적절한 시각을 구현하고 있는 매우 나쁜 발상이었다. 장벽이 유지되었던 28년 동안 장벽과 그 도덕적 프레임은 일종의 체험적(즉 사회적, 정치적,

도덕적) 검증의 대상이 되었다. 변증법은 그 자체로 작용했다. 이
역사적 과정을 통해 베를린 장벽은 인간 삶의 나쁜 실험으로 간주되
었다.[23] 이러한 사실은 그것이 다시 되돌아가지 않을 것이라거나,
다시 시도되지 않을 것이라거나, 또는 경제적, 정치적, 자연적(가
뭄, 홍수, 환경 파괴 등) 우연성으로 말미암아 미래에 우월성을 얻
는 좀 더 큰 도덕 체계의 일부로 다시 나타나지 않으리라는 것을 의
미하지는 않는다. 그렇지만 우리는 장벽의 붕괴를 상이한 도덕철학
들의 변증법적 상호작용 안에서 시험의 결과로 간주할 수 있다.

  매킨타이어의 해명 중에서 내가 가장 중요하게 생각하는 것은, 역
사적으로 조건화된 변증법적 과정이, 때로 어떻게, 그리고 왜, 어떤
도덕 전통(보조적 도덕철학을 수반하는)이 다른 것에 비해 우월하
게 되는지를 드러내 줄 수 있는가에 대한 그의 서술이다. 그렇지만
우리는 항상 이 우월성이 우리의 의도, 관심, 그리고 구체적인 역사
적 조건들에 상대적이라는 사실을 기억해야 한다. 경쟁적 도덕 이론
들이나 그것들이 대변하는 전통의 장점은 신적 관점에서 추상적인
외재적 기준에 따른 이론적 비교를 통해 확인되는 것이 아니다. 오
히려 그것들은 상이한 조직, 제도, 전통들 사이의 경제적, 정치적,
사회적, 종교적 상호작용이라는 맥락 안에서 결정된다. 어떤 도덕적
관점에 대한 완결된 정당화는 있을 수 없다. 다시 반복하지만 우리
는 시간을 벗어나거나 모든 특정한 맥락을 넘어서지 않으며, 또 그
럴 수도 없기 때문이다.

---

23) 역사적으로 조건화된 변증법적 과정 ─ 단순히 지적인 것이 아니라 물질적이며 사회
    적, 문화적인 ─ 에 대한 이러한 마르크스적 관점은 메를로 퐁티가 전개했다. Maurice
    Merleau-Ponty, *Phenomenology of Perception*, trans. Colin Smith (London:
    Routledge and Kegan Paul, 1976) 참조.

누스바움(M. Nussbaum)은 합리적 정당화의 기준들이 도덕적 전통에 상대적으로 정의되는 방식에 대한 매킨타이어의 분석을 칭송하지만, 이성의 기준을 확정하는 유일한 길이 권위에 대한 공유된 믿음을 통해서만 가능하다는 매킨타이어의 제안에 대해 비판적이라는 점에서 옳다.[24] 매킨타이어가 지나치게 강한 이 견해에 이르게 된 이유는, 그가 그것을 궁극적인 이론적 또는 실천적 맥락이 존재하지 않을 때 확신과 합리적 정당화를 어떻게 통합시킬 수 있을 것인가라는 물음에 대한 유일한 답으로 간주하기 때문이다. 누스바움에 따르면 매킨타이어의 잘못은 광범위하게 공유된 합리적 기준들을 확립하는 오직 하나의 방식이 있다고 생각하는 데 있다.

　　한 견해는 왜 그 지지자들이 그 반대자들을 정연하게 물리칠 수 있을 때에만 정당화되는가? 그 답은 이런 것 같다. 즉 원죄라는 사실 때문이다. 매킨타이어는 아우구스티누스를 대변해서 정치적 권위란 '죄악을 치유하는 필수적인 치유법이며, 또 기독교적 개념에서의 신적인 치유법'이라고 말한다. 나아가 '도덕성이라는 핵심적 인간 경험'은 '그것에 따라 살아갈 수 없음'이라는 경험이다. 아우구스티누스가 아리스토텔레스의 견해가 '근본적으로 불완전'하다는 것을 보여 주는 방식은 '자연적인 인간 질서의 근본적 불완전성'을 지적하는 것이라고 매킨타이어는 결론짓는다(Nussbaum, 40).

바꾸어 말하면 매킨타이어는 원죄라는 '사실'을 주어진 것으로

---

24) Martha Nussbaum, "Recoiling from Reason," *New York Review of Books*, December 7, 1989, pp. 36~41. 이하 이 글의 인용 쪽수는 본문에 제시한다.

받아들임으로써 자연적 인간 이성이 본유적으로 불완전하며, 우월한(신적인) 권위에 의해서만 회복될 수 있다고 주장한다.

이것은 원죄는 사실인가, 권위에 대한 신적 근거는 존재하는가, 또 기준에 대한 합의에 이르는 다른 방법들이 있을 수 있는가와 같은 수많은 중요한 물음들을 회피하는 것이다. 누스바움은 공유된 인간의 특성에 대한 아리스토텔레스의 견해가 대부분의 사람들에게 이해 가능하면서도 강제력이 있는 합리적 탐구를 가능하게 해 준다고 옹호한다.

> 아리스토텔레스는 한계와 능력을 동시에 갖춘 인간으로서 살아간다는 것이 무엇인지에 대한 일반적 해명을 제시한다. 그는 그가 말하는 것이 언어나 문화의 차이를 넘어서서 모든 사람에게 이해 가능한 것이라고 생각한다. 그는 '우리는 낯선 나라를 여행하면서 모든 인간을 다른 모든 인간과 연결해 주는 인정과 제휴의 경험을 관찰할 수 있다'고 쓰고 있다. 또 그가 좋음에 대한 설득력 있는 탐구—한두 개의 특정한 문화에만 묶여 있는 것이 아닌—에 대한 희망을 피력하는 것은 바로 이에 근거한 것이다(Nussbaum, 41).

여기에 완전히 합리적인 존재들 모두의 합의를 보장해 주는 보편적 본질의 존재에 대한 논증은 없으며, 또 있을 수도 없다. 그러나 우리가 본질이나 절대를 포기하기만 하면 우리가 도달할 수 있는 것으로 이에 가장 근접한 것이 존재한다. 그 논증은 다음과 같다. 인간은 기본적인 생물학적 구조를 공유하며, 동일한 일반적인 인지 기제를 공유하며, 또 보편적으로 공유된 의도, 관심, 계획—비록 각각의 문화에서 상이한 형태를 띠겠지만 우리가 경험하는 모든 문화 안에서 스스로를 드러내는—의 근거가 되는 일반적인 물리적 · 대인관계적 · 문화적 욕구를 공유한다. 우리는 몸, 두뇌, 그리고 물리적 · 사회적 상호작용의 본성을 감안할 때, 모종의 기본 층위 경험(해악, 도움, 평안 등)이 문화들 사이에 공통적이라고 기대할 수 있다. 이런 종류의 공유된 의도나 경험이 아리스토텔레스가 말하는 '모든 인간을 다른 모든 인간과 연결해 주는 인정과 제휴 경험'의 근거다. 그것이 우리가 다른 문화를 마주칠 때, 또는 과거의 사회들을 상상할 때 그 사람들이 우리에게 완전히 낯설지 않은 이유다. 오히려 우리는 그들로부터 우리 자신 또는 우리 경험의 일부를 경험한다. 그것이 가능한 대화의 공통적 근거다.

그러한 보편적 제약과 기본 층위 경험의 존재는 물론 어떤 하나의 입장을 총체적이거나 최종적인 것으로 선택해 주지는 않을 것이다. 그렇지만 그것들은 이해 가능한 대안들의 폭을 제한해 줄 것이다. 더욱이 그것들은 경쟁적인 견해들 사이에 생산적인 대화를 구성하는 데 중요한 고려 사항들을 제시한다. 그것들은 경쟁적인 이론이나 실천, 전통들의 상대적 장점에 관한 논의의 길을 열어 준다. 이 모든 고찰을 통해서 볼 때 경쟁적인 도덕성들이 근본적으로 공약 불가능할 것이라는 극단적인 상대주의적 견해는 단적으로 그릇된 것으로 보인다.[25]

어떤 사람은 이 가정된 제약들이 지나치게 일반적이고, 지나치게 느슨하며, 지나치게 소수여서 실제로는 엄격한 의미의 객관성을 제공할 수 없다고 반박할지도 모른다. 그러나 우리가 신적 객관성에

---

[25] 데이빗슨은 극단적인 공약 불가능성 논제의 비정합성을 상술하고 있다. Donald Davidson, "On the Very Idea of a conceptual Scheme," *Proceedings and Addresses of the American Philosophical Association* 47 (1973): 5~20.

대한 그릇된 절대주의적 개념의 상징인 절대적 법칙, 단일한 용어, 또 가치중립적 개념에 대한 열망을 포기하기만 하면 그것은 단적으로 사실이 아니다. 우리는 그러한 종류의 객관성에 이를 수 없을 것이다. 왜냐하면 그것은 불가능한 이상이기 때문이다. 그렇지만 이제 객관성에 대한 다른 시각이 가능하다. 그것은 인간 경험의 다음과 같은 측면들에 근거하고 있다.

1) 생물학적 의도

경험적 사실의 문제로서 모든 인간이 공유하는 것으로 보이는 특정한 의도들이 있다. 이것은 신체적 양육, 성적 만족, 생식, 주거, 신체적 해악으로부터의 보호, 또 다양한 사회적 상호작용 등을 포함한다.[26] 우리에게 알려진 거의 모든 사회는 나름의 방식으로 이 욕구와 욕망의 충족을 위해 활동해 왔다. 드물게 인간적 번영에서 이러한 의도들을 무시하거나 배제하려고 했던 개인이나 집단이 있었지만 거기에는 대가가 있었다. 예를 들어 셰이커교도들은 예수의 재림이 임박했다는 이유로 성교를 금지했다. 이제 소수의 셰이커만이 남아 있을 뿐이다. 마찬가지로 역사를 통해 다양한 형태의 성적 억제가 시도되었다. 그러나 오히려 억제라는 사실 자체가 성적 충동의 힘과 편재성을 증언해 준다. 문명의 가능성이 성적·공격적 충동에 대한 광범위한 억제에 달려 있다는 프로이트(S. Freud)의 주장은 옳은 것일 수 있다. 그러나 어떤 도덕성도 이러한 충동들을 인정하고, 그것들을 어느 정도까지 충족시키는 적절한 수단을 찾지 않고서는

---

26) 개인의 정체성을 결정하거나, 그의 도덕적 발달에 요구되는 이러한 몇몇 요인들의 역할에 관해서는 Owen Flanagan, *Varieties of Moral Personality : Ethics and Psychological Realism* (Cambridge, Mass. : Harvard University Press, 1991) 참조.

오랜 기간 동안 받아들여질 수 없다.

이러한 생물학적 의도들은 가능한 사회적·경제적·정치적 상호작용의 일반적 한계를 설정해 준다. 내가 말하는 '한계'란 사회 도덕적 체계가 그러한 의도들의 성취를 위해 의미 있는 기회를 제공해야 한다는 것을 의미한다. 이것이 예를 들어 독신이 단지 궁극적으로는 그 사회의 소멸을 초래할 것이라는 이유 때문에 금지되어야 한다는 것을 함축하지는 않는다. 그것은 그러한 생물학적 의도들이 우리로 하여금 어떤 시각이 다른 것들에 비해 상대적 우월성을 갖는 것으로 판단—경쟁적 시각들이 우리로 하여금 얼마나 성공적으로 기본적 의도들을 실현하고 조화시킬 수 있게 해 주는가에 따라—할 수 있게 해 준다는 것을 의미한다.

2) 인지 구조

범주 구조의 본성, 추론 방식, 지각의 작용 방식, 의사소통 조건 등 인간의 개념체계, 인지, 또는 지식의 본성에 관해 우리는 많은 것을 알게 되었다. 앞장들에서 나는 도덕 개념들과 그것들에 근거한 추론에서 다양한 종류의 상상적 구조의 역할을 탐색하는 연구들의 일부를 활용했다. 인지에 관한 최선의(원리적으로 수정 가능하지만) 경험적 이해에 상충하는 도덕성 이론은 매우 의심스러운 것이다. 왜냐하면 그것은 사람들이 실제로 사물을 이해하고 그에 관해 추론하는 방식과 양립할 수 없기 때문이다. 이것은 모든 적절한 도덕 이론은 "최소 심리학적 실재론의 원리(Principle of Minimal Psychological Realism), 즉 도덕 이론을 구성하거나 도덕적 이상을 기획할 때 규정된 특성이나 결정, 진행, 행동이 우리와 같은 존재에게 가능하거나, 가능하다고 생각되는 것이 되어야 한다"[27]라는 원리를 충족시켜야 한다고 주장하는 플래너건(O. Flanagan)의 일관된 논증의 귀결이다.

그래서 우리는 단일하고, 고정된 본질주의적 개념과 규칙에 의존하는 어떤 이론도 단적으로 실제 인간의 이해의 요소들에 부합할 수 없다는 사실을 살펴보았다. 우리는 대부분의 경우 전혀 그러한 개념들을 통해 사고하거나 추론하지 않는다. 도덕적 추론의 상상적 특성을 배제하거나 최소화하려는 모든 해명은 도덕적 숙고를 설명하는 데 필수적인 수단을 결여함으로써 결국 실패로 드러날 수밖에 없다. 목표나 의도를 미리 수립되고, 고정되고, 확정적인 '주어진 것' ─ 그래서 우리가 숙고하고 추구하는 ─ 으로 간주하는 모든 견해는, 우리가 일상적으로 모험적인 도덕적 활동 안에서만, 또는 그것을 통해서만 우리의 목표에 대해 점차 선명한 이해에 도달하게 된다는 사실에 결코 합치할 수 없다. 은유나 다른 상상적 구조들을 주변적이고, 불필요하고, 바람직하지 않은 것으로 간주하는 어떤 견해도 결코 우리의 도덕적 경험을 이해할 수 없다. 그래서 이 인지적 제약들은 좀 더 현실적이고 적절한 이론 구성의 방향을 제시하는 한편, 수많은 실험적인 도덕 이론들을 명백하게 거부한다.

3) 사회적 관계

어떤 유형의 사회적 관계나 조직들은 스스로의 정당성을 잠식하는 것으로 보이며, 우리가 공유하는 목표들을 추구하기 어렵게 만든다. 지배나 원초적 힘, 위협, 억압에 근거한 사회는 제한된 기간 동안 존속했으며, 오늘날에도 여전히 존재한다. 그러나 매우 극단적인

---

27) 같은 책, p. 32.

상황을 제외하고 누구도 우리가 세계 안에서 전형적으로 경험하는 조건들 아래에서 그런 사회가 바람직한 것이라고 옹호하지 않는다. 전체주의 국가는 어느 정도 안정성과 질서를 제공할 수 있겠지만, 그 안정성은 기본적인 인간적 형태의 표현이나 사회가 성장하고 적응할 수 있게 해 주는 사회적 상호작용에 대한 금지에 근거한 것이다. 반복하지만 이것은 전체주의에 대한 결정적인 논증이 아니라 그것의 억압적이고 자기기만적인 특성을 드러내 주는 몇몇 고찰들 중의 하나일 뿐이다.

다음으로 거짓말을 고려해 보자. 거짓말에 토대를 둔 모든 사회는 스스로를 파멸시킬 것이다. 모든 유형의 거짓말에 대한 강력한 비판자인 칸트가 지적하듯이 거짓말은 우리의 공동 목표를 달성하게 해 주는 성공적인 사회적 관계에 필수적인 신뢰를 파괴한다는 점에서 나쁜 것이다. 외국인이나 자신이 속한 사회적 프레임 밖의 사람들에게 거짓말하는 것을 용인하는 도덕 체계를 쉽게 상상해 볼 수 있다. 그러나 한 사회 안에서 거짓말을 허용하는 도덕성은 신뢰와 의사소통, 협동 행위의 가능성을 잠식하게 될 것이다.

또 다른 예로 사회적 상호작용을 기피하는 은자들이 분명히 존재했으며, 지금도 존재한다. 그렇지만 그러한 사람들 스스로가 부모의 성적 결합, 성장과 생존을 위한 복잡한 형태의 양육과 집중적인 교육적 실천 등—이것들이 없었다면 그들은 기껏해야 최소한의 인간이 되었을 것이다—을 포함하는 사회적 상호작용의 산물이다.

4) 생태적 관심

생태적 환경을 무시하는 모든 이론은 다른 모든 목표와 실천의 전복이라는 위험을 낳는다. 자연 환경을 단순히 도구나 자원으로, 즉 단지 소모품으로 간주하는 모든 견해가 유기체와 환경이 공동 진화하며, 그것들의 호혜적 상호작용으로 구성되는 복합적인 방식을 받아들이는 견해보다 열등하다는 것은 자명하다. 가장 뚜렷한 사례는 자연 자원을 완전히 고갈시키고 환경을 거주 불가능하게 만듦으로써 소멸한 문화들이다. 현재 우리의 상황이 그렇지만 좀 더 전형적인 경우들은 점진적이고 회복 불가능한 방식으로 환경의 전반적 질을 떨어뜨리며, 그렇게 함으로써 생존의 질을 확장시키고 고양시킬 수 있는 가능성을 감소시킨다.

따라서 도덕성의 체계는 (적어도 어떤 도덕성 안에서 정의되는 특정한 목표, 의도, 좋음 등은 특정한 생태적 조건들이 먼저 충족되지 않고서는 성취될 수 없다는 점에서) 생태적 고려에 의존하고 있다. 모든 사람을 위한 충분한 식량과 기본적 보호 같은 좋음은 생태적인 무책임 때문에 불가능한 것이 될 수도 있다. 이렇게 해서 물질적 조건들은 도덕성이 취할 수 있는 형태들에 제약을 부과한다.

6 _ 통관점성으로서의 객관성

인간 삶의 이 네 가지 기본적 차원, 즉 물리적, 인지적, 사회적, 생태적 차원은 경쟁적 도덕철학들의 장점들에 대해 성찰할 수 있는 실질적 기초를 제공한다. 그것들은 유일한 '옳은' 이론을 선별해 주지 않으며, 또 선별해 줄 수도 없다. 그러나 그것들은 수많은 견해를 모두 배제하고, 또 남은 대안들의 상대적 장점을 결정하는 데 필요한 다양한 고찰을 제공해 준다. 물론 그것은 항상 주어진 역사적 상황 안에서, 또 그 자체로 비판과 변화가 가능한 의도들에 상대적으로 이루어진다.

우리는 이제 불가능한 신적 관점에서의 객관성에 대립되는 것으로서 이해 가능하고 현실적인 인간적 객관성(human objectivity)의 본성에 대해 몇몇 일반적 주장을 할 수 있는 지점에 와 있다. 인간적 객관성이란 우리 자신의 견해는 물론 다른 사람의 견해들을 비판하고 변형시키는 방식으로서 다중적 관점을 취할 수 있게 해 주는 수단인 반성적 과정을 규정해 주는 어떤 것이다.

윈터(S. Winter)는 인간적 객관성을 통관점성(transperspectivity)의 한 형태로 특징짓는데, 그것은 물리적, 역사적, 사회적, 문화적으로 조건화된 자아가 스스로의 세계 구성을 비판적으로 반성하고, 또 달리 구성될 수 있는 가능 세계들을 상상하는 능력이다.

우리가 초월적 관점(신에게 있어서의 의식 또는 다른 어떤 것)이라는 개념을 포기하기만 하면 '객관성'은 통관점성의 문제가 된다. 또한 '공평성'은 더 이상 무관점적 입장의 문제가 아니며, 오히려 어떤 문제가 하나 이상의 측면에서 보았을 때 어떤 것이 될 것인지를 상상하는 감정이입적 능력의 실천 문제다. 이 견해에 따르면 '조건화된 자기의식'은 두 부분으로 이루어진 과정이다. 먼저, 그것은 우리의 구성이 우리의 세계를 하나로 짜 맞추는 데 사용된 요소들을 풀어헤치고 추적하는 능력을 포함한다. 비록 우리는 믿음의 그물망 안에 놓여 있겠지만 그 믿음들을 투명하게 만들어 주고, 따라서 반성이 가능하도록 해 주는 것을 가로막는 것은 아무것도 없다. 말하자면 상상력의 결여를 제외하고는 아무것도 없다.

둘째, 조건화된 자기의식은 세계가 어떻게 다르게 구성될 수도 있었는지를 상상하는 능력을 포함한다. …… 어떤 경우든 조건화된 자기의식은 우리를 과거의 개념들을 넘어서게 해 주는 상상력의 작용에 의존하고 있다. …… 그것은 먼저 우리의 구성을 투명하게 해 주고, 그 다음 그것들을 넘어서서 상이한, 또 아마도 좀 더 생산적인 구성들을 볼 수 있게 해 주는 과정이다.[28]

현실적인 인간적 객관성의 전망은 다음과 같다. 그것은 당신과 타인들이 자신들의 세계를 구성하는 방식을 이해하고 비판하는 능력을 포함하며, 또 그렇게 구성된 세계들의 적절한 변형을 상상하고 수행하는 상상적 능력을 포함한다. 바꾸어 말하면 그것은 다른 가치나 관점들을 상상하고, 또 그 대안적 관점들에 의해 드러나는 가능성의 측면에서 자신의 세계를 변화시키는 제한된 자유를 포함한다.[29]

통관점성은 상상력의 작용을 포함한다. 어떤 사람들에게 '객관성'과 '상상력'을 결합하는 것은 기이하며, 심지어 부적절한 것으로 보일 것이다. 그러나 사실상 상상적 합리성의 형식들이 인간적 객관성을 가능하게 해 준다. 그것들은 우리의 것이든 타인의 것이든 주어진 입장을 비판하는 하나의 방식으로서 다양한 관점들을 취할 수 있게 해 준다. 앞서 살펴보았던 것처럼 우리는 다양한 종류의 상상적 작용을 통해 그것을 수행한다. 즉 상황에 대한 상이한 구조화와 은유적 구조화를 상상함으로써, 타인들이 무엇을 경험하고, 또 어떻

---

28) Winter, "*Bull Durham* and the Uses of Theory," pp. 685~86.
29) 이 견해에 따르면 "자유는 의미를 결정하는 무제약적인 능력에 있는 것이 아니라 지각의 축적된 장의 요소들을 변형함으로써 의미들을 조정하는 능력에 있다. 우리의 자유는 그러한 배경적 결정들에 초점을 맞추고, 그것들을 전면에 드러내고, 또 앞서 인식하지 못했던 변화의 가능성을 보는 능력에서 비롯된다." Kerry H. Whiteside, *Merleau-Ponty and the Foundation of an Essential Politics* (Princeton: Princeton University Press, 1988), pp. 68~69.

게 가능한 다양한 행위들이 그들에게 영향을 미치는지를 이해하기 위해 감정이입적으로 타인의 입장을 취해봄으로써, 또는 우리에게 열려 있는 가능성들의 폭을 탐색함으로써 그것을 수행한다.

이런 종류의 상상적 활동은 상이한 관점들을 가정하기 위한, 또 그 관점들이 어떻게 우리의 정체성을 전개하는지, 우리는 타인들에게 어떻게 영향을 미치는지, 또 우리는 어떻게 관계들을 구성하는지에 관해 갖는 의미들을 추적하기 위한 유일한 수단이다. 상상력의 작용은 사물들이 다르거나 더 나을 수도 있다는 사실, 또 그것이 어떻게 그런지를 이해할 수 있게 해 준다.

나는 어떤 상황에서 무엇을 할 것인지를 계획하는 유일하게 옳은 방법이 존재하지 않는다고 주장했다. 일반적 원리들과 상상적 이상들이 있지만 그것들이 하나의 참된 방법을 결정해 주지는 않는다. 그렇지만 절대적 방법의 부재가 어떤 방법도 존재하지 않는다(일부 상대주의자들이 생각하는 것처럼)는 것을 의미하지는 않는다는 사실을 이해하는 것이 중요하다. 대신에 몇몇 상상적 방법들이 존재한다. 그 하나는 어떤 상황에 대해 상이한 상상적 구조화를 시도하는 것이다. 지금까지 주목받지 못했던 공유된 은유적 개념을 검토하는 것 또한 그 하나다. 다른 사람들의 경험과 느낌을 감정이입적으로 탐색하는 것 또한 그 하나다. 다양한 개인적·문화적 서사들의 다양한 연속성이 어떻게 가능한지, 또 그것들이 자신과 타인에게 무엇을 함축하는지를 상상해 보는 것 또한 그 하나다.

우리는 가능한 한 더 많은 상상적 방법들을 사용해야만 한다. 통관점성은 그것을 요구한다. 왜냐하면 그것이 우리가 현재 우리의 도덕적 이해를 비판할 수 있고, 타인의 입장이 되어 볼 수 있고, 또 건설적 행위의 가능성에 대한 우리의 의미를 확장시킬 수 있는 유일한

474

길이기 때문이다.

앞서 주장했던 것처럼 상이한 관점들의 이러한 대화, 즉 통관점성의 이러한 변증법은 단순히 의식적 반성과 논증을 통해서 수행되는 지적 노력이 아니다. 그것은 오히려 개인적·집단적 경험의 과정이다. 그것은 장기간에 걸쳐 사람들의 경험을 통해 수행된다.[30] 그것은 일종의 문화적인, 또 문화 교차적인 실험이며, 그것은 궁극적으로 한 문화의 상상적 요소들을 검증한다.

그렇다면 객관성은 신적 관점이라는 불가능한 이상에 접근하는 데 있는 것이 아니다. 실제로 우리는 이제 진화하는 세계를 경험하고 있으며, 그것과 함께 진화해 가는 우리와 같은 존재에게 그러한 절대적 관점이 비생산적이라는 것을 알 수 있다. 우리에게 필요한 것은 변화하는 경험 속에서 발생하는 새로운 문제들(심지어 새로운 종류의 문제들)을 건설적으로 직면하고 대처할 수 있게 해 주는 적응력과 유연성이다. 이것은 우리에게 현재 우리의 도덕적 이해에 대해 상이한 비판적 관점들을 취하고, 또 그 양상들을 현재 상황의 관점에서 어떻게 확장하거나 변화시킬 수 있는지를 추론하도록 요구한다. 이러한 종류의 진화적 특성을 갖는 경험에 대처하기 위한 절대는 존재하지 않는다. 대신에 우리에게 요구되는 것은 앞서 논의했던 다양한 형태의 상상력이다.

통관점성으로서의 객관성은 우리가 경험하는 문제들을 지성적이고 구성적으로 다루기 위해서 우리와 같은 존재가 필요로 하는 바로 그것이다. 우리의 객관성은 다중적 관점들을 우리의 뿌리 깊은 통속

30) Donald Rutherford, ˚Whither Theory in Ethics: The Case of Williams' *Ethics and the Limits of Philosophy*˝ (Department of Philosophy, Emory University, 1989, manuscript) 참조.

이론, 가치, 그리고 이성 개념들과 관련시키려는 지속적인 개인적 ·
공동체적 시도들―그것들이 우리 삶에 무엇을 함축하는지를 이해
하고, 그것들은 언제, 어떻게 수정되어야 하는지를 이해하고, 또 사
물들이 구성적으로 진전될 수도 있는 방법들의 새로운 가능성을 상
상하기 위한―을 통해 구성된다. 이것이 현실적인 인간적 객관성의
상상적 근거다. 따라서 절대 없이 살아가는 것은 절대적 도덕 법칙
의 체계로서의 도덕적 지식이라는 불가능한 이상을 상상적인 도덕
적 이해로서의 도덕적 지식이라는, 인간적으로 현실적인 개념으로
대체한다는 것을 의미한다.

제 10 장
계몽주의의 도덕적 최고 이상을 유지하는 것

나는 「도덕 법칙」 통속 이론의 여러 측면들과 대비시킴으로써 상상적인 도덕적 이해에 대한 나의 해명을 구조화하고 동기화했다. 나의 비판적 주장은 대부분 이 통속 이론의 절대주의적인 계몽주의적 버전들을 겨냥하고 있는데, 그것들은 도덕성에 관한 서구의 상식적 견해들은 물론 그것들로부터 생겨나는 철학적 이론들에 심중한 영향을 미쳐 왔다. 나는 또한 이러한 동일한 기본적인 철학적 가정들에서 비롯된 상대주의도 비판했다.

나는 이 계몽주의의 유산들(예를 들면, 자아, 이성, 도덕 법칙, 객관성에 관한 견해들)과 관련해서 다음과 같은 세 가지 물음에 답하려고 했다. (1) 철학적·심리학적 관점에서 이 견해들은 어떻게 동기화되는가? (2) 이 견해들은 어떻게 영상도식, 개념적 은유, 이상화된 인지 모형, 그리고 다른 상상적 장치들에 근거하고 있는가? (3) 인간의 개념화와 추론의 상상적 특성에 관해서 알고 있다고 가정할 때, 이 견해들은 어떤 구체적인 방식으로 도덕성 이론의 근거로서 부적절하거나 그릇된 것이 되는가?

이 비판들의 관점에서 본다면 내가 계몽주의의 도덕적 전통에 아무런 좋은 것이 없다고 주장하는 것처럼 보일지도 모른다. 나의 분석들을 단지 계몽주의에 대한 공격으로만 해석하는 것은 나의 주장의 핵심을 놓치는 일이다. 핵심적 논점은 서구에서 매우 중요한 계몽주의의 도덕적 이상들을 던져버리자는 것이 아니라, 그것들을 우리가 자아나 이성, 개념 등에 관해 알고 있는 것들과 정합적인 방식으로 재구성하자는 것이다.

우리는 단순히 서구의 도덕적 유산을 부정할 수만은 없다. 왜냐하면 그것은 우리의 도덕적 감수성을 상당 부분 규정하고 있기 때문이다. 더구나 인격체로서 우리의 정체성이 서구적인 도덕적 전통에 스며들어 있기 때문에 우리 자신을 잃지 않고서는 전적으로 우리의 전통을 거부할 수가 없다. 대신에 우리가 해야 할 일은 서구 전통의 여러 가지 측면들을 변형시켜서, 사람들이 사물들을 이해하고, 그것들에 관해 추론하며, 또한 사람들이 행위하도록 동기화되는 방식에 관한 우리의 지식과 부합하도록 만드는 일이다. 이렇게 해야만 우리는 물려받은 도덕적 이상들이 무엇을 의미할 수 있는지, 그리고 그것들이 우리의 현재 상황에 어떻게 유용하게 될 수 있는지를 결정할 수 있다.

계몽주의의 유산에 관해 무엇이 좋은지를 말하기 위해 끝으로 그것의 가장 의심스러운 가정들을 요약하는 것이 도움이 될 것이다. 그 과도성과 과장을 살펴봄으로써 우리는 무엇이 그 기획 전반에 생명을 주었으며, 그것이 어떤 전망을 표현하고 있는지에 관해 더 잘 이해할 수 있다. 그렇게 함으로써 우리는 이러한 전망 안에서 무엇이 심리학적으로 현실적이며, 도덕적으로 고귀하며, 또 보존의 가치가 있는지를 결정할 수 있다.

1_계몽주의 도덕성의 의심스러운 가정들

다음은 내가 비판해 왔던 핵심적인 계몽주의적 가정들의 간단한 목록인데, 그것들은 「도덕 법칙」 통속 이론의 핵심에도 자리 잡고 있다.

1) 분열된 자아

계몽주의는 형이상학적으로 이분화된 존재로서의 인간이라는 유대 기독교적 관념을 유지하고 있다. 이것은 우리의 신체적 측면(지각과 욕망, 느낌, 정서, 행위의 소재인)이 과연 어떻게 정신적 측면(이해와 이성, 의지의 소재인)과 상호작용할 수 있는지에 관해 해결 불가능한 문제를 불러온다. 만약 우리가 이런 식으로 분열되어 있다면 애당초 욕망이 어떻게 이성에 영향을 미칠 수 있으며, 이성이 욕망을 이끌 수 있을까? 「능력 심리학」이라는 통속 이론의 원천들만으로는 이것은 해결 불가능한 문제다.

2) 능력 심리학

계몽주의 철학은 개별적인 정신 능력들 사이에 엄격한 구분을 수반하는 「능력 심리학」 통속 이론을 받아들이고 정교화했다. 지각은 그러한 감각들을 수동적으로 받아들인다. 이해는 개념화를 한다. 이성은 계산하고 원리들을 구성한다. 의지는 선택을 한다. 우리는 이처럼 엄격한 방식으로 기능들을 분리시키는 것이 상상적 합리성에 어떤 자리도 할애하지 않는다는 사실을 살펴보았다. 그것은 또한 우리의 도덕적 개념들과 추론의 정서적 차원에 어떤 자리도 할애하지 않는다. 도덕적 판단은 구체적 상황에 개념과 법칙들을 합리적으로 적용하는 문제로 귀착된다. 이러한 해명에 따르면 우리의 도덕적 이해와 추론에 결정적인 상상적 능력은 그 문제와 무관한 것으로 제외된다.

3) 보편적 · 본질적 · 탈신체적 이성

「보편 이성」은 사람들을 난폭한 짐승과 구별해 주는 것으로 가정된다. 그것은 우리 모두가 공유하는 본질적 능력이며, 따라서 그것은 도덕적 행위자로서 우리의 정체성을 규정한다. 우리는 순수한 「보편 이성」에 관한 이 견해가 신체적 경험, 정서, 상상력, 대인관계적 · 문화적 관계 등이 도덕적 이해에서 수행하는 결정적 역할을 어떻게 무시하는지를 살펴보았다.

4) 근본적 자유

「도덕 법칙」 통속 이론은 의지가 신체적 본성이나 다른 '외적' 원천(예를 들면, 습관이나 사회적 관습, 다른 사람의 권위 등)에서 비롯되는 영향으로부터 독립적인 합리적 원리들에 따라서 행위하는 근본적 자유를 갖는다고 전제한다. 그러한 자유는 우리의 신체적 실재와 구별되는, 어떠한 신체적 욕구나 욕망, 습관에 의해서도 결정되지 않는 독립적인 형이상학적 영역을 요구한다. 칸트가 지적했던 것처럼 그러한 절대적 자유의 존재를 증명하거나 그것이 어떻게 형이상학적으로 가능한지를 설명할 수 있는 방법은 없다. 인간을 이처럼 자유로운 존재로 가정하는 것은 다만 근본적으로 분열된 자아— 그것의 합리적 본질이 우리가 직접적으로 경험할 수도 없고, 아무것도 알 수 없는 신비로운 본체적 영역에 거주하는—라는 구도를 강화했다.

5) 절대적 보편 법칙

도덕적 객관성은 「보편 이성」에서 비롯되며, 일어날 수 있다고 생각되는 모든 상황에서 우리의 행위를 지도할 수 있는 보편적 도덕 법칙이라는 관념 위에 건설되었다. 나는 이 견해가 요구하는 것으로서 개념과 보편 이성에 대한 고전적 해명이 모두 우리가 개념화와 추론에 관해 최근에 알게 된 것들의 도전을 받고 있다고 주장했다.

6) 도덕성의 범위

만약 당신이 앞의 가정들을 한데 결합하게 되면 도덕성으로 간주되는 것에 대해 극단적으로 협소한 정의가 따라 나온다. 도덕성이란 무엇을 행하고 무엇을 행하지 않아야 하는지, 무엇을 행할 의무가 있는지, 언제 행위에 대해 비난받을 수 있는지를 알려 준다고 가정되는 일련의 규제적 규칙들이다. 그것은 기본적으로 어떻게 좋은 삶을 살며, 어떻게 잘 살 수 있는지의 문제에 관한 것이 아니다. 대신에 그것은 단지 '옳은 일을 하는 것'―어떤 주어진 상황에서 당신에게 요구되는 유일한 옳은 일―의 문제일 뿐이다. 도덕성의 범위를 이처럼 과격하게 축소하는 것은 엄청난 귀결을 불러온다. 도덕적 추론이 마치 도덕 법칙을 발견하고 적용하는 데 있는 것처럼 말하는 것은 도덕적 개념과 추론의 상상적 구조를 무시하는 것이며, 따라서 상상력의 중심적 역할을 지지하는 모든 증거들을 고려의 대상에서 제외하는 것이다.

이러한 좁은 도덕성 개념 안에서 도덕적 상상력의 역할을 부정하고 도덕성으로부터 잘 사는 것에 관한 모든 물음을 배제하기 위한 두 가지 기본 전략이 있다. 나는 이 전략들을 검토하고, 나아가 우리의 도덕적 지식 안에서 도덕적 상상력의 중심적 역할이 함축하는, 도덕성에 관한 넓은 견해를 옹호하려고 한다.

2_ '도덕성 제도'의 문제점은 무엇인가?

모든 맥락이나 가치, 관심을 넘어서는 순수이성이라는 계몽주의의 이상은 위험한 환상으로 드러났다. 그것이 위험한 이유는 그것이 실제로 어떤 절대적 가치나 원리, 관점에 도달할 수도 있다는 믿음으로 우리를 이끌어 가기 때문이다. 우리가 스스로를 속이고 그러한 초월적 관점이 있을 수 있다고 믿게 되면 우리는 쉽사리 어리석음에 빠지게 된다. 즉 우리의 도덕적 경험을 이해하는 관점인 서구적 전통이 어떻게든 보편적이고 절대적인 이성의 최상의 표현이라는 믿음을 가질 수 있다.

우리는 소위 「보편 이성」의 작용으로 한정된 도덕적 추론의 그러한 좁은 기술이 어떻게 도덕성으로부터 인지의 상상적 구조들을 배제하는 데 이르게 되는지를 상세하게 살펴보았다. 전형적으로 상상력의 중요성에 대해 내가 제시하는 유형의 주장은 도덕성과 도덕 이론의 범위를 규정하는 데 전통적으로 사용되었던 두 가지 기본적인 구분들에 근거해서 거부된다.

1) 도덕성 대 사려

「도덕 법칙」 이론에 따르면 도덕적 추론은 특정한 상황에서 정확한 행위를 요구하는 적절한 도덕 법칙을 이끌어 내는 이성의 실천적 사용과 관련되어 있다. 반면에 사려적 추론(prudential reasoning)은 행복이라는 포괄적인 인간적 목적에 도달하는 가장 효율적인 수단을 결정하는 이성의 실천적 사용을 포함한다. 따라서 앞서 보았던 것처럼 도너건(A. Donagan)은 '도덕적 삶'(living morally, 도덕성)과 '평안'(well-being, 사려)을 엄격히 구분한다. 그는 도덕적 삶 없이 평안은 불가능하지만 평안 없이도 도덕적 삶은 가능하다고 주장한다. 그래서 도너건은 도덕 이론이 이처럼 고도로 제한된 의미의 도덕적 삶에만 관련된다고 정의한다.

이러한 구분과 함께 「도덕 법칙」 이론가들은 행위를 위해 상황을 구성하고, 관계를 형성하고, 조화를 창출하고 고양하며, 가능성들을 탐색하는 상상적 추론에 관한 나의 모든 논의를 '단지' 사려적 추론일 뿐이라고 거부한다. 이것은 대처하기에 매우 까다로운 전략이다. 왜냐하면 그것은 「도덕 법칙」 이론에 도전할 수도 있는 수많은 현상들과 대부분의 증거들을 고려의 대상에서 효과적으로 배제하기 때문이다. 그것은 우리가 어떻게 행위하고 느끼고 생각해야 하는지에 관한 숙고에 포함되는 것들의 대부분이 우리 행위의 도덕성과는 무관하다는 주장에 이르게 된다.

2) 도덕 이론 대 도덕심리학

가능한 반증을 배제하는 데 사용되는 또 다른 이분법은 도덕철학과 도덕심리학 사이의 잘 알려진 구분에서 나타난다. 도덕철학은 어떻게 추론하고 행위해야 하는지, 또 행위의 근거가 되는 법칙이나 원리들을 어떻게 정당화할 수 있는지만을 고려해야 한다고 가정된다. 반면에 도덕심리학은 사람들이 현실적 실천에서 실제로 어떻게 추론하고 결정하는지를 기술하는 동기, 도덕적 발달의 패턴, 심리적 영향, 이해의 양식에만 관련되어 있다고 가정된다. 이 구분은 도덕

484

적 이해의 상상적 구조에 대한 모든 기술을 '단순히' 도덕심리학의
영역으로 격하하는 데 사용된다. 도덕 이론은 우리가 어떻게 사물을
이해하는지의 문제가 아니라 기본적인 도덕 법칙들을 결정하고 그
것들이 구체적인 경우에 어떻게 적용되는지의 문제를 다루는 것으
로 가정된다.

이 두 가지 구분은 동일하지 않으며, 따라서 상상적 합리성을 거
부하는 데 두 가지 다른 논증의 근거가 되지만, 두 논증의 일반적 형
식은 동일하다. 각각의 논증은 상상적 인지의 다양한 현상에 대한
기술이나 설명을 도덕성과 도덕 이론에 적절하게 포섭되지 않는 것
으로 봄으로써 고려의 대상에서 제외한다. 그래서 그것들은 도덕성
에서 지배적인 「도덕 법칙」 패러다임에 의문을 제기할 수도 있는,
의심의 여지가 있는 모든 자료를 거부하게 된다.

도덕적 상상력을 무시하려는 이 두 전략의 문제점은 도덕성의 범
위를 윌리엄스(B. Williams)가 "도덕성, 그 특이한 제도"[1]라고 불러
왔던 것으로 철저하게 좁힌다는 점이다. '도덕성 제도'는 모든 도덕
적 고려를 다음과 같은 단일한 일의적 개념, 즉 도덕적 의무(moral
obligation)라는 개념으로 환원시킨다. 즉 "도덕 체계 안에서 도덕적
의무는 하나의 특별히 중요한 결론—도덕적 이성이 지배하며, 하나
의 구체적 상황과 관련해서 무엇을 할 것인지를 향한 하나의 결
론—을 통해 표현된다"(Williams, 174~75).

이처럼 좁은 의미로 이해된 도덕성은 다음과 같은 세 가지 특징을
갖는다. 그것은 특정한 행위를 수행하거나 피해야 하는 불가피한 의

---

[1] Bernard Williams, *Ethics and the Limits of Philosophy* (Cambridge, Mass.: Harvard University Press, 1985), chap. 10. 이하 이 책의 인용 쪽수는 본문에 제시한다.

무와 관련되어 있다. 그것은 우리의 의무들 사이의 궁극적 갈등의 가능성을 부정한다. 그 특징적 반응은 비난, 죄책감, 자책 등이다. 따라서 '도덕성 제도'는 모든 중요한 도덕적 고려를 매우 구체적인 종류의 '도덕적' 의무에 강제로 편입시키려고 한다. 그것은 도덕성 을 강제적 규칙의 문제로 간주한다. 결과적으로 이러한 체계 안에서 우리는 어떤 행위를 수행해야 하는 의무에 호소함으로써만 그 행위 를 정당화할 수 있다. 상충적인 행위 원리들에 직면해서 그 중 하나 를 우선적인 의무를 제시하는 것으로 설정해야 할 필요가 있다. 이 것은 "오직 의무만이 어떤 의무에 우선할 수 있다"(Williams, 180)라 는 기본적 기준을 낳게 된다.

슈스터만(R. Shusterman)은 이러한 도덕성 개념이 의무들의 방 대한 위계질서—우리의 도덕적 고려들에서 실제로 중요한 것들의 대부분을 배제하게 될—를 요구한다고 지적했다.

따라서 만약 친절이라는 고상한 비의무적 행위의 수행이, 예를 들어, 정시에 출근하는 것과 같은 어떤 사소한 의무를 충족시키는 것을 가로막 는다면, 나의 행위의 명백한 가치를 정당화하기 위해 친절과 관련된 막연 한 일반적 의무가 설정되어야 한다. 어떤 일이 의무와 상관없이 좋은 것 일 수도 있으며, 심지어 윤리적 고려에서 의무를 능가할 수 있다는 생각 은 도덕성의 체계에는 전적으로 낯설고 허용 불가능한 것이다.[2]

이제 부적합성(irrelevance)이라는 절대주의자의 비판을 그 자신

---

2) Richard Shusterman, "Postmodern Aestheticism: A New Moral Philosophy?" in *Theory, Culture, and Society* (London: Sage, 1988), p. 344.

에게 돌림으로써 절대주의자의 허세에 도전할 때다. 이제 도덕적 절대주의와 그 '도덕성 제도'의 본성, 즉 그것들이 매우 섬세하고 제한된 일련의 가치들을 도덕성을 정의하는 어떤 것으로 특권화하고 있음을 인식해야 할 때다. 「도덕 법칙」 통속 이론에 의해 상정되는 것으로서 도덕성에 대한 지나치게 제한적인 범위도 물론 도덕성의 일부다. 그러나 그것이 다만 일부, 즉 소수의 관련된 가치나 고려, 원리들로 구성된 하나의 하위 집합이라는 사실을 염두에 두는 것이 중요하다.

5장에서 살펴보았던 것처럼, 「도덕 법칙」 통속 이론은 기본적으로 테일러(C. Taylor)가 방대한 '좋음의 다양성'(diversity of goods)이라고 부르는 것—우리의 도덕적 경험의 내용을 구성하고, 절대적 원리들로써 해결될 수 없는 현실적인 도덕적 딜레마를 제시하는—을 무시하거나 덜 적절한 것으로 주변화하려는 환원주의적 전략이다. 윌리엄스는 동일한 논점을 다음과 같이 수사적으로 묻는다.

> 만약 윤리학이라는 주제에 관한 진리—말하자면 윤리적인 것에 관한 진리—와 같은 것이 있다 하더라도 왜 그것이 단순해야 한다는 기대가 존재하는가? 특히, 왜 그것이 다수가 아니라 의무 또는 좋은 사태 등과 같은 한두 개의 윤리적 개념들만을 사용함으로써 개념적으로 단순해야 하는가? 아마도 우리는 그것을 기술하기 위해 우리가 필요하다고 인식하는 것만큼 많은, 결코 그보다 적지 않은 개념들을 필요로 할 것이다 (Williams, 17).

인간의 관심과 의도들의 다양성, 욕구가 발생하는 다양한 차원들 (예를 들면, 신체적, 대인관계적, 사회적, 정치적 차원들), 또한 다차원적 욕망들을 상상적으로 충족시키는 가능한 방식들의 폭을 감안한다면, 인간의 좋음에 대해 단일한 기준―단지 의무의 체계로서만 드러나는―이 존재해야 한다고 생각할 이유가 없다. 사실상 욕구의 다양성에 비추어 볼 때 단일하고 포괄적인 가치나 인간 활동 개념이 있다는 생각은 거의 설득력이 없어 보인다. 더구나 기본적인 도덕적 개념의 대부분이 다수의 부분적인 은유적 구조화들에 의해 정의되기 때문에 개념들은 전형적으로 일의적이지 않을 것이며, 가치들은 전형적으로 평가의 단일한 척도로 환원되지 않을 것이다.

나는 도덕적 절대주의가 우리의 도덕감의 핵심에 자리 잡고 있는 이해와 경험, 반성의 그러한 상상적 차원들을 무관한 것으로 배제한다고 주장해 왔다. 그것은 우리가 무엇에 주목해야 하는지, 무엇을 해야 하는지, 어떻게 행위를 평가해야 하는지에 대한 해명을 제시한다. 그런데 그 해명은 우리의 도덕적 삶의 골격을 구성하는 문제들에 직면해서 고상하고 책임 있게, 또한 통찰을 갖고 행동하는 데 핵심이 될 수도 있는 바로 그 고려들과 추론의 양식들을 가로막는 경향이 있다.

바꾸어 말하면 내 반론은 절대주의적 도덕성이 배경적 조건이나 모형, 가치, 실천―이것들 때문에 소수의 경우들, 즉 명백한 원형적 사례들의 경우, 마치 절대적 원리가 존재하는 것처럼 보이게 된다―을 간과하고 있다는 것이다. 윌리엄스가 지적하는 것처럼 도덕성 제도의 일부인 '비난의 체계'는 방대한 가정들의 배경을 전제한다. 그것이 특정한 행위의 매우 구체적인 측면에 전적으로 초점을 맞춘다고 상정할 수 있는 이유는, 그것이 그러한 행위들에 대한 고도로 확정적인 규정적 맥락을 가정하기 때문이다.

[비난의 체계는] 고쳐와 억제, 수용과 거부라는 다른 실천들―욕망과 성격에 작용하여 그것들을 윤리적 삶의 요청과 가능성으로 형성해 주는―에 둘러싸여 있다.

도덕성은 이러한 주변 환경을 무시하고, 그처럼 집중되고 개별화된 판단에만 주목한다. 그 안에는 어떤 자발성―최종적인 동시에 품성이나 심리적·사회적 결단을 관통하며, 정확히 행위자 자신의 기여라는 궁극적으로 공정한 근거 위에서 비난과 책임을 할당하는―의 요구라는 압력이 있다. 이러한 요구가 충족될 수 있다고 가정하는 것은 하나의 환상이다 (Williams, 194)

도덕성 제도를 수반하는 「도덕 법칙」 이론은 요컨대 다만 물리적·사회적 조건, 도덕적 실천이라는 배경, 그리고 이성, 성격, 자유, 자기 정체성, 의지 등에 관한 가정들의 방대한 집합에 근거하고 있기 때문에 적절한 것으로 보일 수 있다. 이 배경의 결정적 역할을 이해하기 위해서는 「도덕 법칙」 이론들이 도덕심리학이라고 거부하는 다양한 고려들에 주목할 필요가 있다. 우리가 살펴보았던 것처럼 문제는 이러한 배경적 가정들을 끌어들이지 않고서는 도덕 법칙을 상황에 적용한다는 말을 이해할 수 없다는 점이다. 우리는 도덕 이론을 도덕심리학으로부터 분리할 수 없다. 우리는 도덕적 추론을 (상상적인) 도덕적 이해로부터 분리할 수 없다.

따라서 도덕성/사려와 도덕 이론/도덕심리학 전략에 대한 적절한 대응은 두 가지 이분법이 모두 도덕성을 부당하게 가치나 상황, 원리들의 환원적 집합으로 좁히고 있다는 점을 지적하는 일이다. 절대주의 도덕성의 핵심 개념들은 절대주의자가 고려에서 배제하려고 하는 가치나 인지적 모형들이라는 배경에 상대적으로만 의미를 가질 수 있다.

나는 도덕적 절대주의(그리고 「도덕 법칙」 이론 일반)가 도덕적 인격과 개념, 규칙, 이성에 관한 어떤 견해—대부분 마음이 어떻게 작용하는가에 관한 우리의 최선의 경험적 이해에 상충하는—에 의존한다고 주장했다. 결과적으로 그것은 도덕적 이해와 인지에 관한 적절한 해명일 수도 없으며, 실제 인간이 사용할 수 있는 도덕적 원리들을 제공할 수도 없다. 예를 들어, 우리의 몇몇 기본적인 도덕적 개념들이 고전적인 객관주의로 분류되지 않는다는 것을 살펴보았다. 대신에 그것들은 원형적 구조를 갖고 있으며, 흔히 은유적 확장 원리를 갖는 방사상 범주들로, 그 의미가 이상화된 인지 모형들에 의존하고 있으며, 가치 의존적이다. 우리의 범주화와 그러한 범주들에 근거한 우리의 추론은 따라서 전형적으로 비절대주의적이다.

이 때문에 우리는 절대주의적 도덕 이론을 도덕적 상황에서 효과적으로 사용할 수 없다. 그러한 유형의 이론은 결코 경험적 고려들에 의존하지 않는다고 자처하는, 소위 선험적 추론에 지나치게 의존하고 있다. 그러나 도덕성을 순수이성의 활동으로 생각하는 것은 잘못이다. 왜냐하면 콰인 이전에도[3] 순수한 것과 경험적 것의 구분

---

3) 여기에서 내가 말하는 것은 분석/종합 구분을 근거지을 수 있는 어떤 비순환적 방식도 없다는 콰인의 주장이다. W. V. O. Quine, "Two Dogmas of Empiricism," in *From a Logical Point of View* (Cambridge, Mass.: Harvard University Press, 1953), 또 Quine, *Word and Object* (Cambridge, Mass.: MIT Press, 1960) 참조. 철학에서 이것을 포함한 다른 기초주의적인 방법론적 이분법들은 이미 듀이, 블렌샤드 등의 도전을 받았다. 그 논증의 콰인적 정형화에 이어서 분석/종합 구분, 그리고 다른 부수적 구분들의 부당성은 반복적으로 이런 저런 분과와 맥락에서 예증되었다. 그렇지만 Rorty, *Philosophy and the Mirror of Nature: Consequences of Pragmatism* (Minneapolis, Minn.: University of Minnesota Press, 1983)이 보여 주었던 것처럼, 그러한 구분들은 특히 스스로의 상위적인 비판적 위상의 구실이 순수이성의 활동이라는 주장에 전적으로 의존하고 있다고 보는 철학들에서 쉽사리 사라지지 않는다.

490

은 진지한 형이상학적, 인식론적, 또는 논리적 작업에 사용하기에 너무나 의심스러운 것으로 논파되었기 때문이다.

따라서 '도덕 이론'과 '도덕심리학'의 위장된 분리는 그릇되고 근거 없는 '순수한 것/경험적인 것' 이분법의 산물일 뿐이라는 점에서 포기되어야 한다. 우리는 어떤 언명이 다른 것들에 비해 덜 경험적이라는 것을 인정할 수도 있으며, 어떤 방법들은 전통적으로 선험적이라고 간주되었던 것과 더 유사하다는 것을 인정할 수도 있지만, 이것은 기껏해야 하나의 이상적인 선험적 극점으로부터 대립적인 경험적 극점에 이르는 연속체를 제시할 뿐이다. 너무나 명백하게도 이것은 순수한 도덕철학과 경험적인 도덕심리학의 구분 가능성을 와해시킨다.

요약하면, 모든 행위를 도덕적으로 평가할 수 있는 수단으로서의 실천적 추론의 순수한 방법과 가치의 일의적 기준이라는 이상들은 매력적인 만큼 그릇된 것이다. 그것들은 일의적 개념, 엄격한 도덕법칙, 절대적 가치의 확보를 미끼로 우리를 잔인하게 유혹한다. 불운하게도 우리가 살펴보았던 것처럼 이러한 이상들은 인간의 이해와 경험의 실상과는 거의 상관이 없다. 윌리엄스는 절대주의적인 '도덕성 제도'가 드러내는 유혹의 종류와 그에 수반되는 오류들을 요약한다.

도덕성에는 많은 철학적 오류들이 얽혀 있다. 그것은 의무들이 어떻게 단지 한 유형의 윤리적 고려를 형성하는지에 주목하지 않음으로써 의무들을 잘못 이해하고 있다. 그것은 실천적 필연성이 의무들에 독특한 것이라고 생각함으로써 실천적 필연성을 잘못 이해하고 있다. 이 모든 것 이외에도, 도덕성은 사람들로 하여금 그것의 매우 특별한 의무가 없다면 단지 경향성만이 존재하게 될 것이라고 생각하게 만든다. 즉 그것의 전적인 자발성이 없으면 힘만이 존재하며, 그것의 궁극적인 순수한 정의가 없으면 정의는 존재하지 않는다는 것이다. 도덕성의 철학적 오류들은 삶에 대한 뿌리 깊은, 그러나 여전히 영향력 있는 오해를 매우 추상적으로 표현한 것들일 뿐이다(Williams, 196).

3_도덕성의 넓은 영역

도덕성이 '도덕성 제도'에 의해 좁게 정의될 수 없다면 그것은 어떻게 정의되어야 하는가? 이 결정적 물음에 대한 간단한 답은 없다. 그러나 우리의 행위들이 사람들에게 도움이 되거나 해악이 된다는 사실을 바탕으로, 도덕성이 우리가 살아야 할 삶과 관련되어 있다는 최소한의 주장으로부터 시작해 보자. 우리가 '도움'과 '해악'을 어떻게 정의하든 삶에서 행위의 대부분이 다른 사람은 물론 우리 자신의 평안에 영향을 미친다는 것을 쉽게 알 수 있다. 과거에 '기술적' '미적', 또는 '이론적'이라고 생각되었던 행위 또한 도덕적 차원을 갖는 것으로 드러난다. 과거에 그 성격이 엄격하게 '도덕적'이라고 생각되었던 행위 또한 이론적·기술적·미적 차원을 갖는 것으로 드러난다.

예를 들면, 내가 아름다운 잔디를 가꿀 것인지는 엄밀하게 미적 문제인가? 그 물음 자체는 잘못된 것이다. 왜냐하면 그것은 '미적' '이론적' '도덕적' 판단들 사이의 엄격한 구분—내가 거부하려고 하는—에 근거하고 있기 때문이다. 잔디를 푸르게 가꾸기 위해 물을 주어야 할 필요가 있다면 그것은 어떤가? 그렇다면 나는 귀중한 자연 자원을 사용하고 있다. 그것은 도덕적 문제가 아닌가? 거름을 주려고 결정하는 것은 어떤가? 그 거름의 일부는 지하수에 스며들지 않는가? 살충제에 관해서도 똑같은 이야기가 가능하다. 전체적인 생태계에, 따라서 미래 세대를 포함해서 다른 사람들의 삶에 영향을 미친다는 점에서 이것들 중 어떤 것도 도덕적으로 중립적이지 않다.

내가 만약 우리 집을 데이글로 오렌지색으로 칠하려고 생각했다면 그것은 어떤가? 표준 이론에서 이것은 미적 취향의 문제다. 그러나 그것이 다른 사람의 평안에 영향을 미친다는 의심이 있을 수 있는가? 그것이 그들의 도덕적 평안이 아니라 다만 미적 평안에만 영향을 미친다는 대답이 있을 수도 있다. 그러나 내가 앞에서 주장했던 것처럼 '미적' 차원들이 우리의 모든 경험과 얽혀 있다는 사실을 전제하면 어떻게 그러한 구분이 성립할 수 있는가? 소위 '미적' 평안과 '도덕적' 평안을 구분하는 것은 기껏해야 순환논증일 뿐이다. 그러한 구분을 위한 어떤 원리적인 방식이 있을 수 있는가?

나는 도덕적 광신주의(moral fanaticism)를 부추기는 것이 아니다. 도덕적 광신주의는 모든 사소한 행위들을 도덕적 문제로 전환한다. 그것은 모든 행위를 도덕적 문제로 만듦으로써 마치 우리가 모든 행위에서 인류의 운명을 결정하는 것처럼 일상적인 삶을 하나의 거대한 도덕적 짐으로 만든다. 오히려 도움, 해악, 또는 평안은 삶의 모든 측면에서 동등하게 개입되는 것이 아니다. 삶을 그렇게 다루는 것이 도덕적 광신주의가 될 것이다. 예를 들면, 이를 닦는 것은 대체로 도덕적 문제가 아니다. 그것을 도덕적 문제로 취급하는 것은 도덕적 광신주의가 될 것이다. 그렇지만 이를 닦는 것은 당신의 개인적인 평안과 관련된 위생 개념의 일부다. 그래서 그것은 당신 스스로 가능한 한 건강을 지키기 위해 할 수 있는 것의 작은 일부다. 그렇지만 이를 닦는 것을 도덕적 **책무**로 생각하는 것은 우스운 일이다. 이것은 '책무'나 '의무'만이 행위를 동기화하고 평가하는 유일한 척도라는 생각에 무엇인가 잘못이 있다는 것을 보여 준다.

내가 강조하려는 것은 도덕성이 다양한 정도로 우리 삶의 대부분의 측면들과 관련된다는 사실을 인식할 필요가 있다는 점이다. 따라서 도덕성을 '도덕성 제도'에 국한하는 것은 좋은 삶을 사는 데 결정적인 많은 것을 간과하게 된다. 예를 들어, 경영 교육을 생각해 보자. 경영대학의 과목들은 모든 학생이 숙달해야 할 수많은 모듈(module)—재정, 회계, 판매, 인력 관리 등—을 중심으로 개설되는 것이 전형적이다. 이 모듈들 각각에는 표준적인 유형의 문제들이 있으며, 학생들은 그 문제들을 해결하기 위한 적절한 절차나 기술들을 학습한다. 그러면 어떤 사람들에게는 '경영 윤리'의 요소 또한 있어야만 한다는 생각이 떠오르게 된다. 그것은 다른 모듈들과 동일한 모형의 관점에서 해석될 것이다. 그렇다면 윤리학은 문제 해결—전형적인 (윤리적) 문제들이 있으며, 학생들은 그것들을 해결하기 위한 이론과 기술을 배워야 한다—의 또 다른 국면으로 간주될 것이다.

불운하게도 이 모든 전개는 잘못된 것이다. 그것은 윤리학을 단지 또 하나의 모듈로 만든다. 그것은 윤리적 관심사들이 재정이나 회계, 판매—그것들 각각의 독립된 원리들을 갖는 것으로 가정되는—와 분리된 것처럼 보이게 만든다. 그러나 사실상 윤리학은 회계로부터 고용, 경영, 판매, 또한 어떤 제품을 생산하고 어떤 자원을 사용할 것인지를 결정하는 데 이르는 비즈니스의 모든 측면에 걸쳐 있다. 많은 사람들이 2장에서 핀토의 연료 탱크 경우와 같은 도덕적

494

문제에 관해서 비용/수익 분석을 행하는 것이 적절하다고 생각하는 것은 이러한 격자화된 교육 개념(인간의 인지와 경험에 대한 격자화된 견해에 근거한) 때문이다.

이러한 도덕성 개념의 또 다른 문제는 그것이 윤리적 문제를 마치 기술적 문제처럼 제기한다는 것인데, 기술적 문제의 경우 사람들은 미리 설정된 목적을 위한 가장 효율적인 수단을 계산한다. 그러나 도덕적 문제는 흔히 목적 자체, 즉 우리가 선택하고 추구해야만 하는 것과 관련되어 있다. 도덕적 문제가 단순히 기술적인 수단-목표 추론 문제인 경우는 거의 없다. 그것은 모든 도덕적 추론을 수단-목표 추론으로 간주하는 것으로부터 도덕성을 핀토 사례에서 수행된 종류의 비용/수익 분석으로 환원하는 데 이르는 지름길이다.

요약하면, 도덕성의 범위는 '도덕성 제도'가 포괄하는 것보다 훨씬 더 넓다. 그 폭은 우리 삶의 거의 대부분에 미친다. 이것이 우리의 세속적인 결정들을 마치 매순간의 행위가 모든 인류를 위해 선택하는 것 같은 거대한 실존적 딜레마로 바꾸는 것은 아니다. 오히려 그것은 다만 우리에게 우리의 행위가 인간의 복지에 영향을 미치는 가능성을 의식하도록 만들어 줄 것이다. 그것은 우리의 태도, 판단, 삶의 방식 등의 함축들을 가능한 한 폭넓게 조망해야 한다는 과제를 제시한다. 그것은 단지 우리로 하여금 다른 사람이나 동물, 유기체적 과정들 전반과의 상호연관성 속에서 좀 더 섬세하게 조화를 이루도록 이끌어 가려고 한다.

지금까지 나는 가치를 인간적 평안과 결합시킴으로써 인간중심적 지향성 안에 머물러 있었다. 그렇지만 긴박한 도덕적 논쟁들은 대부분 과연 우리가 도덕성의 폭을 인간중심적 세계를 넘어서서 다른 형태의 생명, 나아가 생태계 전반까지 포괄해야 할 것인지의 문제와 관련되어 있다. 가능한 한 동물에게 우호적이어야 한다고 말하는 것과 동물이 해악으로부터 벗어나는 데 우리와 동등한 권리를 갖는다고 말하는 것은 완전히 다른 문제다. 자연 자원 없이는 생존할 수 없기 때문에, 우리가 선량한 보호자가 되어야 한다고 말하는 것과 가치의 소재가 지속적인 과정으로서의 자연 안의 인간을 넘어서 있다고 말하는 것은 완전히 다른 문제다.

인간이 자신을 도덕적 가치의 소재로 보는 경향이 있다는 사실이 아무리 이해할 만한 일이라 하더라도 자연적 과정 전체 안에서 인간의 왜소한 자리를 감안할 때 인간에게 특수한 위상을 부여해야 할 근거는 그다지 확고해 보이지 않는다. 더 큰 자연적 체계의 평안을 위해 우리 자신을 제거할 수도 있다고 생각하는 것은 아마도 심리적으로 비현실적인 일일 것이다. 그렇지만 이 문제를 적절하게 확장된 도덕성 개념을 통해 다루어야만 한다는 사실은 분명하다.

전통적인 「도덕 법칙」 이론의 지나치게 깔끔하고 엄격한 구분들은 무엇이 도덕적 문제로 간주되어야 하며, 그것이 어떻게 다루어져야 할 것인지에 관해 우리의 초점을 제한해 줌으로써 다양한 목적들에 기여한다. 그렇지만 이러한 상대적 단순성의 대가는 너무나 크다. 왜냐하면 그것은 도덕적 숙고와 관련된 것들 대부분을 간과하도록 이끌어 가기 때문이다. 그것은 우리의 도덕 개념을 황폐화시킨다. 그것은 그릇된 것일 뿐만 아니라 도달 불가능한 이상들을 추구하고 있으며, 그것들 중 일부는 실제로 해로운 것이다. 그것은 우리 자신과 타인을 정당화되지 않은 방식으로 비판하도록 부추기며, 나아가 실제로 우리에게 책임이 있는 사안들에 대해 우리 자신을 비판하지 않는 것을 용인한다.

따라서 도덕성의 범위 문제는 그 자체가 하나의 도덕적 주제다.

그것은 개인이 어떻게 행위할 것인지를 결정하면서 무엇을 도덕과 관련된 것으로 볼 것인지의 문제와 관련된 심각한 도덕적 문제다. 「도덕 법칙」 이론과는 반대로 우리는 모든 경우에 이것을 결정할 수 있는 완결된 기준을 항상 갖고 있지는 않다. 대리모나 인공수정 같은 문제는 30년 전에는 도덕적 문제가 아니었지만 오늘날에는 중요한 문제가 되었다. 우리의 도덕성 개념은 경험의 전개에 따라 변화해야 한다. 나는 이 점을 증명하기 위해 필요한 분석을 하지는 않았지만 '도덕성'이라는 개념이 본질적으로 논쟁 가능한 방사상 범주라고 추정하고 있는데,[4] 여기에서 특정한 종류의 사례들은 전형적으로 도덕적인 것으로 인식되는 한편, 비중심적 사례들은 지속적으로 가열된 논쟁의 주제가 된다. 그렇다면 우리의 도덕적 숙고가 변화하는 경험에 민감해지려면 도덕성의 범위는 지속적으로 탐색되어야 할 열린 물음이다.

4 _ 계몽주의의 고상한 이상을 유지하는 것

계몽주의의 도덕성 개념이 불러온 폐해를 개괄하고 난 지금 무엇이 남아 있는가? 많은 것이 남아 있다. 그렇지만 남아 있는 것들 중 대부분은 개념과 추론에 관해 우리가 탐색했던 종류의, 좀 더 경험적으로 적절한 견해의 관점에서 재해석되어야 할 필요가 있다. 다음은 서구의 몇몇 고상한 도덕적 이상들이 어떻게 적절히 수정되고 경

---

4) 방사상 범주 구조에 대한 해명은 George Lakoff, *Women, Fire, and Dangerous Things* (Chicago : University of Chicago Press, 1987) 참조.

험적으로 책임 있는 형태로 재해석될 수 있는지에 관한 제안이다.

1) 보편적인 도덕적 인격성

보편적인 도덕적 인격성 원리는 각각의 개인을 고려할 뿐만 아니라, 각각의 개인을 다른 모든 사람과 동등한 존재로 간주할 것을 요구한다. 계몽주의의 시각은 본질적인 「보편 이성」을 가진 모든 존재에게 도덕적 인격성(따라서 평등)을 부여한다. 만약 우리가 「보편 이성」(즉 본질적인 논리적 구조를 가진 초월적이며 순수한 이성)의 존재를 부정한다 하더라도 우리는 여전히 인간 이성—신체화되고, 상상적이며 역사적으로 조건화된 자기의식에 묶여 있는—을 가진 모든 존재에게 도덕적 인격성을 부여할 수 있다. 매우 강력한 논증이 사람들 사이의 의미 있는 차이들을 입증하지 못하는 한 동등한 대우라는 우선적인 가정이 유지될 것이다. 그렇지만 우리는 누가 '인간'이라는 범주에 속하는지를 결정하는 현재의 방식과 관련해서는 어떤 고정적이고 절대적인 것도 없다는 사실을 기억해야만 한다. 계몽주의는 우리 자신과 같은 합리적 존재에게만 도덕적 인격성을 부여했지만, 우리가 이 위상을 인간이 아닌 다른 존재들에게까지 확장시킬 수 있는 타당한 근거들(동물에 관한 경험적 탐구와 같은)을 발견할 수도 있다. 무엇이 우리를 현재와 같은 존재로 만들어 주는가에 관한, 또 우리가 다른 존재들과 얼마나 유사하며 다른지에 관한 지식이 성장하면 우리는 평등에 관한 입장을 재조정해야 할지도 모른다.

2) 존중

합리적이고 동등한 존재로서 사람들은 완전한 도덕적 주체성의 조건들—노예상태나 신체적 해악, 심리적 강제에서 벗어난 자유와 같은—에 대한 그들의 권리를 존중 받을 권리가 있다. 즉 우리는 우리의 목표—타인이 자신의 것으로 받아들이지 않거나 받아들여서는 안 되는—를 위한 단순한 수단(물건이나 도구)으로 타인을 이용해서는 안 된다.[5] 이 존중은 타인뿐만 아니라 우리 자신에게까지도 확장되며, 따라서 우리는 도덕적 능력을 부정하거나 훼손시키는 방식으로 우리 자신을 이용해서는 안 된다.

유대 기독교적 뿌리를 가진 계몽주의라는 맥락에서 존중은 그 본질적 합리성에 따라 타인에 대해 갖게 되는 하나의 의무였다. 본질주의에서 추출된 것으로서 우리 자신과 타인에 대한 존중은 조화라는 방식을 통해 우리가 함께 살아갈 수 있게 해 준다는 점에서, 사람(나아가 아마도 동물과 환경?)을 대우하는 데 지켜야 할 하나의 이상이 되었다. 심리학적으로 적절한 자기 존중이 없으면 우리 자신이나 타인을 경멸하거나 학대하게 되며, 타인과 건설적으로 관계를 맺는 자아의 힘을 잃게 된다는 것을 우리는 알고 있다. 우리는 타인을 존중하지 않으면 그들을 불신하게 되고, 그들을 이해하거나 소통할 수 없게 되며, 나아가 그들에 대한 폭력이나 다른 파괴적 행동으로 기울게 된다는 것을 알고 있다. 존중은 순수이성에서 비롯되는 절대적 의무가 아니다. 오히려 그것은 적정한 정도의 조화 속에서 살아가기 위해 필요한, 또 우리가 알고 있는 모든 종류의 인간적 번영을 위해 필요한 요청이다.

---

5) 내 생각으로는 이것이 정언명령의 제2 정식화, 즉 목적 자체 정식화의 힘이다. "너 자신의 인격에서나 다른 모든 사람의 인격에서 인간(성)을 항상 동시에 목적으로 대하고, 결코 한낱 수단으로 대하지 않도록, 그렇게 행위하라"(『윤리형이상학』, 47).

3) 도덕 원리

도덕 원리들은 분명히 존재하며, 또 그것들은 중요하다. 그러나 그것들이 「도덕 법칙」 이론의 절대적이고 유일한 원리들은 아니다. 우리가 살펴보았듯이 '도덕 법칙들'이 존재한다면 그것들은 공유된 도덕적 경험으로부터 하나의 공동체로서 우리가 추출한 집단적 지혜의 간략한 요약으로 가장 적절하게 이해될 수 있다. 그것들은 도덕적 숙고에 반영되어야 할 중요한 고려에 대한 암시들이다. 그것들은 주어진 상황에서 어떻게 행위할 것인지를 정확하게 말해 주는 전문적인 규칙들이 아니다. 그것들은 기껏해야 하나의 도덕적 범주 안에서 명백한 중심적 또는 원형적 사례들—애당초 규칙들을 이끌어 내는 원천인 체험적 근거들을 제공하는—에만 명백하게 적용될 것이다.

핵심적인 것은 소수의 도덕 법칙이 존재한다는 이유 때문에 모든 도덕적 추론이 그러한 법칙들을 발견하고 그것들을 적용해야만 한다고 생각하는 어리석음에 빠지지 않아야 한다는 점이다. 반대로 나는 「도덕 법칙」 이론들이 중요한 많은 것들을 은폐하고 있다는 사실을 드러내려고 했다. 우리에게는 개념화와 사고의 상상적 차원을 포괄하는 새로운 도덕적 추론 모형이 필요하다.

4) 자율성

아마도 계몽주의의 가장 위대한 유산은 자율성이라는 이념일 것이다. 자율성이라는 이념에 따르면 도덕성은 타인의 법칙에 복종(타율성)하지 않고 우리가 스스로에게 자유롭게 부여한 원리에 따라 행위하는 우리의 능력에 달려 있다. 도덕성은 그렇게 우리의 자율성을 유지해 준다. 왜냐하면 도덕성은 상호적 자유와 모두의 자율

500

성을 보장하는 방식으로 우리 자신을 이끌어 가는 자유의 합리적 실천이기 때문이다.

계몽주의의 자율성 개념은 근본적 자유(우리 자신의 이성 이외의 어떤 것에 근거해서도 결정되지 않을 자유)의 근거로서 본질적인 「보편 이성」을 가정했다. 그러나 그러한 규정적 본질이 없다면 자율성은 어떻게 될까? 그 옳은 답은 롤스(J. Rawls)의 답일 것이다.[6] 즉 자율성은 주어진 형이상학적 사실이라기보다는 추구되어야 할 이상이다. 그것은 당신이 합리적이고 자유롭게 동의하지 않는 강제나 권위에 따라 당신의 행위가 결정되지 않는다는 이상이다. 그것은 각각의 개인이 동일한 것을 행하려는 타인의 최대의 자유를 침해하지 않는 방식으로 자신의 삶을 계획한다는 이상이다.

이 자율성이라는 이상은 '근본적' 자유라는 그릇된 이념에 근거한 것이 아니라 인간의 조건화된 자유에 근거하고 있다. 우리의 자유는 신체화되어 있으며 사회적으로 조건화되어 있다. 우리는 우리가 선택할 수 있는 모든 원리에 따라 행위할 수 있는 자유를 갖고 있지 않으며, 우리가 원하는 어떤 것이라도 될 수 있는 자유를 갖고 있지도 않다. 그러나 우리는 경험 안에서, 또 자기 정체성 안에서 상상적 자원들(영상도식, 은유, 이상화된 인지 모형, 프레임 등)을 사용함으로써 적절한 변형을 취할 수 있는 상상적 능력을 갖고 있다. 자율성은 이 제한되고 조건화된 의미에서의 자기 결정을 말한다.

5) 합리적 비판
계몽주의는 과학, 도덕, 정치학, 예술 등 인간 경험의 모든 영역

6) John Rawls, "Kantian Constructivism in Moral Theory," *Journal of Philosophy* 77, no. 9 (1980): 515~72

에서 평가와 비판의 보편적인 합리적 기준을 추구했다. 만약 도덕성이 본질적인 「보편 이성」에서 비롯되며, 절대적 도덕 법칙으로 구성되어 있다면 모든 도덕적 주장을 평가할 수 있는 보편적으로 타당한 관점이 존재할 것이다. 더욱이 인간이 근본적으로 자유롭다면 인간은 자신의 행위에 대해 유일하게 책임이 있으며, 그의 행위를 칭찬하거나 비난하는 것은 항상 적절한 일일 것이다.

그러나 만약 당신이 이 모든 절대주의적인 형이상학적 · 인식론적 지반을 포기한다면 도덕적 비판에는 무엇이 남게 될까? 그 대답은 우리가 항상 함께 유지해 왔던 것, 즉 통관점성(transperspectivity)이라는 비판의 근거를 갖게 되리라는 것이다. 우리는 지속적인 변증법적 과정─현재의 도덕적 이해가 우리의 삶에 무엇을 불러올지, 타인에게 어떤 영향을 미칠지, 중요한 어떤 것을 간과하고 있는지, 또 그것이 어떻게 변화될 수 있는지 등을 이해하기 위해 그것과 관련된 다양한 관점을 끌어들이는─을 통해 비판적일 수 있다. 비판이란 개별자나 전체 집단이 그들의 가치나 원리, 기본적 틀을 지속적인 검토의 대상으로 삼는 사회적 실천이다. 이런 종류의 비판은 절대적이고 전체적인 관점에서 수행되지 않는다. 인간에게는 그런 것이 주어지지 않기 때문이다. 인간 이성은 인간의 (통관점성으로서의) 객관성을 제시하며, 퍼트남이 상기시켜 주는 것처럼 "만약 우리의 '객관성'이 인간적인 의미에서의 객관성이라면 그것은 여전히 충분한 객관성이다."[7]

---

7) Hilary Putnam, *Reason, Truth and History* (Cambridge: Cambridge University Press, 1981), p. 168.

5_규칙을 넘어선 도덕성

계몽주의로부터 물려받은 것은 그 시대의 본질주의적, 보편주의적, 절대주의적 형이상학과 인식론의 기원에서 분리된 소수의 중요한 도덕적 이상들이다. 우리는 이 이상들을 합리적 존재인 우리의 본질에 근거한 궁극적인 도덕적 사실로 간주하는 대신에, 그것들을 우리의 삶을 살아가며 타인을 대하는 방식 안에서 우리가 실현하고 조화시키려고 하는 상상적 이상들로 간주해야 한다.

어떤 사람들은 이 견해가 혐오스러울 정도로 상대주의적이라고 말할 것이다. 왜냐하면 그것은 인간의 번영을 내다보는 현실적 비전들의 광범위한 가능성을 인정하기 때문이다. 이 견해는 도덕적으로 되기 위한 유일한 방식이란 결코 존재하지 않는다고 본다. 실제로 우리는 '유일한 옳은 행위'를 발견하려는 이념이 인간의 개념화와 추론의 상상적 특성에 관해 우리가 알고 있는 것과 양립 불가능하다는 점에서 거부되어야 한다는 것을 살펴보았다. 더욱이 그것이야말로 우리가 도덕적으로 행위하려고 한다면 결코 원하지 않을 어떤 것이다. 왜냐하면 그것은 우리를 도덕적으로 중요한 상황의 다양한 양상들로부터 폐쇄시키는 경향이 있기 때문이다.

절대주의자는 이 견해가 우리와 다른 가치를 가진 타인들—우리가 잘못되었다고 생각하는—을 설득할 수 있는 아무런 방법도 제시할 수 없다고 비판한다. 우리(개인적인 우리 자신이 아니라 서구 문화 전체)가 도덕적으로 비난할 법한 가치들을 받아들이고 사는 문화들이 존재한다는 것을 우리 모두가 알고 있다. 그런 문화를 어떻게 받아들여야 하는가?

그 답은 이렇다. 우리는 우선 이성의 본질에 대한 특권적 권한을 주장함으로써 우리와 충돌하는 사람들에게 복종을 강요할 수 없다는 사실을 인식해야만 한다. 이제 「힘으로서의 이성」(Reason As Force)이라는 「도덕 법칙」 개념을 포기할 때가 되었다. 도덕성은 사람들이 어떤 '합리적' 결론을 이끌어 내고, 그것에 따라 행위하도록 강요하는 문제가 아니다. 대신에 도덕적 '논증'(이것은 우리가 참여해야 할 종류의 열린 대화에 대해서는 부적절한 어휘다)은 사람들의 상상력을 사로잡은, 삶을 위한 이상들을 고양시키는 문제가 되어야 한다. 왜냐하면 그것들은 그들의 삶을 통해서 실현 가능한 인간적 번영에 대한 비전과 함께 실제로 그들을 고쳐시키기 때문이다.

  도덕 교육과 도덕적 성장의 의미가 일차적으로 도덕 규칙들을 학습하는 데 있는 것이 아니라는 사실을 모두가 알고 있다. 우리는 경험과 사례를 통해 배운다. 우리는 사람들이 우리를 대하는 방식, 우리가 경험하는 것, 또 도덕적 이상과 프레임이 우리에게 제공하는 것을 통해 도덕감을 발전시킨다. 도덕적 이해는 우리가 경험하는 도덕적 원형들과 그것들이 우리에게 주는 의미를 중심으로 구성된다. 우리는 실제든 허구든 배려적이고 감수성이 있으며, 지적이고 용감하며, 지혜롭게 보이는 사람들의 삶을 통해 고쳐된다. 우리는 그들이 어떻게 살아가는지를 관찰함으로써, 또 주어진 상황에서 그들이 했을 것 같은 행위들을 시도함으로써 우리가 무엇이 되려고 하며, 또 어떻게 살아갈 것인지에 대한 감각을 익힌다.

  도덕 문제에서 우리와 충돌하는 사람들을 직면했을 때, 그것은 우리가 합리적이고 그들이 합리적이지 않다는 차원의 문제가 아니다. 이성은 그처럼 협소하고 제한적이지 않다. 오히려 흔히 두 가지 경쟁적인 견해 모두에 충분히 '타당한 근거들'이 있다. 우리의 차이에 관해 이야기하면서도 그들에게 말할 수도 있는 몇 가지 사안이 있다. 아마도 우리는 그들의 입장에서 비일관성을 발견할 수 있을지도 모른다. 또는 그들에게 스스로의 견해에 관해 인지하지 못했던 함축들, 즉 그들의 견해에 스스로 물음을 제기하게 만들거나 사물에 대해 새롭게 생각하는 방식을 보여 주는 함축들을 드러내 줄 수도 있을 것이다. 우리는 또한 다른 견해를 갖고 있는 사람들에게 특정한 가치들이 경험되고, 특정한 유형의 관계들이 형성되고, 특정한 사회적 실천이 이루어졌을 때 그것이 우리 모두에게 무엇을 의미하는지를 설명할 수도 있다. 우리는 무엇이 가능한지에 대한 비전을 그들이 고려하도록 제시할 수 있으며, 또 인간의 번영에 관한 우리의 이념에 따르면 어떻게 다양한 가치, 원리, 이상들이 조화를 이룰 수 있는지를 설명할 수도 있다. 그러나 우리는 단지 그들이 우리와 동일한 방식으로 사물을 바라보지 않는다는 이유로 그들을 비합리적이라고 비난할 수는 없다.

설명과 대화의 과정에서 우리는 아마도 우리 견해의 한계들, 또는 주어진 상황 속의 특정한 건설적 가능성을 가리는 편견들을 인식하게 될 것이다. 우리는 우리가 사용하는 몇몇 모형이 특정한 경우에 도덕적으로 관련된 모든 것을 포괄할 정도로 풍부하지 않다는 사실을 깨닫게 될 수도 있다. 운이 좋다면 우리는 우리가 옳으며 그들이 옳지 않다고 타인을 설득하려는 함정에서 벗어나게 될 것이다. 아마도 우리는 우리 누구도 전체적이고 절대적인 진리를 갖지 않았다는 사실을 실제로 이해하게 될 것이다.[8]

그렇다면 우리는 어느 정도의 상대주의를 안게 되었는가? 그 대답은 이렇다. 우리가 인간 경험과 개념화, 추론에 관해서 알게 된 것들은 전적인 상대주의는 아니지만 상당히 완강한 상대주의를 제시해 준다. 고통, 쾌락, 괴로움, 기쁨, 성취 등에 대한 보편적인 인간 경험이 있다. 주거, 음식, 사랑, 해악으로부터의 보호 등과 같은 보편적인 인간적 요구가 있다. 보편적이지는 않다 하더라도 광범위하게 공유된 도덕적 원형들(예를 들어 악당, 공정한 분배, 과분한 친절 등)이 있다. 이 모든 보편적인 것들은, 만약 그것들이 진정으로 보편적이라면,[9] 도덕성이 어떤 것이 되어야 할 것인지에 대한 일반적인 제약을 부과해 준다. 나아가 인간 심리에 관한 사실들―어떻게 개념화하며, 무엇이 동기를 부여하며, 정체성은 어떻게 형성되며, 어떻게 성장하는가―은 인간적으로 현실적인 모든 도덕성 형성에 제약을 부과한다.

그렇지만 앞서 살펴보았던 것처럼 인간의 개념화와 추론이 대부분 상상적이라는 사실은 일견 보편적으로 보이는 근거들을 상상적으로 해석하고 정교화하는 매우 다양한 방식들이 있다는 사실을 함축한다. 고통, 쾌락, 슬픔, 기쁨 등과 같은 기본 층위 경험의 의미를

8) 사람들은 우리가 나치는 나름대로 옳았으며, 연합국 또한 나름대로 옳았다는 견해를 지지한다고 비난할 것이다. 그들은 그렇다면 누군가를 죽음의 수용소로 끌어가기 위해 문을 두드리는 나치에 대해 당신이 무슨 말을 할 수 있는지를 묻고 싶을 것이다. 문화를 신은 그 사나이가 단순히 당신과 다른 가치, 동등하게 존중되어야 할 가치를 갖고 있는 것일까? 내가 생각하기에 그 답은 당신이 그 나치에게 아무런 말도 하지 않는다는 것이다. 왜냐하면 해야 할 말이 아무것도 없기 때문이다. 당신은 나치의 가치가 끔찍하게 잘못된 것이라고 생각한다. 왜냐하면 그들이 인간적 고통과 퇴보, 사회적 붕괴로 가득 찬 무서운 세계를 초래했기 때문이다. 다른 상황에서라면 당신은 나치의 견해가 왜 인간의 평안에 해악이 되는지를 보여 주기 위해 이 점들을 지적했을지도 모른다. 그러나 현재의 상황에서 합리적 담론은 완전히 무너졌으며, 의사소통은 존재하지 않으며, 또 당신은 무자비한 폭력의 위협에 직면하고 있다. 추론은 더 이상 문제가 아니다. 당신은 도망치거나 싸우거나 아니면 죽을 것이다.

9) 이것들이 인간 경험의 보편적 양상이라는 내 주장은 단순히 사변적인 관찰의 산물이다. 나는 이 해명을 확증하는 데 필요한 어떤 교차 문화적이거나 역사적인 탐구를 행한 적이 없다. 내가 보편적인 것으로 지적했던 것은 상대적으로 문제의 소지가 적어 보인다. 그러나 그것은 결코 경험적 증거의 관점에서 의문의 여지가 없거나 수정이 불가능한 것은 아니다.

506

이해하는 다양한 방식들이 있다. 예를 들어, 고통처럼 보편적인 어떤 것은 상이한 방식으로, 즉 엄청난 괴로움이나 평이한 삶의 사실로, 또는 심지어 성숙을 위한 체험으로 경험될 수도 있다. 사랑처럼 기본적이고 보편적인 욕구는 문화에 따라 매우 상이한 방식으로 의미화될 수 있으며, 매우 다양한 방식의 인간관계에 따라 충족될 수 있다. 과분한 친절처럼 낯익은 원형은 칸트적인 합리적 윤리학과 유대 기독교적 사랑의 윤리학에서는 매우 다른 것을 의미할 것이다.

　이것은 최종적이고 결정적인 논점을 제시한다. 우리는「도덕 법칙」통속 이론이, 특히 계몽주의 심리학, 형이상학, 인식론의 구도 안에서 전개될 때 어떻게 극단적으로 협소하고 제한적이며 비상상적인 도덕성 개념을 제시하는지를 검토했다. 계몽주의적 절대주의를 포기함으로써 도덕성은 과거에 은폐되어 왔지만 이제 도덕적 이해와 도덕적 지혜에 핵심적인 것으로 간주되는 특정한 덕들과 도덕적 이상들을 향해 열리게 된다. 나는 친절, 자비, 용서, 사랑, 겸손과 같은 덕을 염두에 두고 있다.[10] 나는 부조리, 숙명적 비극, 운 등이 인간 삶에서 핵심적 역할을 한다는 사실에 대한 인식을 염두에 두고 있다.[11] 나는 덕, 이상, 그리고 인간의 도덕적 경험의 사실들이 얽혀서 하나의 정합적인 도덕성을 구성할 수 있는 방식에 대해 '경험적으로 책임 있는'(empirically responsible) 해명을 제시하는 데 필요한 분석을 수행하지는 못했다. 그것은 규제적 법칙들 또는 책무나 의무의 윤리학을 넘어서는 도덕성이 될 것이다. 그것은 타인이나 환

10) Roberto Unger, *Passion: An Essay on Personality* (New York: Free Press, 1984)는 그러한 덕을 중심으로 한 도덕성의 몇몇 층위를 탐색하고 있다.

11) Martha Nussbaum, *The Fragility of Goodness: Luck and Ethics in Greek Tragedy and Philosophy* (Cambridge: Cambridge University Press, 1986) 참조.

경과의 도구적 관계를 넘어선 도덕성이 될 것이다. 그것은 서구 문화가 제시하는 것을 넘어선 관계의 형식들을 탐색할 것이다. 나아가 그것은 상상력과 느낌을 통해 타인의 입장을 취할 수 있는 우리의 능력을 그 근거로 삼을 것이다.

그러므로 우리는 다양한 도덕적 체계뿐만 아니라 우리 자신이 삶을 통해 경험하는 가치와 좋음의 다양성과 함께 살아가는 법을 배워야 할 필요가 있다. 우리가 만약 전체주의적인 도덕적 절대주의의 마법에서 벗어날 수만 있다면, 좋음, 가치, 이상들의 다양성 ─환원 불가능하며 때로는 상충적인─ 이 존재한다는 사실, 또 그것들을 서열화할 수 있는 단일한 기준이 존재하지 않는다는 사실이 분명하게 드러날 것이다. 우리의 도덕적 이해가 복합적이고, 다차원적이며, 혼잡스러우며, 불투명하며, 또한 절대적인 것이나 환원주의적 전략을 전적으로 거부한다는 사실을 인식하기 위해 엄청난 통찰이 필요한 것은 아니다. 이것은 우리가 현실적으로 감당할 수 있는 것으로서 가능한 최선의 명료성이나 확정성, 또는 안정성을 추구하지 않아야 한다는 말이 아니다. 대신에 그것은 다만 신체화되고, 지속적이고, 역사적으로 조건화되었으며, 상상적인 도덕적 경험을 모종의 형식화가 대신할 수 있을 것이라는 생각에 결코 속지 말아야 한다는 말이다.

우리는 도덕적 숙고의 이처럼 얽혀 있는 미궁 속 어디에서 멈출 것인지에 대한 확신 없이, 우리 자신, 타인, 그리고 우리의 공유된 세계가 어떤 것이 되어야 할지에 관해 오직 이상들의 안내를 받으며 한 걸음 한 걸음 우리의 길을 뚫고 나아간다. 때로 미지의 영역을 거쳐야 하는 이 여행에서 우리는 깜빡이는 도덕적 상상력으로부터 오는 불빛에 의지해야만 한다.

| 참고문헌 |

Alexander, Thomas. *John Dewey's Theory of Art, Experience, and Nature*. Albany: SUNY Press, 1987.

Aune, Bruce. *Kant's Theory of Morals*. Princeton: Princeton University Press, 1979.

Austin, John. *Philosophical Papers*. 2nd ed. Ed. J. O. Urmson and G. J. Warnock. Oxford: Oxford University Press, 1970.

Ayer, A. J. *Language, Truth, and Logic*. 2nd ed. New York: Dover, 1952.

Baier, Annette. *A Progress of Sentiments: Reflections on Hume's Treatise*. Cambridge, Mass.: Harvard University Press, 1991.

Baron, Marcia. "The Alleged Moral Repugnance of Acting from Duty." *Journal of Philosophy* 81, no. 4 (1984): 197~220.

Bentham, Jeremy. *An Introduction to the Principles of Morals and Legislation*. Oxford, 1798. Selection from Oliver A. Johnson, ed. *Ethics: Selections from Classical and Contemporary Writers*. 5th ed. New York: Holt, Reinhart, and Winston, 1984.

Churchland, Paul. *A Neurocomputational Perspective: The Nature of the Mind and the Structure of Science*. Cambridge, Mass.: MIT Press, 1989.

_____. *Scientific Realism and the Plasticity of Mind*. Cambridge: Cambridge

510

University Press, 1979.

Coleman, Linda and Paul Kay. "Prototype Semantics: The English Verb *Lie.*" *Language* 57, no. 1 (1981): 26~44.

Collingwood, R. G. *The Principle of Art.* Oxford: Oxford University Press, 1935.

Davidson, Donald. "On the Very Idea of a Conceptual Scheme." *Proceedings and Addresses of the American Philosophical Association* 47 (1973): 5~20.

Danto, Arthur. "What We Can Do." *Journal of Philosophy* 55 (1963): 435~45.

_____. "Basic Actions." *American Philosophical Quarterly* 2 (1965): 141~48.

Dewey, John. *Experience and Nature.* Revised ed. New York: Dover, 1958.

_____. *Art as Experience.* New York: G. P. Putnam's Sons, 1958.

_____. *Theory of the Moral Life.* New York: Holt, Reinhart, and Winston, 1960.

_____. *Human Nature and Conduct: The Middle Works 1988~1924.* Ed. Jo Ann Boydston. Carbondale: Southern Illinois University Press, 1988.

Dietrichson, Paul. "Kant's Criteria of Universalizability." In *Kant: Foundations of the Metaphysics of Morals.* Text and Critical Essays. Ed. Robert Paul Wolff. Indianapolis: Bobbs-Merrill, 1969.

Donagan, Alan. *The Theory of Morality.* Chicago: University of Chicago Press, 1977.

Eldrige, Richard. *On Moral Personhood: Philosophy, Literature, Criticism, and Self-understanding.* Chicago: University of Chicago Press, 1989.

Feyerabend, Paul. *Against Method.* 2nd ed. London: Verso, 1978.

Fillmore, Charles. "Frame Semantics." In Linguistic Society of Korea, ed. *Linguistics in the Morning Calm.* Seoul: Hanshin, 1982.

_____. "Frames and the Semantics of Understanding." *Quaderni di Seman-*

tica 6, no. 2 (1985): 222~53.

Flanagan, Owen. *Varieties of Moral Personality: Ethics and Psychological Realism*. Cambridge, Mass.: Harvard University Press, 1991.

Frankena, William. "The Naturalistic Fallacy." In Philippa Foot, ed. *Theories of Ethics*. Oxford: Oxford University Press, 1967.

Freud, Sigmund. *Civilization and Its Discontents*. Trans. James Strachey. New York: W. W. Norton, 1961.

Fuller, Lon. "Positivism and Fidelity to Law: A Reply to Professor Hart." *Harvard Law Review* 71 (1958): 630~72.

Gadamer, Hans-Georg. *Truth and Method*. New York: Crossroads Publishing, 1975.

_____. *Philosophical Hermeneutics*. Trans. David Linge. Berkeley: University of California Press, 1976.

Gardener, John. "Moral Fiction." In *Moral Fiction*. New York: Basic Books, 1978.

Gewirth, Alan. *Reason and Morality*. Chicago: University of Chicago Press, 1978.

Gibbs, Raymond, Jr. "Psycholinguistic Studies on the Conceptual Basis of Idiomaticity." *Cognitive Linguistics* 1, no. 4 (1990): 417~51.

Gilligan, Carol. *In a Different Voice: Psychological Theory and Women's Development*. Cambridge, Mass.: Harvard University Press, 1982.

Goodman, Nelson. *Ways of Worldmaking*. Indianapolis, Ind.: Hackett Publishing Co., 1978.

Green, Michael. "Using Nature to Typify Freedom: Application of the Categorical Imperative." *International Studies in Philosophy* 14 (1982): 17~26.

Grice, Paul. "Logic and Conversation." *Syntax and Semantics Vol 3: Speech Acts*. Ed. P. Cole and J. Morgan. New York: Academic Press, 1975.

Hare, R. M. *Freedom and Reason*. Oxford: Oxford University Press, 1963.

_____. "Abortion and the Golden Rule." *Philosophy and Public Affairs* 4

512

(1975): 201~22.

Hart, H. L. "Positivism and the Separation of Law and Morals." *Harvard Law Review* 71 (1958): 593~629.

Herman, Barbara. "On the Very Value of Acting from the Motive of Duty." *Philosophical Review* 90, no. 3 (1981): 359~82.

Hill, Thomas, Jr. "Humanity as an End in Itself." *Ethics* 91, no. 1 (1980): 84~99.

Hobbes, Thomas. *Leviathan.* Oxford: Clarendon Press, 1909.

_____. *Two Treatises of Government.* Revised ed. Ed. Peter Laslett. Cambridge: Cambridge University Press, 1960.

Hume, David. *A Treatise of Human Nature.* Ed. L. A. Selby-Bigge. Oxford: Clarendon Press, 1888.

_____. *An Enquiry concerning the Principles of Morals.* Ed. L. A. Selby-Bigge. Oxford: Oxford University Press, 1902.

Jenson, Henning. "Kant and Moral Integrity." *Philosophical Studies* 57, no. 2 (1989): 193~205.

Johnson, Mark, ed. *Philosophical Perspectives on Metaphor.* Minneapolis: University of Minnesota Press, 1981.

_____. "Imagination in Moral Judgment." *Philosophy and Phenomenological Research* 46, no. 2 (1985): 265~80.

_____. *The Body in the Mind: The Bodily Basis of Meaning, Imagination, and Reason.* Chicago: University of Chicago Press, 1987.

Kant, Immanuel. *Critique of Practical Reason.* Trans. Lewis White Beck. Indianapolis: Bobbs-Merrill, 1956.

_____. *Foundations of the Metaphysics of Morals.* Trans. Lewis White Beck. New York: Bobbs-Merrill, 1959.

_____. *Critique of Pure Reason.* Trans. Norman Kemp Smith. New York: St. Martin's, 1968.

_____. *Critique of Judgment.* Trans. J. H. Bernard. New York: Hafner, 1968.

Keynes, J. M. "My Early Beliefs." In *Two Memoirs*. New York: Augustus Kelly, 1949.

Klingerbiel, Chris. "The Bottom Line in Moral Accounting." Department of Linguistics, University of California at Berkeley, 1989 (manuscript).

Kohlberg, Lawrence. *Essays on Moral Development 1: The Philosophy of Moral Development*. New York: Harper and Row, 1981.

_____. *Essays on Moral Development 2: The Psychology of Moral Development*. New York: Harper and Row, 1984.

Kovecses, Zoltan. *Metaphors of Anger, Pride, and Love: A Lexical Approach to the Structure of Concepts*. Philadelphia: Benjamins, 1986.

_____. *The Language of Love: The Semantics of Passion in Conversational English*. Lewisberg, Pa.: Bucknell University Press, 1988.

_____. *Emotion Concepts*. New York: Springer-Verlag, 1990.

_____. "Happiness: A Definitional Effort." *Metaphor and Symbolic Activity* 6, no. 1 (1991): 29~46.

Krzeszowski, Thomasz. "The Axiological Parameter in Preconceptual Image Schemata." In R. Geiger and B. Rudrka-Ostyn, eds. *Conceptualization and Mental Processing in Language*. Berlin and New York: Mouton de Gruyter, 1991.

Kuhn, Thomas. *The Structure of Scientific Revolutions*. Chicago: University of Chicago Press, 1962.

_____. "Reflections on My Critics." In Imre Lakatos and Alan Musgrave, eds. *Criticism and the Growth of Knowledge*. Cambridge: Cambridge University Press, 1970.

Kupfer, Joseph. *Experience as Art: Aesthetics in Everyday Life*. Albany: SUNY Press, 1983.

Lakoff, George. *Women, Fire, and Dangerous Things: What Categories Reveal about the Mind*. Chicago: University of Chicago Press, 1987.

_____. "Metaphor and War: The Metaphor System Used to Justify War in the Gulf." *Journal of Urban and Cultural Studies* 2, no. 2 (1991).

514

_____. "The Contemporary Theory of Metaphor." In Andrew Otony, ed. *Metaphor and Thought*. 2nd ed. Cambridge: Cambridge University Press, 1993.

Lakoff, George and Mark Johnson. *Metaphors We Live By*. Chicago: University of Chicago Press, 1980.

Leder, Drew. *The Absent Body*. Chicago: University of Chicago Press, 1990.

Linde, Charlotte. "Explanatory Systems in Oral Life Stories." In D. Holland and N. Quinn, eds. *Cultural Models in Language and Thought*. Cambridge: Cambridge University Press, 1987.

Louden Robert. "Kant's Virtue Ethics." *Philosophy* 61, no. 238 (1986): 473~89.

McCarthy, Rick. "Kantian Moral Motivation and the Feeling of Respect." *Journal of the History of Philosophy* (forthcoming).

MacIntyre, Alasdair. *After Virtue*. 2nd ed. Notre Dame, Ind.: University of Notre Dame Press, 1984.

_____. *Whose Justice? Which Rationality?* Notre Dame, Ind.: University of Notre Dame Press, 1988.

McCauley, Robert. "The Role of Cognitive Explanations in Psychology." *Behaviorism* 15, no. 1 (1987): 27~40.

_____. "The Role of Theories in a Theory of Concepts." In Ulric Neisser, ed. *Concepts and Conceptual Development*. Cambridge: Cambridge University Press, 1988.

Merleau-Ponty, Maurice. *Phenomenology of Perception*. Trans. Colin Smith. London: Routledge & Kegan Paul, 1976.

Merton, Thomas. *Love and Living*. New York: Farrar, Straus, and Giroux, 1965.

Moore, G. E. *Principia Ethica*. Cambridge: Cambridge University Press, 1903.

Nagel, Thomas. "The Absurd." In Steven Saunders and David Cheney, eds. *The Meaning of Life*. Englewood Cliffs, N. J.: Prentice-Hall, 1980.

Nelson, Julie. "Gender, Metaphor, and the Definition of Economics." Working Paper Series no. 350. Department of Economics, University of California at San Diego, January 1990.

NLRB v. Jones and Laughlin Steel Corp. In United States Reports 301: 36~37.

Nozick, Robert. Anarchy, State, and Utopia. New York: Basic Books, 1974.

Nussbaum, Martha. The Fragility of Goodness: Luck and Ethics in Greek Tragedy and Philosophy. Cambridge: Cambridge University Press, 1986.

_____. "Recoiling from Reason." New York Review of Books (December 7, 1989): 36~41.

_____. Love's Knowledge: Essays on Philosophy and Literature. Oxford: Oxford University Press, 1990.

Paton, H. J. The Categorical Imperative. London: Hutchinson, 1947.

Putnam, Hilary. Reason, Truth and History. Cambridge: Cambridge University Press, 1981.

_____. The Many Faces of Realism. La Salle, Ill.: Open Court, 1987.

Quine, W. V. O. "Two Dogmas of Empiricism." In his From a Logical Point of View. Cambridge, Mass.: Harvard University Press, 1953.

_____. Word and Object. Cambridge, Mass.: MIT Press, 1960.

Quinn, Naomi. "Marriage as a Do-It-Yourself Project: The Organization of Marital Goals." Proceedings of the Third Annual Conference of the Cognitive Science Society. Berkeley: University of California Press, 1981.

_____. "Convergent Evidence for a Cultural Model of American Marriage." In D. Hlland and N. Quinn, eds. Cultural Models in Language and Thought. Cambridge: Cambridge University Press, 1987.

Rawls, John. A Theory of Justice. Cambridge, Mass.: Harvard University Press, 1971.

_____. "A Well-Ordered Society." In P. Lasslett and J. Fiskin, eds.

516

Philosophy, Politics, and Society. 5th Series. Oxford: Oxford University Press, 1979.

_____. "Kantian Constructivism in Moral Theory." *Journal of Philosophy* 77, no. 9 (1980): 515~72.

_____. "Justice as Fairness: Political Not Metaphysical." *Philosophy and Public Affairs* 14, no. 3 (1985): 223~51.

Reath, Andrew. "Kant's Theory of Moral Sensibility." *Kant-Studien* 80, no. 3 (1989): 284~302.

Ricoeur, Paul. *Time and Narrative.* Trans. K. McLaughlin and D. Pellauer. Chicago: University of Chicago Press, 1984.

Rorty, Richard. *Philosophy and the Mirror of Nature.* Princeton: Princeton University Press, 1979.

_____. *Consequences of Pragmatism.* Minneapolis: University of Minnesota Press, 1983.

_____. *Contingency, Irony, and Solidarity.* Cambridge: Cambridge University Press, 1989.

_____. *Essays on Heidegger and Others: Philosophical Papers* 2. Cambridge: Cambridge University Press, 1991.

Rosch, Eleanor. "Natural Categories." *Cognitive Psychology* 4 (1973): 328~50.

_____. "Cognitive Reference Points." *Cognitive Psychology* 7 (1975): 532~47.

_____. "Cognitive Representations of Semantic Categories." *Journal of Experimental Psychology* 104 (1975): 192~233.

_____. "Human Categorization." In Neil Warren, ed. *Studies in Cross-cultural Psychology.* London: Academic Press, 1977.

_____. "Principles of Categorization." in Eleanor Rosch and B. B. Lloyd, eds. *Cognition and Categorization.* Hillsdale, N.J.: Lawrence Erlbaum, 1978.

Rosch, Eleanor and B. B. Lloyd, eds. *Cognition and Categorization.* Hillside,

N. J.: Lawrence Erlbaum, 1978.

Rosch, Eleanor, F. Varela, and E. Thompson. *Embodied Mind*. Cambridge, Mass.: MIT Press, 1991.

Rutherford, Donald. "Whither Theory in Ethics: The Case of Williams' *Ethics and the Limits of Philosophy*." Department of Philosophy, Emory University, 1989 (manuscript).

Sandel, Michael. *Liberalism and the Limits of Justice*. Cambridge: Cambridge University Press, 1982.

Shusterman, Richard. "Postmodern Aestheticism: A New Moral Philosophy?" In *Theory, Culture, and Society*. London: Sage, 1988.

Shweder, Richard and Edmund Bourne. "Does the Concept of the Person Vary Cross-culturally?" In R. Shweder. *Thinking through Cultures: Expeditions in Cultural Psychology*. Cambridge, Mass.: Harvard University Press, 1991.

Silber, John, ed. *Kant's Religion within the Bounds of Reason Alone*. Chicago: University of Chicago Press, 1960.

Sweetser, Eve. "The Definition of Lie: An Examination of the Folk Models Underlying Semantic Prototype." In D. Holland and N. Quinn, eds. *Cultural Model in Language and Thought*. Cambridge: Cambridge University Press, 1989.

_____. *From Etymology to Pragmatics: The Mind-as-Body Metaphor in Semantic Structure and Semantic Change*. Cambridge: Cambridge University Press, 1990.

Taub, Sarah. "An Account of Accounting." Department of Linguistics, University of California at Berkeley, 1989 (manuscript).

Taylor, Charles. "The Diversity of Goods." In Bernard Williams and Amartya Sen. eds. *Utilitarianism and Beyond*. Cambridge: Cambridge University Press, 1982.

Terkel, Studs. *Working*. New York: Avon, 1972.

"Three Cheers in Dearborn." *Time*. March 24, 1980.

518

Turner, Mark. *Reading Minds: The Study of English in the Age of Cognitive Science.* Princeton: Princeton University Press, 1991.

Unger, Roberto. *Knowledge and Politics.* New York: Free Press, 1976.

_____. *Passion: An Essay on Personality.* New York: Free Press, 1984.

United States Code 29 (1982): 151.

Warnock, G. J. *Contemporary Moral Philosophy.* Oxford: Oxford University Press, 1967.

Warnock, Mary. *Ethics since 1900.* 2nd ed. Oxford: Oxford University Press, 1966.

Whiteside, Kerry H. *Merleau-Ponty and the Foundation of an Existentialist Politics.* Princeton: Princeton University Press, 1988.

Williams, Bernard. *Ethics and the Limits of Philosophy.* Cambridge, Mass.: Harvard University Press, 1985.

Williams, Bernard and Amartya Sen, eds. *Utilitarianism and Beyond.* Cambridge: Cambridge University Press, 1982.

Winter, Steven. "The Metaphor of Standing and the Problem of Self-governance." *Stanford Law Review* 40, no. 6 (1988): 1371~1516.

_____. "The Cognitive Dimension of the Agon between Legal Power and Narrative Meaning." *Michigan Law Review* 87, no. 8 (1989): 2225~79.

_____. "Transcendental Nonsense, Metaphoric Reasoning, and the Cognitive Stakes for Law." *University of Pennsylvania Law Review* 137, no. 4 (1989): 1105~1237.

_____. "*Bull Durham* and the Use of Theory." *Stanford Law Review* 42 (1990): 639~93.

_____. "An Upside/Down view of the Countermajoritarian Difficulty." *Texas Law Review* 69, no. 7 (1991): 1881~1927.

Wittgenstein, Ludwig. *Philosophical Investigations.* Trans. G. E. M. Anscombe. New York: Macmillan, 1953.

| 찾아보기 |